**Veröffentlichungen
der Vereinigung der Deutschen Staatsrechtslehrer**

Heft 16

Parlament und Regierung im modernen Staat

Die Organisationsgewalt

Berichte

von

Ernst Friesenhahn

Karl Josef Partsch

Arnold Köttgen

Felix Ermacora

und

Aussprache zu den Berichten
in den Verhandlungen der Tagung der deutschen Staatsrechtslehrer
zu Berlin am 10. und 11. Oktober 1957

Berlin 1958

Walter de Gruyter & Co.

vormals G. J. Göschen'sche Verlagshandlung / J. Guttentag, Verlagsbuchhandlung / Georg Reimer / Karl J. Trübner / Veit & Comp.

Archiv-Nr. 24 89 58

Satz und Druck: Berliner Buchdruckerei Union G. m. b. H., Berlin SW 61

Inhalt

Seite

Eröffnung der Tagung am 10. Oktober 1957 5

Erster Beratungsgegenstand:

Parlament und Regierung im modernen Staat

1. Bericht von Professor Dr. Ernst Friesenhahn 9
   Leitsätze des Berichterstatters 66
2. Mitbericht von Professor Dr. Karl Josef Partsch .. 74
   Leitsätze des Mitberichterstatters 110
3. Aussprache 113

Zweiter Beratungsgegenstand:

Die Organisationsgewalt

1. Bericht von Professor Dr. Arnold Köttgen 154
   Leitsätze des Berichterstatters 189
2. Mitbericht von Professor Dr. Felix Ermacora 191
   Leitsätze des Mitberichterstatters 237
3. Aussprache 240

Verzeichnis der Redner 275

Verzeichnis der Mitglieder der Vereinigung der Deutschen Staatsrechtslehrer 276

Satzung der Vereinigung 282

Eröffnung der Tagung am 10. Oktober 1957

Vor Eintritt in die wissenschaftlichen Beratungen, die im Plenarsaal des Bundesverwaltungsgerichts stattfanden, begrüßte der Vorsitzende der Vereinigung, Herr Schüle, die erschienenen Mitglieder und Gäste.

Er gedachte auch des am 26. Juni 1957 verstorbenen Ehrenpräsidenten der Vereinigung, Geheimrat Prof. Dr. Richard Thoma, und führte hierbei u. a. folgendes aus:

„Richard Thoma war eine Persönlichkeit von seltener Art und hohem Rang. Er vereinigte in sich eine Vielheit schöner Eigenschaften: Verstand und Gemüt, einen klaren Kopf, zugleich ein überaus warmes Herz; kritisches Urteil auf der einen, Bereitschaft zum Verstehen auf der anderen Seite; ernsten Sinn, Maß im Schauen und Wägen, Heiterkeit wie Gelassenheit — all das und vieles andere fand sich bei ihm in glücklicher Ausgewogenheit und ergab jene wohltuende Harmonie der Persönlichkeit, die jeder spürte, der ihm einmal begegnete. Humanität und Liberalität waren die Kennzeichen seines Wesens. Sie waren auch die großen Leitsterne, die seinem Leben und Schaffen vorgeleuchtet haben. Ein feinsinniger Geist, ein untadeliger Mensch, ein gütiger Freund gegenüber allen ist mit ihm geschieden.

Was er unserer Wissenschaft gewesen ist, was er ihr während eines langen arbeitsamen Lebens geschenkt hat, kann an dieser Stelle nicht ausgebreitet werden — es wäre das wohl auch kaum in seinem Sinn. Das Wichtigste darf aber doch gesagt werden, um seine Bedeutung in der jüngeren Geschichte unserer Wissenschaft festzuhalten. Er steht in ihr verzeichnet als eines der großen Bindeglieder zwischen Vergangenheit und Gegenwart. Gelernt und seine ersten wissenschaftlichen Sporen verdient hat er gegen Ende der konstitutionellen Epoche. In der Weimarer Periode wurde er zu einer der tragenden Figuren der deutschen Staatsrechtswissenschaft, und es war ihm vergönnt, noch in die Zeit nach 1945 hinüberzuwirken. Zunächst nochmals tätig eingreifend in die Auseinandersetzungen um die Gestaltung der Verfassung, um die Neuordnung der Universität und allgemein in die wissenschaftlichen Erörterungen unseres Faches, dann aber, von den Lasten des Alters nicht verschont, mehr und mehr schauend und empfangend.

So darf Richard Thoma gesehen werden. Wir, die wir zurückgeblieben sind, haben sein wissenschaftliches Werk, haben auch sein menschliches Erbe zu wahren. Die Vereinigung der Deutschen Staatsrechtslehrer wird ihren verewigten Ehrenpräsidenten niemals vergessen."

Der Vorsitzende widmete ferner dem im Jahre 1956 allzu früh verschiedenen Kollegen Rudolf Schranil, zuletzt o. Professor der Rechte an der Universität des Saarlandes, herzliche Worte des Gedenkens.

Abschließend wies der Vorsitzende darauf hin, daß die Vereinigung vor nunmehr 35 Jahren errichtet worden sei. Die Gründungsversammlung habe, wenn er recht unterrichtet sei, in demselben Gebäude stattgefunden, in dem die Vereinigung auch jetzt wieder tage.

Der Vorsitzende übergab dann das Wort an den Präsidenten des Bundesverwaltungsgerichts, Egidi, der die Teilnehmer mit folgender Ansprache begrüßte:

„Meine sehr geehrten Herren!

In meiner Eigenschaft als Hausherr dieser Räume darf ich zunächst meiner aufrichtigen Freude Ausdruck geben, daß Sie sich entschlossen haben, als Ort Ihrer Tagung dieses Haus zu wählen, das auf dem Gebiet der Verwaltungsgerichtsbarkeit die Tradition eines halben Jahrhunderts umschließt.

Einer der Ihren ist es gewesen, Rudolf von Gneist, der durch sein unerschütterliches Wirken praktisch die Verwaltungsgerichtsbarkeit ins Leben gerufen hat. Sie ist sich dessen bewußt, dankbar bewußt, daß sie — jedenfalls in Preußen — ihr Dasein diesem einen Manne schuldet, ihr Sonder-Dasein, wie im Hinblick auf die Erörterungen des letzten deutschen Juristentages hinzugesetzt werden mag. Nicht ohne Grund hat seine Büste die Eingangshalle vor diesem Saale lange Zeit geziert. Denn sein Geist hat die Formen erdacht und vorgeprägt, deren sich der Gesetzgeber später bedient hat. Es sind dieselben Formen, in denen die Verwaltungsgerichtsbarkeit nach dem Neubeginn der Jahre 1945/1946 sich lebendig weiterentwickelt und ausgebreitet hat.

Der Weg, den die Verwaltungsgerichtsbarkeit in den Jahrzehnten seit ihrer Begründung durchlaufen hat, wird in besonderer Weise dadurch gekennzeichnet, daß Wissenschaft und Praxis stets aufs engste zusammengearbeitet haben. Es läßt sich schlechterdings wohl nicht entscheiden, wer dabei in höherem Grade der Gebende, wer der Nehmende war. Es hat in der Vergangenheit geradezu leuchtende Beispiele harmonischen Zusammenspieles gegeben, wie dieses etwa Ausdruck findet in der unmittelbaren persönlichen Mitwirkung von Rechtslehrern in den Kollegien der Verfassungs- und der Verwaltungsgerichte, aber auch in manch anderer Weise stattgefunden hat. Wenn ich den Namen Otto Mayer für eine frühere Vergangenheit und die Namen Walter Jellinek und Carl Sartorius für die spätere Vergangenheit nenne, so bedeutet das in unserem Kreise mehr als die Beschwörung teurer Schatten. Sie wollen daraus vielmehr den Wunsch entnehmen, daß auch in der Gegenwart und in der Zukunft eine ähnlich erfolgreiche Arbeitsteilung hergestellt werden möge. In diesem Sinne wünsche ich Ihrer Tagung einen erfolgreichen Verlauf.

Lassen Sie mich indessen bei dieser besonderen Gelegenheit noch ein offenes Wort über ein delikates Thema anfügen. Nun einmal der Name Gneist gefallen ist, darf wohl auch der Gedanke ausgesprochen werden, daß die Schaffung einer selbständigen Verwaltungsgerichtsbarkeit gerade auch einigen seiner „fruchtbaren Irrtümer“ zuzuschreiben ist. Derlei gibt es! Dieses Gericht ist der Kritik seitens der Wissenschaft in der kurzen Zeit seines Bestandes ausgesetzt gewesen, wie das nicht anders zu erwarten war. Sie war teils günstig, teils ungünstig; auch das kann nicht überraschen. In beiden Fällen haben wir die Kritik in der Regel dankbar begrüßt. Wir sind nicht nur darauf gefaßt, wir vermissen es geradezu, wenn das Echo ausbleibt! Freilich hat es sich dann und wann ereignet, daß wir im Widerhall die eigene Stimme kaum wiedererkannt haben: Wenn wir unsererseits schon dem Irrtum ausgesetzt sind und der entsprechenden Kritik Ihrerseits, dann lassen Sie mich und meine Herren nicht der Zuversicht entraten, daß im Wechselgespräch von Theorie und Praxis der Austausch von Meinung und Gegenmeinung sich stets fruchtbar erweisen möge. Der Wertschätzung und des Vertrauens unsererseits dürfen Sie gewiß sein.“

Erster Beratungsgegenstand:

Parlament und Regierung im modernen Staat

1. Bericht von Professor Dr. Ernst Friesenhahn, Bonn - Karlsruhe.

Vorbemerkung:

Als unser Vorstand mich bat, auf der diesjährigen Tagung ein Referat zu übernehmen, da habe ich es als eine Art Standespflicht angesehen, dieser Aufforderung zu entsprechen. Leider mußte ich dann später einsehen, daß die Zeit, die ich für die Vorbereitung des Referates erübrigen konnte, nicht ausreichte, um dieses Thema zu bewältigen. Ich habe allerdings auch Zweifel, ob zu einem so umfassenden Thema in einem Referat von einer guten Stunde überhaupt jemand die Grundlagen für eine umfassende Diskussion erschöpfend ausbreiten könnte. Immerhin wäre ein Referent, der über umfangreiche Vorarbeiten verfügt oder als Minister, Abgeordter oder Ministerialbeamter reiche praktische Erfahrungen gesammelt hat, eher in der Lage gewesen, dem Thema neue Seiten abzugewinnen und aus souveräner Stoffbeherrschung einen Querschnitt zu legen. Je mehr ich in die unübersehbare Literatur[1]) zu unserem Thema eindrang, — was nur zu einem

[1]) Aus der unübersehbaren Literatur kann ich nur einiges hervorheben, wobei ich mich im wesentlichen auf die neueste Literatur beschränke. — Von älteren Schriften seien erwähnt: Max Weber, Gesammelte politische Schriften, 1921, darin S. 126: Parlament und Regierung im neugeordneten Deutschland (1917); S. 277: Wahlrecht und Demokratie in Deutschland (1917); Carl Schmitt, Die geistesgeschichtliche Lage des heutigen Parlamentarismus, 1. Aufl. 1923, 2. Aufl. (mit einer Vorbemerkung „Über den Gegensatz von Parlamentarismus und Demokratie") 1926; dazu: Richard Thoma, Zur Ideologie des Parlamentarismus und der Diktatur, ArchSozWiss. Bd. 53 (1925) S. 212 und Richard Tönnies, Demokratie und Parlamentarismus, Schmollers Jb. Jg. 51 (1927) S. 173. — Allgemeine und rechtsvergleichende Werke: Georges Burdeau, Traité de Science Politique, T. V: L'état liberal et les techniques politiques de la démocratie gouvernée, 1953; T. VI: La démocratie gouvernante, son assise sociale et sa philosophie politique, 1956; Herman Finer, The Theory and Practice of Modern Government, 2 Bde, London 1932, in deutscher Übersetzung (hsg. von Siegfried Landshut) „Der moderne Staat", 3 Bde, 1958; Carl J. Friedrich, Der Verfassungsstaat der Neu-

kleinen Teil gelingen konnte —, um so mehr mußte ich erkennen, daß ich keine neuen Einsichten bieten kann, weil alles schon einmal und vieles besser und klüger gesagt worden ist, als ich es zu sagen vermag. Ich kann also nur den Versuch machen, Ihnen zur Einleitung der Diskussion einige mir wichtig erscheinende Aspekte des Themas in die Erinnerung zu rufen. Die Stoffülle hat es mir unmöglich gemacht, in den engen zeitlichen Rahmen ein in sich geschlossenes Referat zu fügen, das alle mir wichtig erscheinenden Punkte umgreifen

---

zeit 1953; Friedrich Glum, Das parlamentarische Regierungssystem in Deutschland, Großbritannien und Frankreich, 1950; Otto Kirchheimer, Vom Wandel der politischen Opposition, ArchRSozPh. XLIII, 1957, S. 59; Karl Löwenstein, The balance between legislative and executive power, Chicago Law Review Vol. 5 (1938) S. 566; ders., Verfassungsrecht und Verfassungsrealität, ArchÖffR 77, 1952, S. 387; Boris Mirkine-Guetzévitch, Les Constitutions Européennes, T. I: „Essai Synthétique", Paris 1951; Axel Vulpius, Die Allparteienregierung, Frankfurt 1957; Le régime parlementaire au milieu du XXe siècle, Revue internationale d'histoire politique et constitutionelle, Nouv. série Nr. 14, 1954 (Beiträge von B. Mirkine-Guetzévicht, G. Burdeau, C. J. Friedrich, K. Heckscher, P. Bastid, R. Capitant, F. Goguel); Le Travail parlementaire en France, en Grande-Bretagne, aux Etats-Unis et en Suisse. Rev. Française de Sc. politique Vol. IV Nr. 4, 1954 (Beiträge von Georges Galichon, Dorothy Pickles, Murray S. Stedman, P.-H. Coeytaux et François Goguel); Lord Campion and D. W. S. Lidderdale, European parliamentary procedure. A Comparative Handbook. London 1953; franz. Ausgabe unter dem Titel „La procédure parlementaire en Europe. Etude comparée, Paris 1955 (Cahiers de la Fondation Nationale de Sc. politique Nr. 73). — Für Deutschland: Franz Blücher, Bundesregierung und Parlament, Presse- und Informationsamt der Bundesregierung 1955; Horst Ehmke, Militärischer Oberbefehl und parlamentarische Kontrolle, ZfPol. NF 1, 1954, S. 337; Ernst Forsthoff, Verfassungsprobleme des Sozialstaats, 1954; ders., Hat der Staat noch Autorität? in „Christ und Welt" Nr. 46 v. 17. November 1955; Friedrich Glum, Kritische Bemerkungen zu Art. 63, 67, 68, 81 des Bonner Grundgesetzes, in Festgabe für Erich Kaufmann, 1950, S. 47; Wilhelm Hennis, Parlamentarische Opposition und Industriegesellschaft, in „Gesellschaft, Staat, Erziehung" 1956 S. 205; ders., Meinungsforschung und repräsentative Demokratie, 1957; Arnold Köttgen, Abgeordnete und Minister als Status-Inhaber, Gedächtnisschrift für Walter Jellinek, 1955, S. 195; Gerhard Leibholz, Der Parteienstaat des Bonner Grundgesetzes, in Recht, Staat, Wirtschaft, Bd. III, 1951, S. 99; ders., Parteienstaat und repräsentative Demokratie, DVBl. 1951, S. 1; ders., Der Strukturwandel der modernen Demokratie, 1952; Hermann v. Mangoldt, Das Verhältnis von Regierung und Parlament, und: Das Verhältnis von Staatschef und Regierung, in Dt. Landesreferate z. III. Internat. Kongreß für Rechtsvergl. 1950, S. 819, 834; Fritz Münch, Die Bundesregierung 1954; Hans Peters, Neuere Entwicklungen des Parlamentarismus, in Gegenwartsprobleme des Rechts, Paderborn 1950 (Görresgesellschaft), S. 89;

würde. Ich wollte auf der einen Seite nicht nur im Allgemeinen verharren, sondern auch einige aktuelle Streitfragen des deutschen Bundes- und Landesverfassungsrechts berühren, konnte aber andererseits nicht darauf verzichten, gewisse allgemeine Grundlagen zu entwickeln. Ich habe mir dann schließlich so geholfen, daß ich das Referat an einem bestimmten Punkt, der zeitlich geboten ist, abbreche, Ihnen aber auch noch einige Leitsätze aus dem an sich geplanten Besonderen Teil

---

Helmut Ridder, Parlamentarische Demokratie und autoritärer Staat, in „Diskus" (Frankfurter Studentenzeitung) 1956 Heft 1 und 2; Ulrich Scheuner, Grundlagen des modernen Staats, in Recht, Staat, Wirtschaft, Bd. 3, 1951, S. 126; ders., Der Bereich der Regierung, in Festgabe für Rudolf Smend, 1952, S. 253; ders., Das parlamentarische Regierungssystem in der Bundesrepublik, DÖV 1957, S. 633; Karl Schmid, Regierung und Parlament, in Recht, Staat, Wirtschaft, Bd. III, 1950 S. 86; Dolf Sternberger, Lebende Verfassung. Studien über Koalition und Opposition, 1956; Werner Weber, Spannungen und Kräfte im westdeutschen Verfassungssystem, 1951; ders., Das politische Kräftesystem in der wohlfahrtsstaatlichen Massendemokratie, in: Zum Problem des Gleichgewichts zwischen Wirtschaftspolitik und Staatspolitik, Heft 39 der Schriftenreihe des Industrie- und Handelstages, 1956, ders., Die Verfassung der Bundesrepublik in der Bewährung, 1957; — Für England: Ivor Jennings, Cabinet Government, 2nd ed., 1951; ders., Parliament, 1948; Eldon G. Johnson, The Accountability of the British nationalized industries, in AmPolScReview Vol. 48, 1954, S. 316; Herbert Morrison, Government and Parliament, A Survey, 1954, deutsch unter dem Titel „Regierung und Parlament in England" 1956; Parliament, A Survey, London 1952 (Beiträge von Lord Campion, L. S. Amery, D. W. Brogan, J. J. Craik Henderson, Sir Arthur Salter, H. E. Dale, Ivor Thomas, F. W. Lascelles, E. G. S. Wade, Sir Cecil Carr, A. L. Goodhart, G. M. Young). — Für Frankreich: Emile Blamont, Les conditions du contrôle parlementaire, in Revue du droit public et de la Science politique, T. 66, 1950, S. 387; Friedrich August Frhr. v. d. Heydte, Parlamentarismus in Deutschland und Frankreich, in Festschrift für Hans Nawiasky, 1956, S. 323; Werner Ludwig, Regierung und Parlament im Frankreich der IV. Republik, 1956; Philip Williams, Politics in Post-War France. Parties and the Constitution in the Fourth Republic, London 1953; Georges Vedel, Manuel élémentaire de droit constitutionnel, Paris 1949. — Für Belgien: Carl Henrik Höjer, Le Régime parlementaire belge de 1918 à 1940, Uppsala och Stockholm 1946; Aspects du Régime parlementaire Belge (Bibliothèque de l'Institut belge des Sciences Politiques Nr. 1), Bruxelles 1957 (Beiträge von G. Ciselet, H. Fayat, W.-J. Ganshof van der Meersch, M.-L. Gérard, M. Grégoire, P. Harmel, H. Rolin et P. Wigny); Le Contrôle parlementaire de l'action gouvernementale (wie vor Nr. 2), Colloque du 17 Mars 1956, Bruxelles 1957. — Für Schweden: Dankwart A. Rustow, The Politics of Compromise. A Study of Parties and Cabinet Government in Sweden, Princeton 1955.

des Referats als Material für die Diskussion vorlege[1a]). Die Weite des Themas, das unser Vorstand gestellt hat, hat jedenfalls den Vorzug, daß sie es Referenten und Diskussionsrednern überläßt, aus der Fülle des Stoffes diejenigen Fragen herauszugreifen, die ihnen bedeutsam erscheinen.

I.

1. Jeder Staat muß eine Regierung haben. Nicht jeder Staat braucht aber ein Parlament. Wenn also das Thema „Parlament und Regierung im modernen Staat" behandelt werden soll, so kann nur ein Staat gemeint sein, in dem ein echtes Parlament als ein aus allgemeinen und freien Wahlen hervorgehendes, an der Staatswillensbildung zumindest als gesetzgebende Körperschaft maßgebend beteiligtes Verfassungsorgan besteht. Autoritäre Staaten aller Spielarten scheiden also aus unseren Betrachtungen aus. Es gehört weder zu den Aufgaben dieses Referates, den Gründen für die antiparlamentarischen Tendenzen in der Gegenwart nachzuspüren, noch die Typen der autoritären Staaten herauszuarbeiten oder den quasi-parlamentarischen Einrichtungen autoritärer Staaten Aufmerksamkeit zu schenken. Wir beschränken uns auf jene Staaten, in denen es als eine Grundfreiheit anerkannt ist, „in angemessenen Zeitabständen freie und geheime Wahlen unter Bedingungen[2]) abzuhalten, welche die freie Äußerung der Meinung des Volkes bei der Wahl der gesetzgebenden Körperschaft gewährleisten", wie es in Artikel 3 des Zusatzprotokolls zur Europäischen Konvention zum Schutz der Menschenrechte und Grundfreiheiten heißt.

2. Unser Thema lautet nicht „Parlament und Regierung in der Bundesrepublik Deutschland", sondern „Parlament und Regierung im modernen Staat". Damit ist die rechtsvergleichende Betrachtung nahegelegt. Da wir aber eine Vereinigung von deutschen Staatsrechtslehrern sind, dürften wohl doch die einschlägigen Fragen des deutschen Bundes- und Landesverfassungsrechts im Vordergrund stehen. Schon aus Zeitgründen kann nur gelegentlich ein Blick auf fremde Staaten geworfen werden, wenn auch zunächst die verschiedenen Regierungssysteme unterschieden werden müssen, die

---

1a) Ich hoffe, den zweiten Teil zusammen mit dem überarbeiteten und erweiterten ersten Teil später als Sonderschrift vorlegen zu können.

2) Das setzt also Freiheit der Parteigründung, Mehrparteiensystem, Recht zur verfassungsmäßigen Bildung und Ausübung einer parlamentarischen Opposition, Freiheit der Meinungsäußerung, Vereins- und Versammlungsfreiheit voraus.

in den der freiheitlichen Demokratie zugewandten Staaten entwickelt worden sind, um unser parlamentarisches System einzuordnen. Im übrigen kann man Rechtsvergleichung nur mit größter Vorsicht betreiben, da die Gestalt des Regierungssystems ebenso stark von außerrechtlichen — psychologischen, historischen, soziologischen, ökonomischen — Voraussetzungen wie von verfassungsrechtlichen Normen[3]) bestimmt wird. Bei gleichem Wortlaut der einschlägigen Verfassungsbestimmungen kann die Verfassungswirklichkeit gänzlich verschieden aussehen. Insbesondere die vom Volkscharakter bestimmte Parteistruktur und die Reaktion des Volkes in politischen und ökonomischen Krisenzeiten spielen dabei eine entscheidende Rolle. Heil und Unheil liegen nicht in den verfassungsrechtlichen Institutionen[4]), sondern darin, wie das Volk von ihnen Gebrauch zu machen versteht[5]). Ich glaube daher nicht, daß das Scheitern der Weimarer Republik auf Mängel der Weimarer Reichsverfassung zurückzuführen ist[6]), wie ich auch in den mit so großer Sorgfalt ausgeklügel-

---

[3]) Nicht nur das englische Kabinettsystem hat sich ohne verfassungsgesetzliche Normierung entwickelt, auch die Verfassungsurkunden von Belgien, Norwegen und Schweden z. B. enthalten keine Regeln über parlamentarische Regierung; nach dem Wortlaut ihrer Bestimmungen könnten die Monarchen „ihre" Minister nach Belieben ernennen und entlassen. — Vgl. auch Löwenstein, ArchÖffR 75, 159 f.: „Der Parlamentarismus ist im wesentlichen eine pragmatische und nicht eine dogmatische Erscheinungsform der politischen Ordnung. Er stellt keinen eindeutigen und in sich geschlossenen Regierungstyp dar."

[4]) Ihr Wert soll nicht bestritten werden: sie können zur Sichtbarmachung des Bruchs mit der alten Ordnung zwingen, wenn revolutionäre Bewegungen die Macht ergreifen wollen (vgl. als etwa einerseits Art. 150 Hess. Vfsg., andererseits Hitlers Weg der „Legalität").

[5]) Werner Kägi (Stadien im Prozeß der Demokratie, Schweizer Monatshefte Mai 1957 S. 99) bezeichnet als die Grundrichtung des von ihm unterschiedenen dritten Stadiums des demokratischen Denkens, zu dem unsere Zeit aufgerufen sei „die klare Erkenntnis, daß nicht die Institutionen die Demokratie ausmachen, sondern die geistige Verfassung der Bürger oder doch der großen Mehrheit der Bürger." Auch nach Ulrich Scheuner (DÖV 1957, 637) hängt die Zukunft des deutschen Staates nicht nur von der Leistungsfähigkeit seiner Organisation ab, „sondern vor allem auch von der lebendigen Erfüllung der geistigen Anschauungen, die ihn tragen und seinen Einrichtungen ihre Legitimation geben".

[6]) Ebenso Scheuner, DÖV 1957, 633 unter Verweisung auf die Darstellung von Bracher, Die Auflösung der Weimarer Republik, (2. Aufl. 1957), der die Ursache für den Weg „Von der parlamentarischen Demokratie zum Präsidialstaat" (S. 28 ff.) mit Recht in der „Schwäche und Unsicherheit der parlamentarischen Regierungs praxis" sieht.

ten Neuerungen des Grundgesetzes für das Verhältnis von Parlament und Regierung keine Garantie für das Funktionieren des intendierten Regierungssystems finden kann. Es kommt auf die Menschen an, die die Verfassung handhaben.

Man wird sich darum auch vor übereilten Deutungen und Prognosen hüten müssen, die gerade in unserem Problemkreis so oft anzutreffen sind. Oft wird man feststellen können, daß das, was erste Sachkenner mit Sicherheit als Ziel einer Entwicklung vorausgesagt haben, in der Wirklichkeit nicht eingetreten ist. In der Politik ereignet sich eben immer wieder das Unerwartete und wirft alle Prognosen über den Haufen[7]).

3. Wenn das Thema gestellt ist „Parlament und Regierung im modernen Staat", so ist darin bereits die These beschlossen, daß die Stellung von Regierung und Parlament und das System ihrer gegenseitigen Beziehungen sich gegenüber früheren staatlichen Epochen gewandelt haben. Bevor wir versuchen, die heutige Funktion dieser beiden obersten Staatsorgane und ihr Verhältnis zueinander in der einen oder anderen Richtung zu klären, müssen wir zunächst fragen, was denn die für unseren Zusammenhang bedeutsamen Merkmale des „modernen Staates" sind.

Vielleicht kann man in aller Kürze vier wesentliche Unterschiede gegenüber der klassischen liberalen repräsentativen Demokratie herausheben:

---

[7]) Vgl. z. B. Englands Rückkehr zum Zweiparteiensystem, die ein so ausgezeichneter Sachkenner wie Karl Löwenstein (JbÖffR 20, 254) für unwahrscheinlich hielt (dazu Aris JbÖffR NF 2, 109), oder den Wahlsieg der Konservativen in Canada im Juni 1957, die die Liberalen nach 22jähriger Herrschaft ablösten und ihre zunächst schwache Mehrheit bei den Neuwahlen im März 1958 auf 80 % der Sitze erhöhten. Auch konnte 1919 niemand voraussehen, daß sich die Weimarer Republik entgegen der von der Verfassung intendierten parlamentarischen Regierungsweise zu einem reinen Präsidialstaat entwickeln würde. Andererseits erscheint mir die negative Prognose, die heute manche Autoren (etwa Werner Weber in den Anm. 1 erwähnten Schriften oder Winfried Martini, Das Ende aller Sicherheit, 1954) der repräsentativen Demokratie stellen, verfrüht und übertrieben. In diesem Sinn bekenne ich mich durchaus zu meinem „unbekümmert zuversichtlichen Ton" (Baring im Bericht über diese Tagung DVBl. 1958, 13); mit Peter Schneider (Vortrag im Nachtprogramm des Senders Freies Berlin am 25. Oktober 1957) halte ich dafür, daß „unser parlamentarisches System im Zeitalter der sogenannten Massengesellschaft noch sinnvoll" ist, und zwar gerade als Gegengewicht gegen die nicht zu bestreitenden Gefahren der Vermassung.

a) Der Grundsatz der politischen Gleichheit aller Staatsangehörigen schließt die Staatsführung durch privilegierte Schichten aus.

b) Die Notwendigkeit, diese Masse der Staatsbürger durch politische Parteien zu organisieren, hat aus den liberalen Honoratiorenparteien die bürokratisierten Massenparteien werden lassen.

c) Die Parlamente haben sich aus der liberalen Repräsentativversammlung zur demokratischen Volksvertretung entwickelt.

d) Die Staatsaufgaben sind im Zeitalter des Wohlfahrtsstaates ungeheuer angewachsen.

Das Zeitalter der Masse und der ihm entsprechende demokratische Massenstaat führen große Gefahren herauf; sie bieten aber auch große Chancen[8]). Entscheidend für die Behandlung der Fragen von Parlament und Regierung ist die grundsätzliche Einstellung zur „Masse". Wer nur mehr Masse sieht, den Einzelnen im politischen Raum nicht mehr als Persönlichkeit wertet[9]), wer den Wähler als dumm verkauft, der Wählerschaft jede Fähigkeit zu vernünftiger Entscheidung aberkennt, wird die Einrichtung eines aus allgemeinen Wahlen hervorgehenden Parlaments für sinnlos erklären. Er wird für die autoritäre Führung der Masse durch eine starke Regierung ohne entscheidende Mitwirkung eines Parlaments ein-

[8]) Vgl. etwa den Sammelband „Masse und Demokratie" hsg. von Albert Hunold, Erlenbach-Zürich und Stuttgart 1957. Gegenüber der im Negativen verharrenden Diagnose des Massenmenschen als „Anti-Individium" in dem Beitrag von Michael Oakeshott („Die Massen in der repräsentativen Demokratie") erscheint mir der Beitrag von Werner Kägi („Das Massenproblem in der direkten Demokratie") besonders wichtig, weil er auch die „Frage der Therapie" stellt, ausgehend von der Überlegung, daß zwar nur auf Grund einer rückhaltlos offenen Diagnose eine klare Therapie möglich ist, daß aber „nur derjenige, der helfen will, zur Diagnose berufen und befähigt ist". Wesentlich für die „Politik der Entmassung" ist nach ihm „die Erweckung und Festigung neuer personhafter Gemeinschaft". In der Überzeugung, daß die Vermassung noch nicht so total ist, wie sie vielfach dargestellt wird, und daß Heilkräfte vorhanden sind und aktiviert werden können, weiß ich mich mit Kägi einig. Nur in dieser Haltung, die vielleicht von mancher Seite als naiver Optimismus gescholten oder belächelt wird, kann man m. E. an die Interpretation einer Verfassung herangehen, die am Idealbild der repräsentativen Demokratie festhält.

[9]) In zwei eindrucksvollen Schriften haben uns deutsche Parlamentarier gezeigt, wie sie über die Persönlichkeit im heutigen Parteien- und Verbändegetriebe denken: Adolf Arndt, Die Persönlichkeit in der parlamentarischen Demokratie, Berlin 1958, und Hermann Ehlers, Führer und Funktionär in der deutschen Politik, Berlin 1956.

treten. Wer aber auch heute noch das personale Element in der Masse sieht — im Verhältnis des Wählers zu den Parteien und den Wahlkandidaten, des Wahlkandidaten zu den Wählern, des Abgeordneten und des Ministers zu seiner Partei und zum Volk —, der wird es auch heute noch für sinnvoll und möglich halten, ein „offenes Regime" des Kompromisses und des Ausgleichs zu installieren, wie es die parlamentarisch-demokratische Regierungsweise darstellt, und anerkennen, daß das Parlament auch heute noch eine Integrationsaufgabe erfüllt. Über diese durch das Menschenbild[10]) bestimmte Grundhaltung muß man sich klar sein, wenn man über Parlament und Regierung im modernen Staat sprechen will.

II.

1. Demokratie bedeutet Herrschaft der Mehrheit. In der freiheitlichen Demokratie ist aber die Herrschaft der Mehrheit durch die rechtsstaatlichen Grundsätze beschränkt. Zu den wesentlichen politischen Freiheiten gehört der freie Wettbewerb der politischen Parteien. Die Minderheit kann zur Mehrheit, die Mehrheit kann zur Minderheit werden. *Demokratie kann nur bestehen, wenn das Volk in seiner großen Mehrheit die Grundlagen der Verfassung bejaht, und wenn es die Fähigkeit zur Mehrheitsbildung in Parlament und Regierung besitzt*[11]). Ist diese Voraussetzung gegeben, so erhebt sich die Frage, wie es mit *den* politischen Parteien steht, die sich zwar aller rechtsstaatlichen Freiheiten im Kampf um die Mehrheit bedienen, dabei aber das Ziel verfolgen, diese Freiheiten zu beseitigen und die eigene Macht autoritär zu befestigen, sobald sie die Mehrheit errungen haben. Muß der freiheitliche demokratische Staat eine solche *Opposition aus Prinzip* dulden oder ist er befugt, sie auf verfassungsrechtlichem Wege auszuschalten?

---

[10]) Vgl. dazu auch *Scheuner*, DÖV 1957, S. 637 r unten.

[11]) *Kägi*, Schweizer Monatshefte aaO., S. 104. — Daran, daß diese Fähigkeit fehlte, ist die Weimarer Demokratie zugrundegegangen, nicht an Mängeln der verfassungsrechtlichen Ordnung. Die Gestaltung des Wahlrechts (Mehrheits- oder Verhältniswahl? Sperrklauseln gegen kleine Parteien bei der Verhälniswahl?) kann mithelfen, die Fähigkeit zur Mehrheitsbildung zu entwickeln. Das Bundesverfassungsgericht hat unter diesem Aspekt die Sperrklauseln in den deutschen Wahlgesetzen anerkannt und betont, daß auch im Rahmen des Grundgesetzes die Regierung trotz des konstruktiven Mißtrauenvotums — und, wie hinzugefügt werden muß, trotz des m. E. irrealen Gesetzgebungsnotstandes — einer sicheren Mehrheit bedarf (vgl. insbes. die Entscheidung vom 23. Januar 1957, BVerfGE 6, 90 ff.).

Die zum demokratisch-parlamentarischen System gehörende echte Opposition[12]) weiß sich mit der regierenden Mehrheit in der Anerkennung der Grundlagen der Verfassung einig[13]); ihr alternatives Regierungsprogramm läßt die Verfassungsgrundlagen unangetastet. Die Opposition aus Prinzip hingegen lehnt die Verfassung selbst ab und möchte ein auf entgegengesetzten Grundlagen aufbauendes Staatswesen an ihrer Stelle aufrichten.

Dieses Phänomen bestimmt da, wo die Verfassung keine Handhabe bietet, solche verfassungsfeindlichen Parteien auszuschalten, das politische Kampffeld in der Weise, daß die verfassungstreue Opposition im gemeinsamen Kampf gegen die verfassungsfeindlichen Parteien an die Seite der Regierungsparteien gedrängt wird und die Entscheidung der

---

[12]) Zur Entstehungsgeschichte der loyalen Opposition in England: Kurt Kluxen, Das Problem der politischen Opposition. Entwicklung und Wesen des englischen Zweiparteiensystems im 18. Jahrhundert, 1956; dazu Ernst Fraenkel in ZfPol. NF IV (1957) S. 90. — Die Jahrestagung der Vereinigung für die Wissenschaft von der Politik 1954 hatte „Formen und Funktionen der Opposition" zum Gegenstand. Eugen Kogon berichtet in ZfPol. NF I (1954) S. 365 über diese Tagung. Die Referate von Siegfried Landshut und Dolf Sternberger sind in der Festschrift f. A. Rüstow (Wirtschaft und Kultursysteme, 1955) S. 214 und S. 301 abgedruckt. — „Vom Wandel der politischen Opposition" handelt Otto Kirchheimer in ArchRSozPhil. XLIII (1957) S. 59. — § 88 Abs. 2 Nr. 3 StGB zählt „das Recht auf verfassungsmäßige Bildung und Ausübung einer parlamentarischen Opposition" zu den strafrechtlich geschützten Verfassungsgrundsätzen. Nach dem SRP- und dem KPD-Urteil des Bundesverfassungsgerichts gehört es zu den obersten Grundsätzen der freiheitlichen Demokratie, die das Grundgesetz unter dem Begriff der freiheitlichen demokratischen Grundordnung zusammengefaßt (BVerfGE 2, 13 und 5, 140). — Schleswig-Holstein gewährt dem Führer der Opposition eine besondere Aufwandsentschädigung (§ 2 II c des Ges. über die Entschädigung der Abgeordneten v. 31. 5. 1955 [GVBl. S. 125], urspr. Beschluß des Landtages v. 5. 8. 1947). Das Bayerische Gesetz über die Errichtung einer Akademie für politische Bildung vom 27. Mai 1957 (GVBl. S. 103) geht von der Opposition in dem Sinne als einer verfassungsrechtlichen Institution aus, als die Mitglieder des Kuratoriums auf Grund einstimmiger Beschlüsse des Ministerpräsidenten, des „Landesvorsitzenden der nach der Zahl ihrer Mandate stärksten Oppositionspartei mit Fraktionsstärke" und einer von der bayerischen Rektorenkonferenz benannten Persönlichkeit berufen werden.

[13]) Das Bundesverfassungsgericht spricht von den „elementaren Verfassungsgrundsätzen, die die Verfassungsordnung zu einer freiheitlichen demokratischen machen, Grundsätzen, über die sich mindestens alle Parteien einig sein müssen, wenn dieser Typus der Demokratie überhaupt sinnvoll funktionieren soll" (BVerfGE 5, 141).

Wähler primär nach dieser großen Zweiteilung erfolgt[14]). Das bedingt eine Modifikation in dem herkömmlichen Verhältnis der Opposition zur Regierungsmehrheit im Sinne einer gewissen Verschleifung der Gegensätze, um den gemeinsamen Kampf gegen die Feinde der Freiheit führen zu können. Ich verweise in diesem Zusammenhang darauf, daß sowohl in Österreich wie in Frankreich[15]) und Italien die Kommunisten, die in den ersten Jahren nach dem Krieg aus leicht erklärlichen Gründen in die Regierung aufgenommen worden waren, wieder ausgeschieden worden sind. In der französischen Verfassung ist die Bestimmung, die vorsah, daß der im Fall der Parlamentsauflösung an die Spitze der Regierung tretende Präsident der Nationalversammlung zusätzlich Minister aus allen den Gruppen ernennen sollte, die in der Regierung nicht vertreten waren, 1954 wieder gestrichen worden, um zu verhindern, daß auf diese Weise Kommunisten Einblick in die Regierungsgeschäfte erhalten[16]).

Ausgehend von der Grundauffassung, daß die freiheitliche Demokratie einen Wert verkörpert und nicht nur ein formales Verfahren darstellt, in dem jede beliebige politische Meinung an die Macht kommen kann, ist es durchaus konsequent, wenn Artikel 21 Abs. 2 GG vorsieht, daß verfassungsfeindliche Parteien aus dem politischen Wettkampf durch Verbot ausgeschlossen werden können[17]). Über die politische Zweckmäßigkeit eines solchen Verbotes kann man streiten. Es *kann* zu einer Verfälschung des innerpolitischen Kräfte-

---

14) Kirchheimer, aaO. S. 74.

15) Zur Entwicklung in Frankreich: *Philip Williams*, Politics in Post-War France. Parties and the Constitution in the Fourth Republic, London 1954.

16) Art. 52 der Verfassung von 1946 wurde durch das Gesetz vom 7. Dezember 1954 geändert. Über die durch dieses Gesetz vorgenommene Verfassungsreform berichtet *Georges Berlia* in RevDroitPublicSciencePol. T. 61 (1955) S. 164. Sein skeptisches Gesamturteil: „Il reste qu'elle ne s' est pas attaquée à l'essentiel et qu'il était impossible qu'elle le fît. Les principales difficultés constitutionnelles et politiques françaises tiennent à des mœurs et à des pratiques" (S. 164 f.).

17) Zum KPD-Urteil des Bundesverfassungsgerichts vom 17. August 1956 (BVerfGE 5, 85 ff.), das sich eingehend mit dem Begriff der verfassungsfeindlichen Partei auseinandersetzt: *Abendroth* in ZfPol. NF 3 (1956) S. 305 und *Ridder* in NeuePolLit. 1957 S. 351. Unter Berufung auf Art. 17 der Europ. Konvention zum Schutz der Menschenrechte, der „das Aufkommen von Bewegungen verhindern will, die sich auf die Grundrechte berufen, um sie um so leichter zu vernichten", hat die Europ. Menschenrechtskommission die Beschwerde der KPD gegen den Verbotsantrag der Bundesregierung durch Beschluß vom 20. Juli 1957 für unzulässig erklärt (NJW 1957 S. 1350).

spiels und zu einer Aufwertung der übrigen Parteien führen, wenn ein Teil der Wähler überhaupt nicht mehr mitzählt. Aber man wird nicht bestreiten können, daß diese Möglichkeit in der freiheitlichen Demokratie durchaus systemgerecht ist, indem sie die Beteiligung an dem Wettkampf um die Stimmen der Wähler nach dem Sinn der Wahl, — Verfassungsorgane im Rahmen der geltenden wertbetonten Verfassung zu bilden, — auf die Gruppen beschränkt, die dieses System selbst anerkennen[18].

Dagegen ist es verfassungsrechtlich unzulässig, durch die Geschäftsordnung nicht verbotene Parteien wegen Verfassungsfeindlichkeit von der effektiven Teilnahme an den Geschäften des Parlamentes auszuschließen, indem ihnen die Anerkennung als Fraktion versagt wird (so die Geschäftsordnung des Landtags von Nordrhein-Westfalen vom 6. April 1948).

2. Der moderne massendemokratische Staat kann ohne die modernen straff organisierten massendemokratischen Parteien nicht existieren[19]. Ihre Existenz und ihr Wirken haben manche Autoren zu Folgerungen gebracht, die ich — etwas zugespitzt — auf die Formel bringen möchte: Regierung und Parlament sind im modernen massendemokratischen Staat nur noch Fassade; in Wahrheit üben die politischen Parteien, genauer gesagt die Parteibürokratien, die Macht aus[20].

---

[18]) Dürig, HdwbSozWiss. IX (1956) S. 751 spricht in diesem Zusammenhang von der „abwehrbereiten" im Gegensatz zur „relativistischen" Demokratie und findet, daß „die Maxime ‚Keine Freiheit den Feinden der Freiheit' auch noch vor dem traditionellen Demokratiebegriff mit dem legitimen demokratischen Streben nach einer minimalen Homogenität gerechtfertigt werden kann". Kritisch gegenüber dem Parteiverbot Stampfer in Hess. Hochschulwochen für staatswiss. Fortbildung V (1954) S. 156 ff. Daß „aufrechter Bürgersinn und menschenwürdiges Dasein für alle die Stützen einer freiheitlichen Staatsordnung sind" und „ohne sie auch kein Artikel 21 des Grundgesetzes hilft", ist sicher wahr, spricht aber nicht unbedingt gegen den Versuch der legalen Unterdrückung.

[19]) Zum Parteienstaat insbes. die Schriften von Leibholz (Anm. 1), die Verhandlungen der Staatsrechtlichen Abteilung des 38. DJT (1950): „Verfassungsrechtliche Stellung und innere Ordnung der Parteien" mit Referaten von Gerhard Leibholz und Hans Reif, sowie der Bericht der vom BMdI eingesetzten Parteienrechtskommission: „Rechtliche Ordnung des Parteiwesens", 1957; dort S. 235 ff. Literaturverzeichnis. Das Bundesverfassungsgericht hat die politischen Parteien als verfassungsrechtliche Institution anerkannt (zusammenfassend BVerfGE 4, 27).

[20]) Repräsentativ etwa Werner Weber (Anm. 1) oder Winfried Martini (Anm. 7). Vgl. auch Götz Roth, Fraktion und Regierungsbildung, 1956. Leibholz tritt für die Demokratisierung der Parteien selbst ein, „damit die Parteien nicht als diktatoriale Körperschaften in Erscheinung treten" (38. DJT S. C 12).

Ich glaube nun, die Wirklichkeit ebenso nüchtern zu betrachten wie jene Autoren, wenn ich feststelle, daß auch heute noch durchaus Persönlichkeiten auf der politischen Szene mitspielen, ja sie in gewissem Sinne beherrschen, und daß der Einzelne noch nicht so völlig von der Masse und den Massenorganisationen verschlungen ist, wie vielfach behauptet wird. Auch heute stoßen wir auf das Wirken von Persönlichkeiten im nicht organisierten Staatsvolk, in den Parteien, in den Fraktionen, im Parlament, in der Regierung[21]). Ich muß mich hier mit wenigen Hinweisen begnügen. So wird vielfach geradezu beklagt, daß der Bundeskanzler sich zu stark als Persönlichkeit durchsetze. In unseren Parlamentsfraktionen finden wir nicht nur jene Klischee-Parteigänger, die uns meist vorgestellt werden. Ich brauche nur an so eigenwillige Persönlichkeiten wie Carlo Schmid oder August Dresbach zu erinnern[22]). Gerade diese beiden Abgeordneten haben aber bei der Bundestagswahl fünf- bis sechstausend Stimmen mehr auf ihre Person vereinigt, als ihre Parteien Zweitstimmen erhielten. Auch der Wähler scheint demnach doch nicht das dumpfe Herdentier zu sein, als das er so oft charakterisiert wird. Wahrscheinlich würde eine genaue Analyse der Erst- und Zweitstimmen bei der Bundestagswahl ergeben, daß eine große Anzahl von Wählern sich ihre Stimmenabgabe sehr genau überlegt und eine bewußte Entscheidung trifft[23]).

---

[21]) Sicher ist es richtig, daß heute die politische Persönlichkeit nur mehr im Rahmen einer Partei wirken kann, aber auch heute noch dürfte in gewisser Beziehung das Parlament die Auslesestätte der Führerpersönlichkeiten im Konkurrenzkampf der politischen Temperamente und politischen Begabungen im Sinne Max Webers sein, und zwar auch über das Ringen um die Führung in der eigenen Partei hinaus. Ernst Reuter etwa wurde 1951 auch mit Stimmen der „bürgerlichen" Fraktionen zum Regierenden Bürgermeister von Berlin gewählt und konnte es wagen, im Frühjahr 1952 die Vertrauensfrage zu stellen, obwohl seine Partei nicht die Mehrheit hatte; nach seinem Tode wählte dann dasselbe Abgeordnetenhaus den CDU-Abg. Schreiber zum Reg.Bgm.

[22]) Daß ich nur diese beiden Namen nenne, beruht darauf, daß gerade während der Vorbereitung dieses Referates die Wahlergebnisse bekannt wurden. Man könnte natürlich noch viele Abgeordneten nennen, die wegen ihrer persönlichen Gaben hohes Ansehen auch bei den anderen Fraktionen und in weiten Volkskreisen genießen.

[23]) Die Mehrzahl der Wähler allerdings wird ihre Stimmabgabe für einen Kandidaten als Mittel betrachten, für eine Parteirichtung zu stimmen oder für die Persönlichkeit, die eine Partei als künftigen Regierungschef präsentiert. Aber jene Ausnahmen zeigen eben, daß es auch heute noch auf die Persönlichkeit des Kandidaten ankommen kann. Die Wahlergebnisse der Bundestagswahl 1953 sind analysiert in dem von Wolfgang Hirsch-Weber und

Bei der Aufstellung der Kandidaten haben sich die örtlichen Parteigremien keineswegs immer den Wünschen der Parteizentralen gefügt. Manche Abgeordneten pflegen durchaus die Beziehung zu ihrem Wahlkreis, nicht nur zu ihrer Partei-Bürokratie[24]). Man kann auch nicht behaupten, daß auf der Tribüne des Bundestages immer nur die Parteiwalze gedreht wird; wir haben große Debatten erlebt, die durch die Rednerpersönlichkeiten geprägt waren[25]) und deren Einfluß auf die Abstimmung in gewissem Umfange nicht bestritten werden kann. Zwei Beispiele sind mir in der Erinnerung haften geblieben: aus dem ersten Bundestag die großartige Rede Thomas Dehlers über die Todesstrafe und die danach unter dem Eindruck seiner Argumente erfolgte Abstimmung quer durch die Parteilager hindurch[26]); ferner die mit so großer Anteilnahme von den Abgeordneten, der Presse und den Bürdern am Radio aufgenommene nonkonformistische Rede des jungen CDU-Abgeordneten Nellen über die Kriegsdienstverweigerung im zweiten Bundestag[27]). In der Wehrpolitik- und Atomrüstungsfrage hat es starke Spannungen auch zwischen der Regierung und den Mehrheitsfraktionen im Bundestag

---

Klaus Schütz herausgegebenen Buch „Wähler und Gewählte", Berlin 1957; dazu Otto Kirchheimer Neue PolLit. 1957, 646. Die Wahlergebnisse in der Bundesrepublik, in den deutschen Bundesländern, im Saarland und in der Sowjetzone (DDR) 1946 bis 1956 hat zusammengestellt Richard Schachtner, Die deutschen Nachkriegswahlen, München 1956; dort S. 79 ff. auch eine Übersicht über die Zusammensetzung der Regierungen in Bund und Ländern bis 1956.

24) Scheuner, DÖV 1957 S. 637 f. betont mit Recht, daß die Verbindung des Parlaments mit der Wählerschaft eine Lebensfrage der Demokratie ist. Es dürfte auch zutreffen, daß dem Wahlsystem für das Verhältnis des Abgeordneten zu seinen Wählern und für seine Unabhängigkeit gegenüber der Partei keine entscheidende Bedeutung zukommt. Der Vorzug der Mehrheitswahl und der personalisierten Verhältniswahl unter diesem Aspekt sollte aber nicht übersehen werden.

25) So negativ die große außenpolitische Debatte im Bundestag vom 20.—25. März 1958 in einigen Auswüchsen zu bewerten sein mag — daß sie auf weiten Strecken große parlamentarische Beredsamkeit bewies, wird niemand bestreiten können. Wie weit sie nicht nur außerhalb, sondern — trotz der nach Fraktionen erfolgten Abstimmung — auch innerhalb des Bundestags meinungsbildend gewirkt hat, läßt sich in diesem Augenblick noch nicht übersehen.

26) 232. Sitzung des I. Bundestages v. 2. 10. 1952 StenBer. S. 10 610 ff.

27) 159. Sitzung des II. Bundestages vom 6. Juli 1956, StenBer. S. 8841 ff.

gegeben, wobei etwa der der Regierungs-Koalition angehörende Vorsitzende des Verteidigungsausschusses keineswegs immer Ordre parierte. Trotz der Gefahr, nicht wieder aufgestellt zu werden, sind einige Abgeordnete im ersten und zweiten Bundestag aus ihrer Fraktion ausgetreten[28]). Auch haben die Fraktionen keineswegs immer einheitlich abgestimmt[29]).

So völlig glatt im Sinne einer bloßen Parteiregistrierungsmaschine scheinen also doch Parlament und Regierung bei uns nicht zu arbeiten. Ich vermag daher nicht allen Thesen beizustimmen, die über den heutigen Parteienstaat aufgestellt worden sind, und möchte als für unseren Zusammenhang wesentlich nur noch die Kontroverse zu Artikel 38 GG herausgreifen.

Ich leugne natürlich nicht, daß die Vorstellung des Abgeordneten als des frei abstimmenden Vertreters des ganzen Volkes ihren geistigen Urgrund in der liberalen Repräsentationsidee hat. Aber ich bestreite, daß der Wandel vom klassischen Parlament zur modernen Volksvertretung und die Erhebung der politischen Parteien zu Verfassungsrang durch Artikel 21 GG dem Grundsatz des Artikels 38 Abs. 1 Satz 2 den Boden entzogen hat, so daß ein unlösbarer Widerspruch zwischen Artikel 38 Absatz 1 Satz 2 und Artikel 21 Absatz 1 GG besteht[30]).

Verfassungen brauchen sich nicht an Schemata zu halten, die von Theoretikern als „folgerichtig" entwickelt worden sind. Es ist nicht einzusehen, wieso aus der verfassungsrechtlichen Anerkennung des F a k t u m s, daß Wahlen im modernen Massenstaat ohne politische Parteien nicht vor sich gehen können, zwangsläufig die rechtliche Konsequenz gezogen werden muß, daß die Abgeordneten Träger eines imperativen Mandates ihrer Partei sind. Durch Artikel 38 GG wird die Freiheit der Abgeordneten von Aufträgen und Weisungen ver-

---

[28]) Die Zahlenangaben schwanken; nach meinen Berechnungen haben im Ersten Bundestag 57 von 406 Abg., im Zweiten Bundestag 34 von 487 Abg. die Fraktion gewechselt. — Vgl. auch E m i l O b e r m a n n s, Alter und Konstanz von Fraktionen. Veränderungen in deutschen Parlamentsfraktionen seit dem Jahre 1920, Meisenheim 1956.

[29]) Dazu die Untersuchungen von H e i n z M a r k m a n n, Das Abstimmungsverhalten der Parteifraktionen in deutschen Parlamenten, Meisenheim 1955; Bedenken gegen sein Verfahren äußert G e r h a r d S c h u l z, NeuePolLit. 1956 Sp. 354.

[30]) So im Anschluß an L e i b h o l z (38. DJT S. C 19) BVerfGE 2, 72 ff.

fassungsrechtlich verbürgt, der Abgeordnete an sein Gewissen und an das Wohl des ganzen Volkes als Richtschnur seines Handelns verwiesen[31]). Dies ist der unseren Parlamentarismus auch heute noch beherrschende verfassungsrechtliche Obersatz. Es erscheint durchaus sinnvoll, gerade im Rahmen der modernen Massenparteien die Persönlichkeit des Abgeordneten und seine freie Gewissensentscheidung zu sichern. Artikel 38 Abs. 1 Satz 2 ist nicht eine aus Trägheit weiter mitgeschleppte sinnentleerte Formel, sondern die bewußte Entscheidung für die freie Abgeordnetenpersönlichkeit auch im modernen Massenstaat[32]).

Die politischen Parteien sind damit gehalten, in Erfüllung der ihnen durch Artikel 21 zugewiesenen dienenden Funktion nur solche Kandidaten zur Wahl zu stellen, die den Anforderungen des Artikels 38 genügen[33]), und sie haben rechtlich über die Abgeordneten nicht mehr Macht als ihre Vorläufer in den liberalen Repräsentationsversammlungen. Aus diesen grundsätzlichen Erwägungen zu Artikel 38 GG kann ich Bedenken gegen das SRP-Urteil des Bundesverfassungsgerichts, das ohne besondere gesetzliche Grundlage an das Parteiverbot den Mandatsverlust geknüpft hat[34]), nicht unterdrücken.

---

[31]) Zu dem Parallelartikel 91 der Schweizer Bundesverfassung: Werner Kägi im Jahrbuch „Die Schweiz" 1952 S. 8.

[32]) Auch Hans Schneider DVBl. 1953 S. 440 meint: „In der Tat muß die parlamentarische Demokratie an dem Gedanken, daß der Abgeordnete nicht nur seine Wähler, nicht seinen Wahlkreis und erst recht nicht seine Partei vertritt, sondern für das ganze Volk handelt, wie an einem Glaubenssatz festhalten." Zum freien Mandat auch WPrGericht Rheinland-Pfalz in AS 3, 407.

[33]) Kägi, Schweizer Monatshefte 1957 S. 408: „Es ist eine Schicksalsfrage der Demokratie, daß ob der Loyalität gegenüber dem Verband und der Partei die Loyalität gegenüber dem Ganzen nicht verkümmert. Diese Auseinandersetzung ist jedem einzelnen Verbands- und Parteimitglied als Bürger aufgegeben; sie stellt aber die führenden Personen vor eine ganz besondere — beispielgebende — Verantwortung. In der schärfsten Zuspitzung finden wir diesen Konflikt dort, wo der Partei- und Verbandsvertreter zugleich Volksvertreter ist."

[34]) Urteil vom 23. Oktober 1952, BVerfGE 2, 1 ff. Der Bremische StGH hat sich in der Entscheidung vom 5. Jaunar 1957 dieser Auffassung angeschlossen; Bedenken dagegen unter Anführung der einschlägigen Literatur in der abw. Meinung von drei Mitgliedern des StGH (Urteil, abw. Meinung und Niederschrift über die mündliche Verhandlung sind in einem Sonderdruck der Brem. Bürgerschaft veröffentlicht). Der Niedersächs. StGH hat durch Beschluß vom 28. März 1958 die Entscheidung über den Mandatsverlust der zwei KPD-Abg. im Nds. LT ausgesetzt und die Rechtsfrage erneut dem BVerfG vorgelegt.

3. In diesem Zusammenhang noch ein Wort über den sog. „Fraktionszwang“[35]). Ohne Fraktionsdisziplin[36]) können stabile parlamentarische Regierungen nicht gebildet werden und an der Macht bleiben. Dafür ist Frankreich das klassische Beispiel. Es gehört also durchaus zu den legitimen Gründen der Gewissensentscheidung eines Abgeordneten, wenn er bei seiner Stimmabgabe nicht nur das aktuelle Objekt der Abstimmung beurteilt, sondern auch die Auswirkung der Abstimmung auf die Regierungsposition seiner Partei abwägt. Dabei wird ihn oft ein Beschluß seiner Fraktion leiten[37]). Wesentlich ist aber, daß dieser Beschluß unter seiner Beteiligung zustandegekommen ist. Selbst wenn von der Tribüne des Parlaments nur mehr eine Parteientscheidung proklamiert werden sollte, so ist diese doch in der Fraktion unter freier Mitwirkung aller Mitglieder gefallen. Diese Rolle des einzelnen Abgeordneten in der Fraktion, die als verfassungsrechtlich anerkannte Gliederung zum Parlament gehört, wird oft übersehen. Die Mitarbeit in der Fraktion gehört zur Ausübung des Mandats. Stellungnahme und Abstimmung in der Fraktion stehen also unter dem Gebot des Art. 38 Abs. 1 Satz 2. In der Gesamtwürdigung unseres Parlamentarismus darf diese innerparteiliche Demokratie mit echter Diskussion und Abstimmung nicht außer Acht gelassen werden. Je größer die Partei ist, je mehr soziale Schichten und Interessen in ihr vertreten sind, um so wichtiger wird der Ausgleich bereits in der

---

[35]) Zum Fraktionszwang: Dreher NJW 1950, 661; Grewe ArchÖffR 75 (1949) S. 468; Küster ArchÖffR 75, (1949) S. 399; Laun, Gedächtnisschrift für Walter Jellinek, 1955, S. 175; v. Mangoldt SJZ 1950 S. 336. Der Brem. StGH hat am 13. Mai 1953 die „Entscheidung“ getroffen: „Aus § 83 Abs. 1 Satz 3 der Landesverfassung der Freien Hansestadt Bremen, wonach die Mitglieder der Bürgerschaft „nur ihrem Gewissen unterworfen sind“, folgt, daß ein Abgeordneter nicht gezwungen werden kann, gemäß dem Mehrheitsbeschluß einer Fraktion abzustimmen und daß es insbesondere auch unzulässig ist, ihn mit rechtlich unerlaubten Mitteln dazu anzuhalten.“ (DVBl. 1953 S. 437 mit Anm. von Hans Schneider).

[36]) Vgl. auch Kremer, Der Abgeordnete zwischen Entscheidungsfreiheit und Fraktionsdisziplin, 1953, und Löwenstein, Über die parlamentarische Parteidisziplin im Ausland, in: Die politischen Parteien im Verfassungsrecht, Tüb. 1950.

[37]) Aus Art. 38 Abs. 1 Satz 2 GG kann weder abgeleitet werden, daß Beratung und Abstimmung in der Fraktion verfassungswidrig sind, noch daß der Abg. seine Pflicht verletzt, wenn er bei seiner Abstimmung im Plenum auch den Beschluß seiner Fraktion in Rücksicht zieht. Selbstverständlich aber kann ein Abg. nie gehindert werden, entgegen dem Fraktionsbeschluß abzustimmen. Die Zahl der Fälle, in denen wirklich das „Gewissen“ des Abg. engagiert ist, dürfte übrigens verhältnismäßig gering sein.

Fraktion. Darin liegt der große Vorzug des Zweiparteiensystems. In einer großen, durch Flügel und Außenseiter gekennzeichneten Partei kann es schon wegen der Vielfalt der in ihr vertretenen Volksschichten und Interessen nicht jene Diktatur der Parteibürokratie geben, die so oft als unausweichliches Schicksal behauptet wird. Zugleich mindern diese innerparteilichen Spannungen die politische Gefahr der Einparteienregierung im Zweiparteiensystem.

4. Im Wesen des parlamentarischen Systems liegt die Bereitschaft zum Kompromiß[38]). Das macht dieses Regierungssystem zwar den Verfechtern autoritärer Regierungsformen bereits verdächtig, aber gerade darin dürfte seine Stärke in der gegenwärtigen gesellschaftlichen Situation liegen. Der moderne Staat wird seine Ordnungsfunktion nur erfüllen und ein friedliches Zusammenleben der im Staat vereinten Menschen nur sichern können, wenn er den Weg des Kompromisses geht. Die widerstreitenden Interessen lassen sich nicht durch Diskussionen auflösen und vereinigen. So ist Verhandeln und Kompromiß das Zeichen der gegenwärtigen parlamentarischen Arbeit: Kompromiß innerhalb der Fraktion, Kompromiß innerhalb der Regierungsparteien, Kompromiß auch zwischen Regierungsmehrheit und Opposition. Denn das parlamentarische Regime muß ein Regime der Toleranz sein. Darum sind auch ständige Fühlungnahmen zwischen dem Regierungschef und dem Führer der Opposition angebracht. Zwar ist die Majorisierung der Minorität grundsätzlich möglich. Aber da es keine dauernde Festlegung der staatlichen Politik gibt, vielmehr jederzeit mit dem Wandel von Mehrheit zu Minderheit gerechnet werden muß, wird die Mehrheit sich hüten, irreparable Maßnahmen zu treffen, die der Opposition die Verfolgung ihrer Politik unmöglich machen würde, wenn sie die Regierungsmacht ergreift. Das Beispiel der englischen Sozialisierung hat hier die Grenzen gezeigt.

5. Wenn die Regierung vom Parlament getragen werden soll, so müssen die Parteien bei den Wahlen zum Parlament mit einem Programm und einer Regierungsmannschaft hervortreten. Die Regierungspartei oder -koalition kämpft unter Hinweis auf das Erreichte und das in dieser Linie weiter Ge-

---

[38]) Zum Kompromiß als wesensgemäßer und unvermeidbarer Eigenschaft des demokrat. Parteienstaates: Richard Thoma, Über Wesen und Erscheinungsformen der modernen Demokratie, Bonn 1948, S. 21 ff.; vgl. auch Kirchheimer, Opposition (Anm. 1) und ders. Changes in the structure of political compromise, in: Studies in Philosophy and Social Science, Vol. IX, New York 1941, S. 264 ff., und Rustow, The Politics of Compromise (Schweden), 1955.

plante um die Erneuerung des Mandats; die Opposition erstrebt unter Kritik der Regierungspolitik die Mehrheit für ihr Alternativprogramm[39]), um die Regierungsmacht zu ergreifen. In klassischer Form ist dieses System in „Her Majestys loyal opposition“ mit dem Schattenkabinett und dem aus Staatsmitteln besoldeten Oppositionsführer verkörpert[40]).

Im Gegensatz zum englischen Verfassungsbrauch[41]) halte ich allerdings dafür, daß bei uns das Mandat der Mehrheit nicht auf die Fragen begrenzt ist, die im Wahlkampf eine Rolle gespielt haben[42]). Parlament und Regierung müssen alle Fragen aufgreifen können, die sich im Lauf der Wahlperiode stellen.

In dem plebiszitären Charakter der Parlamentswahlen als Entscheidung für eine Partei und ihr Programm und möglichst auch für eine bestimmte Regierungsmannschaft[43]) liegt nichts, was dem Wesen der Wahl widerspricht. Es bleibt eine W a h l, weil alle Gruppen unter gleichen Wettbewerbsbedingungen antreten, in voller Freiheit die öffentliche Meinung beeinflussen können, und weil die Stimmen, die den in die Opposition verwiesenen Parteien gegeben werden, nicht ins Leere fallen. Auch die Parteien, die nicht in die regierende Mehrheit gelangen, sind im Parlament vertreten und können dort in der vollen Öffentlichkeit des Parlaments mit allen Mitteln parlamentarischer Kontrolle eine fortlaufende Kritik an der Regierung und der sie tragenden Mehrheit üben. Die Kontrollmittel, die ursprünglich dem

---

39) F o r s t h o f f, Christ und Welt v. 17. November 1955, allerdings ist der Meinung: „Es gibt heute keine Parteiprogramme, keine grundsätzlichen Parteiziele, es gibt auch keine grundsätzlichen Differenzen mehr.“ Nach ihm ist auch die alte Regel außer Kraft gesetzt, daß eine Partei sich in der Regierung verbraucht und dann von der Opposition abgelöst wird. Der richtige Kern dieser Ansicht bedürfte noch eingehender Untersuchung und Differenzierung. Hinter die Unbedingtheit der Diagnose und Prognose möchte ich ein Fragezeichen setzen (vgl. Anm. 7)

40) Vgl. dazu die Darstellung aus der jüngsten Praxis von H e r b e r t M o r r i s o n, Regierung und Parlament in England, 1956 (engl. Original 1954).

41) J e n n i n g s, Cabinet Gov., 1951, S. 467 ff.

42) So die These der Antragsteller in dem Verfahren vor dem Bundesverfassungsgericht betr. den EVG-Vertrag usw. (s. Der Kampf um den Wehrbeitrag, Band I S. 309, 315 ff., 324 ff., Band II S. 624 ff., Band II S. 135 f.).

43) Daß bei der Parlamentswahl die Persönlichkeit des an der Macht befindlichen oder von der Opposition präsentierten Regierungschefs in den Vordergrund tritt, ist nach allem durchaus konsequent und widerlegt im übrigen die These von der Alleinherrschaft des Parteiapparats und der ausschließlichen Orientierung der Wählerschaft an den Parteien.

Parlament gegen die von ihm unabhängige Exekutive gegeben worden waren, sind heute weitgehend zu Waffen der Opposition gegen die Regierung und ihre Mehrheit geworden[44]). Entscheidend ist weiter, daß die regierenden Parteien die Verantwortung nur auf Zeit tragen, auch außerhalb des Parlaments der Kritik der öffentlichen Meinung ausgesetzt sind[45]) und sich nach Ablauf der Wahlperiode dem Volke wieder stellen müssen. Jedes Regierungsmandat bleibt befristet, und jede Opposition kann darauf rechnen, eines Tages, und sei es wie 1957 in Canada erst nach 22 Jahren an die Regierung zu kommen.

Das von jeder politischen Partei zu verfolgende Ziel, die Regierungsmacht zu erlangen, erfordert allerdings einen bestimmten Parteityp. Parteien, die sich nur auf einzelne Schichten des Volkes stützen, haben weniger Chancen, die Mehrheit zu erringen, als solche, die breite und verschieden strukturierte gesellschaftliche Schichten ansprechen. Gerade die letzten Bundestagswahlen zeigen im deutschen Parteiwesen eine Auflockerung der überkommenen weltanschaulichen Verhärtung. Der Einbruch der Unionsparteien in die Arbeiterschaft und die Öffnung der SPD nach rechts liegen in dieser Linie.

6. Ein Wort endlich noch zu den Verbänden[46]). So wie einige Autoren den modernen Staat als Parteienstaat

---

[44]) Beide Linien laufen nebeneinander; auch die Spannung zwischen Parlament und Regierung besteht weiter, wie unten noch ausgeführt wird, und damit die Kontrolle der Regierung durch das Parlament als Ganzes. Aber das Zusammenspiel von Regierung und der sie tragenden Parlamentsmehrheit macht es erforderlich, die Kontrollmittel des Parlaments zu stärken und sie teilweise als Minderheitsrecht zu gestalten, damit die Opposition davon Gebrauch machen kann. Eine besondere Rolle spielen insofern die Untersuchungsausschüsse, die nach deutschem — nicht nach ausländischem — Verfassungsrecht in der Regel (nicht nach der Berliner und Bremer Verfassung) schon auf Antrag von $^1/_5$ bis $^1/_3$ der gesetzlichen Mitgliederzahl eingesetzt werden müssen.

[45]) Über die Gefahren einer Degeneration der repräsentativen Demokratie durch die Meinungsforschung vgl. Wilhelm Hennis, Meinungsforschung und repräsentative Demokratie, 1957, dazu Roman Schnur, DVBl. 1957, S. 511.

[46]) Literaturbericht von Strickrodt, Gruppeninteressen und Staatsgewalt, NeuePolLit. 1957 S. 320; Legitime Interessenvertretung in der mod. Gesellschaft (Referate von U. Scheuner, H. Krüger, O. A. Friedrich, W. Strauß) Ev. Akademie Loccum 1956; Der Staat und die Verbände, hsg. von Wilhelm Beutler, Gustav Stein, Hellmuth Wagner, Gespräch veranstaltet vom Bundesverband der Deutschen Industrie in Köln am 27. März 1957 (Referate von U. Scheuner und W. Weber und Diskussion), Heidelberg 1957; Th. Eschen-

charakterisieren, in dem alle Macht bei den Parteibürokratien ruht, so bezeichnen ihn andere als Verbändestaat, in dem die Interessenverbände die Parteien, das Parlament und die Regierung durchdringen und die Verbandsbürokratien die politische Führung an sich gerissen haben, oder vielleicht besser gesagt, in dem die politische Führung dem zwischen den Verbänden entbrannten Interessenkampf zum Opfer gefallen ist.

Auch hier möchte ich nur vor Übertreibungen warnen, ohne das Problem in seinem ganzen Umfang anzuschneiden[47]). Die Verbände sind im modernen Staat genauso wie die politischen Parteien nicht nur Gegebenheiten, sondern auch Notwendigkeiten. Es gibt eine durchaus legitime Interessenvertretung, die von den Verbänden wahrgenommen wird und wahrgenommen werden muß, auch durch Einwirkung auf Parteien, Parlament und Regierung. Aber ich glaube nicht, daß die Mitentscheidung der Parteien bei der Willensbildung des Staates vielfach nur noch formal ist[48]). Die großen Parteien sind vielmehr genötigt, in sich die verschiedensten Interessen auszugleichen. Im Schoße der Parteien und ihrer Fraktionen stoßen die verschiedenen Interessenvertreter aufeinander, und da sicher nicht alle Abgeordneten verbandshörig sind, wird auch das Gemeinwohl in diesem Kreis noch kräftig zu Wort kommen. Innerparteiliche Demokratie und personalisierte Verhältniswahl dürften übrigens auch ein Gegengewicht dagegen bilden, daß sich hinter der Fassade der politischen Parteien ausschließlich oder auch nur überwiegend Interessen-

---

burg, Der Staat und die Verbände, 1955; Joseph H. Kaiser, Die Repräsentation organisierter Interessen, 1956; Herbert Krüger, Die Stellung der Interessenverbände in der Verfassungswirklichkeit, NJW 1956, S. 1217 ff; Ulrich Scheuner, Stellung und Einfluß der Verbände im heutigen Staat, Der Güterverkehr, 1956, S. 289; Werner Weber (Anm. 1); Parteien und Verbände, Eine Artikelreihe der „Neuen Züricher Zeitung" (o. J.); der Beitrag von Hans Huber, Die Umwälzung im Staatsgefüge durch die Verbände, auch in „Ordo" Bd. VII (1955) S. 189; Ganshof van der Meersch in Aspects ... belge (Anm. 1) S. 129.

47) Die Gefahren für das Funktionieren der parlamentarischen Demokratie leugne ich nicht. Nur scheint mir auch hier, daß vielfach Möglichkeiten mit Realitäten gleichgesetzt werden. Daß die Bäume der Interessenverbände nicht in den Himmel wachsen, hat sich etwa darin gezeigt, daß die Bauernverbände die Wiederernennung des Bundeslandwirtschaftsministers Dr. Lübke im Oktober 1957, und der Bundesverband der Deutschen Industrie die Ernennung des ersten Kartellamtspräsidenten Dr. Günther im Januar 1958 nicht haben verhindern können.

48) So Hans Huber aaO. 47.

vertreter verbergen[49]). Der Vorteil des demokratisch-parlamentarischen Regimes liegt gerade darin, daß Parteien, Fraktionen, Parlament und Regierung als Clearing der miteinander ringenden Interessen dienen. Durch die politische Führung von Parlament und Regierung wird die Verbandsmacht mediatisiert und nicht umgekehrt. Die Gesamtverantwortung, die Regierung und Opposition vor dem ganzen Volke tragen, zwingt sie, über die Einzelinteressen dem Gemeinwohl Geltung zu verschaffen. Das Parlament bleibt bei der Gesetzgebung, die Regierung bleibt bei Regierungsmaßnahmen der Schiedsrichter des allgemeinen Interesses. Aber Parlament und Regierung müssen sich angesichts der unübersehbar gewachsenen Aufgaben des Staates auch bei den Gruppen und Verbänden orientieren, deren Wünsche und Darlegungen entgegennehmen und mit ihnen verhandeln, um das allgemeine Interesse den engeren Verbands- und Gruppeninteressen gegenüber geltend zu machen. *Auch hier handelt es sich um eine Frage der Menschen und nicht um eine Frage der Statistik.*

Ob und in welcher Weise die Geltendmachung der Interessen in der Regierungssphäre (Beiräte bei den Ministerien?) und beim Parlament (öffentliche Hearings?) organisiert werden kann und soll, oder ob die Verbände in den Staatsaufbau institutionell eingefügt werden sollen (Wirtschaftsrat?), ist eine Frage, die hier nicht weiter verfolgt werden kann[50]). Jedenfalls dürfte ein solcher Einbau nur unter Beachtung des bestehenden Bezugssystems Parlament-Regierung erfolgen, um Verantwortung und Kontrolle klar und ungeschwächt zu erhalten.

7. Nur kurz erwähnt sei schließlich das Problem der *Bürokratie*[51]). Auch hier beschränke ich mich darauf, vor der

---

[49]) Der Bericht der Parteienrechtskommission (Anm. 19) betont S. 71 die wichtige Aufgabe der Parteien angesichts des Machtanstiegs der Interessenverbände. Es liege ihnen ob, „nicht nur in ihren eigenen Reihen bereits einen vermittelnden Ausgleich der Interessen vorzunehmen, sondern sich über partikulare Interessen hinaus am Wohle der Gesamtheit zu orientieren und von dieser Grundlage aus, gleich ob Regierung oder Opposition, ihre Entschließungen zu fassen“.

[50]) Dazu etwa *Kurt Uhlmann*, Institutionelle Formen der Zusammenarbeit zwischen Staat, Wirtschaft und Verbänden, in „Der Staat und die Verbände“ (Anm. 46) S. 56 ff.; *Günther M. Remmling*, Die Interessenverbände in der westlichen Welt. Zur Frage der gesetzlichen Regelung des Verbändeeinflusses in einzelnen Ländern, ZfPol. NF IV (1957) S. 169 ff.

[51]) Grundlegend *Max Weber* (Anm. 1) und *ders.* Wirtschaft und Gesellschaft (Grundriß der Sozialökonomik III. Abt.), 1922, Kap. VI S. 650; ff.; *Th. Eschenburg*, Bemerkungen zur deut-

Übertreibung zu warnen, die Macht der Bürokratie sei derart stark, daß sie Parlament und Regierung überspiele[52]). Solange sich klare Mehrheiten im Parlament bilden und Mehrheit und Opposition gemeinsam den politischen Führungsanspruch gegenüber der Bürokratie verfechten, wird sich die Bürokratie nicht zu einer eigenständigen Macht im Staate entwickeln können, sondern die ihr zukommende dienende Rolle behalten.

Es kommt auf die Persönlichkeit der Minister an, ob es ihnen gelingt, der Bürokratie von der Spitze her die politischen Impulse zu geben und den Apparat in die Hand zu bekommen. Daß und wie dies einem Parlamentarier möglich ist, hat Herbert Morrison im 14. Kapitel seines interessanten Buches „Regierung und Parlament in England" aus umfassender praktischer Erfahrung beschrieben. Sicher wird der Minister einer durch große und sichere parlamentarische Mehrheit gestützten starken Regierung dazu eher in der Lage sein als der Minister einer schwachen und immer gefährdeten Koalition, der leicht zum Aushängeschild der Ministerialbürokratie werden kann. Zu schnelle Regierungswechsel stärken naturgemäß den Einfluß der Bürokratie.

Die Bedeutung der Bürokratie[53]) soll im übrigen nicht geringgeschätzt werden; es ist schon oft betont worden[54]), daß etwa Frankreich seine vielen Regierungskrisen nur deshalb ohne schweren Schaden für Staat und Volk überstehen kann, weil die ausgezeichnete Administration im Kommen und Gehen der Minister der ruhende Pol ist[55]).

---

schen Bürokratie, 1955; Hans Huber, Demokratie und Bürokratie, Schweizer Monatshefte Mai 1957 S. 130 ff.; Werner Weber (Anm. 1).

[52]) Auf eine Affinität zwischen Bürokratie und Verbandswesen weist Hans Huber (Anm. 46) S. 43 hin.

[53]) Dazu als einer ihrer Vertreter: Kleinrahm, ArchÖffR 79 (1953) S. 153 f.

[54]) Etwa v. d. Heydte, Festschrift Nawiasky S. 332 f.

[55]) Nur anmerkungsweise sei hingewiesen auf die Rolle des von Parteien, Verbänden und Bürokratie unabhängigen Sachverstandes, wie er in den wissenschaftlichen Beiräten der Bundesministerien zu Wort kommt. Es wird sich kaum bestreiten lassen, daß deren Gutachten nicht nur von Bedeutung für Regierung und Parlament sind, sondern auch faktischen Einfluß auf die Gesetzgebungsarbeit gewinnen. Sie vermögen also einseitiger Partei- und Interessenpolitik entgegenzuwirken. Eine Übersicht über diese Einrichtungen in dem Aufsatz von Heinrich Kipp, Entstehung, Aufgaben und Rechtsstellung von Hilfseinrichtungen von Regierung und Parlament, DÖV 1957 S. 513. „Die Problematik des Sachverständigenrats in politischen Angelegenheiten und die Funktion der wissenschaftlichen Beiräte bei den Bundesministerien" erörtert Gerhard Weisser in „Ratgeber von Parlament und Regierung", Vortragsreihe des Instituts zur Förderung öffentl. Angelegenheiten, Frankfurt 1951.

III.

1. Das Parlament ist heute nicht mehr — wenn es dies überhaupt im 19. Jahrhundert wirklich gewesen sein sollte[56]) — eine Versammlung weiser, als Einzelpersönlichkeiten von privilegierten Schichten gewählter Männer, die sich in öffentlicher Diskussion durch Argumente zu überzeugen suchen in der Annahme, daß die dann von der Mehrheit getroffene Entscheidung das Wahre und Richtige für das Volkswohl sei. Das Parlament hat heute eine andere, nicht minder legitime Funktion, mit der die überkommene repräsentative Stellung der Abgeordneten und die überkommenen Privilegien des Parlaments durchaus vereinbar sind. Es ist die öffentliche Tribüne geworden, auf der vor dem ganzen Volk, das durch Rundfunk und Fernsehen in besonderer Weise an dieser Öffentlichkeit teilnimmt, die Regierung und die sie stützenden Parteien ihre Politik dem Volke darlegen und verteidigen, die Opposition aber diese Politik in der gleichen Öffentlichkeit angreift und ihre Alternativpolitik entwickelt. Die Opposition zwingt so die Regierung und ihre Mehrheit, bei jedem Akt der Legislative und der großen Politik ihre Gründe vor dem Volke darzulegen, das ihnen nur auf Zeit die Regierungsmacht übertragen hat und vor dem sie sich bei der nächsten Wahl verantworten müssen.

Die Entscheidungen, die im Parlament gefällt werden, sind nicht das Erzeugnis dunkler anonymer Kräfte, sondern unter der Kontrolle der Öffentlichkeit getroffene Entscheidungen des Parlaments, die von den Abgeordneten, die zustimmen, getragen und verantwortet werden. Im Ernst wird niemand behaupten können, daß unsere Parlamentsfraktionen nicht über bedeutende, kraftvolle und redegewandte Persönlichkeiten verfügen. Auf die führenden Persönlichkeiten, nicht auf die Hinterbänkler, kam und kommt es aber immer an. Sie formen das Bild der Institution. Die Abgeordneten geben als frei gewählte Repräsentanten des Volks den Willen des Volkes kund und wirken wieder zurück auf die Meinungsbildung im Volk. Sie stehen als Mittler zwischen Volk und Regierung, stützen und kritisieren die Regierung und sorgen dafür, daß die Regierung in der demokratischen Verantwortung gehalten wird.

---

[56]) So die bekannte These von Carl Schmitt, Parlamentarismus (Anm. 1) S. 45 ff. Gegen das Weiterschleppen überholter Deutungen, die eine zeit- und landesgebundene Phase der liberalen Theorie für allein maßgeblich halten, unter Hinweis auf die älteren englischen Wurzeln auch Scheuner, DÖV 1957 S. 634.

Auch heute noch ist das Parlament der Brennpunkt der öffentlichen Meinungsbildung, die repräsentative Stätte der Umformung öffentlicher Meinung in politischen Gesamtwillen[57]). Ich brauche nur an die großen Debatten des Bundestages über die Außenpolitik und die Wehrpolitik zu erinnern.

Die im Parlament gehaltenen Reden mögen „zum Fenster hinaus" gehalten werden. Das ist durchaus legitim, denn vor dem Fenster steht das souveräne Volk und erwartet die Rechtfertigung der von den Parteien getroffenen Entscheidungen. Diese Reden haben also durchaus eine integrierende Wirkung auf die Nation, ja man kann sogar sagen, daß ihnen auch eine gewisse Überzeugungstendenz innewohnt, da die Parteien die Wähler für oder gegen eine bestimmte Politik gewinnen wollen.

Kein Einwand gegen die Institution des Parlaments kann daraus abgeleitet werden, daß die Arbeit zu einem großen, vielleicht zum wesentlichen Teil in den Ausschüssen geleistet wird. Auch die Ausschüsse gehören zum Parlament; es ist nur eine Frage der besten Arbeitstechnik, inwieweit die Arbeit vom Plenum in die Ausschüsse verlagert wird. Im Interesse sachlicher Arbeit kann die Ausschußarbeit nur begrüßt werden, und die verschlossenen Türen kommen der Qualität der von den Ausschüssen geleisteten Arbeit nur zugute. Aber die Ausschußarbeit macht die Plenarsitzungen nicht überflüssig, da nur von den Plenarsitzungen die integrierende Wirkung ausgeht, und da dort die Entscheidungen in voller Öffentlichkeit registriert werden oder auch erst fallen. Eine genaue Analyse der von dem Parlament und seinen Ausschüssen geleisteten Arbeit dürfte die vielfach vertretene These von der Überflüssigkeit und Sinnlosigkeit des Parlaments widerlegen.

---

[57]) Das Grundgesetz enthält keine plebiszitären Elemente und stellt damit das Parlament als alleinige Instanz politischer Willensbildung heraus. Volksbegehren und Volksentscheid wurden vom Parlamentarischen Rat wegen leicht möglichen demagogischen Mißbrauchs abgelehnt. Ob „das Volk" wirklich in der Lage ist, über Sachfragen zu entscheiden, kann in der Tat zweifelhaft sein (über die Schweizer Erfahrungen: Werner Kägi, An den Grenzen der direkten Demokratie, Jahrbuch „Die Schweiz" 1951 S. 1 ff.). Eine starke Bewegung zugunsten „konsultativer Volksbefragung" wurde nach dem Bundestagsbeschluß vom 25. März 1958 betr. Atomrüstung entfacht (SPD.-Antrag im Bundestag; Vorhaben von Landesregierungen und Stadtvertretungen, in denen die Oppositionsparteien die Mehrheit haben, solche Befragungen im Land oder sogar in der Stadt durchzuführen). Es bleibt abzuwarten, ob sich daraus grundsätzliche Wandlungen unserer parlamentarischen Demokratie ergeben.

2. Wenn auch im parlamentarischen Regierungssystem die Regierung von den gleichen politischen Kräften getragen wird, die die Mehrheit im Parlament innehaben, so ist doch nicht die notwendige Folge, daß die Regierung zu einem Vollzugsausschuß des Parlaments herabsinkt. Das mag auf weiten Strecken das Signum der französischen Entwicklung sein, trifft aber für andere Staaten, insbesondere für die Bundesrepublik, nicht zu[58]). Auch innerhalb des parlamentarischen Systems kann die Selbständigkeit der Regierung als des politisch leitenden Exekutivorgans erhalten bleiben. Sie muß erhalten bleiben, wenn dieses System seine besonderen Vorzüge entfalten soll[59]). Die Regierung steht zwar in politischer Abhängigkeit vom Parlament, wirkt aber doch auch ihrerseits führend auf das Parlament ein, entfaltet eigene Initiative, gibt politische Impulse[60]). Die meisten Verfassungen überlassen es dem Chef der Regierung, die Richtlinien der Politik aufzustellen[61]), was bei aller politischen Abhängigkeit vom Parlament doch die Initiative der Regierung verbürgt[62]).

---

[58]) Über den „naturnotwendig" bestehenden Widerstreit zwischen Parlament und Regierung: Adolf Arndt SJZ 1946 S. 83; zum Spannungsverhältnis zwischen Parlament und Regierung auch bei parl. Regierungsweise: Kleinrahm, ArchÖffR 79 (1953) S. 152 ff.

[59]) Ebenso für England und die Bundesrepublik: Scheuner DÖV 1957 S. 637.

[60]) Über die Regierung als einheitliche Zusammenfassung und Oberleitung der gesamten Staatstätigkeit: Scheuner, Smend-Festgabe S. 261 ff. Diese Abhandlung über den „Bereich der Regierung" leidet aber m. E. darunter, daß Regierung als Funktion und Regierung als Organ nicht immer klar genug unterschieden sind.

[61]) Nach der Bremer Verfassung (Art. 118) führt der Senat die Verwaltung nach den Gesetzen und den von der Bürgerschaft gegebenen Richtlinien. Nach der Berliner Verfassung (Art. 43 II) bedürfen die vom Reg. Bgm. im Einvernehmen mit dem Senat bestimmten Richtlinien der Regierungspolitik der Billigung des Abgeordnetenhauses. Die Richtlinienkompetenz des Regierungschefs schließt nicht aus, daß das Parlament Beschlüsse über die Führung der Politik faßt. Darüber hinaus führt die Aufweichung des Gesetzesbegriffs dazu, daß auch in der Form des Gesetzes Richtlinien gegeben, Pläne aufgestellt werden. Vgl. z. B. das zwar aus einem Initiativentwurf entstandene, aber von der Bundesregierung akzeptierte Landwirtschaftsgesetz vom 5. 9. 1955 (BGBl. I S. 565). Auch wenn man solche Gesetze als Einwirkung des Parlaments auf die Regierung im Sinne der weiter im Text folgenden Ausführungen für zulässig hält, folgt daraus nicht, daß derartige „Gesetze" auch im Wege der Volksgesetzgebung erlassen werden könnten (zum Streit um das Volksbegehren „Freiheitsgesetz", das in diesem Sinne Richtlinien für die Außenpolitik geben wollte, vgl. Poetzsch-Hefter JbÖffR 21, S. 199 ff.).

[62]) Verfassungsrechtlich hat jedenfalls das Parlament den Vorrang, da die Regierung in Bildung und Abberufung vom Parlament

Regieren kann immer nur ein kleiner Kreis von Personen, nicht ein ganzes Parlament. Aber im parlamentarischen System soll die Regierung getragen sein von dem Vertrauen des Parlaments, damit die Regierung ihr Programm leichter durchführen kann und über das Medium der politischen Parteien Verständnis und Billigung im Volke findet. Kraftvolles und wirksames Handeln der Exekutive ist gerade im modernen Massen- und Sozialstaat erforderlich. Die parlamentarische Regierungsweise führt keineswegs notwendig zu einer schwachen Regierung, sondern sie will nur die Mitwirkung des Parlaments bei der Regierung (als Funktion) und die Kontrolle der Regierung (als Organ) durch das Parlament sichern. Das parlamentarische Regierungssystem steht, wie die Erfahrung zeigt, dem Wirken großer Staatsmänner und Politiker nicht entgegen, die die Nation führen und ihren politischen Willen bilden. Die Verankerung im Parlament verleiht der potestas, die jede Regierung haben muß, die erforderliche auctoritas. Zugleich dient es in besonderem Maße der Sicherung der Freiheit, daß die Regierung immer unter der Kontrolle einer in kurzen Intervallen gewählten Volksvertretung bleibt.

Obwohl die Mitglieder einer parlamentarischen Regierung nicht Abgeordnete sein müssen[63]), ja gelegentlich sogar Inkompatibilität vorgeschrieben[64]) oder dem Minister das Recht ein-

abhängig ist, von ihm kontrolliert wird und zur Durchführung ihrer Politik der vom Parlament zu erlassenden Gesetze bedarf. Das Parlament hingegen ist in seiner Tätigkeit von der Regierung unabhängig. Ob im Zeitalter des Verwaltungsstaats der Regierung politisch die Vormachtstellung zukommt (so Scheuner, Grundfragen des mod. Staates (Anm. 1) S. 149; zur Frage der Balance oder Vormacht vor allem Löwenstein, ChicLawR (Anm. 1) und ArchÖffR 75, 160), erscheint mir nicht unbedingt sicher; die Umstände des Verwaltungsstaates haben zwangsläufig dazu geführt, daß das Parlament durch „Maßnahmegesetze" (dazu die Verhandlungen der VrgDStRL 1956, Veröfftl. Heft 15, und Ballerstedt in Festschrift Schmidt-Rimpler, 1956) stärker in die Exekutive hineinwirkt. Die Politik wird heute maßgebend durch Gesetze bestimmt, wenn auch wahr bleibt, daß sich nicht alle Bereiche der Politik zur Verrechtlichung in Form des Gesetzes eignen. Einer absoluten Gewalt des Parlaments wirken im übrigen die rechtsstaatlichen Hemmungen entgegen.

[63]) Verfassungsrechtlich vorgeschrieben nur in Nordrhein-Westfalen für den Ministerpräsidenten (Art. 52 Abs. 1).

[64]) Bremen Art. 108 Abs. 1; vorgeschlagen im Gutachten der Arbeitsgemeinschaft für Staatsvereinfachung: „Staatsvereinfachung in Bayern", Erster Teil, 1955, S. 53 f.; von Th. Eschenburg für die Landesregierung in „Verfassung und Verwaltungsaufbau des Südweststaates", 1952, S. 68. Für Landesregierung auch tragbar, da mehr Verwaltungskollegium. Die Inkompatibilitätsvorschrift der Schweizer Bundesverfassung (Art. 77) gehört in das besondere politische Kräftesystem dieser Verfassung (unten bei Anm. 112).

geräumt ist, sein Mandat ruhen zu lassen[65]), erscheint die Mitgliedschaft der Minister im Parlament doch notwendig, damit sie eine politische Rolle gegenüber der Bürokratie und ihren Ministerkollegen spielen können. Die Einrichtung von Sonderministern mit dem speziellen Auftrag, die Verbindung zwischen Regierung und Mehrheitsfraktionen zu pflegen, hat sich übrigens nach einer Erklärung des Bundeskanzlers im Bundestag nicht bewährt[66]).

Die Tatsache, daß die Mehrheitsparteien das Bindeglied zwischen Regierung und Parlamentsmehrheit darstellen, fördert die Zusammenarbeit, muß aber nicht dazu führen, daß die Spannung zwischen Regierung und Parlament verschwindet[67]), da jede Institution ihr eigenes Gewicht und ihre besondere Funktion bei der Formung des Gesamtwillens hat[68]). So wenig

65) Rheinland-Pfalz Art. 81 Abs. 2.

66) 124. Sitzung des II. Bundestages v. 19. 1. 1956, StenBer. S. 6532.

67) Werner Weber, Festschrift für Hans Niedermeyer, 1953, S 267, allerdings meint: „Die maßgebende Parlamentsmehrheit ist politisch identisch mit dem Regierungskollegium." Auch nach Scheuner DÖV 1957, 635, geht es im Grunde nur noch um Regierung und Parlamentsmehrheit auf der einen und Opposition auf der anderen Seite. Mir scheint aber, daß gerade in Deutschland die alte Spannung zwischen Parlament und Bürokratie immer noch stark nachwirkt und auch das Verhältnis von Mehrheit und Regierung beeinflußt. Übrigens hat MinPr. Gebhard Müller nach Zeitungsmeldungen vor kurzem festgestellt, daß sich selbst [oder gerade?] die bd.-wttbg. Allparteienregierung einer oft recht wirksam werdenden Opposition des ganzen Parlaments gegenübersähe (Bad. Neueste Nachr. 21. Dez. 1957). Wenn die Regierungen über Eingriffe des Parlaments und der Abgeordneten in die Exekutive, wenn die Parlamente über mangelnde Unterrichtung durch die Regierung klagen, wenn auch Fraktionen der Mehrheit Initiativentwürfe ohne vorherige Abstimmung mit der Regierung oder Mitwirkung der Ministerialbürokratie einbringen, so dürfte das gegen die behauptete völlige Harmonisierung sprechen. In dem Konflikt mit der Regierung um die Ernennung der Mitglieder des nds. Rechnungshofes haben alle Parteien gemeinsam sofort die Verfassung durch Abs. 3 des Art. 53 ergänzt (Gesetz v. 29. 2. 1956). Gegen die vom Parlament einmütig beschlossenen Bestimmungen der GO, die Regierungsvertreter von der Teilnahme an den Sitzungen gewisser Ausschüsse ausschließen wollten, hat die nds. Landesregierung den StGH angerufen und das obsiegende Urteil vom 12. Dezember 1957 erreicht. Der sozialdemokratisch geführte Bremer Senat hat im Wege der abstrakten Normenkontrolle das Bundesverfassungsgericht gegen das von der sozialdemokratischen Mehrheit beschlossene Personalvertretungsgesetz vom 3. Dez. 1957 (GBl. S. 161) angerufen, dessen umstrittene Bestimmungen der Brem. StGH in der Entscheidung vom 3. Mai 1957 bereits für zulässig erklärt hatte (abgedruckt mit der abw. Meinung von drei Mitgliedern des Gerichts und Anm. von Hans Schneider in ZfBR 1957 S. 239).

68) Der Parteimann in der Regierung wird notwendig manches anders sehen als der reine Parlamentarier.

wie die Regierung ein Vollzugsausschuß des Parlaments zu sein braucht, so wenig muß das Parlament zu einem bloßen Instrument werden, dessen sich die Regierung bedient, wenn es ihr notwendig erscheint. Parlament und Regierung leben in ständiger Durchdringung und gegenseitiger Abhängigkeit, und gerade diese fortdauernde Zusammenarbeit, die sich einer genauen Analyse entzieht, und in der die Akzente von Mal zu Mal anders gesetzt sein können, ermöglicht eine gute „Staatsführung". Es mag Fälle geben, in denen das Parlament nur bestätigt, was die Regierung ihm vorschlägt[69]). Aber es gibt Fälle genug, in denen das Parlament an den Vorschlägen der Regierung eingreifende Änderungen vornimmt oder sie gar in vollem Umfang ablehnt. Und es gibt endlich Fälle, in denen die Initiative aus dem Parlament heraus ergriffen wird. Für den Normalfall wird man davon ausgehen können, daß das Parlament die Politik akzeptiert, die von der Regierung erarbeitet worden ist, und sie approbiert, soweit dies verfassungsrechtlich notwendig ist, sie z. B. nur in einem Gesetz Ausdruck finden kann. In Lebensfragen der Nation jedoch wird das Parlament selbst die führende Rolle übernehmen und den Willen für eine bestimmte Politik bekunden, dem sich die Regierung schwerlich versagen kann[70]).

[69]) Einen scharfen Protest gegen die Behandlung des Wehrpflichtgesetzes im Bundestag erhebt Helmut Ridder in DÖV 1957 S. 511.

[70]) Selbstverständlich kann das Parlament die Regierungspolitik „ändern" nur durch das konstruktive Mißtrauensvotum (so Blücher [Anm. 1] S. 2), aber es fragt sich, wie weit sie nicht nur durch Gesetze (Anm. 21 und 62), sondern auch durch schlichte Parlamentsbeschlüsse beeinflußt werden kann. Solche Manifestationen des politischen Willens des Parlaments, wie wir sie immer wieder erleben, mögen keine verfassungsrechtliche, justiziable Pflicht zur Befolgung durch die Regierung auslösen, man kann sie aber auch nicht als unbeachtliche, in Überschreitung des Funktionsbereichs — und darum eigentlich unzulässige —, Meinungsäußerungen betrachten. In den Beziehungen zwischen den Verfassungsorganen gibt es neben den „einklagbaren" Rechten auch politische Pflichten. Ob und welche Folgen an deren Nichtbefolgung geknüpft werden, ist eine andere Frage. Zu den schlichten Parlamentsbeschlüssen vgl. etwa: Kern, MDR 1950 S. 655; Arend DRZ 1949 S. 29 (behandelt die Praxis des Wirtschaftsrates), Bayer. Gutachten (Anm. 64) S. 47 ff. Selbstverständlich darf das Parlament nicht versuchen, durch Einzelweisungen in die Verwaltung einzugreifen. Das spielt eine Rolle bei der Erledigung der Petitionen, die übungsgemäß der Regierung z. T. „zur Berücksichtigung" überwiesen werden. Vgl. das Kurzprotokoll der 122. Sitzung des Pet.-Ausschusses des II. BT. v. 12. 9. 1956, in der auch über die Kontroverse aus dem Ersten Bundestag berichtet wird, und schriftl. Bericht des PetA, Anlage 2, zur BT-Sitzung vom 6. 12. 1956; weiter das auf Anfrage des Großen Rates von Genf erstattete

Die Zuständigkeitsabgrenzung zwischen Parlament und Regierung kann weder nach dem Grundsatz der strengen Gewaltenteilung, noch auch nur unter dem Aspekt einer Balance vorgenommen werden[71]). Zwar dürfen sich Parlament und Regierung gleichermaßen nicht in die den Gerichten vorbehaltene Rechtsprechung einmischen. Zwar ist die Rechtsetzung — unter Vorbehalt der Delegation — ein Reservat des Parlaments. Aber es gibt nicht ein gleichermaßen verfassungskräftiges Vorbehaltsgebiet für die Regierung. Das Parlament darf sich zwar nicht in die laufende Verwaltung einmischen, da dies dem Rechtsstaatsgrundsatz widersprechen würde. Die

---

Gutachten von Maurice Batelli, Hans Huber und Roger Secrétan „Consultation sur le droit de pétition" (Secrétariat du Grand Conseil Nr. 1712). — Besondere Bedeutung hat die Frage der parlamentarischen Weisungen im Haushaltsrecht. Heckel bejaht in seinen grundsätzlichen Ausführungen (HdbDStR II, 406) die Existenz politisch betonter Ausgabebewilligungen und die „staatsrechtliche Pflicht" der Regierung, sie zu bewirken. Für unseren Zusammenhang auch heute noch lehrreich die Diskussion um den Panzerkreuzer A (Literatur bei Heckel aaO. S. 406 Anm. 74). Streitig geworden ist die Frage heute bei den Subventionen; vgl. dazu Ipsen, Öffentliche Subventionierung Privater, 1956, S. 41 f.; Kern aaO. S. 655. Es ist eine andere Frage, die in einigen Ländern akut geworden ist, ob das Parlament sich selbst oder einem Ausschuß eine Mitwirkung beim Vollzug des Etats vorbehalten kann. Das würde in der Tat den auch im parl. System bestehenbleibenden Eigenbereich der Regierung verletzen. — Selbst die Kompetenz des Parlaments zur Aufstellung verbindlicher Grundsätze für die Verwaltungsführung findet sich in Verfassungen, die vorgeben, an dem Prinzip der Teilung der Gewalten festzuhalten (zu Art. 29 der Preuß. Vfg. 1920, vgl. Thoma, HdbDStR II S. 158; zur Bremer Verfassung, die nicht nur den bereits erwähnten Art. 118 [Anm. 61] enthält, sondern der Bürgerschaft in Art. 101 zahlreiche Zuständigkeiten im Bereich der Verwaltung zuweist: Kretschmann, Verwaltungsbefugnisse des Bremischen Landesparlaments, Heid. Diss. 1957; dort auch Hinweise auf die zahlreichen vom StGH entschiedenen Streitfragen).

[71]) Zur Gewaltenteilung: Martin Drath, Die Gewaltenteilung im heutigen deutschen Staatsrecht, in „Faktoren der Machtbildung" 1952 S. 99 ff.; Werner Kägi, Zur Entstehung, Wandlung und Problematik des Gewaltenteilungsprinzips, Zürich 1932; Otto Küster, Das Gewaltenteilungsproblem im modernen Staat, ArchÖffR 75, 1949, S. 397 ff.; Hans Peters, Die Gewaltentrennung in moderner Sicht, Köln und Opladen 1954, Peter Schneider, Zur Problematik der Gewaltenteilung im Rechtsstaat der Gegenwart, ArchÖffR 82 (1957) S. 1 ff.; Werner Weber, Spannungen (Anm. 1). — Man wird die Feststellung von Werner Weber schwerlich bestreiten können: „Exekutive und Legislative gehen . . heute, unter den Bedingungen der parteienstaatlichen Massendemokratie und des Verwaltungsstaates, sowohl ihrem politischen Träger nach als auch ihren Funktionen nach ineinander über" (Festschrift Niedermeyer S. 267). Dann ist es aber nicht mehr möglich, das Prinzip der Gewaltenteilung so

Staatsleitung aber steht Regierung und Parlament gewissermaßen zur gesamten Hand zu[72]). Zu Unrecht wird in diesem Bereich vielfach der Rechtsstaatsgrundsatz bemüht, um eine verfassungswidrige Einmischung des Parlaments in die Regierung oder eine unzulässige Ausdehnung der Verordnungsgewalt der Regierung zu behaupten. Nur da, wo eine Kompetenz absolut eindeutig durch spezielle Verfassungsvorschrift der Regierung zugewiesen ist, ist es ausgeschlossen, daß das Parlament durch Beschlüsse außerhalb des Gesetzgebungsverfahrens Einfluß nimmt oder durch einfaches Gesetz sich ein Mitwirkungsrecht bei Regierungsakten vorbehält[73]).

---

selbstverständlich als eine starre Verfassungsregel zur Entscheidung von Kompetenzstreitigkeiten zwischen Regierung und Parlament zu benutzen, wie es vielfach geschieht. Eine Verfassung, die parlamentarische Regierungsweise einführt, beruht nicht auf der „Trennung der gesetzgebenden, rechtsprechenden und vollziehenden Gewalt", auch wenn sie das Gegenteil ausdrücklich versichert, wie Rheinland-Pfalz Art. 77. Dieses Prinzip kann nur als „staatliches Ordnungsprinzip einer freiheitlichen Staatsform" zugrundegelegt werden, so daß nicht jede Abweichung von diesem System strenger Funktionenunterscheidung zwischen Regierung und Parlament als Verletzung verfassungrechtlicher Grundsätze gebrandmarkt werden kann (so Scheuner DÖV 1957 S. 635 unter Hinweis auf H. Peters und P. Schneider). Helmut Ridder (Anm. 1) bestreitet, daß in Art. 20 Abs. 2 GG die Gewaltentrennung „verankert" sei, geht aber in der Betonung des Parlaments als „Führungsorgan" (vgl. auch DÖV 1957, 511) zu weit.

72) Johannes Heckels Gedanke der demokratischen im Unterschied zur rechtsstaatlichen Gewaltenteilung (HdbDStR II, 386 ff.) dürfte auch über den Bereich des Haushaltsrechts hinaus fruchtbare Ansätze geben, insbes. für die Ausw. Gewalt und die Militärgewalt.

73) Schon bei der Gesetzgebung handelt es sich um ein Zusammenwirken von Parlament und Regierung, nicht nur wegen des Initiativrechts der Regierung und der Teilnahme der Regierungsvertreter an den Beratungen im Ausschuß und Plenum, sondern auch wegen der ihr etwa weiter eingeräumten Rechte wie Einspruch oder Anrufung des Volksentscheids, erst recht wenn der Regierung mit der herrschenden Meinung, die ich ablehne, ein materielles Prüfungsrecht bei der Ausfertigung und Verkündung der Gesetze eingeräumt wird. Aber man darf den Blick überhaupt nicht so starr auf die Aufgabe des Parlaments als Gesetzgeber und der Regierung als Exekutive richten. Die zahlreichen Bestimmungen, die schon von Verfassungs wegen eine Mitwirkung des Parlaments bei Regierungsakten vorsehen (Vertragsschluß, Entscheidung über Krieg und Frieden, Haushaltsplan, Organisationsgesetze) brauchen nicht notwendig als Ausnahmen angesehen zu werden, sondern können ebensogut als Ausflüsse eines allgemeinen Prinzips gelten. Dann aber dürfte es auch zulässig sein, daß das Parlament sich in Gesetzen, wie z. B. Personalgutachterausschuß-Gesetz vom 23. 7. 1955 (BGBl. I S. 451) oder Rechnungshofgesetz ein Mitwirkungsrecht bei der Ernennung der Träger politischer Funktionen vorbehält, oder nach Art des § 7 des Freiwilligengesetzes vom 23. 7.

„Mitwirkung" bedeutet nicht, daß das Parlament exekutive Befugnisse in vollem Umfang an sich reißt. Der Gefahr eines Parlamentsabsolutismus beugt im übrigen der richtig verstande Rechtsstaatsgrundsatz vor.

Umgekehrt brauchte man nicht so ängstlich mit der Delegation von Rechtsetzungsbefugnissen an die Regierung zu sein, wenn nur eine starke Kontrolle durch das Parlament gesichert ist[74]). Nachdem das Budgetrecht des Parlaments seine alte Bedeutung verloren hat, nachdem die Rechtsetzungsaufgabe des Parlaments unter Zeitmangel, Arbeitsdruck und Detail-Unkenntnis leidet und von der Delegation in weitem Umfang Gebrauch gemacht werden muß, erscheint es notwendig, zur Kompensation die Kontrollrechte des Parlaments[75]) zu ver-

---

1955 (BGBl. I S. 449) einen Gesetzesvorbehalt für organisatorische Regelungen anbringt. Die Grenzen liegen darin, daß das Parlament einerseits nicht in die eigentliche Verwaltung eingreifen darf, andererseits etwas übrig bleiben muß, was funktionell als Regierung bezeichnet werden kann. — Grundsätzlich a. M. der österr. Verf.GH. Die Österr. Verfassung enthält einen besonderen Abschnitt „Mitwirkung des Nationalrats und des Bundesrats an der Vollziehung des Bundes". Der VerfGH betrachtet diese Aufzählung als erschöpfend und hat daraus in dem Erkenntnis Nr. 1454 den Schluß gezogen, daß eine neue Aufgabe der Mitwirkung an der Vollziehung, wie z. B. die Bestellung von Organen durch den Nationalrat, die im Bundesverfassungsgesetz nicht vorgesehen ist, nur durch ein Bundesverfassungsgesetz übertragen werden kann. (Adamovich, Die Rspr. des VerfGH, 1952, S. 75 f.)

[74]) Zur „Übertragung rechtsetzender Gewalt im Rechtsstaat", vgl. den Bericht über die Weinheimer Tagung des Instituts zur Förderung öffentlicher Angelegenheiten, Frankfurt 1952. Ich würde mit Nawiasky, Grundfragen S. 121, für eine weite Auslegung des Art. 80 Abs. 1 Satz 2 GG eintreten; das Bundesverfassungsgericht hat sich mit der Entscheidung vom 5. März 1958 (BVerfGE Bd. 7 S. 282 wohl endgültig der engen Auslegung zugewandt. Ein geeignetes Mittel parlamentarischer Kontrolle würden Vorlage an das Parlament und Aufhebungsverlangen bzw. Zustimmung des Parlaments oder eines Ausschusses sein, die ich mit Peter Schneider, JZ 1952, S. 93, für zulässig halte. Richtig gehandhabte Delegationspraxis könnte dem Parlament die dringend notwendige Entlastung bringen. Sie dürfte ein besseres Mittel sein als die Verlagerung des Gesetzesbeschlusses in die Ausschüsse, die nach italien. Verfassungsrecht zulässig ist (darüber Goguel in Travail Parlementaire [Anm. 1] S. 836).

[75]) Ein System dieser Kontrollmittel und der Einwirkungsmittel der Regierung auf die Tätigkeit des Parlaments kann hier nicht gegeben werden. Nur ein paar Hinweise auf interessante neuere Entwicklungen: Die Verfassungsgerichtsbarkeit in ihren beiden Erscheinungsformen des Organstreits und der abstrakten Normenkontrolle dient als Mittel rechtlicher Kontrolle nach beiden Richtungen und entschärft den Gegensatz zwischen Parlament und Regierung; besonders wichtig das Klagerecht der Fraktion an Stelle des Bundestags nach §§ 63, 64, Abs. 1 BVerfGG. — Mit dem Wehr-

stärken und dem Parlament stärkeren Einfluß auf die Führung der Regierungsgeschäfte einzuräumen. Dies ist in größerem Umfang möglich, als es die Verfechter eines allzu eng gefaßten Gewaltenteilungsgrundsatzes wahrhaben wollen. Einzelheiten kann ich nicht weiter ausführen. Einiges zu diesem Punkt findet sich im Zweiten Teil meiner Thesen.

---

beauftragten als Hilfsorgan des Bundestages erscheint ein neuartiges Kontrollorgan im deutschen Verfassungsrecht, das Vorbilder im skandinavischen Recht hat; dazu insbes. Ule in „Von den Grundrechten des Soldaten", Isar-Bücherei, Band 1, München 1957, S. 109 ff. und die Diskussionsrede von Köttgen ebenda S. 137 f.; Ule, JZ 1957, S. 422 ff.; Kipp, DÖV 1957, S. 515; Groß, DVBl. 1956, 261 und 1957, S. 342. — Ule rechnet den WB zu keiner der drei herkömmlich unterschiedenen „Gewalten", ebensowenig wie die Rechnungshöfe. Auch bei diesen zeigt sich die Tendenz, ihre Eigenschaft als Hilfsorgan des Parlaments (so auch Ipsen, Hamburgs Verfassung und Verwaltung, 1956, S. 467 f.) schärfer herauszubilden durch Mitwirkung des Parlaments bei der Ernennung der Mitglieder und durch die direkte Übersendung der Prüfungsergebnisse an das Parlament (vgl. darüber Härtig, DVBl. 1955, S. 174 ff., Weichmann DVBl. 1953, S. 745; Korte JZ 1956, S. 684). — Aus der parlamentarischen Verantwortung der Regierung haben Loening, DVBl. 1954, S. 173 ff., und andere geschlossen, daß es grundsätzlich in der Verwaltung keinen „ministerialfreien Raum" geben dürfe, daß also das Parlament nicht befugt sei, durch einfaches Gesetz exekutive Aufgaben an eine ministerieller Leitung nicht unterstehende Stelle zu übertragen (so auch Scheuner DÖV 1953 S. 521). Besonders pointiert die abw. Meinung (Raschhofer, Rohwer-Kahlmann und Werner Weber) zu der Entsch. des Bremer StGH. über das Personalvertretungsgesetz vom 3. Mai 1957 (Anm. 67): „Nach der Verfassung ist nicht gestattet, daß wesentliche Entscheidungen der staatlichen Exekutive in einen verantwortungsfreien Raum fallen. Auch um der unverzichtbaren Kontrollrechte der Bürgerschaft willen kann es deshalb in der Exekutive keine Entscheidungsinstanz geben, die der Bürgerschaft nicht in vollem Umfang verantwortlich ist." Nun ist es aber eine petitio principii, wenn daraus, daß die Fachminister für die Entscheidungen, die sie oder die ihnen nachgeordneten Dienststellen im Rahmen ihrer gesetzlichen Zuständigkeit treffen, dem Parlament verantwortlich sind, gefolgert wird, daß durch Gesetz nicht einer Instanz Entscheidungsbefugnisse übertragen werden können, die nicht ministerieller Leitung unterstellt wird. Gegen die These spricht insbesondere auch, daß das deutsche Verwaltungsrecht seit jeher unabhängig entscheidende Ausschüsse kennt. So einfach dürfte das Problem also nicht zu lösen sein; es bedarf genauer Differenzierung. Vgl. dazu noch Deppich, DÖV 1954 S. 241, Bachof, Wehrpflichtgesetz und Rechtsschutz, 1957 S. 47 f. und Gross, JZ 1958 S. 71. — Völlig neue Probleme wirft die Kontrolle des Parlaments über nationalisierte Industriezweige auf, insbes. auch die Frage der zweckmäßigsten Organisationsform; vgl. darüber Morrison, Regierung und Parlament in England, S. 327 ff.; Johnson, The Accountability of the British nationalized industries, in AmPolitical Science Review Vol 48 (1954) S. 366 ff.

IV.

1. Das Verhältnis von Parlament und Regierung ist grundsätzlich verschieden gestaltet, je nachdem, ob die Verfassung auf dem streng durchgeführten Grundsatz der Gewaltenteilung aufbaut und dem Parlament auf Bildung und Amtsdauer der Regierung überhaupt keinen und auf die Führung der Regierungsgeschäfte nur einen verfassungsrechtlich erschöpfend bestimmten und eng begrenzten Einfluß gewährt, oder ob unter Nichtachtung des Dogmas der Gewaltenteilung dem Parlament eine mehr oder weniger große Einwirkungsmöglichkeit auf die Regierung — im Sinne des Organs *und* der Funktion — eröffnet ist[76]).

Die Unabhängigkeit der Regierung vom Parlament nach Art der amerikanischen Präsidentschaftsdemokratie hat zur Voraussetzung, daß die Regierung ihrerseits eine vom Parlament unabhängige plebiszitäre Legitimation besitzt.

Aber nicht überall, wo ein mit eigener Autorität umkleidetes Staatsoberhaupt als konstitutioneller Monarch oder als volksgewählter Präsident an der Spitze des Staates steht, ist die Regierung auf ihn ausgerichtet und vom Parlament unabhängig. Immer aber schafft die Existenz eines *solchen* Staatsoberhaupts[77]) die *Möglichkeit*, Einsetzung und Amtsdauer der Regierung nach beiden Seiten hin zu orientieren. Die Erfahrungen mit der Weimarer Verfassung[78]) dürften allerdings dagegen sprechen, die Regierung gleichermaßen vom Vertrauen des Staatsoberhaupts *und* des Parlaments abhängig zu machen. Ein starkes Parlament wird sich eine eigene Regierungspolitik des Staatsoberhaupts nicht gefallen lassen; bei einem schwachen Parlament können die Grundlagen der Regierungsform gestört werden.

Hat das Staatsoberhaupt die Befugnis, den Chef und die Mitglieder der Regierung nach seinem Ermessen zu ernennen und ist der Bestand der Regierung nur von der Bestätigung durch das Parlament oder gar nur davon abhängig, daß das Parlament der Regierung nicht ausdrücklich das Mißtrauen

---

76) *Karl Löwenstein*, ArchÖffR 75 (1949) S. 129 ff. unterscheidet im Anschluß an *Bryce* die präsidentielle, parlamentarische und direktoriale Regierungsform.

77) Die Stellung des Staatspräsidenten im Verhältnis zu Regierung und Parlament kann hier nicht im vollen Umfang erörtert werden. Vgl. dazu etwa außer der in Anm. 76 erwähnten Abhandlung von *Löwenstein* „Der Staatspräsident" noch *Paul Kehlenbeck*, Der Staatspräsident, Forschungsstelle für Völkerrecht und ausl. öfftl. Recht a. d. Universität Hamburg, 1955.

78) Vgl. dazu die Schilderung von *Bracher* (Anm. 6).

ausspricht[79]), so kann die Regierung gegebenenfalls in Verbindung mit anderen Institutionen der Verfassung, etwa dem Auflösungsrecht[80]), eine stärkere Stellung gegenüber dem Parlament einnehmen als da, wo sie nur als Geschöpf des Parlaments ins Leben tritt.

Ein solches eigenes politisches Gewicht dürfte dem Ernennungsrecht der heute noch regierenden konstitutionellen Monarchen nicht zukommen, wenn auch nicht verkannt werden soll, daß es in Krisenzeiten vielleicht Bedeutung gewinnen und die Machtakzente verschieben könnte.

Der volksgewählte österreichische Bundespräsident dürfte nach der Entwicklung, die das österreichische parlamentarische System seit dem Krieg genommen hat, die im Wortlaut der Weimarer Reichsverfassung entsprechenden Vorschriften der Bundesverfassung[81]) über die Bestellung der Regierung nicht im Sinne einer eigenen Politik der Regierungsbildung ausnützen können.

Die Eigenwilligkeit des italienischen Staatspräsidenten bei der Regierungskrise im Frühjahr 1957 hat zu dem Vorwurf einer verfassungswidrigen Einwirkung geführt, obwohl ihm die Verfassung das Recht einräumt, den Ministerpräsidenten zu ernennen, der dann erst das Vertrauensvotum der Kammern einholen muß[82]).

In der Bundesrepublik Deutschland haben die Erfahrungen mit der Weimarer Präsidialregierung dazu geführt, daß alle konstitutionellen Reste aus der Verfassung beseitigt sind und

---

[79]) So die Weimarer Reichsverfassung.

[80]) Die Begrenzung der Auflösung des BT auf zwei Ausnahmefälle (Art. 63 Abs. 4 Satz 3 und Art. 68 Abs. 1 GG) kann man nur auf dem Hintergrund des Auflösungsrechts und der Auflösungspraxis der Weimarer Verfassung verstehen; vgl. dazu die Berichte über das „Staatsleben unter der Weimarer Verfassung" im JböffR, insbesondere den letzten Bericht in Bd. 21 S. 68 ff. über die Reichstagsauflösung vom 12. 9. 1932; nicht nur die vom RPr. eingesetzte, noch nicht vom RT bestätigte RReg., sondern selbst die durch Mißtrauensvotum gestürzte RReg. konnte das Auflösungsdekret gegenzeichnen; es konnte sogar während der Abstimmung über ein Mißtrauensvotum verkündet werden!

[81]) Art. 70 Abs. 1 in der Fassung der Novelle vom 7. Dezember 1929; vorher wurden die Mitglieder der Bundesregierung vom Nationalrat gewählt.

[82]) Art. 92 Abs. 2, 94 Abs. 3. Die Verfassungspraxis wird letztlich über das Maß von Selbständigkeit entscheiden, das der StPr. entwickeln kann. Ein wesentlicher Unterschied zur WRV besteht darin, daß die Regierung des innerhalb von zehn Tagen zu gewährenden Vertrauens zum Amtsantritt bedarf, und daß der StPr. nicht die Regierung nach seinem Ermessen entlassen kann (was der österr. BPr. dem Wortlaut des Art. 70 Abs. 1 Satz 2 der Bundesverfassung gemäß könnte).

der Bundespräsident keinen entscheidenden Einfluß auf die Regierungsbildung nehmen kann. Zwar schlägt er dem Bundestag einen Bundeskanzler zur Wahl vor[83]), aber das Parlament ist in seiner Entscheidung frei, und zwar der deutsche Bundestag noch mehr als die französische Nationalversammlung, weil er auch einen nicht vom Bundespräsidenten vorgeschlagenen Bundeskanzler wählen kann[84]).

Nomination durch das Staatsoberhaupt setzt voraus, daß sich bereits eine Regierungsmehrheit zusammengefunden und über die Person des Regierungschefs, das Regierungsprogramm[85]) und vielleicht auch bereits über das ganze Kabinett geeinigt hat[86]). Immerhin soll nicht verkannt werden, daß dem Nominationsrecht eine gewisse politische Bedeutung[87]) insofern zugemessen werden kann, als bei nicht eindeutiger parlamentarischer Situation das Staatsoberhaupt durch vorherige Sondierung[88]) und ausgleichendes Bemühen der Wahl eine bestimmte Richtung zu geben vermag.

Ein Entlassungsrecht nach eigenem Ermessen entgegen dem Willen des Parlaments dürfte heute kein Staatsoberhaupt mehr ausüben können, auch wenn einzelne Verfassungen ihrem Wortlaute nach eine solche Möglichkeit eröffnen[89]).

2. Schreibt die Verfassung vor, daß der Regierungschef vom Parlament gewählt wird, so ist die Amtsdauer der Regierung auf die Wahlperiode des Parlaments begrenzt[90]). Jedes neugewählte Parlament ist zur Regierungsbildung berufen. Das

---

83) Dazu W. Jellinek VDStRL 8, S. 9; H. Schneider NJW 1953, S. 1331.

84) Zum Designationsrecht des französ. Staatspräsidenten vgl. Art. 45 der Verfassung, der durch die Novelle vom 7. Dezember 1954 geändert worden ist; zur urspr. Fassung: Vedel (Anm. 1) S. 434 ff.; zur Reform Berlia (Anm. 16) mit Hinweis auf frühere Berichte in dieser Zeitschrift.

85) Auf die darin liegende politische Beschränkung der nach der Verfassung dem Regierungschef eingeräumten Kompetenz, die Richtlinien der Politik zu bestimmen, wird immer wieder hingewiesen; vgl. z. B. Eschenburg, Die Richtlinien der Politik im Verfassungsrecht und in der Verfassungswirklichkeit, DVBl. 1954 S. 193 ff.

86) Das gilt insbesondere, wenn die Wahl des Regierungschefs „ohne Aussprache" erfolgen muß, wie es das GG in Art. 63 Abs. 1 vorschreibt.

87) H. Schneider NJW 1953, 1331.

88) Die französ. Verfassung schreibt die „consultations d'usage" in Art. 45 Abs. 1 ausdrücklich vor.

89) Z. B. österr. Bundesverfassung Art. 70 Abs. 1 Satz 2 idF von 1929.

90) So grundsätzlich für die parl. Regierung auch Dürig HdwbSozWiss. IX, 749; a. M.: Uhlitz, Die Amtszeit der Landesregierungen, DÖV 1956, 485.

muß auch da gelten, wo es in der Verfassung nicht ausdrücklich bestimmt ist[91]). Die entgegengesetzte Staatspraxis in Berlin, Hamburg und Schleswig-Holstein[92]) entspricht nicht den Grundlagen des durch Parlamentswahl akzentuierten parlamentarischen Regierungssystems.

Die Wahl, die sich in der Regel nur auf den Chef der Regierung, seltener auf die ganze Regierung[93]) bezieht, erfolgt grundsätzlich mit absoluter Mehrheit, die entweder von der gesetzlichen Mitgliederzahl[94]) oder von den abgegebenen Stimmen[95]) berechnet wird. Einige Verfassungen, darunter das Grundgesetz lassen bei späteren Wahlgängen relative Mehrheit[96]) zu, ermöglichen damit also die Bildung einer Minder-

---

[91]) In den Landesverfassungen von Berlin (wie hier Landsberg-Goetz, Verfassung von Berlin, 1951, S. 106) Hamburg (wie hier Ipsen, Hamburgs Verfassung und Verwaltung, S. 290 ff.; dort weitere Literatur in Anm. 18 für die Weimarer Zeit, in Anm. 21 für die Gegenwart), Rheinland-Pfalz (wie hier Süsterhenn-Schäfer, Kommentar der Verfassung für Rheinland-Pfalz, S. 359), Saarland und Schleswig-Holstein (anders als hier Lauritzen, Die Selbstverwaltung in Schleswig-Hostein, 1950, Anm. 5 zu Art. 21 LS und Mannzen, JböffR NF VI 271) fehlt eine Bestimmung darüber.

[92]) Über sie Uhlitz aaO. S. 486.

[93]) Bremen Art. 107, Hamburg Art. 34; in Berlin zunächst Wahl des RegBgm., dann auf dessen Vorschlag Wahl des Bgm. und der Senatoren (Art. 41).

[94]) Art. 63 GG, Baden-Württemberg (Art. 46), Hamburg (Art. 34), Hessen (Art. 101), Niedersachsen (Art. 20), Nordrhein-Westfalen (Art. 52), Rheinland-Pfalz (Art. 98), Saarland (Art. 88), Schleswig-Holstein (Art. 22).

[95]) Berlin Art. 41; Bremen Art. 107. Die Bayerische Verfassung, Art. 44 Abs. 1, sagt nichts über die Mehrheit; also gilt der allgemeine Grundsatz des Art. 23, wonach der Landtag mit einfacher Mehrheit der abgegebenen Stimmen beschließt, soweit die Verfassung kein anderes Stimmenverhältnis vorschreibt. Hier fehlt der sonst allgemein übliche Vorbehalt, daß die GO für Wahlen etwas anderes vorschreiben kann (vgl. z. B. Art. 42 Abs. 2 Satz 2 GG). Zu dem Streit über die Änderung der GO des Preuß. LT durch Beschluß vom 12. 4. 1932 (Einführung der Stichwahl kurz vor der Neuwahl, um die Wahl eines ns. MinPr. zu verhindern) vgl. RStGH v. 20. 11. 1932 bei Lammers-Simons VI, S. 137 ff. Die Zulässigkeit dieser Änderung der GO spielte auch eine Rolle im Konflikt Preußen/Reich; vgl. Preußen contra Reich, S. 27, 467, 512.

[96]) Art. 63 IV GG: relative Mehrheit genügt, wenn Vorschlag der BPr. abgelehnt, Wahl mit absoluter Mehrheit innerhalb 14 Tagen nicht erfolgt, und BPr. nicht auflöst; Niedersachsen Art. 21: nach 21 Tagen Selbstauflösung durch Beschluß der Mehrheit der Abg. oder relative Mehrheit; Nordrhein-Westfalen Art. 52: beim 2. und 3. Wahlgang (innerhalb 14 Tagen) absolute Mehrheit der abgegebenen Stimmen, beim 4. Wahlgang Stichwahl zwischen den beiden Kandidaten, die die höchste Stimmenzahl erhalten haben; Schleswig-Holstein Art. 22: relative Mehrheit genügt beim dritten Wahlgang.

heitsregierung, die an sich dem Wesen des parlamentarischen Regierungssystems widerspricht. Andere Verfassungen lassen darum diesen Ausweg nicht zu, sondern zwingen entweder den Landtag, eine Regierung mit Mehrheit zu bestellen[97]), oder sehen die Auflösung des Landtags vor, wenn ihm die Bildung einer Mehrheitsregierung nicht gelingt[98]).

Nach dem Grundgesetz und einigen Landesverfassungen[99]) liegt in der Wahl des Regierungschefs nicht nur die Bekundung des positiven Vertrauens[100]), sondern auch das Einverständnis des Parlaments mit der von ihm zu bestellenden Regierung. Diese Konzentration der Regierung auf die Person des Regierungschefs, die sich im Recht der Ernennung und Entlassung der Minister, in der Abhängigkeit des Bestandes der Regierung von seiner Person und in der Ausschließlichkeit des auf ihn abgestellten Mißtrauensvotums zeigt, ist allerdings in unterschiedlicher Weise ausgebaut. Einige deutsche Landesverfassungen verlangen zusätzlich die Bestätigung der ganzen Regierung[101]) bzw. die Zustimmung zur Ernennung der Minister[102]). Dabei geht der Einfluß des Parlaments auf die Regierungsbildung gelegentlich so weit, daß nicht nur die Einteilung in Ressorts, sondern auch noch die Verteilung der Ressorts auf die Minister des parlamentarischen Einverständnisses bedarf[103]), eine Einwirkungsmöglichkeit, die an sich dem System der parlamentarischen Regierung nicht innewohnt.

---

97) Berlin, Bremen, Hamburg, Hessen, Rheinland-Pfalz, Saarland.

98) Bayern Art. 44 Abs. 5: nach 4 Wochen Auflösung durch den LTPr.; Baden-Württemberg Art 46: automatische Auflösung nach drei Monaten.

99) Nordrhein-Westfalen und Schleswig-Holstein.

100) Auch der nur mit relativer, also von einer Minderheit gewählte Regierungschef gilt als im Besitz des Vertrauens des Parlaments, bis ihm dies ausdrücklich entzogen wird, was meist nur mit absoluter Mehrheit möglich ist. Interessanterweise sieht die französ. Verfassungsnovelle von 1954 für die Investitur des MPr. nur mehr einfache Mehrheit vor, während es für das Mißtrauensvotum bei der absoluten Mehrheit verbleibt (Art. 45 Abs. 3, Art. 49 Abs. 3).

101) Baden-Württemberg Art. 46 Abs. 3 (absolute Mehrheit der abgegebenen Stimmen); Hessen Art. 101 Abs. 4 (Form des positiven Vertrauensvotums; keine besondere Mehrheit vorgeschrieben); Niedersachsen Art. 20 Abs. 3 (keine besondere Mehrheit vorgeschrieben; entfällt bei Wahl des MPr. mit relativer Mehrheit [Anm. 96]); Rheinland-Pfalz Art. 98 Abs. 2 Satz 3 (keine besondere Mehrheit vorgeschrieben).

102) Bayern Art. 45; Saarland Art. 89.

103) Darüber, daß nach dem Grundgesetz der BK allein die Zahl der Bundesminister bestimmt, sie vergrößern und vermindern kann, auch allein (vorbehaltlich des Budgetrechts des Parlaments) über die Einrichtung von Ministerien und über die Abgrenzung der

Nach der Stellung, die das Grundgesetz dem Bundeskanzler einräumt, kommt ihm allein die Verfügung über den Personalbestand der Regierung zu. Dem Bundestag sind verfassungsrechtlich keinerlei Befugnisse in dieser Richtung zugeteilt; das Ernennungs- und Entlassungsrecht des Bundespräsidenten ist nur formal und muß nach den Vorschlägen des Bundeskanzlers ausgeübt werden. Bei der Bildung der Regierung ist der Bundeskanzler politisch natürlich an Koalitionsabreden[104]) oder an den Ausgleich innerhalb der einen Mehrheitsfraktion gebunden. In der Frage der Entlassung kommt es darauf an, ob dem Bundeskanzler eine hinreichende parlamentarische Unterstützung verbleibt, wenn er sich dem Wunsch von Parteien oder Fraktionen nach Abberufung eines Ministers entzieht. Da die Minister nicht als Vertreter ihrer Partei dem Kabinett angehören, kann der Bundeskanzler auch einen Minister im Kabinett behalten, der aus der Partei, von der er vorgeschlagen war, ausgetreten ist. Es kommt auf die jeweilige parteipolitische Situation an. Es han-

---

Geschäftsbereiche bestimmt: Eschenburg DÖV 1954, S. 199. Aus dem, was ich oben in Anm. 73 ausgeführt habe, ergibt sich, daß ich es auch beim Schweigen des Grundgesetzes für zulässig halte, durch einfaches Gesetz Zahl und Geschäftsbereiche der Bundesminister festzulegen. — Die Geschäftsbereiche und damit grundsätzlich auch die Zahl der Minister (weil der Ministerpräsident nach Art. 50 Abs. 1 Satz 2 mehrere Geschäftsbereiche nur vorübergehend einem Minister zuweisen kann) sind in der Bayerischen Verfassung Art. 49 festgelegt; sie können auf Vorschlag des MPr. durch Beschluß des LT erhöht oder vermindert oder ihre Abgrenzung anders bestimmt werden; die Zuweisung der Geschäftsbereiche an die Minister liegt aber allein in der Hand des MPr. Eine Höchstzahl der Regierungsmitglieder legt die Berliner Verfassung in Art. 40 Abs. 2 fest. Die Zahl der Senatoren soll durch Gesetz bestimmt werden nach den Verfassungen von Bremen Art. 107 und Hamburg Art. 33. Die Verfassung von Baden-Württemberg verlangt ein Gesetz, das die Zahl der Minister und die Geschäftsbereiche der Ministerien bestimmt; im Sommer 1957 ist ein Versuch, dieses Gesetz zustande zu bringen, im LT von Baden-Württemberg gescheitert. Soweit die Verfassungen die Bestätigung der Landesregierung vorschreiben, ist darin auch die Mitbestimmung des Parlaments über die Verteilung der Ressorts enthalten. Nach den Verfassungen von Hessen (Art. 104) und Rheinland-Pfalz (Art. 105) beschließt die Regierung über die Zuständigkeit der einzelnen Minister; die Beschlüsse sind dem Landtag unverzüglich vorzulegen und auf sein Verlangen zu ändern oder außer Kraft zu setzen.

104) Hans Schneider NJW 1953 S. 1330; über die Bildung einer Koalitionsregierung auf Landesebene berichtet Götz Roth, Fraktion und Regierungsbildung. Eine Monographische Darstellung der Regierungsbildung in Niedersachsen im Jahre 1951, Meisenheim 1954.

delt sich dabei um eine politische, nicht um eine verfassungsrechtliche Frage. Daß der Kanzler einem ernsthaften Entlassungsgesuch eines Ministers entsprechen muß, ist selbstverständlich; als merkwürdige Zwischenform hat sich das Rücktritts*angebot* herausgebildet, mit dem der Minister dem Kanzler die Entscheidung über das Verbleiben im Kabinett ermöglichen will, ohne die schroffe Entlassung ohne Antrag zu riskieren[105]).

Da der Bundeskanzler die Richtlinien der Politik[106]) aufstellt, da ihn allein das Mißtrauensvotum treffen kann, muß er sich mit Ministern *seines* Vertrauens umgeben können. Dem Bundespräsidenten, dessen Wunsch für die Wahl des Bundeskanzlers der Bundestag nicht einmal zu berücksichtigen braucht, kann unmöglich auf dem Umweg über eine Ermessensentscheidung bei der Ernennung und Entlassung der Bundesminister ein entscheidender Einfluß auf Bildung und Bestand der Bundesregierung zukommen. Er ist also verfassungsrechtlich verpflichtet, den Vorschlägen des Bundeskanzlers zu entsprechen[107]). Die Entlassung der Minister steht nach

---

105) Aus dem ersten Kabinett Adenauer schied der Bundesminister Dr. Heinemann im Konflikt mit dem BK auf seinen Wunsch aus. Im zweiten Kabinett Adenauer verblieben die Minister Kraft und Oberländer trotz des Austritts aus dem BHE, die Minister Blücher, Neumayer, Preusker und Schäfer trotz Ausscheidens aus der FDP; der Koalitionspakt der CDU/CSU mit der FDP und dem BHE zerfiel; die Regierung blieb, weil die CDU/CSU die absolute Mehrheit im II. BT hatte. Mehrere Ressortverschiebungen fanden statt. Die Sonderminister Kraft und Schäfer und der Bundesjustizminister Neumayer schieden aus. Über die Vorgänge um die aus ihren Fraktionen ausgeschiedenen Minister vgl. Bulletin 1956 Nr. 11 S. 89, Nr. 15 S. 121, Nr. 196 S. 1865.

106) Dazu *Eschenburg* DÖV 1954 S. 193 ff.

107) ebenso: *Dennewitz-Meder*, Bonner Kommentar Art. 64 Anm. II 1; *Dreher* NJW 1950, 130; W. *Jellinek*, VDStRL 8 S. 10 f.; *Kehlenbach*, Staatspräsident S. 30 f.; *Laforet* VDStRL 8 S. 56; v. *Mangoldt*, Kommentar Art. 64 Anm. 2 S. 345; H. *Peters*, Entwicklungstendenzen S. 242; a. M.: *Eschenburg*, DÖV 1954, 198 f.; *Giese*, Grundgesetz, 4. Aufl., Art. 64 Anm. II 3; *Herrfahrdt*, VDStRL 8 S. 61; *Maunz*, Staatsrecht, 6. Aufl. S. 286; *Merk*, VDStRL 8 S. 60; *Koellreuter*, Staatsrecht S. 205; *Nawiasky*, Grundgedanken S. 97; *Hans Schneider*, NJW 1953 S. 1332 und „Die Mitwirkung des BPr. bei der Regierungsbildung", Festschrift Benedikt Kraft, 1955, S. 129 f.; vermittelnd: *Münch*, Bundesregierung S. 149 ff. unter dem Beifall von *Schüle* ArchÖffR 80 S. 382. — Der Wortlaut des Art. 64 Abs. 1 GG spricht jedenfalls nicht gegen die Bindung des BPr. an die Vorschläge des BK. Daraus, daß in anderen Fällen das GG die Verpflichtung des BPr. ausdrücklich ausspricht (Art. 63 II 2; 63 IV 2, 3; 67 I 2), kann nicht gefolgert werden, daß die Verpflichtung im Fall des Art. 64 I nicht besteht; der Wortlaut des GG ist nicht so exakt durchgearbeitet, daß dieses arg. e contr. möglich

den deutschen Landesverfassungen im allgemeinen dem Regierungschef allein zu, gelegentlich aber bedarf sie der Zustimmung des Parlaments[108]).

3. Grundsätzlich fordert das parlamentarische Regierungssystem eine Regierung mit einem Programm[109]), das von der Mehrheit des Parlaments gebilligt wird. Da „Regieren" heute weitgehend „Gesetze geben" bedeutet, ist die Regierung

wäre. (Die Fassung des Art. 69 Abs. 3 z. B. verschleiert eine zweifellos bestehende verfassungsrechtliche Pflicht des BPr.). Diese ausdrücklich fixierten Fälle der Bindung des BPr. an anderwärts getroffene Entscheidungen zeigen aber jedenfalls, daß es nicht gegen die Würde des Amts verstößt, den BPr. bei der Ausübung des ihm als Staatsoberhaupt zugewiesenen Ernennungsrechts an fremden Willen zu binden. Die Auslegung der entsprechenden Bestimmung der WRV (Art. 53) kann zur Auslegung des Art. 64 I nicht herangezogen werden, da dem BPr. im Regierungssystem des GG bewußt nicht die Stellung eingeräumt worden ist, die dem RPr. in der WRV zukam, und die letzten Endes dazu geführt hat, daß aus dem beabsichtigten Parlamentarismus der reine Präsidentialismus wurde. Das GG ordnet die parlamentarische Regierungsweise unter klarer Hervorkehrung der beherrschenden Stellung des BK. Dann aber wäre es systemwidrig, dem BPr., — dem der BT einen von ihm nicht gewünschten BK aufdrängen kann, der nicht in der Lage ist, von sich aus den BK zu entlassen oder an das Volk zu appellieren, dem jede Einflußnahme auf die Richtlinien der Politik verwehrt ist —, durch freies Veto gegen die Vorschläge des BK entscheidenden Einfluß auf die personelle Zusammensetzung der BReg. zu geben. Wie sehr die Konzentration der parlamentarischen Verantwortlichkeit (im Sinne des Vertrauensmechanismus) auf den Regierungschef gedanklich mit dem Recht der freien Auswahl seiner Mitarbeiter zusammenhängt, zeigt sich auch darin, daß A. Rüstow s. Zt. seinen Vorschlag des konstruktiven Mißtrauensvotums für die WRV (unten Anm. 151) mit diesem Recht des RK koppelte (vgl. Eschenburg, DÖV 1954 S. 198).

108) Die Senatoren in Berlin und Hamburg können gegen ihren Willen nur durch Mißtrauensvotum aus ihrem Amt entlassen werden. In Bremen kann der Senat bei der Bürgerschaft beantragen, einem Senator wegen Pflichtverletzung durch Beschluß die Mitgliedschaft im Senat zu entziehen (Art. 110 Abs. 4). Der Ministerpräsident von Baden-Württemberg muß einen Minister entlassen, wenn es $^2/_3$ der Mitglieder des Landtags beschließen (Ersatz für das fehlende Mißtrauensvotum gegen die Minister!). Der MPr. kann die Minister nach seinem Ermessen entlassen in Baden-Württemberg (Art. 46), Nordrhein-Westfalen (Art. 52) und Schleswig-Holstein (Art. 21). Er bedarf der Zustimmung des Landtags in Bayern (Art. 45), Hessen (Art. 112), Niedersachsen (Art. 20), Rheinland-Pfalz (Art. 98) und Saarland (Art. 89).

109) Die französ. Verfassung schreibt in Art. 45 Abs. 2 ausdrücklich vor, daß der vom Staatspräsidenten designierte Ministerpräsident sich der Nationalversammlung stellt „afin d'obtenir sa confiance sur le programme et la politique qu'il compte poursuivre."

auf das Parlament zur Durchführung ihres Programms angewiesen[110]).

Minderheitsregierungen, die sich von Fall zu Fall ihre Mehrheiten suchen müssen, können also nur ein Notbehelf sein und deuten auf einen Krisenzustand. Eine Minderheitsregierung kann auch in ihren reinen Regierungsmaßnahmen keine starke Initiative entfalten.

Im Mehrparteienstaat kann sich nun zeigen, daß die Mehrheitsbildungen auf den verschiedenen Gebieten der Politik, etwa in der Außenpolitik, Wirtschaftspolitik, Sozialpolitik, Kulturpolitik unterschiedliche Parteigruppierungen umfassen. Daraus kann dann die Folgerung gezogen werden, daß es nicht zweckmäßig erscheint, eine Regierungskoalition mit festem, umfassendem Programm zu bilden, die sich gegen eine ebenso fest formierte Opposition abhebt, sondern den Vollzug der jeweiligen Parlamentsentscheidung einem Regierungskollegium zu übertragen, an dem alle Parteien quotenmäßig beteiligt werden. Auch eine „Geschäftsregierung" von Fachleuten ließe sich so rechtfertigen. Solche Regierungen stehen natürlich in stärkerer Abhängigkeit vom Parlament und werden mehr zur ausführenden Behörde[111]).

Auch der Schweizer Bundesrat, der als Kollegium mit jährlich wechselndem Vorsitz die Regierungsgeschäfte führt, zeigt weniger Ambitionen politischer Führung als das Bestreben sorgsamer Verwaltungsführung. Es gibt keine „Koalition" und kein Regierungsprogramm. Allerdings wird das Schweizer Regierungssystem entscheidend durch die Eigenart der Schweiz als Referendumsdemokratie geprägt. Da über das Schicksal der Gesetzesvorlagen letzten Endes nicht die Räte, sondern das Volk entscheidet, erscheint der Bundesrat mehr wie eine exekutive Behörde, die den Willen der Räte und des Volkes

---

110) Darin liegt die Problematik des so umständlich ausgeklügelten Gesetzgebungsnotstandes nach Art. 81 GG: selbst wenn die Krisensituation des BT nicht auf den BR übergegriffen hat und der Bundeskanzler BPr. und BR für seine Gesetzentwürfe gewinnt, ist er nach sechs Monaten am Ende. Er muß also demissionieren und der BT muß einen BK wählen, obwohl er gerade bei der Abstimmung über die Vertrauensfrage nach Art. 68 gezeigt hat, daß er nicht in der Lage ist, einen BK mit der gebotenen absoluten Mehrheit zu wählen. Das Spiel kann also nur von neuem beginnen, wenn der BPr. nicht jetzt zur Auflösung nach Art. 63 Abs. 4 Satz 3 schreitet. Wirklichen Krisensituationen, wie wir sie gegen Ende der Weimarer Zeit erlebt haben, kann mit solch komplizierten verfassungsrechtlichen Vorschriften nicht wirksam begegnet werden. Man kann nur hoffen, daß sie uns durch die Gestaltung des Wahlrechts und die Entwicklung der Parteien erspart bleiben.

111) Unter anderem Aspekt (unfähiges Parlament) behandelt Scheuner DÖV 1957 S. 633 die Fachleute-Regierung.

vollzieht. Das dürfte auch die Neigung erklären, die einmal gewählten Bundesräte wie Beamte immer wieder zu wählen, so lange sie nicht selbst auf das Amt verzichten. Weiter erklärt sich damit das Bestreben, im Rahmen der auf diese Weise freiwerdenden Sitze alle im Nationalrat vertretenen Parteien am Bundesrat zu beteiligen, die dazu bereit sind, wobei allerdings Differenzen über das Ausmaß dieser Beteiligung nicht ausbleiben[112]).

Andere Voraussetzungen und Gründe haben jene Allparteienregierungen, die in Kriegs- oder Krisenzeiten gebildet werden, um unter Hintanstellung der Gegensätze alle Kräfte zur Überwindung der Notzeit zusammenzufassen[113]).

Von einem anderen Ausgangspunkt her, nämlich von der Erkenntnis, daß die Gliedstaaten eines Bundesstaates doch im wesentlichen nur Verwaltungskörperschaften sind, hat sich der Gedanke der Allparteienregierung in diesen Gebilden vielfach durchgesetzt. In den Verfassungen der österreichischen Bundesländer ist die verhältnismäßige Beteiligung aller Parteien verfassungsrechtlich vorgesehen[114]); in der Schweiz beruht sie auf politischem Brauch, der allerdings zum Teil durch Verfassungsrichtlinien gesteuert ist[115]); in Deutschland hingegen haben wir das Gebilde der Allparteienregierung in den Ländern nur vereinzelt[116]), wahrscheinlich wegen der Fehlkonstruktion unseres Bundesrates[117]). Zu den Grundsätzen

---

112) Über die Allparteienregierung in der Schweizer Eidgenossenschaft: Vulpius, Allparteienregierung S. 44 ff.

113) Über das engl. „National Government" s. Vulpius aaO. S. 83 ff. Über die Bestrebungen zur Schaffung einer „permanent national coalition" in Schweden berichtet Rustow aaO. (Anm. 1) S. 219 ff.

114) Über die österr. Länderregierungen: Vulpius S. 60 ff.

115) Über die Schweizer Kantone: Vulpius S. 31 ff.; vgl. auch die Entscheidung des Schweizer Bundesgerichts v. 26. 2. 1926 zu der Bestimmung der Luzerner Verfassung, daß vom Großen Rat bei der Bestellung der Magistrate „im allgemeinen auf Vertretung der Minderheit billige Rücksicht zu nehmen ist" aus Anlaß einer Richterwahl (Entsch. Bd. 52 I S. 14).

116) Berlin 1946—1953 (Vulpius S. 110 ff.); Württemberg-Baden 1946—1950 (Vulpius S. 124 ff.); Baden-Württemberg seit Oktober 1953.

117) Mit einer merkwürdigen Zähigkeit hat sich diese Struktur des föderalistischen Organs in der Bundesverfassung erhalten, obwohl der Bundesrat, den Bismarck „in unbewußter Genialität ... unbekümmert um die Schablonen der Doktrin" geschaffen hatte, sinnvoll nur im Rahmen der eigentümlichen Bismarckschen Verfassung des monarchischen Bundesstaates war (darüber insbes. Erich Kaufmann, Bismarcks Erbe in der Reichsverfassung, 1917, S. 57 ff.; das Zitat auf S. 61). Nur seine Stellung als dem Reichstag koordiniertes Regierungskollegium des Reichs recht-

des republikanischen, demokratischen und sozialen Rechtsstaates im Sinne des Grundgesetzes, an die Art. 28 Abs. 1 GG die verfassungsmäßige Ordnung in den Ländern bindet, gehört nicht die parlamentarische Regierung, so daß im Gegensatz zu Art. 17 WRV nicht von Bundes wegen vorgeschrieben ist, daß die Landesregierung des Vertrauens der Volksvertretung bedarf[118]) [119]).

---

fertigte seine Zusammensetzung aus Vertretern der Regierungen der Bundesstaaten. Die Konstruktion des Bundesrats zwingt den Bundeskanzler heute Einfluß zu nehmen auf die Regierungsbildung in den Ländern, (Baden-Württemberg, Bayern, Niedersachsen), wie umgekehrt die Opposition versucht, über die Landesregierungen im Bundesrat Einfluß auf die Bundespolitik zu gewinnen (Nordrhein-Westfalen). Auch Hennis, Opposition (Anm. 1) S. 215 spricht darum von der „unglücklichen grundgesetzlichen Konstruktion des Bundesrates". Daß die Landtagswahlen unter den Parolen der Bundespolitik ablaufen, dürfte mit darauf zurückzuführen sein. Von den Ländern als eigenständigen Gebilden her gesehen erscheint mir dieser Zustand nicht begrüßenswert. Man kann die Dinge natürlich auch so sehen wie Scheuner, der eine wichtige Funktion der parl. Länderregierungen — und wohl auch ihrer Mitwirkung im Bundesrat — darin sieht, daß dadurch der Opposition Möglichkeiten zur Teilnahme am Staatsleben eröffnet werden (DÖV 1957 S. 636). Glum (Anm. 1) S. 337 hat den Vorschlag gemacht, den Bundesrat als Legalitätsreserve bei der Regierungsbildung und beim Gesetzgebungsnotstand zu nutzen; Ehmke ZfPol. NF 1 (1954) S. 347 meint, man sollte eine Änderung des Grundgesetzes in dieser Richtung ernsthaft erwägen. Das setzt allerdings nicht notwendig die jetzige Struktur des Bundesrats voraus. Die Stellung des Bundesrats in dem Beziehungssystem Parlament und Regierung konnte in diesem Referat nicht behandelt werden. Wenn der BR auch an der Gesetzgebung teilnimmt, so ist er jedenfalls kein Parlament; andererseits ist er auch nicht ein Regierungskollegium des Bundes, als das Erich Kaufmann zutreffend aaO. sein Urbild beschreibt.

118) Eschenburg, Südweststaat (Anm. 64) S. 61 ff. plädiert auf der Landesebene für Beseitigung der parlamentarischen Regierung; ebenso Hennis aaO. S. 217, der darauf hinweist, daß Hugo Preuss schon für die Länder der Weimarer Verfassung auf Zeit gewählte Regierungen nach Schweizer Vorbild vorgeschlagen habe, bei denen die Regierungsbildung — in der Regel unter Beteiligung aller Parteien — in erster Linie nach Amtsgesichtspunkten erfolgt.

119) Von den Blockregierungen der „Volksdemokratien" (dazu Vulpius S. 141 ff., Hans Peters, Art. Blockregierung im Staatslexikon der Görresgesellschaft, 6. Aufl., Band 2, 1958; Steiniger, Das Blocksystem, Berlin 1949) ist hier nicht zu handeln, da es nur einen Mehrparteienstaat vortäuscht, wo es sich in Wahrheit um einen Einparteistaat handelt (so mit Recht Leibholz, 38. DJT, S. C 17). Hans Peters, Neuere Entwicklungen des Parlamentarismus, 1950, S. 80, dürfte das sowjetzonale Blocksystem und die westeuropäische Große Koalition bzw. Allparteienregierung nicht genügend auseinanderhalten, wenn er das Blocksystem „zu den ernsthaft zu diskutierenden Mitteln zur Überwindung der

4. Nach dem Hinweis auf die Minderheitsregierung, die „Geschäftsregierung“ und die Allparteienregierung wenden wir uns dem Normalfall der Mehrheitsregierung zu.

Wo sich das Zweiparteiensystem durchgesetzt hat oder in einem Mehrparteiensystem eine Partei die absolute Mehrheit errungen hat, ist die Regierungsbildung insofern einfach, als der Führer der siegreichen Partei durch das Plebiszit der Wähler zum Chef einer stabilen Regierung designiert ist, die höchstens durch Zerfall der Mehrheitspartei selbst gefährdet werden könnte.

Aber auch dann noch kann die Regierungsbildung Schwierigkeiten machen, da die eine Mehrheitspartei regelmäßig viele Richtungen umfassen wird und der Parteiführer alle wesentlichen Strömungen berücksichtigen muß, um seiner Gefolgschaft sicher zu sein[120]). Eine große Mehrheitspartei stellt gewissermaßen eine Koalition in sich dar.

Das spezifische Verhältnis der Regierung zur Mehrheitspartei im Unterhaus und damit zum Parlament selbst, wie es sich in England herausgebildet hat, dürfte allerdings auf andere Länder unübertragbar sein[121]). In England ist die absolut führende Stellung der Regierung eindeutig. Der Premierminister dirigiert als Parteiführer zugleich die Geschäfte des Parlaments. Bei uns in Deutschland bleibt das Spannungsverhältnis zwischen Parlament und Regierung erhalten, selbst wenn die Regierung durch eine Partei gebildet wird, die die absolute Mehrheit errungen hat. Dabei dürfte die Frontstellung des Parlaments zum konstitutionellen Monarchen und seiner vom Parlament unabhängigen Regierung (Bürokratie) nachwirken. Auch die die Regierung tragende Mehrheitspartei wacht eifersüchtig über die Erhaltung der parlamentarischen Privilegien und läßt insbesondere an der Autonomie des Parlaments, selbst über seine Geschäftsführung zu bestimmen, nicht rütteln. Dieses Spannungsverhältnis bleibt bestehen, obwohl die Partei als Bindeglied zwischen Parlament und Regierung existiert.

Mißstände des Parlamentarismus“ zählt. Über den Unterschied zwischen der Trabantenpartei in einer freiheitlichen Demokratie und den Blockparteien in den „Volksdemokratien“, sowie über die Rolle der Opposition in der freiheitlichen Demokratie treffend Groß DVBl. 1957 S. 852.

120) Nach Zeitungsmeldungen hat sich Bundeskanzler Adenauer über die Schwierigkeiten der Regierungsbildung nach den Wahlen vom 6. 9. 1957, bei denen der CDU/CSU die Mehrheit der Mandate zugefallen war, bitter beklagt.

121) Vgl. darüber Morrison und Jennings (Anm. 1).

5. Wo ein Mehrparteiensystem besteht und nicht eine Partei die absolute Mehrheit errungen hat, ergibt sich der Zwang zur Koalitionsbildung[122]). Sie wird schwieriger oder leichter sein, je nachdem wie weit einzelne Parteien in ihren Grundauffassungen harmonieren oder bereit sind, sich im Wege des Kompromisses auf eine gemeinsame Linie zu vereinigen, die unter Umständen auch durch die Abwehr eines gemeinsamen Gegners diktiert sein kann. Dabei mögen bestimmte Bereiche ausgespart werden; eine Koalition schließt aber aus, daß die beteiligten Parteien in wesentlichen politischen Fragen eine entgegengesetzte Politik, etwa in ihren Initiativentwürfen, verfolgen. Einer Hegemonialpartei kommt zwar bei der Regierungsbildung als Kristallisationspunkt große Bedeutung zu; es gibt aber kein demokratisches „Recht" der größten Partei, an der Regierungsbildung beteiligt zu werden[123]).

Je nachdem, ob die parlamentarischen Gruppen Fraktionen festgefügter bürokratisch organisierter Parteien sind (Deutschland), oder sich nur loser um einzelne Persönlichkeiten scharen (Frankreich), wird die Regierungsbildung ein anderes Gesicht annehmen. Um sich den Unterschied klar zu machen, braucht man nur an die in ihrer Bedeutung von unserem Standpunkt aus vielfach überschätzten französischen Regierungskrisen zu denken und beachten, daß immer derselbe Kreis von Ministrablen in verschiedenen Kombinationen erscheint, während bei uns der Regierungswechsel in der Regel eine Totalerneuerung bedeutet.

Als Konsequenz für das Verhältnis des Parlaments zur Regierung ergibt sich daraus, daß angesichts der schwachen Koalitionsbildung im französischen Regierungssystem das Parlament absolut dominiert. Das französische Regierungssystem wird als „Gouvernement de l'Assemblée"[124]) bezeichnet, und für die französische Regierung mag die sonst meist zu

---

[122]) Über „Bildung und Formen der Koalitionsregierung" Dolf Sternberger ZfPol. NF I, 1954, S. 47 ff. = Lebende Verfassung S. 101 ff.

[123]) Diesen Anspruch erhob die CDU in Baden-Württemberg, als sie bei der Regierungsbildung im April 1952 übergangen wurde (nach Leibholz, Strukturwandel, S. 37, Anm. 29, hat damals die CDU-Führung die Bundesregierung gebeten, „demokratische Zustände im Südweststaat wieder herzustellen"), die CSU in Bayern bei der Regierungsbildung im Dezember 1954. In beiden Fällen kam es übrigens noch während der Wahlperiode zu einer Umbildung der Regierung (Baden-Württemberg Oktober 1953 nach der BT-Wahl; Bayern Oktober 1957 nach der BT-Wahl). In Nordrhein-Westfalen wurde die CDU als stärkste Partei im Februar 1956 ausgebootet. In Niedersachsen wurde 1955 die SPD in die Opposition versetzt, Ende 1957 aber in die Regierung aufgenommen.

[124]) Vgl. Vedel (Anm. 1) S. 583 ff.

Unrecht gebrauchte Formel von der parlamentarischen Regierung als dem bloßen Vollzugsausschuß des Parlaments zutreffen[125]).

Dieses französische System, charakterisiert insbesondere auch durch die grundsätzliche Ablehnung des Referendums und die immer noch starke Scheu vor der Auflösung[126]), dürfte durch die Vorstellung bestimmt sein, daß das Volk die Ausübung der Staatsgewalt global an das Parlament übertragen hat und nur in den Intervallen der regulären Wahlen zu Wort kommen soll. Die Macht der Tradition hat in Frankreich die Abhängigkeit der Regierung vom Parlament auch unter der neuen Verfassung in einem Maße bestehen lassen, das von den Vätern der Verfassung nicht beabsichtigt war. Die Instabilität der französischen Regierungen[127]) mag auch psychologische Gründe[128]) haben, wie etwa ein französischer Beobachter gelegentlich als den Grund dafür die „absence de toute majorité dans l'esprit public français" bezeichnet hat[129]).

Trotz Mehrparteiensystem können sich starke Koalitionsregierungen bilden.. Es kommt auf die besondere Parteistruktur und die jeweilige Konstellation an. Solche Regierungen stehen dann dem Parlament wesentlich stärker gegenüber als in Frankreich. Für die Bundesrepublik Deutschland jedenfalls trifft die Charakterisierung der parlamentarischen Regierung als eines Vollzugsausschusses des Parlamentes nicht zu, selbst wenn sie als eine Koalitionsregierung gebildet worden ist.

6. Wieder eine andere Nuance im Verhältnis des Parlaments zur Regierung finden wir da, wo die Wähler ihre Stimmen annähernd gleichmäßig auf zwei große Parteien verteilen und dritte Parteien nicht zu einer solchen Macht angewachsen sind, daß sie eine schiedsrichterliche Rolle spielen könnten, und wo dann diese beiden großen Parteien das Votum der Wähler dahin auslegen, daß diesen die gemeinsame Regierungs- und Verwaltungsführung durch beide Parteien wichtiger erscheint als die Ausübung der traditionellen Oppositionsfunk-

---

125) v. d. Heydte, Parlamentarismus in Frankreich und Deutschland, Festschrift Nawiasky, 1956, S. 323; Werner Ludwig, Regierung und Parlament im Frankreich der IV. Republik, Würzburg 1956; dazu Roman Schnur, DVBl. 1957 S. 219; Literaturbericht von Rudolf v. Albertini, Probleme der Vierten Republik, NeuePolLit. 1957 S. 295.

126) Vedel S. 471 ff.

127) Schnur (Anm. 125) spricht von der „unstabilen Stabilität der Verfassungswirklichkeit Frankreichs".

128) Vgl. Herbert Lüthy, Frankreichs Uhren gehen anders, Zürich-Stuttgart-Wien 1954.

129) Goguel, zitiert bei v. Albertini (Anm. 125) S. 249.)

tion. Ich meine das österreichische Beispiel der Koalition der Österreichischen Volkspartei und der Sozialistischen Partei Österreichs, die nun schon zum dritten Mal die politische Szene Österreichs beherrscht[130]). Erstaunlicherweise hat diese gemeinsame Regierungsführung, die auf einem Abkommen beruht, in dem diese in vielen Punkten so gegensätzlichen Parteien die Regierungs- und Verwaltungsmacht quotenmäßig aufteilen, den scharfen Wettbewerb der Parteien bei den Wahlen nicht beeinträchtigt und auch ein nicht geringes Maß gegenseitiger Kritik schon während der Wahlperiode bestehen gelassen. Für unseren Zusammenhang interessant ist, daß der Koalitionspakt das Initiativrecht der Abgeordneten beschränkt, und daß ein Koalitionsausschuß die reibungslose Zusammenarbeit innerhalb der Regierung und innerhalb des Parlaments sichern soll. In diesem System ist jede Partei gleichzeitig Regierungs- und Oppositionspartei; jede Partei übt Opposition für den Bereich, in dem die andere regiert.

Dieses wohl ursprünglich aus der besonderen Lage des besetzten Nachkriegs-Österreichs entstandene politische System dürfte nicht so auf besondere Landeseigentümlichkeiten zugeschnitten sein, wie das englische, das schweizerische oder das amerikanische Regierungssystem. Vielleicht ist es die Antwort auf die Gleichgewichtslage zwischen rechts und links, die sich in so vielen Staaten ausgependelt hat, und stellt es den Versuch dar, die Politik des Kompromisses, die in der heutigen gesellschaftlichen Situation allein noch den sozialen Frieden in der staatlichen Gemeinschaft erhalten kann, in der Regierungsbildung zu institutionalisieren[131]).

7. Bei parlamentarischer Regierungsweise ist die vom Parlament gewählte oder durch positives Vertrauensvotum investierte Regierung in der Regel auch in ihrem Bestande vom Willen des Parlaments abhängig[132]). Die ohne aktive Teilnahme des Parlaments eingesetzte Regierung muß es sein, damit man überhaupt von parlamentarischer Regierung sprechen kann[133]).

In der Schweizer Eidgenossenschaft wird der Bundesrat von den beiden Häusern des Parlaments auf die Dauer der Legislaturperiode des Nationalrates von vier Jahren bestellt, und er kann während dieser Zeit nicht abberufen werden. Hat die

---

[130]) Darüber eingehend Otto Kirchheimer ArchRSozPh. XLIII (1957) S. 67 ff.; dort ist auch S. 69 Anm. 15 der Koalitionspakt vom Juni 1956 abgedruckt.

[131]) Vgl. die Bestrebungen in der Bundesrepublik zur Bildung „großer Koalitionen".

[132]) Typ des Grundgesetzes oder Frankreichs.

[133]) Typ der Weimarer Verfassung.

absolute Unabhängigkeit der amerikanischen Regierung vom Kongreß ihre Ursache in der eigenständigen plebiszitären Macht des Präsidenten, so dürfte die relative Unabhängigkeit des Schweizer Bundesrates von den Räten[134]) darauf beruhen, daß Regierung und Parlament gleichermaßen von dem im Referendum jederzeit gegenwärtigen Volk abhängig sind. Die Eigenart der Schweiz als Referendumsdemokratie dürfte auch andere Eigentümlichkeiten ihres Regierungssystems erklären[135]).

Mit dem Schweizer Beispiel wird vielfach die Regelung der Bayerischen Verfassung verglichen. M. E. zu Unrecht. Zwar bestimmt Art. 44, daß der Ministerpräsident auf die Dauer von vier Jahren gewählt wird. Wenn aber Abs. 3 Satz 2 hinzufügt, daß er zurücktreten muß, wenn die politischen Verhältnisse ein vertrauensvolles Zusammenarbeiten zwischen ihm und dem Landtag unmöglich machen, so ist ihm damit eine verfassungsrechtliche Pflicht[136]) zum Rücktritt auferlegt, wenn die Vertrauensgrundlage geschwunden ist. Diese neue politische Situation kann aber nur der Landtag selbst in irgendeiner Form feststellen, die notwendigerweise einem Mißtrauensvotum gleichkommt. Für unmöglich halte ich es, daß der Verfassungsgerichtshof von sich aus diesen Wegfall der Vertrauensgrundlage feststellt, wie es im Kommentar von Nawiasky-Leusser vorgeschlagen wird[137]).

8. Man kann darüber streiten, ob und inwieweit es sinnvoll ist, das parlamentarische System in verfassungsrechtliche

---

134) Dazu auch Löwenstein, ArchÖffR 75, 164 ff.

135) Vgl. oben bei Anm. 112.

136) So auch Nawiasky-Leusser, Die Verfassung des Freistaats Bayern, S. 121. Hans Peters dürfte das übersehen haben, wenn er diese Regelung (Neuere Entwicklungen des Parlamentarismus S. 77) „kaum noch als Parlamentarismus" ansprechen will. Im Grunde ist es genau so viel und so wenig Parlamentarismus wie das von Peters aaO. begrüßte „konstruktive Mißtrauensvotum" des Grundgesetzes.

137) aaO.: „Für den praktisch kaum denkbaren Fall, daß der Regierungschef seine Verpflichtung zum Rücktritt nicht erkennen oder ihr nicht entsprechen sollte, könnte er im Wege einer Verfassungsstreitigkeit nach Art. 64 oder auf Grund der Ministeranklage nach Art. 59, 61 durch den Verfassungsgerichtshof gezwungen werden." Das würde aber voraussetzen, daß der VerfGH aus einem unzweideutigen Verhalten des Landtags erkennen kann, daß das vertrauensvolle Zusammenarbeiten zwischen dem MPr. und dem LT unmöglich geworden ist. Nur ein klarer Beschluß des LT könnte diese Frage justiziabel machen. Dann aber handelt es sich in Bayern genau so viel und so wenig um eine Regierung auf Zeit wie in den Fällen des sog. konstruktiven Mißtrauensvotums. Auch das Mißtrauensvotum, das nicht in die Form der Neuwahl gekleidet ist, hat in der Regel nicht die automatische Amtsenthebung zur Folge, sondern begründet nur die Pflicht zum Rücktritt.

Normen einzufangen[138]), oder ob es nicht besser ist, daß es sich im Verfassungsbrauch entwickelt und den jeweils gegebenen Umständen anpaßt. Die Stabilität von parlamentarischen Regierungen hängt jedenfalls mehr von der Stabilität der politischen Parteien als von der verfassungsrechtlichen Konstruktion des Vertrauensmechanismus ab. Insbesondere verdanken wir die Stabilität der Regierungen in der Bundesrepublik der derzeitigen Struktur unseres Parteiensystems und nicht dem sogenanten konstruktiven Mißtrauensvotum des Grundgesetzes[139]). Regierungskrisen werden durch Zerfall der Mehrheitspartei oder durch Koalitionskrisen[140]) ausgelöst. Würde die Parteientwicklung den Weg der Weimarer Republik gehen, — was aber wohl wegen des Art. 21 Abs. 2 GG kaum möglich sein wird, — so würde auch das konstruktive Mißtrauensvotum die Verfassungskrise nicht verhüten.

Die Geltendmachung der parlamentarischen Verantwortung durch Abberufung der Regierung[141]) kann technisch verschieden gestaltet werden. In der herkömmlichen Form hat das aus der Initiative des Parlaments geborene Mißtrauensvotum oder die Ablehnung der von der Regierung gestellten Vertrauensfrage nur die negative Folge des Rücktritts der Regierung. Dabei können unterschiedliche Mehrheiten vorgesehen und besondere Verfahrensvorschriften, etwa Fristen

---

[138]) Dagegen Mirkine-Guetzévitch, L'échec du parlementarisme „rationalisé", in Le Régime Parlementaire, 1954 (Anm. 1) und in dem Essai synthétique in T. 1 seiner Sammlung „Les Constitutions Européennes, S. 29 ff. Er sieht das Wesen des „parlementarisme rationalisé", in dem Versuch, durch ausgeklügelte Verfassungsbestimmungen die Instabilität der Regierung zu bekämpfen.

[139]) Nach Scheuner DÖV 1957, 634, jedenfalls eine noch offene Frage.

[140]) Bayern September 1947 und Oktober 1957; Niedersachsen August 1950 und Oktober 1957; Nordrhein-Westfalen Februar 1956; Rheinland-Pfalz Oktober 1949; Schleswig-Holstein Juni 1952.

[141]) Gegen das Mißtrauensvotum überhaupt und für politische Unabsetzbarkeit der Regierung: Adolf Arndt in seinen interessanten Aufsatz „Grundfragen des Verfassungsrechts im Spiegel des französischen Entwurfs", SJZ 1946 S. 81 ff. Zentral der Satz, „daß die funktionsgerechte Kontrolle der Regierung nicht durch das juristische Instrument des Vertrauens- oder Mißtrauensvotums, sondern durch die metajuristische, nämlich rein politische Bindung der Regierungsmitglieder an ihre Parteien erfolgt." „Die Begrenzung der Regierung, ihre Kontrolle, erfolgt politisch durch die Parteibindung, rechtlich durch die Justiz, sowie dadurch, daß sie für Gesetze und Budget auf das Parlament angewiesen ist." Durch eine parlamentarisch abhängige Regierung werde dem Parlament „eine strukturwidrige Übermacht zugebilligt", die die Diktaturgefahr „bedrohlich erhöht, weil auch ein Parlament zum Diktator auszuarten in der Lage ist."

zwischen Antragstellung und Abstimmung, eingebaut sein. Ob auch die Ablehnung eines von der Regierung für wichtig erklärten Gesetzes schlechthin oder nur bei ausdrücklicher Stellung der Vertrauensfrage zum Rücktritt zwingt, hängt von dem parlamentarischen Brauch in den verschiedenen Staaten ab[142]).

Regelmäßig ist jedes Mitglied der Regierung dem Mißtrauensvotum ausgesetzt[143]). Das Grundgesetz hat aber die Konzentration der Regierung auf den Bundeskanzler so weit getrieben, daß sich das Mißtrauen nur gegen ihn und damit gegen die ganze Regierung wenden kann[144]). Trotzdem sind auch die Bundesminister dem Bundestag verantwortlich[145]). Die außer dem eigentlichen Mißtrauensvotum möglichen Un-

---

142) Ausdrücklich verneint in Art. 94 Abs. 4 der italienischen Verfassung. Über die französische Praxis, in der die Entscheidung über eine Gesetzesvorlage mehr zu einer Entscheidung über die Existenz der vorlegenden Regierung als über das Gesetz selbst wird: v. d. Heydte aaO. unter Hinweis auf Blamont (Anm. 1).

143) In den deutschen Ländern noch: Berlin Art. 42, Bremen Art. 110, Hamburg Art. 35, Rheinland-Pfalz Art. 59, Saarland Art. 90, Baden-Württemberg in der Anm. 106 erwähnten, abgewandelten Form. Mißtrauensvoten hat es gegeben in Berlin (28. 10. 1954), Hamburg (23. 7. 1948) und Rheinland-Pfalz (9. 4. 1948).

144) Art. 67 GG; ebenso mit Bezug auf die Ministerpräsidenten die Landesverfassungen von Baden-Württemberg Art. 54, Hessen Art. 114, Niedersachsen Art. 23, Nordrhein-Westfalen Art. 61, Schleswig-Holstein Art. 30. Das Mißtrauen wurde ausgesprochen der Regierung Arnold in Nordrhein-Westfalen am 20. 2. 1956 (echtes konstruktives Mißtrauensvotum), dem Senat Brauer in Hamburg am 2. 12. 1953, der Regierung Diekmann in Schleswig-Holstein am 5. September 1950 (beides keine echten Fälle, da nach Neuwahl, vgl. Anm. 90).

145) Ebenso: v. Wick, die Verantwortung der Bundesminister DÖV 1956 S. 113; v. Brünneck DÖV 1951 S. 258; Ule JZ 1957 S. 426; a. M.: v. Mangoldt, Kommentar Art. 65 Anm. 4 S. 350; Meder im Bonner Kommentar Anm. II zu Art. 65; Blücher (Anm. 1) S. 3; Eschenburg DÖV 1953 S. 199; Scheuner DÖV 1957 S. 634. Würden die Bundesminister nicht dem Bundestag verantwortlich sein, so wären sie zu bloßen Staatssekretären degradiert. Das dürfte nicht dem Sinn der Verfassung entsprechen bei aller Hervorkehrung des Kanzlerprinzips. Die Minister sollten sich darum auch selbst vor dem Parlament verteidigen, wenn sie wegen dienstlicher Handlungen oder außerdienstlicher Äußerungen im Parlament angegriffen werden. Übrigens zählt § 88 Abs. 2 Nr. 4 StGB „die parlamentarische Verantwortlichkeit der Regierung" und nicht nur des Regierungschefs zu den Verfassungsgrundsätzen. Die Leugnung der parlamentarischen Verantwortlichkeit der Bundesminister dürfte vielfach darauf beruhen, daß sie gleichgesetzt wird mit der Möglichkeit des Sturzes durch Mißtrauensvotum. Es gibt aber auch andere Möglichkeiten, die Verantwortung geltend zu machen. Münch aaO. übersteigert das Kanzlerprinzip allerdings so weit, daß er selbst Anträge auf Streichung des Ministergehalts nicht zulassen will.

zufriedenheitserklärungen (Mißbilligung, Tadel usw.) sind auch gegen Bundesminister möglich, so daß die Abstimmung nicht wegen verfassungsrechtlicher Unzulässigkeit verweigert werden kann[146]). Daß auch da, wo Minister gegen förmliche Mißtrauensvoten gesichert sind, politischer Druck des Parlaments zur Abberufung eines Ministers führen kann, hat das Beispiel des bayerischen Justizministers Müller gelegentlich der Auerbach-Affäre gezeigt[147]).

Der deutschen Staatsrechtslehre der Weimarer Republik hatte nun das Mißtrauensvotum besondere Schwierigkeiten bereitet, das von einer heterogenen Mehrheit beschlossen wurde, die selbst nicht zur Regierungsbildung in der Lage war. Schon damals war die These aufgestellt worden, daß ein solches Mißtrauensvotum die verfassungsrechtliche Folge des Rücktritts der Reichsregierung nicht haben könne, da ein Parlament eine Regierung nur stürzen könne, wenn es fähig sei, eine neue Regierung zu bilden[148]). Konsequenterweise lassen heute einige deutsche Landesverfassungen die Wirksamkeit eines Mißtrauensvotums davon abhängen, ob es dem Parlament gelingt, binnen bestimmter Frist eine neue Regierung zu bilden, oder sie knüpfen an die Unfähigkeit zur Bildung einer neuen Regierung die Auflösung des Landtags[149]). Das Grundgesetz kleidet das Mißtrauensvotum gegen die amtierende Regierung unmittelbar in die Form der Bestellung einer neuen Regierung[150]). Dieses sogenannte konstruktive

---

146) a. M. Münch, Die Bundesregierung S. 179 f.; dort Hinweise auf das Material aus der parlamentarischen Praxis. Für Zulässigkeit die Glossen im ArchÖffR 75 (1949) S. 346 und 76 (1950) S. 338; v. Wick DÖV 1956, 113; Maunz, Deutsches Staatsrecht, 6. Aufl., S. 291; Hans Schneider VDStRL 8 S. 28 f. Im Bundestag sind verschiedentlich Mißbilligungsanträge und Anträge gestellt worden, den Bundeskanzler zu ersuchen, beim BPr. die Entlassung eines Bundesministers zu beantragen.

147) BayerLT vom 7. Mai, 8. Mai und 5. Juni 1952; in Württemberg-Baden hat die SPD im April 1947 den Rücktritt des Ministers Simpfendörfer erzwungen.

148) Carl Schmitt, Verfassungslehre S. 345.

149) In Bremen (Art. 110) wird es erst durch Neuwahl wirksam. In Berlin (Art. 42) verliert es seine Wirksamkeit, wenn nicht binnen 21 Tagen die Neuwahl erfolgt. Anders die Regelung in Hessen (Art. 114), Rheinland-Pfalz (Art. 99) und Saarland (Art. 71 II), wo der Landtag aufgelöst ist oder aufgelöst werden muß (Saarland), wenn die Neuwahl nicht binnen 12 Tagen (Hessen), oder vier Wochen (Rheinland-Pfalz und Saarland) gelingt.

150) Art. 67 GG. Ebenso die Landesverfassungen von Baden-Württemberg (Art. 54), Hamburg (Art. 35), Niedersachsen (Art. 23), Nordrhein-Westfalen (Art. 61) und Schleswig-Holstein (Art. 30). — In allen Fällen (auch bei den Gestaltungen gemäß Anm. 149) wird die absolute Mehrheit der gesetzlichen Mitgliederzahl gefordert.

Mißtrauensvotum[151]) wird im allgemeinen als eine der bedeutungsvollsten Neuerungen des Grundgesetzes gefeiert[152]). Mir scheint diese Regelung zu stark retrospektiv zu sein und nicht die politische Bedeutung zu haben, die ihr vielfach beigemessen wird[153]).

Eine absolute Mehrheit, die grundsätzlich auch für die Regierungsbildung gefordert wird, kann jederzeit die Regierung stürzen. Daß auch heute noch Koalitionszerfall und Neubildung einer Koalition während der Wahlperiode möglich sind, hat uns das nordrhein-westfälische Beispiel[154]) gelehrt.

Gesichert ist die nur mit relativer Mehrheit gewählte und die ursprünglich auf eine absolute Mehrheit gestützte Regierung, die diese Mehrheit verloren hat, solange als sich nicht eine neue Koalition bildet, die über eine absolute Mehrheit verfügt.

Es ist also falsch, wenn behauptet wird, daß das konstruktive Mißtrauensvotum nur Schutz gegen „unechte parlamentarische Mehrheiten" gewähre, und daß es die Gewähr

---

Namentliche Abstimmung schreiben Berlin (Art. 42) und Hessen (Art. 114 Abs. 3) vor. Die Fristen zwischen Antragstellung und Abstimmung schwanken zwischen 48 Stunden (GG Art. 67 Abs. 2, Berlin Art. 42 Abs. 2 und Nordrhein-Westfalen Art. 61 Abs. 2), 2 Tagen (Hessen Art. 114 Abs. 2, Rheinland-Pfalz Art. 99 Abs. 3, Saarland Art. 90 Abs. 2), 3 Tagen (Baden-Württemberg Art. 54 Abs. 2), 1 Woche (Bremen Art. 110 Abs. 2 und Hamburg Art. 35 Abs. 2) und 21 Tagen (Niedersachsen Art. 23 Abs. 2).

151) Nach Eschenburg DÖV 1954, 198 erstmals von A. Rüstow in einem Vortrag vor der Hochschule für Politik in Berlin 1929 für die Weimarer Reichsverfassung vorgeschlagen.

152) Das Für und Wider wägt Hans Schneider in seinem Bericht für die Heidelberger Staatsrechtslehrertagung 1949 ab (VDStRL Heft 8); vgl. ferner Glum (Anm. 1) S. 298 ff. Sicherlich bedeutet das konstruktive Mißtrauensvotum eine Schwächung des herkömmlichen parlamentarischen Regierungssystems (so Leitsatz 1 von Hans Schneider aaO. S. 53; Hans Peters, Festschrift Giacometti, 1953, S. 241 hält es für die äußerste Grenze dessen, was noch mit dem Wesen der parlamentarischen Regierungsform vereinbar ist), aber man wird unmöglich mit U. M., ArchÖffR 75 (1949) S. 370 f., von einem „nicht-parlamentarischen System, wie das Bonner Grundgesetz es geschaffen hat," und nur von „gewissen parlamentarischen Einsprengungen" in das Bonner Regierungssystem sprechen können (U. M. folgert aus seiner These die Inkompatibilität von Ministeramt und Abgeordnetenmandat!).

153) Garantie des stetigen Vorhandenseins einer herrschaftsfähigen Regierung; Konstanz der Regierungspolitik; Unabhängigkeit der Regierung von parlamentarischen Krisen. Nach v. d. Heydte, Festschrift Nawiasky S. 331 f., fördert es eine Regierung der Mitte.

154) Mißtrauensvotum vom 20. 2. 1956. Vgl. auch die Neuwahl des MPr. in Bayern am 16. 10. 1957 nach Rücktritt des bisherigen MPr. wegen Zerfalls der Koalition.

dafür biete, daß jederzeit eine von der Autorität des Bundestages getragene und nicht nur geschäftsführende Regierung vorhanden sei.

In dem ersten Punkt schießt es über das Ziel hinaus, da es auch eine Regierung, die sich nur auf eine relative Mehrheit stützen kann, dagegen sichert, daß eine andere Regierung mit relativer Mehrheit ans Ruder kommt. Hat sich eine andere relative, regierungsbereite Mehrheit gebildet, so ist sie genau so regierungsfähig wie die amtierende Regierung nach Verlust ihrer absoluten Mehrheit. Art. 67 gewährt nicht nur Schutz gegen die negative destruktive Mehrheit, sondern läßt eine Neuorientierung der Regierungspolitik erst zu, wenn die Opposition die absolute Mehrheit erlangt hat, selbst wenn die Regierung nicht mehr die absolute Mehrheit hat oder sie nie gehabt hat. Es ist natürlich vollkommen richtig, daß nur im Vertrauen einer absoluten Mehrheit die sichere Grundlage für eine starke und kontinuierliche Regierungsführung liegt. Aber warum soll eine Regierung, die diese Vertrauensgrundlage nicht besitzt, unter allen Umständen im Amt bleiben, wenn eine andere gleich schwache oder gleich starke Regierung parlamentarisch gebildet werden kann? Die einzige Rechtfertigung für diese Regelung könnte vielleicht darin gefunden werden, daß das Erfordernis absoluter Mehrheit für Regierungssturz durch Regierungsneubildung schwankende Flügel der Regierungskoalition beieinander hält und so einen mittelbaren Druck auf Erhaltung der absoluten Mehrheit ausübt[155]).

Die mit absoluter Mehrheit gewählte Regierung, die diese Mehrheit verloren hat, wird ebensowenig wie die mit relativer Mehrheit gewählte Regierung von der Autorität des Bundestages getragen. Die künstliche Behinderung des Regierungssturzes verschafft keine Autorität. Dadurch, daß sie nicht gestürzt werden kann, erlangt eine solche Regierung keine größere Stärke oder Autorität als die Regierung, die durch ein destruktives Mißtrauensvotum gestürzt worden ist, aber als geschäftsführende Regierung im Amt bleibt, bis eine neue Regierung geblidet wird. Besteht keine andere, an sich zur Regierungsbildung bereite relative Mehrheit, so ist der Unterschied zur Weimarer geschäftsführenden Regierung nur ein rein formaler. Die Regierung bleibt ja geschäftsführend auch da im Amt, wo die Verfassung nicht die Wirksamkeit des Mißtrauensvotums an die Neubildung der Regierung knüpft, sondern wo die Neubildung der Regierung faktisch nicht gelingt.

---

155) vgl. auch Glum, Festschrift E. Kaufmann S. 60 zur Vertrauensfrage der Art. 68.

Man spricht dann zwar von einer nur geschäftsführenden Regierung, aber wie bereits der Staatsgerichtshof für das Deutsche Reich in mehreren Entscheidungen mit Recht ausgesprochen hat, hat die geschäftsführende Regierung grundsätzlich die gleichen Kompetenzen wie die Vollregierung[156]).

Was verbessert also die Stellung der Regierung, die sich nicht mehr auf das Vertrauen der Mehrheit des Parlamentes stützen kann, aber kraft des konstruktiven Mißtrauensvotums nicht gestürzt werden kann, gegenüber der Regierung, die sich dem destruktiven Mißtrauensvotum einer heterogenen Mehrheit gegenübersieht, also geschäftsführend im Amte bleibt[157])? Meines Erachtens sind beide Regierungen verfassungsrechtlich gleich stark und politisch gleich schwach. Regierungen können eben durch noch so ausgeklügelte Bestimmungen nicht von parlamentarischen Krisen unabhängig gemacht werden[158]).

Bewußt ist der Regierung nicht ein Notverordnungsrecht gegeben für den Fall, daß das Parlament nicht mehr seine eigentliche Aufgabe der Gesetzgebung erfüllen kann oder die Mehrheit aus Opposition die Vorschläge der Regierung ablehnt. Der Ausweg des Art. 81 GG, der die Regierung zudem an die Mitwirkung des Bundespräsidenten und des Bundesrates bindet, ist nur auf Zeit gegeben[159]).

Haben sich Regierung und Parlament soweit auseinandergelebt, daß die Regierung keine zuverlässige Mehrheit mehr hat, daß aber auch eine andere Mehrheit zur Regierungsbildung sich nicht herausgebildet hat, dann muß das Volk durch Neuwahl den Konflikt entscheiden. Insofern ist die Möglichkeit der Auflösung des Parlamentes durch Initiative der

---

156) Lammers-Simons Bd. I S. 267; Bd. IV S. 372; Bd. VI S. 144; BayerVerfGH aaO. Bd. IV S. 372. Zur Unzulässigkeit des Mißtrauensvotums gegen eine gf. Regierung: RStGH aaO. Bd. V S. 186.

157) Zweifelnd auch Dreher, NJW 1950 S. 132.

158) a. M. v. Mangoldt, Deutsche Landesreferate (Anm. 1) S. 820: „Man versucht, die Regierungen von parlamentarischen Krisen möglichst unabhängig zu machen und dadurch eine konstante Regierungspolitik zu gewährleisten." Eine „konstante Regierungspolitik" kann aber von einer Regierung, die die Mehrheit des Parlaments gegen sich hat, niemals geführt werden. Es kam mir nur darauf an, die politische Bedeutungslosigkeit für den extremen Fall der heterogenen Mehrheit, an dem sich das Problem entzündet hat, herauszustellen. Im übrigen mag das konstruktive Mißtrauensvotum heilsam und erzieherisch zu wirken vermögen.

159) Mit Recht von Scheuner DÖV 1957 S. 634 als unrealistisch und den legistischen Stillstand nach 6 Monaten um so sicherer herbeiführend bezeichnet.

Regierung nach Ablehnung eines Vertrauensvotums eine für das Funktionieren des parlamentarischen Regierungssystems überaus wichtige Einrichtung. Auch in diesem Punkt bin ich der Meinung, daß nach der vom Grundgesetz intendierten Ordnung des Verhältnisses von Parlament und Regierung der Bundespräsident dem Verlangen des Bundeskanzlers auf Auflösung des Bundestages entsprechen muß[160]). Der Bundeskanzler, der glaubt, mit dem Weg des Art. 81 GG nicht fertig werden zu können, kann vom Bundespräsidenten nicht genötigt werden, mit einem Bundestag weiter zu regieren, der ihm die Gefolgschaft versagt. Zwar könnte der Bundeskanzler seine Entlassung fordern, wenn der Bundespräsident seinem Wunsche nicht nachkommt, und dann würde nach Art. 63

[160]) Gegen diese Auffassung spricht freilich, daß ihr (im Gegensatz zu der in Anm. 107 zu der Streitfrage um Art. 64 Abs. 1 vertretenen Auffassung) der Wortlaut des Art. 68 Abs. 1 Satz 1 entgegensteht. Sie wird auch, soweit ich sehe, nur von Ludwig Bergsträsser, Die Entwicklung des Parlamentarismus in Deutschland, 1954, S. 25, geteilt. Aber die allgemeine Meinung, daß es gerade in dieser Krisensituation dem BPr. zukomme, „die Weichen zu stellen", gibt ihm einen so entscheidenden politischen Einfluß, daß es kaum mit dem Amt vereinbar erscheint, das nach Scheuner (DÖV 1957 S. 633) „ins Repräsentative allein orientiert" ist. Warum soll der BPr., dem alle anderen Einflußrechte genommen sind (Auflösung, Notstand, Oberbefehl, Ernennung und Entlassung des BK) gerade in der parlamentarischen Krisensituation dem BK das Heft aus der Hand nehmen können? Welche Weiche kann der BPr. überhaupt stellen? Das ganze Verfahren kann nur auf Initiative des BK in Gang kommen. Dieser wird das positive Vertrauensvotum nur fordern, wenn er glaubt, auf diese Weise die Parlamentsmehrheit, deren er zur Durchführung seines Gesetzgebungsprogramms bedarf, sammeln und binden zu können. Gelingt ihm das nicht, so kann wiederum nur er die Auflösung anregen. Er wird das nur tun, wenn er glaubt, mit seinem Programm die Wahlen gewinnen zu können, oder wenn er die Situation für so verfahren hält, daß sie nur noch durch den Appell von den Gewählten an die Wähler geklärt werden kann. Soll nun der BPr. das Recht haben, durch Verweigerung des Auflösungsdekrets den BK zum Rücktritt zu zwingen? Der BT hat ja gerade bewiesen, daß sich keine absolute Mehrheit für irgendeinen BK bildet (den geringen Einfluß, den der BPr. bei der Neuwahl des BK durch sein Nominationsrecht ausüben kann, würde er sicher auch üben können, wenn der BK die Vertrauensfrage gestellt hat!). Erreicht nun bei der Neuwahl des BK der zurückgetretene Kanzler die relative Mehrheit nach Art. 63 Abs. 4, so bleibt dem BPr. nichts anderes übrig, als nunmehr nach Art. 63 IV 2 aufzulösen. Erreicht ein anderer die relative Mehrheit und wird er vom BPr. ernannt, so würde dem BPr. die politische Entscheidung zustehen, einer anderen Minderheitsregierung ins Amt zu verhelfen. Mir will aber scheinen, als ob damit dem BPr. ein Einflußrecht gegeben würde, das nicht in das vom GG geordnete Regierungssystem hineinpaßt. Mir will auch nicht einleuchten, daß der BPr. durch Nichteingreifen nach abgelehntem Vertrauensvotum „die Partei der

Abs. 4 die Wahl einer Regierung mit relativer Mehrheit möglich werden. Aber auch damit wäre die Krise ja nicht behoben, und es erscheint mir zweifelhaft, ob dem Bundespräsidenten ein so weitgehender Einfluß auf die Regierungsbildung eingeräumt sein soll.

Auf das Auflösungsrecht kann ich leider nicht weiter eingehen, so interessant insbesondere auch rechtsvergleichend seine Darstellung sein würde. Nur möchte ich aus der höchst komplizierten Regelung der französischen Verfassung die für die französische Auffassung vom Verhältnis des Parlaments zur Regierung so überaus charakteristische Bestimmung herausheben, daß in dem Falle, in dem der Auflösung ein Mißtrauensvotum vorangegangen ist, der Staatspräsident den Präsidenten der Nationalversammlung zum Ministerpräsidenten und Innenminister ernennt[161]). Dort also erkennen wir das Bestreben, die amtierende Regierung aus dem Wahlkampf auszuschalten, während für unsere deutsche Auffassung gerade charakteristisch ist, daß wir in der Auflösung und in dem anschließenden Wahlkampf die Lösung des Konfliktes zwischen der Regierung und dem Parlament sehen, und daß darum die auflösende Regierung weiterhin im Amt bleibt.

Schlußbemerkung:

An diesem Punkt muß ich mein Referat abbrechen, — ich habe Ihre Zeit schon über Gebühr in Anspruch genommen. Lassen Sie mich zum Schluß einen Gedanken aus der Einleitung wieder aufnehmen: es kommt auf die Menschen an, nicht auf die Paragraphen!

Gerade die parlamentarische Demokratie kann nur gelingen, wenn diejenigen, die die Macht ausüben, von einer breiten

---

Volksvertretung ergreift" (so v. d. Heydte, Festschrift Nawiasky S. 328). Die relative Mehrheit, die dem BK, der die Vertrauensfrage gestellt hat, geblieben ist, ist doch genau so viel und so wenig die Volksvertretung wie eine andere relative Mehrheit, die einen neuen BK wählt. Die Frage wird durch das Fehlen eines Notverordnungsrechts und die eigenartig verklausulierte Regelung des zeitlich begrenzten und vom Zusammenwirken dreier Verfassungsorgane abhängigen Gesetzgebungsnotstandes noch komplizierter und kann hier nicht in ihrem ganzen Umfang aufgerollt werden. Es kam mir zunächst nur darauf an, auf die Ungereimtheiten hinzuweisen, die sich aus der h. L. ergeben.

[161]) Art. 52 in der Neufassung der Novelle vom 7. Dezember 1954. Bis dahin galt, daß der Staatspräsident in jedem Falle der Auflösung den Präsidenten der Nationalversammlung zum Ministerpräsidenten ernennen mußte, daß dieser im Einvernehmen mit dem Büro der Nationalversammlung den Innenminister bestimmen und außerdem Staatsminister aus den in der Regierung nicht vertretenen Parlamentsgruppen ernennen mußte.

Schicht verantwortungsbewußter Bürger getragen werden, und wenn die Abgeordneten und Minister ihr Wirken ausschließlich am Gemeinwohl orientieren. Aber ich darf in diesem Kreise auch an die Verantwortung der deutschen Staatsrechtslehrer erinnern. Was aus der deutschen Demokratie wird, hängt auch von dem ab, was von den deutschen Kathedern heruntertönt. Einseitige Hervorkehrung der unbezweifelbaren Mängel unserer Staatsform, ohne auch ihrer großen Chancen zu gedenken, könnte wieder einer verhängnisvollen Entwicklung den Weg bahnen helfen[162]).

Vielleicht wird auch der, der sich für die parlamentarische Demokratie nicht begeistern kann, sie nach den Erfahrungen, die wir gemacht haben, wenigstens als das kleinste Übel ansehen, im Sinne jener nüchternen Bemerkung, die ich von der Hand unseres kürzlich verstorbenen Seniors und Ehrenpräsidenten, meines verehrten Lehrers Richard Thoma unter dem bekannten Aufsatz von Erich Kaufmann über „Die Regierungsbildung in Preußen und im Reich"[163]) fand. Erich Kaufmann übte damals (1921) heftige Kritik an dem parlamentarischen Regierungsapparat, den er allenfalls als Notbehelf zur Rettung vor dem Abgrund des Bolschewismus gelten lassen wollte. Er meinte aber grundsätzlich, das deutsche Volk sei geistig zu reich und zu tief, um „in diesen vom angelsächsischen Geiste für seine Bedürfnisse geschaffenen Formen seine Mission erfüllen zu können". Dazu vermerkte Richard Thoma: „Was soll es denn sonst machen? Minderheitsherrschaft an Stelle der Mehrheitsherrschaft setzen? Alle Verfassungen sind töricht. Das Problem ist: das kleinste Übel finden[164])."

---

[162]) Die gleiche Sorge bewegte den verstorbenen Bundestagspräsidenten Hermann Ehlers in seinem Vortrag „Führer und Funktionär in der deutschen Politik" S. 15, 16, 19, 21.

[163]) „Die Westmark" Bd. I, 1921, S. 205 ff.

[164]) Vgl. dazu auch seine Ausführungen über den „Demokratismus der Resignation" in „Über Wesen und Erscheinungsformen der modernen Demokratie", 1948 S. 28 ff. — Hermann Ehlers spricht aaO. S. 19, 21, von der Demokratie als der „am wenigsten schlechten Staatsform".

Leitsätze des Berichterstatters über: Parlament und Regierung im modernen Staat

I.

1. *Voraussetzung für das Funktionieren des parlamentarischen Systems ist die Fähigkeit des Volkes zur Mehrheitsbildung in Parlament und Regierung, d. h. die Existenz großer im Volk verwurzelter politischer Parteien, die sich in den Grundauffassungen von Staat und Verfassung einig sind und Opposition nur in Form einer Alternativpolitik unter Achtung der verfassungsrechtlichen Grundlagen betreiben.*

2. *Es widerspricht nicht den verfassungsrechtlichen Grundlagen der wertbetonten freiheitlichen Demokratie, wenn verfassungsfeindliche Parteien von dem Wettkampf der politischen Parteien ausgeschlossen werden. Dies ist aber nur auf Grund verfassungrechtlicher Vorschriften zulässig; parlamentarische Geschäftsordnungen dürfen nicht Ausnahmebestimmungen gegen Parteien enthalten, die das Parlament für verfassungsfeindlich erklärt.*

3. *Art. 38 Abs. 1 Satz 2 GG steht nicht in unlösbarem Widerspruch zu Art. 21 GG; er bedeutet vielmehr die bewußte Entscheidung für die freie Abgeordnetenpersönlichkeit auch in der ohne politische Parteien nicht existenzfähigen modernen Massendemokratie.*

4. *Ohne Fraktionsdisziplin können stabile parlamentarische Regierungen weder gebildet werden noch an der Macht bleiben. Da die Fraktionen verfassungsrechtlich anerkannte Gliederungen des Parlaments sind, gehört die Mitarbeit in der Fraktion zur Ausübung des Mandats; sie steht unter dem Gebot des Art. 38 I 2 GG. Ein Abgeordneter, der einer in freier Diskussion und Abstimmung getroffenen Fraktionsentscheidung im Plenum folgt, verletzt nicht das Gebot des Art. 38 I 2 GG.*

5. *Die Stärke des parlamentarischen Regierungssystems in der gegenwärtigen gesellschaftlichen Situation liegt in seiner Bereitschaft und Fähigkeit zum Kompromiß.*

6. *Die Parlamentswahlen tragen heute zwar plebiszitären Charakter, sind aber nach wie vor echte Wahlen. Parlament und Regierung sind in ihrem Wirken nicht auf die Fragen begrenzt, die im Wahlkampf eine Rolle gespielt haben.*

7. *Die Macht im Staat steht weder bei den Parteien noch bei den Verbänden, sondern bei Parlament und Regierung, die die widerstreitenden Interessen zum Ausgleich bringen und ihre Entscheidungen nach den Forderungen des Gesamtwohls treffen.*

8. *Ein institutioneller Einbau der Verbände in die Verfassung (Wirtschaftsrat) müßte das Bezugssystem Parlament-Regierung beachten, um Verantwortung und Kontrolle klar und ungeschwächt zu erhalten.*

9. *Die Bürokratie behält die ihr zukommende dienende Rolle, wenn sich klare Mehrheiten im Parlament bilden und Regierungsmehrheit wie Opposition gemeinsam den politischen Führungsanspruch verfechten.*

10. *Die Funktion des Parlaments besteht heute darin, daß die Regierung und die sie stützenden Parteien öffentlich ihre Politik dem Volk darlegen, die Opposition in der gleichen Öffentlichkeit diese Politik bekämpft und ihre Alternativpolitik darlegt. Von der Arbeit des Parlaments geht damit eine integrierende Wirkung auf das Volk aus.*

11. *Auch die Ausschüsse gehören zum Parlament. Die Aufteilung der Arbeit zwischen Ausschüssen und Plenum ist nur eine Frage der besten Arbeitstechnik.*

12. *Parlamentarische Regierungsweise bedingt weder, daß die Regierung zu einem Vollzugsausschuß des Parlaments, noch daß das Parlament zu einem Instrument in der Hand der Regierung wird. Das System entfaltet seine besonderen Vorzüge, wenn eine gesunde Spannung erhalten bleibt.*

13. *Im parlamentarischen Regierungssystem sind die Grenzen der sogenannten Gewaltenteilung zugunsten des Parlaments verschoben. Parlament und Regierung sind gleichermaßen von der Rechtsprechung ausgeschlossen. Die Rechtsetzung ist ein Reservat des Parlaments. Aber es gibt kein verfassungskräftiges Vorbehaltsgebiet der Regierung. Die Staatsleitung steht Parlament und Regierung gemeinsam zu, so daß das Parlament auch auf Regierungsakte Einfluß*

nehmen kann. Verfassungsbestimmungen, die dem Parlament ausdrücklich eine Mitwirkung sichern, sind nicht eng auszulegende Ausnahmebestimmungen, sondern Ausdruck eines allgemeinen Prinzips. Wo nicht eindeutige Verfassungsbestimmungen entgegenstehen, kann das Parlament sich auch durch einfaches Gesetz weitere Mitwirkungsrechte sichern.

14. *Von der Delegation der Rechtsetzungsbefugnis kann ausgiebig Gebrauch gemacht werden, wenn eine starke parlamentarische Kontrolle gesichert ist.*

15. *Unabhängigkeit der Regierung vom Parlament nach Art der amerikanischen Präsidentschaftsrepublik setzt voraus, daß die Regierung ihrerseits eine vom Parlament unabhängige plebiszitäre Legitimation besitzt.*

16. *Gleichzeitige Abhängigkeit der Regierung vom Vertrauen des Parlaments und eines plebiszitären Staatsoberhaupts (WRV) muß zu einer Krise des Regimes führen.*

17. *Schreibt die Verfassung vor, daß die Regierung vom Parlament gewählt wird, so ist die Amtsdauer der Regierung auf die Wahlperiode des Parlaments begrenzt, auch wenn dies in der Verfassung nicht ausdrücklich gesagt ist.*

18. *Der Bundespräsident ist verpflichtet, den Vorschlägen des Bundeskanzlers auf Ernennung und Entlassung von Bundesministern zu entsprechen.*

19. *Das parlamentarische Regierungssystem fordert grundsätzlich als Gegenspieler des Parlaments eine Regierung mit einem Programm, das von der Mehrheit des Parlaments gebilligt wird. Minderheitsregierungen und unpolitische Geschäftsregierungen sind Krisenerscheinungen. Allparteienregierungen verzichten auf eigene Politik und vollziehen nur die jeweiligen Parlamentsentscheidungen.*

20. *Allparteienregierungen sind für die Gliedstaaten eines Bundesstaates eine angemessene Lösung, weil diese im wesentlichen nur Verwaltungskörperschaften sind. Art. 28 Abs. 1 GG schreibt den deutschen Ländern das parlamentarische Regierungssystem nicht vor.*

21. *Mehrheitsregierungen können Einpartei- oder Koalitionsregierungen sein. Die Festigkeit einer Koalitionsregierung hängt von der Festigkeit der sie tragenden Parteigruppe ab (Gegensatz Deutschland-Frankreich).*

22. *Das österreichische Experiment, das die beiden großen Parteien unter Aufrechterhaltung ihrer Gegensätzlichkeit und Aussparung einer Bereichsopposition zu einer Regierungskoalition zusammenführt, versucht die Politik des Kompromisses in der Regierungsbildung zu institutionalisieren.*

23. *Die Sicherung der Regierung in der Schweiz gegen Abberufung durch das Parlament findet ihre Erklärung in der Eigenart der Schweizer Referendums-Demokratie.*

24. *Da der Ministerpräsident zurücktreten m u ß, wenn die politischen Verhältnisse ein vertrauensvolles Zusammenarbeiten zwischen ihm und dem Landtag unmöglich machen, ist die Regierung in Bayern nicht eine Regierung auf Zeit. Den Wegfall der Vertrauensgrundlage kann nur der Landtag in einer Form feststellen, die einem Mißtrauensvotum gleichkommt.*

25. *Auch die Bundesminister sind dem Bundestag verantwortlich. Der Bundestag kann nicht nur dem Bundeskanzler, sondern auch Bundesministern die Mißbilligung aussprechen. Anträge, den Bundeskanzler zu ersuchen, einen Bundesminister zu entlassen, sind geschäftsordnungsmäßig zulässig.*

26. *Das sogenannte konstruktive Mißtrauensvotum des Art. 67 GG hat nicht die politische Bedeutung, die ihm vielfach beigemessen wird. Eine Regierung, die ihre Mehrheit verloren hat, aber wegen des konstruktiven Mißtrauensvotums nicht gestürzt werden kann, ist verfassungsrechtlich gleich stark und politisch gleich schwach wie eine Regierung, die durch destruktives Mißtrauensvotum einer heterogenen Mehrheit gestürzt ist, aber geschäftsführend im Amt bleibt.*

27. *Der Bundespräsident muß dem vom Bundeskanzler nach Art. 68 GG gestellten Verlangen auf Auflösung des Bundestages nachkommen.*

II.

(Die nachfolgenden Leitsätze werden nur als Material für die Diskussion vorgelegt; das Referat dazu kann aus Zeitmangel nicht erstattet werden.)

1. *Da parlamentarische Demokratie die Demokratisierung der Exekutive bedeutet, kann dem liberalen Prinzip der Gewaltenteilung für die Abmarkung der Funktionen des*

Parlaments von denen der Regierung nur eine sehr beschränkte Bedeutung zukommen. Das Kennzeichen der parlamentarischen Demokratie ist gerade das Hineinwirken des Parlaments in die Regierungsfunktion. Die Grenze für die Einflußnahme des Parlaments liegt da, wo der richtig verstandene Grundsatz des Rechtsstaates außer acht gelassen wird.

2. *Das Parlament ist befugt, der Regierung durch Entschließungen Weisungen für die Führung der Regierungsgeschäfte zu erteilen. In diesem Sinne kann auch ein politisch akzentuierter Haushaltsansatz die Verpflichtung der Regierung begründen, den bewilligten Betrag für den vorgesehenen Zweck auszugeben. Solche Weisungen können allerdings nur mittelbar durch politischen Druck, äußerstenfalls durch Mißtrauensvotum durchgesetzt werden.*

3. *Die Ausdehnung des parlamentarischen Einflusses auf die Vertragsgewalt und auf das Recht über Krieg und Frieden mag der strengen Gewaltenteilung widersprechen; sie entspricht aber dem parlamentarischen Regierungssystem. Ausdehnende Auslegung des Art. 59 Abs. 2 GG ist darum geboten. Da die Kündigung von Verträgen in erheblichem Ausmaß die politischen Beziehungen des Bundes beeinflussen kann, kann aus Art. 59 Abs. 2 GG auch ein Zustimmungsrecht des Parlaments zur Kündigung gewisser Verträge abgeleitet werden.*

4. *Das Parlament kann durch einfaches Gesetz Aufgaben der Organisationsgewalt an sich ziehen oder einen Gesetzesvorbehalt in diesem Bereich schaffen.*

5. *Bei der noch ausstehenden Regelung des Notstandsrechts wird in besonderer Weise auf das Zusammenwirken von Regierung und Parlament Bedacht genommen werden müssen, um ausreichende Kompetenzen der Regierung mit einer effektiven Kontrolle des Parlaments zu koppeln.*

6. *Es ist zulässig, durch einfaches Gesetz die Ernennung der Mitglieder des Rechnungshofs, eines Personalgutachterausschusses, einer Kommission für Wirtschaftlichkeit in der Staatsverwaltung und dergleichen an die Zustimmung des Parlaments zu binden. Die Ernennung von Beamten und Richtern kann vom Plazet eines Ausschusses abhängig gemacht werden, selbst wenn seine Mitglieder ganz oder zum Teil vom Parlament gewählt werden. Es bestehen keine Bedenken dagegen, daß der Vorsitzende der Schiedsstelle nach einem Personalvertretungsgesetz vom Präsi-*

denten des Parlaments bestellt wird, selbst wenn die Schiedsstelle bei Nichteinigung zwischen Behördenleiter und Personalrat in Personalfragen von Beamten entscheidet.

7. *Es ist zulässig, daß das Parlament der Regierung Petitionen „zur Berücksichtigung" überweist. Der Regierung bleibt allerdings vorbehalten, darüber zu entscheiden, ob, in welchem Ausmaß und mit welchen Modalitäten sie dem Ersuchen Folge geben will. Die Landesregierungen sind nicht befugt, über Ersuchen der Bundesregierung die Auskunft über die Ausführung von Bundesgesetzen in den Ländern zu verweigern, wenn der Petitionsausschuß des Bundestages solche Auskünfte zu seiner Unterrichtung erbeten hat.*

8. *Die Möglichkeit, daß die Regierung gegen ein vom Parlament beschlossenes Gesetz den Volksentscheid anruft, hat im richtig funktionierenden parlamentarischen System keinen Platz; sie fehlt im geltenden deutschen Bundes- und Landesverfassungsrecht. Das Referendum auf Antrag einer Parlamentsminderheit und das Volksbegehren wirken der Mediatisierung des Volkes durch die Parteien entgegen und erlauben es der Opposition, auch während der Wahlperiode eine Wandlung des politischen Klimas auszunutzen.*

9. *Die Ausfertigung der Gesetze durch die Regierung ist ein Überbleibsel aus der Zeit der konstitutionellen Monarchie; in der parlamentarischen Demokratie gehört die Ausfertigung der Gesetze in die Hand des Parlamentspräsidenten.*

10. *Auch da, wo in der Verfassung keine Frist für die Verkündung der Gesetze vorgeschrieben ist, ist die Regierung verpflichtet, die Gesetze unverzüglich zu verkünden.*

11. *In der parlamentarischen Demokratie kommt es der Regierung nicht zu, die vom Parlament beschlossenen Gesetze auf ihre inhaltliche Übereinstimmung mit der Verfassung zu prüfen. Das muß jedenfalls in der Bundesrepublik gelten, deren Verfassung das richterliche Prüfungsrecht anerkennt und die Verwerfungskompetenz beim Bundesverfassungsgericht konzentriert. Die beste Lösung würde sein, der Bundesregierung den Antrag auf abstrakte Normenkontrolle bereits vor Verkündung des Gesetzes zu gewähren und die Verkündung bis zur Entscheidung des Bundesverfassungsgerichts auszusetzen.*

12. *Es dient der Entlastung des Parlaments, wenn es sich in den Gesetzen auf die allgemeinen und grundsätzlichen Regeln beschränkt, die nähere Ausgestaltung und die Anpassung an die wechselnden Umstände aber der Regierung im Wege der Verordnung überläßt. Art. 80 Abs. 1 Satz 2 GG ist daher großzügig auszulegen. Allerdings müßte die Kontrolle des Parlaments über die Verordnungsgebung der Regierung verstärkt werden. Alle Verordnungen sollten dem Parlament vorgelegt werden, das das Recht haben muß, die Aufhebung oder Außerkraftsetzung zu verlangen. Es ist auch zulässig, den Erlaß von Regierungsverordnungen an die Zustimmung des Parlaments oder eines Ausschusses zu binden. Abänderung einer Verordnung durch das Parlament hingegen bedeutet eine unzulässige Vermischung der beiden Rechtssetzungswege.*

13. *Da „die Länder" nach Art. 50 GG „durch den Bundesrat" bei der Gesetzgebung und Verwaltung des Bundes mitwirken und die Mitglieder des Bundesrats instruktionsgebundene Mitglieder der Landesregierung sind, ist es zulässig, daß ein Landtag der Landesregierung Weisungen gibt, wie sie im Bundesrat abstimmen soll. Der Bundesrat, der seine Berechtigung in der eigenartigen Verfassung des monarchischen Bundesstaates Bismarck'scher Prägung hatte, paßt aber überhaupt nicht in die Struktur einer parlamentarisch-demokratischen Verfassung. Die Senatslösung würde sich besser in das parlamentarische Regierungssystem des Bundes einpassen. Landtagswahlen unter den Parolen der Bundespolitik und Bildung der Landesregierungen unter dem Gesichtswinkel der Mehrheitsbildung im Bundesrat hindern zudem die Entfaltung eines eigenständigen Föderalismus in den Ländern.*

14. *Daraus, daß die Minister für ihren Geschäftsbereich dem Parlament verantwortlich sind, folgt nicht, daß für alle Bereiche, die nicht Rechtsetzung oder Rechtsprechung sind, eine ministerielle Weisungsbefugnis bestehen muß. Gegen den sogenannten ministerialfreien Raum bestehen von Verfassungswegen keine Bedenken.*

15. *Völlig neue Probleme für das Ausmaß der ministeriellen Leitung und damit für Möglichkeiten, Formen und Umfang der parlamentarischen Kontrolle ergeben sich aus der Nationalisierung von Wirtschaftszweigen. Nationalisierte Unternehmen können nicht wie Regiebetriebe durch Beamte unter ministerieller Weisungsbefugnis geführt werden. Für sie eignet sich besser die Form des selbständigen*

öffentlich-rechtlichen Unternehmens. Dies bedingt eine nur beschränkte ministerielle Aufsicht und begrenzt auch die Kontrolle des Parlaments über solche Unternehmen.

16. *Hilfsorgane zur Effektuierung seiner Kontrolle nach Art des Wehrbeauftragten (skandin. Ombudsmänner) kann das Parlament auch ohne besondere verfassungsrechtliche Grundlage schaffen.*

17. *Da die Regierung die Arbeit der parlamentarischen Untersuchungsausschüsse nicht erschweren darf, muß ein Untersuchungsausschuß darüber entscheiden können, ob die Verweigerung der Aussagegenehmigung für einen Beamten berechtigt ist.*

18. *Das Recht des freien Zutritts und der jederzeitigen Anhörung ist den Regierungsvertretern in solchen vom Parlament gebildeten Ausschüssen nicht unbedingt gegeben, die durch Gesetz mit besonderen Aufgaben betraut sind (Wahlprüfungsausschuß, Richterwahlausschuß u. dgl.); auch bei Untersuchungsausschüssen kann dieses Recht Beschränkungen unterliegen.*

Parlament und Regierung im modernen Staat

2. Mitbericht von Professor Dr. Karl Josef Partsch, Kiel*)

Das Thema der heutigen Tagung ist in der deutschen Staatsrechtslehre am intensivsten vor fast genau 40 Jahren behandelt worden, als zur Diskussion stand, ob die Reichsregierung parlamentarisch verantwortlich gemacht werden solle[1]). Damals stand im Vordergrund, wie die unitarisch wirkende Parlamentarisierung mit dem Föderalismus, welcher die Struktur der Regierungsspitze bestimmte, in Einklang gebracht werden könne. Dieses Problem ist heute stark verblaßt. Max Weber hat jedoch schon damals als eine Hauptfrage für die Beziehungen zwischen Regierung und Parlament angesehen, wie sich politisches und bürokratisches Denken miteinander vereinbaren lassen. Wenn ich mir den Zugang zu diesem auch heute noch hoch aktuellen Problem nicht verbauen will, kann ich mich daher nicht auf das Kabinett beschränken, sondern muß auch den ganzen hinter ihm stehenden Apparat der Ministerialbürokratie mit einbeziehen, ebenso wie es weltfremd wäre, als „Parlament" nur die auf unmittelbarer Volksrepräsentation beruhenden Beschlußkörperschaften anzusehen und Gebilde wie unseren Bundesrat oder den schweizerischen Ständerat völlig auszuschließen. Auch bei der Definition dessen, was hier als „moderner Staat" verstanden werden soll, ist Großzügigkeit geboten. Eine Einheitsform gibt es nicht. Um aber mit vergleichbaren Größen rechnen zu können, müssen zwei Mindestforderungen gestellt werden:

---

*) Die Nachweise in den Fußnoten geben kein ganz vollständiges Bild von den Quellen, die der Verfasser benützte. Zahlreiche Anregungen erhielt er durch die Beobachtung von Parlamentsarbeiten, durch Gespräche mit Parlamentariern und Fachleuten, welche Regierungen im Verkehr mit Parlamenten beraten, und auch mit Angehörigen der Stäbe parlamentarischer Hilfseinrichtungen. Ihnen hier zu danken, ist ihm eine angenehme Pflicht. Ganz besonders ist er der Leitung der Bibliothek des Deutschen Bundestages verpflichtet, die ihn großzügig mit Material unterstützt hat.

1) G. Anschütz: Parlament und Regierung im Deutschen Reich, 1918; Max Weber: Parlament und Regierung im neugeordneten Deutschland, Die innere Politik hrsg. v. S. Hellmann, 1918; Leo Wittmayer: Deutscher Reichstag und Reichsregierung, 1918.

1. daß die Repräsentation des Volkswillens durch ein Parlament erfolgt, das auf freie Wahlen zurückgeht und dem verschiedene Parteien oder Gruppen angehören können;
2. daß auch die Regierung wenigstens mittelbar auf eine Betätigung des Volkswillens in freien Wahlen und Abstimmungen zurückgeht.

Wenn hier hingegen die Gewaltenteilung nicht erwähnt wird, so liegt darin keine Stellungnahme zu der Auffassung von Herrn Peters[2]); ich will nur das Vergleichsobjekt England nicht ausschließen.

Das allgemein formulierte Thema verleitet dazu, Völkerpsychologie zu treiben. 1954 hat André Siegfried[3]) sehr geistvoll bemerkt, das Verhältnis zwischen Parlament und Regierung sei in den lateinischen Ländern durch ein subtiles und intelligentes Mißtrauen, in den angelsächsischen hingegen durch einen vertrauensbereiten Loyalismus gekennzeichnet. Wenn diese im Charakter der Nationen und ihrer Geschichte begründeten Unterschiede auch nicht übersehen werden können, so scheint es mir nun jedoch aufgegeben zu sein, von einer Problematik auszugehen, welche den verschiedenen positiven Ordnungen gemeinsam ist und die also nicht in ihnen selbst gefunden werden kann, sondern von außen an sie herangetragen wird, und zwar von den für alle maßgeblichen Zeittendenzen[4]), unter denen hier einige durchaus willkürlich herausgehoben werden sollen, die für die Gesetzgebungsarbeit von Bedeutung sind, mit der ich mich besonders zu beschäftigen habe.

Die erste ist die geradezu ungeheuerliche Vermehrung der Staatsaufgaben in der neuzeitlichen Industriegesellschaft, bedingt durch die sachlichen Notwendigkeiten

---

[2]) Hans Peters: Die Gewaltentrennung in moderner Sicht (Arbeitsgemeinschaft für Forschung des Landes Nordrhein-Westfalen — Geisteswissenschaften Heft 20 1954).

[3]) Schlußwort nach dem Rundgespräch der Association Française de science politique am 3./4. 7. 1954, veröffentlicht in „Le travail parlementaire en Françe et à l'étranger“, hrsg. von François Goguel, Paris 1955 (zitiert als „Travail Parlementaire“) S. 200.

[4]) Zur allgemeinen Problematik H. Fayat, W. J. Ganshof van der Meersch und P. Wigny in Aspects du regime parlementaire belge, Bibliothèque de L'institut belge de sience politique, 1956 (zitiert als „Aspects“) sowie F. Goguel und G. Galichon in „Travail Parlementaire“; ferner H. Rottschaeffer: The constitution and socio-oeconomic change, University of Michigan Law-School, the Thomas M. Coobey Lectures, ser. 1 (1948); Alexander Brady in Parliamentary Government in the Commonwealth, hrsg. v. Sydney D. Bailey, 1951; Carlo Schmid: Regierung und Parlament, Recht, Staat und Wirtschaft Bd. 3 (1951) S. 86 ff.

der Technisierung. Auch wer sich innerlich dagegen sträubt, daß der Staat für sein Dasein zu sorgen bestellt sei, kann nicht in Abrede stellen, daß ein mit 120 Std.-km dahin brausendes Auto oder ein noch schnelleres Flugzeug höhere Anforderungen an den Gesetzgeber stelle, als ein gemächlich dahin trabender Landauer. Wo die natürliche Bindung des Meisters gegenüber dem Gesellen — allein schon wegen der Zahl der Arbeitnehmer — wegfällt, muß der Staat ergänzend und ersetzend eingreifen. Wo die Menschen so eng zusammenrücken wie in einer modernen Großstadt, ergeben sich neuartige Reibungsprobleme, die von dem Gesetzgeber gelöst werden müssen. Wer hätte noch vor 50 Jahren an den Lärm als Rechtsproblem gedacht!

Nicht nur die Aufgabenvermehrung und der Zerfall der natürlichen Lebenseinheit, sondern auch der Rhythmus der Zeit setzen den Gesetzgeber unter Druck. Das Verhältnis des modernen Menschen zum Problem der Zeit — dem zweiten modernen Problem — hat zwei Seiten. Auf der einen Seite zwingt die Größe der zu bewältigenden Aufgaben wie die industrielle Raumplanung, der Aufbau einer neuzeitlichen Wasser- und Elektrowirtschaft und gar der einer Atomwirtschaft zu langfristigen Planungen, welche nur bewältigt werden können, wenn eine entsprechende Stabilität der Organe gewährleistet ist. Daraus ergeben sich Konsequenzen für die Dauer der Legislaturperiode und die Form der Regierungsbildung; auf der anderen Seite hat die Beschleunigung des Lebens-Rhythmus auch einen Einfluß auf den Arbeits-Rhythmus von Parlament und Regierung. Eine schnell laufende Maschine muß anders verzahnt sein wie eine langsam laufende. Die Hast der modernen Zeit verlangt schnelle Entscheidungen und eine weitgehende Arbeitsteilung.

Das dritte Phänomen schließlich ist das der Internationalisierung zahlreicher Lebensbereiche. Während früher internationale Abkommen über wenige Materien des politischen Bereiches — Krieg, Frieden, Bündnis und internationalen Handelsaustausch — abgeschlossen wurden, wächst nun die internationale Ordnung immer stärker auch in die Funktion einer Koordinierung der Wirtschafts-, Sozial- und Kulturpolitik hinein. Das kann für das Verhältnis zwischen Regierung und Parlament nicht ohne Folgen bleiben.

(1)

Die Vermehrung der Staatsaufgaben

a) Für neue Aufgaben ist in einer Regierung immer Platz. Entweder werden neue Ministerien gegründet oder in die bestehenden werden Referate für Gebiete, die bisher nicht behandelt wurden, eingebaut. Neben die sogenannten klassischen Ministerämter traten neue: neben den Innenminister der Arbeits-, Sozial- und Pensionsminister, neben den Finanzminister der Wirtschafts-, Außenhandels-, Atom-Minister oder gar ein Minister für wirtschaftliche Zusammenarbeit, um nur einige Beispiele zu nennen. Damit sei keineswegs behauptet, die Zahl der Kabinettsmitglieder könne ohne Schaden schrankenlos erhöht werden. Die kollegiale Arbeitsweise des Kabinetts zieht dem entschieden eine Grenze. Viscount Dudley fand 1827 schon 12 Minister entschieden zu viel und auch das Haldane Comittee sprach sich 1918 für 10, höchstens 12 Kabinettsmitglieder aus[5]). Inzwischen ist aber 18 die Durchschnittszahl geworden. Bei dieser Größe ist eine wirksame Koordination nur mit Hilfe ständiger oder ad hoc gegründeter Kabinettsausschüsse möglich, deren Stellung zum Gesamtkabinett bei ihrer Bildung jeweils festgelegt wird. Die Organisationsgewalt setzt die Regierung in die Lage, die Aufgabenstellung und die Rechte und Pflichten der Kabinettsausschüsse nach Belieben zu bestimmen.

Im Rahmen der einzelnen Ministerien ist jedoch für die augefallenste Spezialisierung Platz. Durch die Organisation des Ministeriums in Referate und Abteilungen ist dem vorgebeugt, daß der in den Apparat eingegliederte Spezialist seinen Sondergesichtspunkt zum Schaden des Ganzen übermäßig betont. Innerhalb des Ministeriums hat der höchste Fachbeamte (Generaldirektor oder ständiger Staatssekretär) die Gesamtheit der Gesichtspunkte des Arbeitsbereiches aufeinander abzustimmen.

b) Die innere Struktur des Parlamentes ist durch die Vermehrung der Staatsaufgaben und die in engem Zusammenhang damit stehende Spezialisierung sehr viel stärker berührt worden als die Regierung. In diesem Zusammenhang sind das Ausschußproblem, die Hilfseinrichtungen des Parlaments und die Verlagerung von Parlamentsaufgaben zu nennen.

aa) Alle Parlamente, die sich unter der Arbeitslast zur Arbeitsteilung gezwungen sahen[6]), haben Fachausschüsse

---

[5]) D. N. Chester: The Development of the Cabinet, Parliamentary Affairs Bd. IX (1955—56) S. 43 ff.; Fayat in „Aspects“ S. 38.

[6]) Anders z. B. in Neuseeland, wo wegen des geringen Arbeitsanfalls kein Bedürfnis nach Fachausschüssen auftrat. Vergl. Walter Nash: Parliamentary Government in New Zealand in Stephen King-Hall: Parliamentary Government in the Commonwealth. A Symposion, 1951 S. 59.

eingerichtet und einen erheblichen Teil der Parlamentsarbeit in sie verlagert. Gemeint sind hier nicht die besonderen Ausschüsse für Petitionen, die Geschäftsordnung, die Wahrung der Rechte der Volksvertretung u. ä., deren das Parlament bedarf, um überhaupt funktionieren zu können, sondern die Fachausschüsse, welche Gesetzesbeschlüsse vorbereiten. Der Spezialisierung im Parlament sind jedoch Grenzen gesetzt. Diese ergeben sich zunächst aus der Zahl der Parlamentsmitglieder, die durch die Funktion des Parlaments begrenzt ist: unter mehr als 500 — 600 Parlamentariern kann kein Interessenausgleich vorgenommen werden; daher kann auch die Aufteilung in einzelne Fachausschüsse nur unter diesen 500 bis 600 Menschen stattfinden. Allerdings kann dies in recht verschiedener Form geschehen. Wie im amerikanischen Kongreß können die Ausschüsse zahlenmäßig sehr klein gehalten werden und dann kann eine große Zahl von Ausschüssen besetzt werden. Das bringt die Gefahr einer einseitigen Interessenorientierung mit sich und ist nur durchführbar, wenn die parteienmäßige Zusammensetzung des Parlaments es erlaubt. Wo Parteien verschiedener Größenordnungen bestehen, stellt sich die Forderung nach größeren Ausschüssen ein, um auch kleineren Fraktionen oder Gruppen eine adäquate Vertretung zu sichern. Dann kann es unvermeidlich werden, daß jeder Abgeordnete mehreren Ausschüssen angehört[7]). Darunter leidet nicht nur die Arbeitsfähigkeit der Ausschüsse, sondern auch die Arbeitsteilung im Gesamtparlament. Das Plenum muß dann nicht nur den Ausschüssen die notwendige Arbeitszeit einräumen, sondern diese müssen sich auch untereinander abstimmen. Bei den Parlamentsreformen der letzten Jahrzehnte wurde immer wieder gefordert, die Ausschüsse zu verkleinern[8]) und auch bei uns ist erst jüngst wieder der Ruf danach laut geworden. Der Ausgang der letzten Wahl mit dem scharfen Zug zum Zweiparteiensystem erleichtert es,

---

7) Zu Beginn der 2. Legislaturperiode des Deutschen Bundestages gehörte jeder Abgeordnete durchschnittlich $1^1/_2$ Fachausschüssen als Hauptmitglied an; nimmt man die organisatorischen Ausschüsse und die Stellvertreterposten ohne die Untersuchungsausschüsse hinzu, so kommt man durchschnittlich auf 3—4 Ausschüsse. Vgl. die Übersicht bei H. Trossmann: Der 2. Deutsche Bundestag, 1954 S. 100 ff. In der französischen Assemblée Nationale sind die Verhältnisse ähnlich trotz der Bestimmung des Artikels (1) des Règlement „aucun Député ne peut faire partie de plus de deux Commissions générales".

8) In den Vereinigten Staaten bei der Kongreßreform von 1946; für Frankreich vgl. G. Galichon in Travail Parlementaire S. 147.

dieser Forderung nachzukommen[9]); sie bricht sich nur an dem irrationalen politischen Postulat nach möglichst zahlreichen Vorsitzendenstellen und Ausschußsitzen.

Eine wichtige Grenze für die Aufspaltung des Parlaments in Fachausschüsse liegt aber darin, daß das Parlament eine Einheit darstellt, die nicht zerstört werden darf. Parlamentsfunktion und Ausschußfunktion sind nicht identisch, sondern widersprechen sich sogar weitgehend. Die Funktion des Gesamtparlaments ist in der Unterhausdebatte vom 15. November 1945 von dem Labour-Abgeordneten Maurice Webb[10]) treffend umschrieben worden:

> „Ich glaube, wir wären schlecht beraten, wenn wir die zentrale Funktion dieses Hauses als das große Forum für die Debatten über die hohe Politik und als der Platz, auf dem die mannigfaltigen Wünsche und Ziele des Volkes einander angeglichen und auf einen Nenner gebracht werden, beseitigten. Wir müssen das, koste es, was es wolle, bewahren und bei der Ausdehnung der Aufgaben der Ausschüsse darauf Rücksicht nehmen, damit wir keinesfalls dieser zentralen Funktion Eintrag tun."

Es kommt nicht darauf an, ob alle Parlamente jeden Tag und jede Stunde der so gekennzeichneten Aufgabe leben, wesentlich ist, daß die Ausschüsse andere Funktionen haben, denn ein Forum und eine Stätte des Ausgleichs zu sein. Mühsame Facharbeit wird dort in der Stille und unter dem Schutze einer Beschränkung oder des Ausschlusses der Öffentlichkeit geleistet. Keine glänzenden Reden werden dort gehalten, sondern nüchterne Referate und die Fronten der Diskussion sind vorher nicht abgesteckt. Politische und ideologische Gesichtspunkte treten hinter den nüchtern sachlichen zurück, es gilt sich zu informieren und auch von der Sache her überzeugen zu lassen. Aber diese Arbeit ist doch nur Vorarbeit für die notwendigerweise unter anderen Gesichtspunkten im Plenum zu fällende endgültige Entscheidung, und daher ist es so wichtig, die Unterordnung der Arbeit im Ausschuß unter die Auseinandersetzung im Plenum zu sichern und zu verhindern, daß die zu Fachleuten gewordenen Aus-

---

[9]) Bei der Bildung der Ausschüsse des 3. Deutschen Bundestages wurde die Zahl der Ausschüsse zwar vermindert, die Abgeordneten gehören aber durchschnittlich immer noch rund $1^1/_3$ Ausschüssen an, wenn man lediglich die Hauptmitgliedschaften in organisatorischen und Fachausschüssen rechnet; vgl. BT-Drucks. 18/57.

[10]) 415 H. C. Deb. 2370 — 1 (15. 11. 1945); dazu Herbert Morrison: Regierung und Parlament in England 1954, deutsche Ausgabe 1956 S. 283. Zur Funktion des Parlaments auch H. Fayat aaO. S. 29 und 35 ff.; Alexander Brady aaO. S. 8.

schußmitglieder allein die Entscheidung des Plenums bestimmen.

Die kontinental-europäischen Ordnungen glauben das durch Normativbestimmungen erreichen zu können, die sagen, daß die Ausschüsse Organe des Parlaments sind und sich nur mit den ihnen vom Plenum überwiesenen Gegenständen befassen dürfen[11]).

Während das Plenum in Großbritannien jedoch bereits vor der Überweisung an einen Ausschuß zu den grundlegenden Fragen eines Gesetzgebungsvorhabens Stellung nimmt und damit eine Grundlage für die Ausschußarbeit schafft und dieser die Richtung weist[12]), hat die erste Lesung im Deutschen Bundestage häufig nur sehr formalen Charakter; dennoch scheint es mir von großer Bedeutung zu sein, daß das Plenum überhaupt Gelegenheit erhält, darüber zu befinden, womit sich seine Organe beschäftigen dürfen; daher ist die erste Lesung unentbehrlich. In Frankreich wird allerdings die Vorlage ohne Erörterung unmittelbar durch das Bureau dem Ausschuß überwiesen[13]); wie im amerikanischen Kongreß, wo das Initiativrecht der Abgeordneten auch im Ausschuß und auch von diesem selbst ausgeübt werden kann, fehlt eine Kontrolle des Gesamtparlaments über das, was die Ausschüsse tun.

In der Schweiz glaubt man die Abhängigkeit der Ausschüsse dadurch sichern zu können, daß man den Abgeordneten gestattet, ihnen nur eine bestimmte Zahl von Jahren anzugehören[14]). Aber diese Vorkehrungen sind doch nur von sehr relativer Wirkung. Wo wie in unserer Zeit eine allgemeine Tendenz zur Spezialisierung besteht, kann dadurch kaum verhindert werden, daß die Ausschüsse ein starkes Eigenleben gewinnen. Sehr viel wirksamer sind die im Parlament Großbritanniens getroffenen organisatorischen Vorkehrungen; dort bestehen keine auf bestimmte Materien spezialisierten Fachausschüsse, sondern je nach Bedarf 4—5 Standing-Committees[15]), die nur mit einem Buchstaben bezeichnet sind und

---

11) § 60 (1), (3) Geschäftsordnung des Deutschen Bundestages vom 6. 12. 1951 (Bek. v. 28. 1. 52 BGBl. II S. 389 und Änd. Bek. v. 6. 12. 55 BGBl. II S. 1048) — zitiert als „BT-GO"; dazu Bundestagspräsident Ehlers in der 151. Sitzung vom 13. 6. 51 (S. 5946 D).

12) H. Morrison aaO. S. 274 ff.

13) Art. 20 (1) des Règlement de l'Assemblée Nationale für die Vorlagen der Regierung und aus der Mitte des Hauses.

14) C. Burkhard: Parlamentarische Kommissionen der Schweizer Bundesversammlung, 1952, S. 162 ff.

15) K. C. Wheare: Government by Committee — an Essay on the british constitution, 1955, S. 121 ff.; J. G. S. Shearer: Standing Committies in the House of Commons 1945—50, Parliamentary

turnusgemäß zur Verfügung stehen, wenn das Plenum eine Aufgabe zu vergeben hat. 20 ständige Mitglieder, die nach dem Grundsatz der Parteien-Proportionalität ausgesucht sind, bilden den Kern des Ausschusses. Für die Behandlung jedes einzelnen Gesetzentwurfs, der vom Plenum zugewiesen wird, wählt ein Auswahlausschuß unter dem Gesichtspunkt der Fachkenntnisse 30 weitere Mitglieder hinzu. Da der Wahlkörper proportional besetzt ist, wird auch bei der Auswahl dieser 30 Spezialisten der Gesichtspunkt des Parteienverhältnisses beachtet. Die 20 Stamm-Mitglieder werden die Sonderaufgabe unter dem Gesichtspunkt des Gemeinwohles oder — wenn man so will — der Interessen des Gesamtparlamentes (was ein und dasselbe sein sollte) betrachten, während die 30 ad hoc hinzutretenden Mitglieder bei den Beratungen ihre partiellen Fachgesichtspunkte entwickeln können und sollen. Dadurch, daß die Fachleute nach Erledigung ihrer Sonderaufgaben wieder auseinandertreten, ist wirksam verhindert, daß der Ausschuß beginnt, sich als Teilparlament aufzuspielen, das nach spezifischen Fachgesichtspunkten entscheidet.

Ich bin darauf gefaßt, daß mir in der Aussprache entgegengehalten wird, die englische Regelung sei aus der alten parlamentarischen Tradition des Inselreiches zu erklären und habe soziologische Voraussetzungen, die auf dem Kontinent nicht vorlägen, obwohl sie noch gar nicht so alt ist, sondern erst 1945 eingeführt wurde, um ganz modernen Erfordernissen gerecht zu werden, nämlich das Nachkriegsgesetzgebungsprogramm der Labour-Regierung zu bewältigen[16]). Gewiß ist das englische Parlament stärker auf Regierungsbildung und -Kontrolle und weniger auf Gesetzgebungsarbeit zugeschnitten als die kontinentalen Parlamente; es scheint mir aber auch eine Rolle zu spielen, daß in Großbritannien — dem einzigen Lande, in dem das Parlament in der politischen Wirklichkeit die Rolle behalten hat, die ihm von der Verfassungsordnung zugedacht ist — die staatsmännische Weisheit auch bei der Ausgestaltung scheinbar zweitrangiger Institutionen mit großem praktischem Sinn bemüht wird, während auf dem Kontinent die entwickelten und formulierten Verfassungsprinzipien bei der praktischen Ausgestaltung von Organen nicht in derselben Weise durchgehalten werden.

In der Bundesrepublik ist die Abhängigkeit der zwei wichtigsten Ausschüsse für Auswärtiges und für Verteidigung vom

---

Affairs Bd. 3 (1945/50) S. 558; zur Geschichte des Fachausschußwesens H. Morrison aaO. S. 203.

16) I. G. S. Shearer: aaO. S. 558.

Plenum neuerdings gelockert worden[17]). Aus der Tatsache, daß sie auch zwischen zwei Wahlperioden tätig werden können, darf m. E. aber nicht hergeleitet werden, daß der Grundsatz der Organabhängigkeit völlig aufgehoben sei und sie auch während der Sitzungsperiode des Bundestages Fragen behandeln könnten, die ihnen nicht vom Plenum zugewiesen sind.

Eine weitere Lockerung der Organ-Abhängigkeit ist dadurch eingetreten, daß die Ausschüsse des Deutschen Bundestages die Befugnis für sich in Anspruch nehmen, Unterausschüsse zu bilden, ohne das Plenum zu befassen. Schon die Mitgliederlisten dieser Unterausschüsse lassen die Gefahr erkennen, daß sie einseitig aus interessenorientierten Abgeordneten zusammengesetzt werden. Das muß sich ungünstig auswirken, wenn der Gesamtausschuß — um Arbeit zu sparen, wozu er ja die Unterausschüsse eingesetzt hat — ihre Ergebnisse ohne eingehendere Prüfung übernimmt und dem Plenum weiterleitet.

Von den europäischen Staaten ist Italien am weitesten gegangen, Ausschüssen die Funktionen des Plenums zu übertragen[18]). Der Gesetzesbeschluß kann vom Plenum in nicht öffentlich tagende Ausschüsse verlagert werden; die Regierung, ein Zehntel der Abgeordneten oder ein Fünftel der Ausschußmitglieder, kann bis zur Verabschiedung die Vorlage wieder in das Plenum bringen. Diese Verlagerung wurde häufig vollzogen und nur selten wurden Vorlagen aus dem Ausschuß wieder in das Plenum zurückgebracht. Mit einem geringen Zeitaufwand war das italienische Parlament in der Lage, eine große Zahl von Gesetzen zu verabschieden. Allerdings stellen die Zahl der Gesetze und der dafür benötigte Zeitaufwand kein zuverlässiges Kriterium für die Qualität des Verfahrens dar. Die Gefahr der Interessenbeeinflussung ist bei diesem Verfahren ungebührlich groß; die starke Vereinfachung schafft die Versuchung, hurtig viele Gesetze zu verabschieden, anstatt mit voller Überlegung wenige gute zu machen. Die Kritik nennt das italienische Verfahren eine Kapitulation der politischen Funktionen des Parlaments vor dem fachlichen Spezialistentum.

Am Ende des Legislaturperiode des zweiten Bundestages sind Stimmen laut geworden, die zweite Lesung vom Plenum in einen Hauptausschuß zu verlegen. Wenn das nichts anderes

---

17) Art. 45 a des GG, eingefügt durch Ges. vom 19. 3. 1956 (BGBl. I S. 111).

18) F. Goguel: La procédure italienne de vote des lois par les commissions, Travail Parlementaire S. 168 ff.; G. Bettoni: Die Übertragung rechtsetzender Gewalt in Italien, am Anm. 38 angef. O. S. 422 ff.

bedeutet, als daß statt 400 Abgeordneten vielleicht 100 über den Bericht des Fachausschusses beschließen, und zwar in der Öffentlichkeit, wobei allerdings die für das Plenum geltenden Formalbestimmungen gelockert werden, ist dagegen nichts einzuwenden. Aber wenn das heißen soll, daß die Debatte den Augen der Öffentlichkeit entzogen werden soll, dann sind doch starke Bedenken anzumelden.

Ich möchte aber nicht in den Verdacht geraten, hier für die Öffentlichkeit der Ausschußsitzungen zu sprechen[19]). Die Beschränkung oder der Ausschluß der Öffentlichkeit im Ausschuß hat den Sinn, dort eine wirklich freie Diskussion entstehen zu lassen und den unter dem Druck der Parteidisziplin stehenden Abgeordneten die Freiheit zu wahren, sich den aus der Natur der Sache ergebenden Argumenten zu fügen, was im übrigen in größerem Maße geschieht, als gemeinhin angenommen wird. Die Vertraulichkeit der Ausschußberatungen verlangt, wenn ihr Charakter gewahrt werden soll, sogar einen verstärkten Schutz, und ich möchte Zweifel anmelden, ob es damit vereinbar ist, daß verschiedene Ausschüsse des Bundestages stenografische Protokolle anfertigen und diese einem ziemlich weiten Kreis zugänglich machen. Nicht nur die Ministerien erhalten sie in vielen Kopien, sondern auch das Bundesverfassungsgericht und offenbar auch eine gewisse Öffentlichkeit. Jedenfalls findet man sie in juristischen Abhandlungen zitiert[20]).

In den anderen Ländern wird es mit der Vertraulichkeit der Ausschüsse sehr unterschiedlich gehandhabt. In England tagen sie überhaupt öffentlich, in den Vereinigten Staaten wird ein scharfer Unterschied gemacht zwischen dem Teil der Ausschußtätigkeit, welcher der Information gewidmet und öffentlich ist und der eigentlichen Beratungsphase, welche unter dem Schutz einer sehr ängstlich gehüteten Vertraulichkeit stattfindet. In Frankreich ziehen sich bei der Beratung sogar die Regierungsvertreter zurück, um nicht zu stören[21]).

---

[19]) So B. Dechamps: Macht und Arbeit der Ausschüsse, 1954 S. 74.

[20]) Daß die stenografischen Protokolle nicht für die Öffentlichkeit bestimmt sind, ergibt sich aus § 73 (1) der BT-GO: „Die Beratungen der Ausschüsse sind nicht öffentlich". Die Ausschuß-Berichte gem. § 74 (1) GO sind davon streng zu scheiden. Sie sind Material der öffentlichen Beratung des Plenums. Wenn auch § 27 GO Abweichungen zuläßt, so liegt hinsichtlich der stenografischen Protokolle doch m. W. kein erforderlicher Beschluß des Bundestages mit $^2/_3$ Mehrheit vor, sondern es handelt sich um eine von den Ausschüssen eingeführte Übung, die im Widerspruch zur Geschäftsordnung steht.

[21]) G. Galichon in Travail Parlementaire S. 145.

Ganz so sensibel ist man nicht überall. Unter den Fraktionen des Bundestages hat es sich eingebürgert, die in Ausschüssen anstehenden Fragen vorher in Arbeitsgemeinschaften zu behandeln, um den Fraktionsmitgliedern schon eine bestimmte Marschroute mitgeben zu können. Dagegen ist an sich nichts einzuwenden. In England bestanden vor der Bildung der Fachausschüsse überhaupt nur derartige Arbeitsgemeinschaften der Fraktionen. Aber wenn zu diesen Sitzungen Beamte hinzugezogen werden und den Abgeordneten schon vor der Ausschußsitzung ihre Gesichtspunkte darlegen, wird die Diskussion dort leicht ihrer Unmittelbarkeit beraubt.

Es war hier nötig, auf die Ausschußfragen näher einzugehen, da der Ausschuß im modernen Parlament der Ort ist, an dem die engste Berührung mit der Regierung stattfindet. Die Ausgestaltung der Ausschüsse ist m. E. — und dabei befinde ich mich nicht in Übereinstimmung mit Herrn Friesenhahn[22]) — keine bloße Frage der Arbeitstechnik, sondern hat darüber hinausgehende verfassungspolitische Bedeutung.

Das Studium der parlamentarischen Kommissionen wird nicht zu Unrecht mit der Prüfung der Beziehungen der Legislative zur Exekutive und gar der Wirksamkeit der Demokratie identifiziert[23]). Es kann nicht gleichgültig sein, welche Vertreter der beiden Verfassungsorgane sich dort begegnen. Unter den Parlamentariern gibt es sicher mehr oder weniger Prominente, aber schon die parlamentarischen Handbücher lehren, daß die Prominenten unter ihnen den Ausschuß als das lohnendste Betätigungsfeld ansehen und manch einer von ihnen hat sich durch seine Arbeit in ihnen Ansehen und Einfluß erworben. Die Ausschüsse können die Anwesenheit jedes Mitgliedes der Regierung verlangen. Es gehört zu den typischen Situationen, daß Ausschußsitzungen mit der Beanstandung beginnen, warum der Minister oder sein Stellvertreter nicht persönlich anwesend seien, sondern an ihrer Stelle nur ein untergeordneter Beamter. Ich möchte auf das Problem der Vertretung der Regierung im Parlament am Schluß noch einmal zurückkommen und diesen Problem-Kreis jetzt mit einer Frage abschließen, die ich im Juni einen prominenten Ausschußvorsitzenden in Bonn an einen Ministerialbeamten richten hörte:

„Was werden Ihre Oberregierungsräte tun, wenn wir in die Ferien gegangen sind und Sie sie nicht mehr zu uns in die Ausschüsse schicken können?“

---

22) S. o. S. 32, 67.

23) M. J. Gascon y Marin: Le rôle des commissions parlementaires, Paris 1932 S. 1.

bb) Die Notwendigkeit, das Parlament mit eigenem Sachverstand auszurüsten, ist vor allem in den Vereinigten Staaten empfunden worden, wo das Initiativrecht verfassungsmäßig ausschließlich beim Parlament liegt, sich aber der Mißstand eingeschlichen hatte, daß ein großer Teil der Vorlagen parakonstitutionell in den Ämtern der Exekutive vorbereitet wurde. Um diesem Mißstande zu steuern, sind die Hilfseinrichtungen des Kongresses durch den Legislative Reorganization Act von 1946[24]) wesentlich verstärkt worden. Vier Maßnahmen wurden getroffen, die in engem Zusammenhang standen: der einzelne Abgeordnete erhielt ein eigenes Büro, damit seine Arbeitskraft erhöht werde[25]), die Ausschußstäbe wurden erheblich verstärkt[26]), ein Stab von Gesetzgebungstechnikern wurde geschaffen und schließlich als ergänzende Maßnahme der Gesetzgebungshilfsdienst, eine parlamentarische Gegenbürokratie zur Erschließung des gedruckt vorliegenden Materials. Die eigenen Büros und der Stab der Gesetzgebungstechniker werfen keine besonderen Probleme auf. Das Büro arbeitet ganz nach den Weisungen der Abgeordneten, die Legislative Counsellors vollbringen eine objektiven Gesichtspunkten zugängliche Arbeit. Das soll freilich nicht heißen, diese Maßnahmen seien nicht wichtig gewesen. Für die praktische Arbeit stehen sie sogar im Vordergrund. Die Erfahrungen mit den Ausschußstäben waren nicht ermutigend[27]). Sie wurden einer parlamentarischen Einrichtung zugeteilt, in der politische Auseinandersetzungen stattfinden, d. h. wo gekämpft

---

[24]) v. 2. 8. 1946, ch 753, title II, § 203 (a, b), 60 Stat. 836; die wesentlichen Bestimmungen sind wiedergegeben in U.S.Code (1946 ed.) Bd. I tit. 2.

Dazu G. B. Golloway: The Operation of the Legislative Reorganization Act of 1946, American Political Science Review Bd. 45 (1945) S. 49 ff.; Max M. Kampelman: The legislative bureaucracy: its response to political change, The Journal of Politics Bd. 16 (1954) S. 539—550.

[25]) Jeder Senator erhielt die Mittel zur Bezahlung eines hochqualifizierten wissenschaftlichen Assistenten, jedes Mitglied des Hauses 9500 Dollar für Bürokräfte. Es kann nicht völlig verhindert werden, daß diese Mittel bestimmungswidrig zur Unterstützung von Familienangehörigen oder persönlichen Freunden benützt werden; bei der starken Kontrolle der Öffentlichkeit über die Verwendung von Staatsmitteln in den Vereinigten Staaten bedeutet ein Mißbrauch jedoch eine nicht unerhebliche Gefährdung der Wiederwahl.

[26]) Jeder Ständige Ausschuß erhielt bis zu 4 wissenschaftlich vorgebildeten Assistenten und 6 Bürokräften.

[27]) M. M. Kampelman am a. O. S. 547 ff. insbes. 550: „It is expecting far too much to expect a professional staff member to work on behalf of contradicting policies and thus suit his facts to the change of political climate."

wird. Daher wurde sie von vornherein politisch besetzt: Drei Sekretäre der Mehrheit und einer der Minderheit und beim Wechsel der Mehrheit und daher des Ausschußvorsitzes müssen sie ausgewechselt werden. Die für die fachliche Arbeit geschaffene Institution wurde in den politischen Kampf hineingezogen und damit wurde ihre Fähigkeit, fachlich zu beraten, beeinträchtigt.

Die Bedeutung des Gesetzgebungshilfsdienstes, über den es eine umfangreiche von seinen Mitgliedern verfaßte Literatur[28]) gibt, und der zu einem major sight seeing topic für Amerika-Reisende geworden ist, wird m. E. erheblich überschätzt. Er ist politisch unschädlich, da er selbst keine Gesetzentwürfe abfassen darf[29]), sondern Material zusammenträgt und weil sein Benutzerkreis sich vorwiegend aus den rund 1000 Abgeordnetensekretären, Gesetzgebungstechnikern und Ausschußschußassistenten — also Fachleuten — rekrutiert, denen auch andere Informationsquellen in Regierungsämtern, Verbandsbüros, Pressearchiven und wissenschaftlichen Spezialinstituten zugänglich sind. Der Dienst verfügt daher über kein Informationsmonopol und dadurch ist der Gefahr vorgebeugt, daß er selbst Politik zu machen beginnt. Eine Untersuchung darüber, ob diese vier amerikanischen Maßnahmen ihr Ziel erreicht haben, die Abgeordneten in den Stand zu setzen, ihre Gesetzgebungsanträge selbst auszuarbeiten und die illegale Konkurrenz der Regierungsämter auszuschalten, ist mir bisher nicht bekannt geworden.

In Europa hat der Deutsche Bundestag die Hilfseinrichtungen des Parlaments am stärksten entwickelt. Zwar sind nur einzelne begüterte Abgeordnete in der Lage, sich einen eigenen Sekretär zu leisten[30]), doch haben nun wenigstens die Fraktionen einige Assistenten, die aus Mitteln des Bundes-

---

28) W. Brook Graves: The Legislative Reference Service, American Political Science Review Bd. 41 (1947) S. 289—93; G. B. Galloway: The legislative reference service of Congress, Parliamentary Affairs Bd. 8 (1955) S. 261—65; derselbe: The legislative process in Congress New-York 1953 S. 407—425. W. C. Gilbert: The Legislative Reference Service — a brief sketch, The Libary of Congress, Washington 1952 (vervielfältigt).

29) Vgl. den Auftrag in Section 203 des Legislative Reorganisation Act 1946 aaO.; a. A. W. C. Gilbert: aaO. S. 12, der eine subsidiäre Kompetenz zur Abfassung von Gesetzesentwürfen behauptet, soweit der Stab der Gesetzgebungstechniker nicht zur Verfügung stehe, so z. B. für Einzelmitglieder des Parlaments.

30) In einigen Fällen sollen auch Industriewerke einzelnen Abgeordneten Nachwuchskräfte zur Verfügung gestellt haben, damit die künftigen Auftraggeber der Lobby das Haus kennenlernen, an das sich ihre Wünsche später richten werden.

tages besoldet werden[31]). Bei den großen Fraktionen sind es 6 oder 7, was kaum ausreicht, zumal sie teilweise auch die Aufgabe der Gesetzgebungstechniker verrichten. Zwei bis drei Ausschüssen ist je ein Sekretär zugeteilt. Das ist wenig, hat aber den Vorteil, daß der Sekretär so viel zu tun hat, daß er nicht dazu kommt, selbst Politik zu machen, sondern daran denken muß, objektiv zu arbeiten, um seinen Posten auch bei einem Wechsel des Ausschußvorsitzenden zu behalten. Sogar in hochpolitischen Ausschüssen ist das gelungen. Die Bibliothek des Bundestages ist nicht nur sehr reichhaltig, sondern auch durch vorzügliche Sachkataloge erschlossen[32]). Über eine Gegenbürokratie gegen die der Bundesregierung verfügt zwar nicht der Bundestag, aber doch dank seiner Konstruktion immerhin der Bundesrat: nach Schätzungen arbeitet ein Drittel der Ministerialbürokratie der Länder für den Bundesrat und leistet dabei fachlich sehr nützliche Arbeit. Es scheinen mir hingegen gewichtige Gründe gegen eine Nachahmung des amerikanischen Modells des Hilfsdienstes zu sprechen[33]).

---

[31]) Sie werden aus den Zuschüssen des Bundestages an die Fraktionen besoldet. Für diesen Zweck waren im Haushalt des Bundestages für 1956 DM 1 008 000,— ausgeworfen (Bundeshaushaltsplan 1956 Einzelplan 0201 Titel 301).

[32]) K. G. Wernicke: Wie die wissenschaftliche Abteilung (des Bundestages) entstanden ist und heute aussieht. Das Parlament Nr. 51 vom 15. 12. 1954: „Neuerdings taucht sogar schon die Forderung nach Ausarbeitung von Gesetzentwürfen auf".

[33]) Befürwortet wird sie von dem Abgeordneten Mommer in einem Referat über die Einrichtungen der amerikanischen Legislative vom 9. 1. 1950 (Anlage zum Protokoll Nr. 9 des Organisationsausschusses des Deutschen Bundestages — in der Bibliothek des Bundestages zugänglich); ferner W. Apelt: Die Gesetzgebungtechnik, 1950 (dazu meine Besprechung JZ 1951 S. 574); Th. Eschenburg: Verfassung und Verwaltungsaufbau des Südweststaates, 1956 S. 56; K. Kleinrahm: Gesetzgebungshilfsdienst für deutsche Parlamente? AöR Bd. 79 (1953/54) S. 137—157; dagegen W. Henle: Das parlamentarische Gesetzgebungsbüro, DÖV 1950 S. 14; U. Scheuner auf der Kölner Tagung der Gesellschaft für Rechtsvergleichung (JZ 1951 S. 701) aus grundsätzlichen Erwägungen, da die Einrichtung nicht in ein parlamentarisches Regierungssystem passe. M. E. ist die Ausrüstung des Parlaments mit dem nötigen Sachverstand — und zwar außerhalb des Regierungsapparates — ein Problem, das auch bei den deutschen und anderen parlamentarischen Regierungssystemen Beachtung verdient. Vgl. auch den Vorschlag von B. Mosheim: Der Parlamentsanwalt JZ 1954 S. 685, nach englischem Muster den freien Parlamentsanwalt einzuführen. Dieser Vorschlag paßt in das deutsche Verfassungssystem zweifellos besser als eine parlamentarische Gegenbürokratie. Es scheint wir jedoch eine Illusion zu sein, daß sich die Interessenverbände des Parlamentsanwalts bedienen würden, anstatt die Referenten in den Ministerien zu beeinflussen. Die wesentliche Voraussetzung, daß ein Bürger — und damit auch eine Inter-

Wollte man auch nur jedem Referat der Ministerialbürokratie einen einzigen Fachmann gegenüber stellen, so brauchte man deren 1000. Ein Benutzerkreis von Fachleuten wie in den Vereinigten Staaten besteht nicht, entscheidend scheint mir aber zu sein, daß die Exekutive in Deutschland eine so starke Anziehungskraft auf alle noch nicht bei ihr beschäftigten Fachleute ausübt, daß kaum zu erwarten ist, eine parlamentarische Gegenbürokratie werde ihr gegenüber die notwendige Unabhängigkeit gewinnen, um eine Gegengewichtsfunktion erfüllen zu können.

Was bei uns fehlt, ist ein Organ für die verfassungsrechtliche Prüfung der Gesetzesentwürfe nach objektiven Maßstäben, wie es die romanischen Länder in ihrem Staatsrat, die Vereinigten Staaten in den Gesetzgebungstechnikern besitzen. Diese Arbeit wird stattdessen von den Parlamentariern selbst in Rechtsausschüssen geleistet. Es ist nicht zu vermeiden, daß dabei politische Meinungsverschiedenheiten in der Form verfassungsrechtlicher Auseinandersetzungen ausgetragen werden. Damit soll keine Kritik an diesen Ausschüssen und ihren Mitgliedern geübt werden, die häufig ein erstaunliches Maß an Objektivität gezeigt haben, sondern an der Aufgabenstellung: ein zum parlamentarischen Kampf bestimmtes Organ ist nicht für eine Arbeit geeignet, die sich ausschließlich nach objektiven Gesichtspunkten vollziehen muß.

Es dürfte bei uns bisher auch noch keine rechte Form dafür gefunden worden sein, den außerhalb von Parlament und Bürokratie vorhandenen unabhängigen und interessengebundenen Sachverstand für die Gesetzgebungsarbeit zu nutzen. Gewiß haben das Parlament und die Regierung eine Reihe von Sachverständigenausschüssen für verschiedene Aufgaben eingesetzt[34]). Der Bundestag gab im Jahre 1956 jedoch ganze 10 000,— DM für die Arbeiten unabhängiger Sachverständiger aus[35]); selbst wenn man berücksichtigt, daß ihm alle beamteten Sachverständigen auf Kosten ihrer Dienstherren zur Verfügung stehen, ist diese Summe erschreckend niedrig. Von der Möglichkeit, Sachverständige und Interessenvertreter in

essentengruppe — das Wort vor einem Parlamentsorgan von sich aus verlangen kann, ist im deutschen Parlament bisher nicht gegeben.

[34]) Folgende Arbeitsergebnisse liegen gedruckt vor: Die Neugliederung des Bundesgebietes. Gutachten des von der Bundesregierung eingesetzten Sachverständigenausschusses hrsg. vom Bundesminister des Inneren, 1955 sowie Rechtliche Ordnung des Parteiwesens. Probleme eines Parteiengesetzes, 1957.

[35]) Bundeshaushaltsplan 1956 — Einzelplan 0201 Titel 218.

öffentlichen Informationssitzungen[36]) anzuhören, wurde kaum Gebrauch gemacht. Anstattdessen werden die Interessenvertreter seitens der Exekutive in einer Form angehört, welche eine Willkür des sachbearbeitenden Beamten keineswegs ausschließt. Die einzige Garantie für eine gleichmäßige und gerechte Anhörung liegt in der Erwartung, daß sich unerfüllte Interessentenwünsche bei der nachfolgenden Behandlung im Bundestage zu Worte melden werden.

Richtig ist, daß dort kanalisiert werden muß, wo ungeregelte Ströme fließen. Wo die Lobby sich stärker an die Exekutive als an das Parlament wendet, hat es keinen Sinn, die Lobby erst im Parlament zu kanalisieren. Darin mag eine Antwort darauf gefunden werden, warum die Übernahme des amerikanischen Vorbildes der Hearings mißlang. Aber dann muß in einem früheren Stadium des Verfahrens eine Form für die Anhörung der Interessenten gefunden werden, welche die damit verbundenen Gefahren ausschließt.

In der Schweiz[37]) wird dasselbe, was in den Vereinigten Staaten bei den Hearings geschieht, auf der Regierungsebene durchgeführt; der Bundesrat hat ohne eine besondere gesetzliche Grundlage die Praxis eingeführt, bei wirtschaftlich und sozial bedeutungsvollen Vorlagen eine Kommission aus Angehörigen der beiden Räte, Vertretern der beteiligten Interessengruppen, unabhängigen Sachverständigen und Beamten zur Vorberatung des Departementsentwurfs einzusetzen. Das Departement kann aber vor der Einbringung beim Parlament zu den Ergebnissen der Arbeiten der Kommission Stellung nehmen. Durch dieses Verfahren wird die Interessentenkonsultation institutionalisiert und in geregelte Bahnen geleitet.

cc) Während sowohl die Arbeitsteilung in den Ausschüssen wie auch die Heranführung fremden Sachverstandes die Arbeitsfähigkeit des Parlaments steigern sollen, um den höheren Anforderungen gerecht zu werden, ist in vielen Staaten versucht worden, das Parlament dadurch zu entlasten, daß ihm zufallende Aufgaben auf andere Verfassungsorgane abge-

---

[36]) Gem. § 73 Abs. 2 BT-GO. Dort ist offen gelassen, unter welchen Voraussetzungen die zugelassenen Personen in der Sitzung das Wort ergreifen können und wer darüber entscheidet. Im Kongreß der Vereinigten Staaten ist mit dem Antrag auf Anhörung ein kurzes Exposé vorzulegen, auf Grund dessen über die Zulassung entschieden wird.

[37]) Kurt Eichenberger: Die oberste Gewalt im Bunde. Berner Dissertation 1949 S. 141 f.; ders.: Rechtssetzungsverfahren und -formen in der Schweiz (Verhandlungen des schweizerischen Juristenvereins 1954), Ztschr. f. Schweiz. Recht Bd. 73 (1954) S. 54 a bis 61 a.

schoben wurden, oder daß das Parlament es duldete, daß andere Verfassungsorgane sich ihrer bemächtigten.

Das geschieht in verschiedenen Formen. Je nach der Ausprägung des Grundsatzes der Gewaltenteilung, je nach dem Maße von Gesetzes-positivismus, aber auch je nach den Mehrheitsverhältnissen im Parlament und der davon abhängigen Bewegungsfreiheit der Regierung. Der häufigste Fall ist die Ermächtigung des Parlaments an die Regierung, an seiner Stelle Recht zu setzen[38]). Die Regierung kann aber auch ohne Ermächtigung einen eigenen Bereich der Regelungsbefugnis in Anspruch nehmen und diesen mit Duldung des Parlamentes auch in Bereiche ausdehnen, die dem Parlament vorbehalten sind. Im Ergebnis kann dasselbe erreicht werden, wenn der Gesetzgeber sich auf die Festlegung allgemeiner Grundsätze beschränkt, in deren Rahmen sich die Exekutive frei bewegen kann.

In einem Staat ohne Gewaltenteilung ist die Lage einfach. Da kann das Parlament alles und daher auch seine Gesetzgebungsgewalt übertragen. Das „Government by decree" ist in der Tat in Großbritannien sehr entwickelt[39]).

Wo aber die Gesetzgebung verfassungsmäßig dem Parlament vorbehalten und deswegen auch als unübertragbar angesehen wird, da bleibt nichts übrig — wenn man das Prinzip als solches nicht preiszugeben bereit ist — als den Begriff des Gesetzes zu „durchlöchern" und aus ihm herauszuschneiden, was man eben auf anderem Wege geregelt zu sehen wünscht.

Die französische Entwicklung in den letzten 75 Jahren bietet ein warnendes Beispiel dafür, was juristische Kunst auf diesem Gebiete vermag. Trotz des Delegationsverbotes in der Verfassung gelang es der französischen Praxis und Doktrin auf dem Umwege über die Aufweichung des Gesetzesbegriffes so wichtige Zuständigkeiten wie die Arbeitsweise, Finanzierung und Kontrolle der Sozialversicherung, die Preiskontrolle und Wirtschaftslenkung, die Ausnutzung der Energie, die Aufteilung der Rohstoffe und Fertigfabrikate und vieles andere aus

---

[38]) Vergl. Institut zur Förderung öffentlicher Angelegenheiten: Die Übertragung rechtsetzender Gewalt im Rechtsstaat, 1952, mit den Berichten und Referaten von F. Klein und U. Scheuner, sowie den Vorberichten über die Verhältnisse in den Vereinigten Staaten, Großbritannien, Frankreich, Belgien, Luxemburg, der Schweiz und Italien mit eingehenden Literaturangaben (zitiert als „Übertragung").

[39]) H. K. J. Ridder: Übertragung S. 295—324 und die dort angegebene Literatur, insbes. Marguerite A. Sieghart: Government by Decree 1950; H. Morrison aaO. S. 196 ff.; Report from the select committee on delegated legislation . . . printed 27. 10. 1953 London HMSO 1954.

der Zuständigkeit des Gesetzgebers herauszubrechen und der Regelungsbefugnis der Regierung zuzuweisen[40]).

In Deutschland als einem der ganz wenigen Länder ist die Lage anders. Das Grundgesetz hat die Bundesregierung nur sehr engherzig mit Verordnungsrechten ausgestattet[41]); der Bundestag ist geizig mit Ermächtigungen und die Regierung zurückhaltend dabei sie zu verlangen. Während in England und Frankreich die nicht vom Parlament gesetzten Normen ein Vielfaches der Gesetze ausmachen, übersteigen sie in der Bundesrepublik sowohl der Zahl wie dem Umfange nach die Gesetze nur um ein Geringes[42]). Parlamentarier und Regierungsmitglieder weisen gerne auf dieses Verhältnis hin[43]), ein Ergebnis des noch nachwirkenden Schocks auf das Ermächtigungsgesetz von 1933, das aber wohl kaum zu erreichen gewesen wäre, wenn in den beiden ersten Bundestagen nicht klare und eindeutige Mehrheitsverhältnisse es der Regierung erlaubt hätten, die ihr wesentlichen Gesetzesvorhaben durchzubringen. Freilich mußten dafür auch einige Nachteile in Kauf genommen werden: eine unsinnige Arbeitsüberlastung der Parlamentarier und eine unwürdige Überlastung der Gesetzgebung mit Details.

Auch in Deutschland sind Stimmen laut geworden, welche eine Revision des überholten Gesetzesbegriffes des gewaltenteilenden Rechtsstaates anregen und vorschlagen, dem Parlament nur die Normensetzung vorzubehalten, die auf die Dauer bestimmt und geeignet ist, in das Rechtsbewußtsein der Bevölkerung einzugehen[44]). Es wird dabei daran gedacht, einen großen Teil der weitgehend technischen Steuer-, Zoll-, Wirtschaft- und Sozialgesetzgebung aus der Zuständigkeit des Parlaments auszuscheiden und der Regierung zu überlassen. Auf diesem Wege hätten z. B. etwa dreiviertel der im Jahre 1956 verabschiedeten Gesetze in einem sehr vereinfachten Verfahren verabschiedet werden können. Die Anregungen lassen

---

[40]) H. Ballreich: Übertragung S. 329 ff. und 338 ff.; G. Galichon in Travail Parlementaire S. 134 ff.; zur Problematik auch W. J. Ganshof van der Meersch in Aspects S. 133.

[41]) F. Klein: Übertragung S. 28 ff., insbes. S. 48 ff.

[42]) Man vergleiche die Bundesgesetzblätter der letzten Jahre. Auch wenn man die im Bundesanzeiger veröffentlichten Rechtsverordnungen hinzunimmt, ändert sich das Bild nicht wesentlich.

[43]) u. a. Walter Strauss: Übertragung S. 2.

[44]) H. Jahrreiss: Herrschaft nach dem Maß des Menschen, 1951, S. 224 f.; U. Scheuner: Übertragung S. 142 f.; H. Schneider: Kabinettsfrage und Gesetzgebungsnotstand nach dem Bonner Grundgesetz VVDStRL Bd. 8 (1950) S. 52; H. Peters: Der Kampf um den Verwaltungsstaat, Festschrift für Laforet 1952 S. 19 insbes. S. 23 ff.

aber unberücksichtigt, daß in der modernen Gesellschaft die Wirtschafts- und Sozialgesetzgebung den stärksten Widerhall bei der breiten Bevölkerung findet und deshalb auch am intensivsten von ihrem Rechtsbewußtsein umfaßt wird. Neben den Zehn Geboten ist die Lohnsteuertabelle das populärste Dokument und es darf auch nicht vergessen werden, daß historisch das Steuerbewilligungsrecht an der Wiege des modernen Parlamentarismus gestanden hat. Die soziologischen Faktoren sprechen geradezu dagegen, den Gesetzesbegriff historisierend zurückzubilden. Praktisch ist der Reformvorschlag nur durchführbar, wenn es gelingt, zwischen Parlament und Regierung ein sehr viel engeres Vertrauensverhältnis herzustellen als es bisher besteht.

Das schließt freilich nicht aus, für die weitgehend technischen Materien de lege ferenda ein Verfahren zu befürworten, welches ihren Besonderheiten Rechnung trägt und dennoch die letzte Entscheidung bei dem Parlament beläßt. Es ist im Rahmen dieses Referates nicht möglich, die verschiedenen Formen der parlamentarischen Kontrolle über die von Regierungen erlassenen Verordnungen[45]) zu würdigen. Ich kann mich jedoch des Eindrucks nicht erwehren, daß die deutschen Urteile über die Wirksamkeit dieser Kontrollen in Großbritannien übermäßig kritisch sind. Während Walter Strauss[46]) die parlamentarische Kontrolle in England als völlig leerlaufend bezeichnet, lautet das Urteil von Herbert Morrison[47]) über die Praxis der dafür im Unterhaus eingesetzten Ausschüsse wesentlich günstiger.

Aus der englischen Erfahrung läßt sich aber wohl die Lehre ziehen, daß das Parlament die Regierung nur dann dazu er-

---

45) Für die Bundesrepublik Deutschland F. Klein: Übertragung S. 91; zum ausländischen Recht U. Scheuner: aaO. S. 152 und die Vorberichte von W. K. Geck (USA) aaO. S. 287; H. J. Ridder (Großbritannien) aaO. S. 311; H. Ballreich (Frankreich) aaO. S. 345; P. Schneider (Schweiz) aaO. S. 395; G. Bettoni (Italien) aaO. S. 416; der von Dörr aaO. S. 294 ff. erstattete Bericht über die Beratungen der insbs. mit der Prüfung des Problems der parlamentarischen Kontrolle der delegierten Gesetzgebung beauftragten zweiten Arbeitsgruppe zeigt, daß über diese Frage nicht nur die stärksten Meinungsverschiedenheiten vorliegen, sondern daß auch die Problematik noch der Klärung bedarf.

46) Übertragung S. 3; vergl. auch H. J. Ridder: aaO. S. 324 unter 6.

47) AaO. S. 197: „Grundsätzlich halte ich deshalb das Verfahren der delegierten Gesetzgebung für richtig, doch möchte ich gleichzeitig betonen, daß das Parlament den Gebrauch, der davon gemacht wird, in all seinen Phasen aufmerksam, ja sogar eifersüchtig überwachen muß." S. 201: „Der Ausschuß (für delegierte Gesetzgebung) hat ausgezeichnet gearbeitet."

mächtigen kann, an seiner Stelle Recht zu setzen, ohne wesentlich an Macht einzubüßen, wenn zur Kontrolle Parlamentsorgane eingesetzt werden, die gezwungen sind, sich positiv oder negativ zu den Regierungsverordnungen zu äußern und durch intensive Beschäftigung mit den Materien in die Lage versetzt werden, ihre Kontrolle effektiv zu gestalten. Eine Arbeitsersparnis gegenüber der eigenen Gesetzgebung durch das Parlament tritt nur insofern ein, als diese Kontrolle einem Ausschuß anvertraut werden kann und die eigene Gestaltungs- und Formulierungsarbeit des Kontrollorgans, das nur ja oder nein sagen kann, fortfällt[48]).

(2)

Das Problem der Zeit

In welchem Sinne das Zeitproblem hier verstanden wird, ist schon oben angedeutet worden: alles soll schneller gehen als in der guten alten Zeit.

a) In der Maschinerie der Regierung einschließlich der Ministerialbürokratie hat der Zeitdruck zu zahlreichen organisatorischen und technischen Verbesserungen Anlaß gegeben, um Entscheidungen schneller herbeizuführen, Informationen schneller durchzugeben und das Material rascher von einem Schreibtisch zum anderen zirkulieren zu lassen. Dazu gehört die Technik der Besprechungen auf den verschiedenen Ebenen, sei es des Kabinetts oder der Staatssekretäre der verschiedenen Ministerien, sei es der Abteilungsleiter oder auch der Referenten innerhalb eines Hauses, die Regeln über die Unterschriftsleistung und die bürotechnische Organisation. Unter dem Druck der Zeitnot hat sich eine Wandlung des Arbeitsrhythmus vollzogen. Während früher von der Ebene des Referenten, von dem die wesentliche Gedankenarbeit zu leisten ist, nach oben gearbeitet wurde und auf den über ihm liegenden Ebenen nur eine Koordination seiner Arbeit mit der anderer Referenten oder Abteilungen stattfand, macht sich nun ein Zug geltend, Entscheidungen weiter nach oben zu verlagern. Häufig wird nicht mehr von unten nach oben, sondern von oben nach unten gearbeitet, was in mancher Hinsicht nachteilig ist. Der Mann, der eigentlich Zeit haben sollte zum Überlegen, d. h. der Referent, muß gehetzt nach engen Anweisungen arbeiten

[48]) U. Scheuner: aaO. S. 155; seine Bemerkung, die geringe Wirksamkeit der nachträglichen Kontrolle in Groß-Britannien dürfe in erster Linie darauf zurückzuführen sein, daß das britische Unterhaus als einziges Parlament noch nicht den Weg einer Auflösung in Ausschüsse angetreten habe, dürfte wohl nur für die Zeit bis 1945 gelten. Er selbst hat die Arbeit des 1944 eingesetzten Select committee lobend erwähnt. Vergl. auch die in Anm. 47 wiedergegebenen Urteile von H. Morrison.

und das Ergebnis seiner Arbeit staut sich dann mit denen vieler anderer an gewissen Engpässen, die man in der Bürokratensprache Flaschenhälse nennt. Wird der Druck an dem Flaschenhals zu stark, dann holt man sich von außen einen Kommissar, d. h. einen nicht in den Überlieferungen des Beamtentums stehenden energischen Mann mit Sondervollmachten, um den Weg durch den Flaschenhals zu öffnen. Wenn die Regierung ein zeitlich festgelegtes Gesetzgebungsprogramm hat, ist dieser Übelstand zu vermeiden. In einigen Staaten wird ein derartiges Programm beim Antritt einer neuen Regierung verkündet. Die französischen Ministerpräsidenten pflegen es in ihrer Investiturrede zu unterbreiten und die englischen politischen Parteien warten damit sogar schon bei den Wahlen, in denen sie sich um die Regierungsgewalt bewerben, auf. Auch in der Bundesrepublik finden sich in den allgemeinen Regierungserklärungen, welche von Zeit zu Zeit abgegeben werden, gewisse Ansätze zur Entwicklung eines Gesetzgebungsprogrammes, es fehlt allerdings eine zeitliche Festlegung; die Gesetzesvorlagen werden in der Regel dem Parlament zugeleitet, wenn die Ministerien damit fertig geworden sind und das Kabinett zu diesem Zeitpunkt keine Bedenken hat, sie dem Parlament weiterzuleiten. Durch eine sorgfältige Vorausplanung ließe sich zweifellos die Zeit besser ausnützen. Es handelt sich hier aber um eine reine Frage der Arbeitsökonomie, die im wesentlichen innerhalb des Bereiches der Regierung entschieden wird.

b) Im Parlament ist die Frage der Herrschaft über die Zeit sehr viel komplizierter gelagert. Einerseits bestehen Ordnungsnormen über den Arbeitsrhythmus. Sie betreffen in erster Linie die Zahl der Lesungen. Unsere Geschäftsordnung[49]) hält an der Regel von drei Lesungen fest, von denen die erste der Entscheidung gewidmet ist, ob das Parlament sich überhaupt mit der Aufgabe befassen soll. Davon war schon vorher die Rede. In der 2. Lesung wird die Ausschußarbeit sanktioniert, während die dritte dem Plenum nur eine Überlegungsfrist gewähren soll, ehe es eine Ausschußvorlage ändert. Die drei Lesungen dürfen von der Verteilung der Drucksache ab im Laufe einer Woche absolviert werden. Diese Frist kann schon von der einfachen Mehrheit[50]) auf drei bis fünf Tage, von der Zweidrittel-Mehrheit[51]) sogar auf 2—4 Tage verkürzt werden. Wenn keine 5 Abgeordneten widersprechen, können sogar alle drei Lesungen an einem Tage stattfinden[52]). Die Mindestzeit,

---

[49]) § 77 (1).

[50]) 1. Beratung § 77 (2), 2. Beratung § 80 (1), 3. Beratung § 85 (1); Verkürzung mit einfacher Mehrheit § 93.

[51]) § 77 (2) Satz 2.

[52]) § 93 (2).

welche sich das Parlament zur Überlegung vorbehält, ist also sehr kurz und man kann ohne Übertreibung sagen, daß die dritte Lesung eigentlich schon fakultativ geworden ist. Im zeitlichen Abstand von der zweiten Lesung findet sie nur dann statt, wenn in dieser etwas an der Vorlage geändert wurde und auch wenn das geschah, kann sie unmittelbar an die zweite Lesung angeschlossen werden, so lange nicht 10 Abgeordnete widersprechen[53]). Die letzten Sitzungen des zweiten Bundestages lehrten, welch gewaltigen Stoff das Parlament durchpeitschen kann, wenn die Zeit drängt.

Im deutschen Bundestag ist zwar eine Grundlage für schnelles Handeln geschaffen, sind aber keine genügenden Vorkehrungen getroffen, um zu verhindern, daß Vorlagen und Anträge im Parlament — vor allem in den Ausschüssen — versacken. Es gibt keine Bestimmung, wie in dem Règlement der französischen Assemblée[54]), daß sich Ausschüsse nicht länger als drei Monate mit einer Sache befassen dürfen und danach ihre Beratung im Plenum verlangt werden kann. Das dürfte keine zufällige Unterlassung, sondern absichtlich geschehen sein, um nicht jedem Inhaber des Initiativrechtes — also auch der Regierung — ein Interventionsrecht gewähren und damit an der Herrschaft über die Zeit beteiligen zu müssen.

Individuell wird diese Herrschaft ausgeübt durch Aufstellung der Tagesordnung und Interventionen im Fall der Verzögerung der Arbeit. Dafür gibt es ganz verschiedene Systeme. In Großbritannien, wo die Regierung die Parlamentsarbeiten leitet, setzt sie auch die Tagesordnung fest und hat durch das sogenannte Guillotine-Verfahren ein ganz massives Mittel in der Hand, um das Parlament zur Erledigung der ihm gestellten Aufgaben anzuhalten[55]). Ähnliches gilt auch für die Schweiz trotz ihres strengen Systems der Gewaltenteilung. Hingegen ist die Festsetzung der Tagesordnung nicht nur in den Vereinigten Staaten eine Aufgabe des Parlaments, die dort durch das Rules-Committee ausgeübt wird, sondern auch in den kontinental-europäischen Parlamenten; bei uns in einer sehr behutsamen Form, indem der Ältestenrat eine Verständigung herbeiführt, welche zwar meist befolgt, formell aber erst durch Plenarbeschluß verbindlich wird. Auf den Ältestenrat hat die Regierung nach dem geschriebenen Recht keinen unmittelbaren Einfluß, was natürlich nicht ausschließt, daß der Bundeskanzler den Bundestagspräsidenten oder auch die Ver-

[53]) § 93 in Verbindung mit § 85.

[54]) Art 35 (2) in Verbindung mit Art. 29 (3).

[55]) H. Morrison: aaO. S. 325 und die S. 447 im Anhang B gegebenen praktischen Beispiele für das Guillotine-Verfahren.

treter der Koalitionsparteien im Ältestenrat zu einem väterlichen Gespräch einlädt. In Frankreich ist hingegen der Regierung in dem die Tagesordnung festsetzenden Rat der Präsidenten zunächst Sitz und dann auch Stimme eingeräumt worden[56]). Das Gremium hat eine eigenartige Struktur. Neben dem Kammerpräsidenten und den 6 Vizepräsidenten stimmen die 19 Ausschußvorsitzenden und alle Fraktionsvorsitzenden mit einem Regierungsvertreter über die Tagesordnung ab. Die Fraktionsvorsitzenden haben dabei so viel Stimmen, wie ihre Fraktionen Mitglieder haben und der Regierungsvertreter so viele Stimmen, wie Parlamentsmitglieder der Regierung angehören.

Die Regierung wird also innerhalb eines Parlamentsorgans auf dieselbe Stufe wie ein Fraktion gestellt und in ähnlicher Weise steht sie den Parlamentsausschüssen gegenüber, wenn es sich darum handelt, eine dringende Abstimmung herbeizuführen[57]). Sie ist dem Plenum als Schiedsrichter unterworfen, wenn sie sich mit dem zuständigen Ausschuß nicht einigen kann. Ich kann auf diese eigenartige Stellung der Regierung im französischen Parlament hier nicht näher eingehen, wesentlich scheint mir aber doch zu sein, daß die Regierung überhaupt an der Ausübung der Herrschaft über die Zeit beteiligt wird, während das bei uns erst geschieht, wenn das Parlament aktionsunfähig geworden ist, nämlich im Falle der Ersatzvornahme im Notstandsfalle gem. Art. 81 Grundgesetz, worüber 1949 in Heidelberg schon gesprochen wurde[58]). Wo der Regierung ein Initiativrecht zusteht, ist ihre Beteiligung an der Herrschaft über die Zeit m. E. folgerichtig. Bei der lockeren Konstruktion unseres Ältestenrates, der nur eine Verständigung herbeiführt und niemals abstimmt, wäre dafür auch durchaus Raum. Unser bisheriges System müßte hingegen verändert werden, wenn man den Ausschüssen Fristen setzen und auch der Regierung das Recht einräumen wollte, nach deren Ablauf zu intervenieren, oder wenn der Regierung auch bei sonstigen Beschleunigungen des Beratungsverfahrens ähnlich wie in Frankreich ein Antragsrecht gewährt werden sollte. Praktische Rücksichten der Arbeitsökonomie sprechen gewiß dafür, dem französischen Vorbild zu folgen, auch wenn man nicht so weit gehen will wie in England.

---

[56]) Art. 34 Abs. 3 des Règlement de l'Assemblée Nationale; dazu G. Galichon in Travail Parlementaire S. 151 f.

[57]) „Vote sans débat" gem. Art. 39 (2) des o. a. Règlement.

[58]) Bericht W. Jellinek VDStRL Bd. 8 S. 15 ff.; Mitbericht H. Schneider aaO. S. 35 ff.

(3)

Die Internationalisierung

Wie sich das Verhältnis zwischen Regierung und Parlament angesichts des Phänomens der Internationalisierung zahlreicher Gebiete der Rechtsordnung[59]) gestaltet, ist — soweit es die Bundesrepublik Deutschland betrifft — Gegenstand der Bonner Tagung gewesen und ich darf mich daher darauf beschränken, einige Arbeitsergebnisse in den Zusammenhang der hier verfolgten Thematik zu stellen und nur weniges dazu zu bemerken.

In dem Umfange, wie die internationale Ordnung auf neue Bereiche übergreift, die früher zum Gebiete der inneren Angelegenheiten der Staaten gehörten, erfolgt zunächst ein Machtzuwachs der Regierungen, sei es nun daß über die neuen Materien internationale Abkommen geschlossen werden, welche die Regierung verhandelt und mitgestaltet, um sie später dem Parlament zur Zustimmung zu unterbreiten[60]), sei

---

[59]) Dazu neuerdings meisterhaft Henri Rolin: Le rôle du Parlement et des parlementaires dans les relations internationales, Aspects S. 103 ff.; im übrigen der Bericht über die Bonner Tagung der Vereinigung mit den Referaten von W. Grewe und E. Menzel zum Thema: Die auswärtige Gewalt der Bundesrepublik. W. Grewe hat die Technik des Abschlusses von Handelsverträgen aaO. S. 153 ff. stark betont. Quantitativ scheint mir eine größere Rolle zu spielen, daß heute zahlreiche internationale Abkommen über Materien abgeschlossen werden, die früher fast ausschließlich innerstaatlich durch Gesetze geregelt wurden.

[60]) Die Zustimmung zum Abschluß oder zur Kündigung eines internationalen Abkommens unterscheidet sich nicht nur der juristischen Konstruktion nach von der Annahme oder Aufhebung eines Gesetzes. Das Parlament kann dabei nur in geringem Umfange gestaltend tätig werden, in der Regel besiegelt es nur das Ergebnis eines außerhalb seines Bereiches vorgenommenen Gestaltungsaktes. Das wirkt sich auch auf das Verfahren im Parlament aus: über den Vertragstext gibt es keine Einzelabstimmungen (§ 83 Satz 2 BT-GO; Art. 69 (1) Règlement de l'Assemblée Nationale), es können daher keine Abänderungsanträge zum Vertragstext gestellt und keine Textänderungen vorgenommen werden. § 88 Satz 4 BT-GO läßt sogar die Schlußabstimmung „über Verträge mit auswärtigen Staaten und ähnliche Verträge" wegfallen, da über sie gemäß § 83 Satz 2 schon in der 2. Beratung im ganzen abgestimmt sei. Dadurch wird allerdings nicht das Recht des Bundestages berührt, das Zustimmungsgesetz in der 3. Beratung zu ändern oder auch in der 2. Beratung an die Ausschüsse zurückzuverweisen, um z. B. die Frage zu prüfen, ob es notwendig ist, eine bis dahin geltende und dem Abkommen widersprechende Gesetzesbestimmung des deutschen Rechtes aufzuheben, oder aber ob die Bundesregierung zur Vollziehung der Ratifikation nur unter der Bedingung ermächtigt werden soll, daß sie einen nach den Bestimmungen des Abkommens zulässigen Vorbehalt gegen eine einzelne Klausel erklärt. Darin liegt eine der wenigen Gestaltungsmöglichkeiten des Parlaments bei internationalen Abkommen.

es daß der Kreis der Angelegenheiten der auswärtigen Politik, welche die Regierung allein zu behandeln zuständig ist, sich erweitert.

Das Vordringen der Parlamente bei der Kontrolle der Regierungen scheint mir eine Reaktion auf diese Entwicklung zu sein. Es vollzog sich in verschiedenen Formen: der Kreis der internationalen Abkommen, die nur mit Zustimmung der Parlamente endgültig abgeschlossen werden können, wurde erweitert. In Frankreich, den Niederlanden, Belgien und Skandinavien geschah das stärker als in der konservativen Bundesrepublik Deutschland[61]). In mehreren Ländern wurde den Parlamenten auch eingeräumt, vor der Kündigung eines Vertrages eingeschaltet zu werden[62]), was jedenfalls bei Abkommen normativen Charakters, welche das Rechtsleben in ähnlicher Weise gestalten wie Gesetze, durchaus folgerichtig ist. Allerdings bin ich nicht der Meinung des Vorredners[63]), daß nach geltendem deutschen Recht das Parlament vor der Kündigung eines Abkommens beteiligt werden müßte. Dafür ist schon die Form nicht vorgesehen. Die Ausdehnung des Zustimmungsverfahrens ist aber nicht die einzige Form, in der das Parlament den Anspruch auf Teilnahme an der Gestaltung der internationalen Ordnung geltend macht. In vielfachen Formen dringen parlamentarische Elemente — durchaus nicht gegen Wunsch und Willen der Regierungen, sondern vielfach auf ihre Einladung — in die Verhandlungsphase ein, sei es indem einzelne Parlamentarier — auch aus der Opposition — an internationalen Konferenzen als Beobachter teilnehmen[64]),

---

61) Art. 26 und 28 der französischen Verfassung vom 27. 10. 46; dazu Charles Rousseau: Le Régime actuel de conclusion des traités en France, Etudes Scelle Bd. 2 (1950) S. 665—84; J. L. de Gorail: Le rôle des chambres en matière de politique extérieur, Rev. du droit publique et de la science politique Bd. 72 (1956) S. 770 ff. Zur niederländischen und belgischen Verfassungsreform W. Grewe aaO. S. 144 ff.; J. W. Ganshof van der Meersch, Aspects S. 137 f.; E. Zimmermann: Die Neuregelung der auswärtigen Gewalt in der Verfassung der Niederlande, ZaöRV Bd. 15 S. 164 ff.; zur deutschen Entwicklung W. Grewe aaO. S. 153 ff., 162; E. Menzel aaO. 191—193; H. Mosler: Die auswärtige Gewalt im Verfassungssystem der Bundesrepublik Deutschland, Bilfinger-Festschrift. (Betr. zum ausl. öff. Recht und Völkerrecht Heft 29) S. 292 ff.; vergl. auch die aufschlußreiche Schilderung über den Widerstand des Schweizer Bundesrates gegen die Bildung einer auswärtigen Kommission bei C. Burkhard aaO. S. 32 ff.

62) Art. 28 Satz 2 der französischen Verfassung vom 27. 10. 1946; Art. 60 (d) 2 der abgeänderten niederländischen Verfassung.

63) S. o. S. 70.

64) Spektakuläre Beispiele sind Clement Attlee als Oppositionsführer auf der 1. Potsdamer Konferenz (zu den dadurch in-

sei es, daß Ausschüsse und Parlamentsfraktionen während des Laufes von Verhandlungen konsultiert werden[65]), besondere parlamentarische Beiräte für Verhandlungen bestellt werden[66]), Grundsatzdebatten im Plenum vor der Unterzeichnung von Abkommen stattfinden[67]) oder gar Abgeordnete als Mitglieder oder Leiter von Verhandlungsdelegationen auftreten[68]). Ihr Abhängigkeitsverhältnis zur Regierung ist je nach dem Auftragsverhältnis zu bestimmen. Auch wo ein solches begründet ist, wird die Regierung dem Abgeordneten gegenüber das Weisungsrecht nicht in der gleichen Form und dem gleichen Umfange ausüben können wie gegenüber einem in dauerndem Abhängigkeitsverhältnis stehenden Beamten. Im Rahmen der erteilten Verhandlungsrichtlinien wird sich der Parlamentarier freier bewegen können[69]).

Der auch in Bonn behandelte parlamentarische Beirat für handelspolitische Vereinbarungen[70]) scheint mir ein Musterbei-

---

nerhalb seiner Partei aufgetretenen Divergenzen vergl. H. Morrison aaO. S. 183) und Carlo Schmid auf der Moskauer Konferenz von 1956.

[65]) Das geschah bei allen großen Vertragswerken, an denen die Bundesrepublik in den letzten Jahren teilnahm.

[66]) z. B. bei den Verhandlungen über den Bonner Vertrag und über die Saar.

[67]) So in der französischen Assemblée Nationale vor der Unterzeichnung des Abkommens über den Gemeinsamen Markt.

[68]) So der Abgeordnete Th. Blank bei den Verhandlungen über die europäische Verteidigungsgemeinschaft. Zahlreiche Beispiele vor allem aus der französischen und amerikanischen Praxis liefern die Delegationen bei den Friedensvertragsverhandlungen nach dem 1. und 2. Weltkriege und die Delegationen beim Völkerbund, den Vereinigten Nationen und ihren Spezialorganisationen. Deutschland ist in dieser Hinsicht lange zurückhaltend gewesen, hat sich aber in den letzten Jahren dem allgemeinen Brauch angeschlossen.

[69]) Anderer Ansicht H. Mosler aaO. S. 296. Die hier vertretene Auffassung stützt sich darauf, daß die Regierung dem Abgeordneten größere Freiheit zugestehen muß, wenn sie sich des Ansehens und der besonderen Beziehungen eines Abgeordneten zur öffentlichen Meinung bedienen will, um einer Verhandlungsdelegation auf der internationalen Ebene und sich selbst im parlamentarischen Zustimmungsverfahren die Arbeit zu erleichtern. Der Einzelauftrag bindet den Abgeordneten weniger stark als das auf Dauer berechnete Dienstverhältnis. Das dürfte auch Konsequenzen für die Verpflichtungen des Abgeordneten gegenüber der Regierung bei der literarischen Verwertung seiner Verhandlungserfahrungen haben. Trotz der Verpflichtung zur Wahrung des Verhandlungsgeheimnisses dürfte eine Pflicht zur Vorlage von Veröffentlichungen bei der auftraggebenden Regierung nicht ohne weiteres zu bejahen sein.

[70]) Referat W. Grewe aaO. S. 156; vergl. auch H. Mosler aaO. S. 297.

spiel für die neuartige Zusammenarbeit von Regierung und Parlament auf diesem Gebiete zu sein, nicht nur wegen der durchaus neuartigen Grundlage seiner Existenz, sondern wegen seiner Arbeitsweise: ohne Beschlußfunktionen bietet dieses locker organisierte Gremium[71]) den beteiligten Verfassungsorganen — Bundestag, Bundesrat und Regierung — die Gelegenheit, die gegenseitige Haltung abzutasten, damit eine gemeinsame Grundlage des Verständnisses und des Vertrauens zu schaffen und gleichzeitig einen akuten Streit über Zuständigkeiten auf homöopathischem Wege zu eliminieren.

Nach der Unterzeichnung der Abkommen durch die Regierung sucht das Parlament noch Einfluß auf ihre Gestaltung zu nehmen durch Entschließungen, in denen es verlangt, die Regierung solle bei der Ratifikation Vorbehalte erklären[72]) oder sich später bei der Durchführung in bestimmter Weise verhalten. Wenn im allgemeinen die Regierung durch diese Entschließungen auch nur politisch als gebunden anzusehen sein wird[73]), so kann in ihnen doch auch die Ausübung eines dem Parlamente rechtlich zustehenden Kontrollrechtes liegen. Ich darf als Beispiel die Entschließung anläßlich der Zustim-

---

[71]) Die neun parlamentarischen Mitglieder werden zwar dem Ausschuß Nr. 23 (Numerierung der 2. Sitzungsperiode) für Außenhandelsfragen entnommen, handeln aber nicht für diesen; er ist auch kein offizieller Unterausschuß und erscheint auch daher nicht in den Ausschußverzeichnissen. Grundlage seiner Tätigkeit sind die „Vereinbarungen über das Zusammenwirken von Bundestag und Bundesregierung in Außenhandelsfragen“ BT-Drucksache Nr. 1207/49 Ziff 2, denen der Bundestag in seiner 81. Sitzung vom 21. 7. 50 (Stenoprot. S. 3047 C), der Bundesrat in der 35. Sitzung vom 22. 9. 50 (BR-Drucksache Nr. 756/50) zugestimmt haben. Er soll danach als Bindeglied „dafür sorgen, daß die grundsätzliche Verantwortung des Parlamentes für die Gestaltung der allgemeinen politischen und wirtschaftlichen Geschehnisse auch auf dem Gebiet der Außenhandelspolitik zur Auswirkung kommt“. Der seit über 7 Jahren bestehende Ausschuß arbeitet auf der Grundlage, daß seine Mitglieder nicht zu dirigieren versuchen, sondern sich darauf beschränken, den Regierungsunterhändlern Anhaltspunkte zu geben, welche Haltung die Ausschüsse, vor welche das Abkommen einmal kommen kann, bei einer formellen Behandlung wohl einnehmen werden; die vor und während des Laufes der Verhandlungen gegebenen Informationen werden dazu benützt, den Parlamentsausschüssen den Sinn und Lauf der Verhandlungen klar zu machen. Die Protokolle des Ausschusses sind vertraulich.

[72]) Vergl. den Bericht des Verfassers: Die europäische Menschenrechtskonvention vor den nationalen Parlamenten, ZaöRV Bd. 17 (1956) S. 102.

[73]) Übereinstimmend H. Mosler aaO. S. 294; in der Tendenz auch W. Grewe aaO. S. 138; abweichend E. Menzel aaO. S. 195 ff.

mung zu den Abkommen über den Gemeinsamen Markt und die Europäische Atomgemeinschaft nennen[74]).

Die stärkste Form der Teilnahme parlamentarischer Elemente an der Gestaltung der internationalen Ordnung dürfte in der Mitwirkung an den ständigen Beratenden Versammlungen der europäischen Organisationen, insbesondere des Europarates, liegen. Ein großer Teil der im Rahmen des Europarates zustande gekommenen Konventionen entstammt nicht nur der Initiative von Abgeordneten der Beratenden Versammlung, sondern ist von ihnen auch weitgehend mitgestaltet worden[75]). Es scheint mir weder politisch noch verfassungsrechtlich zulässig, diesen Abgeordneten das Recht zu versagen, das Ergebnis ihrer Arbeit auf die nationale Ebene zu projizieren und — abweichend von dem sonst geltenden Recht — selbst Zustimmungsgesetze zu diesen Abkommen einzubringen, ohne daß darin ein Eingriff in den Bereich der Regierung gesehen werden könnte[76]). Indem die Regierung der internationalen Organisation beitrat und die Grundlage für die Tätigkeit parlamentarischer Vertreter in ihren Gremien schuf, gab sie ihre ausschließliche Dispositionsfreiheit über auswärtige Angelegenheiten insoweit preis.

Sobald in der Zukunft die parlamentarischen Gremien auf europäischer Ebene Beschlußfunktionen erhalten, werden für das Verhältnis zwischen Parlament und Regierung auf der nationalen Ebene neue Probleme auftreten. Eine unmittelbare Verzahnung zwischen der Arbeit der europäischen parlamentarischen Institutionen und den nationalen Parlamenten wird vorgenommen werden müssen und es wird dabei kaum zu vermeiden sein, daß die Zuständigkeiten der nationalen Regie-

---

[74]) Art. 2 des Ges. zu den Verträgen vom 25. 3. 1957 zur Gründung der Europäischen Wirtschaftsgemeinschaft und der Europäischen Atomgemeinschaft vom 27. Juli 1957 (BGBl. II S. 753).

[75]) Vergl. den Bericht des Verfassers: Die Entstehung der europäischen Menschenrechtskonvention, ZaöRV Bd. 15 (1954) S. 631—660.

[76]) A. A. H. Mosler aaO. S. 289 f., 293 unter Berufung auf „die Konzentration der politischen auswärtigen Gewalt bei der Bundesregierung“ und das Dispositionsrecht der Regierung über auswärtige Angelegenheiten. Da sie dieses Dispositionsrecht bei dem Abschluß multilateraler Abkommen in internationalen Organisationen mit parlamentarischen Versammlungen auf der internationalen Ebene nicht einschränkungslos besitzt, kann es ihr m. E. auch bei der parlamentarischen Behandlung auf der nationalen Ebene nicht ausschließlich zustehen. Ich möchte allerdings annehmen, daß die Regierung auch in diesen Fällen frei zu entscheiden hat, ob und wann sie die zwischenstaatliche Ratifikation vollzieht.

rungen abgebaut werden[77]). Damit haben wir jedoch schon einen Blick in eine Zukunft getan, die jetzt noch nicht klar überschaubar ist.

(4)
Gewichtsverteilung zwischen Regierung und Parlament

Aber kehren wir zurück zu dem Verhältnis von Parlament und Regierung im souveränen Staat, wie er jetzt noch besteht.

Walter Lippmann[78]) hat unlängst die Funktionsaufteilung der beiden Verfassungsorgane im modernen Staat mit einem Anspruch auf Allgemeingültigkeit zu zeichnen versucht und dabei der Exekutive allein und ausschließlich die Rolle zuerkannt, aktiv handelnd vorzuschlagen und zu fordern, während es dem Parlamente nur zukomme, das Vorgeschlagene zu bewilligen oder abzulehnen, die Regierungshandlungen zu billigen oder zu kritisieren und allenfalls in Entschließungen gewisse Handlungen von ihr zu fordern. Von einer eigenen gestaltenden Funktion des Parlaments ist bei ihm nicht die Rede, er will sie vielmehr ausschließen und spricht mit Bitterkeit von seinen unzulässigen Übergriffen in den Bereich der anderen Gewalt. Aus Verteidigern der Freiheitsrechte seien die Parlamente zu Oligarchien geworden, die von einem Herrschaftswahn besessen seien und die Sicherheit, Zahlungsfähigkeit und Freiheit des Staates bedrohten.

Dieses Bild ist zweifellos an der englischen Verfassungswirklichkeit des Vorkrieges als Ideal orientiert und hat seine polemische Zuspitzung aus der Kritik an gewissen amerikanischen Zuständen erhalten. Hingegen hat der Blick auf das Zusammenspiel von Regierung und Parlament unter dem Einfluß der modernen Zeittendenzen gezeigt, daß es die Regierung zwar leichter hat, ihre aktive Rolle in diesem Verhältnis zu spielen und zu entwickeln, daß aber doch Mittel und Wege gefunden wurden, um es auch den Parlamenten zu ermöglichen, auf dem Gebiete der Gesetzgebung die ihnen nach den kontinentaleuropäischen Verfassungsordnungen zukommende aktive Funktion bei der Gestaltung der Lebensordnung zu erfüllen.

Die Bereitschaft, diese Funktion wahrzunehmen, läßt sich auch daran ablesen, in welcher Weise im Parlamente von dem

---

[77]) Vergl. den Plan des engl. Labour-Abgeordneten Mackay: Motion recommending the investment of the Council of Europe with legislative and executive powers, proposed by Mssrs. Mackay, Schumann, Mollet and others. Document AS (2) 19 der 2. Sitzungsperiode des Europarates.

[78]) Essays in the public philosophy, Boston 1955 S. 30, 54.

Rechte Gebrauch gemacht wird, Gesetzesanträge einzubringen und an der Formulierung der von den Regierungen eingebrachten Vorlagen mitzuwirken.

Während beides im englischen Unterhaus wegen der starken Führungsrolle der Regierung kaum geschieht[79]), und auch in der Schweiz wegen der kurzen Sitzungsperioden nur in ganz beschränktem Umfange[80]), weisen die im steigenden Maße aus Berufsparlamentariern bestehenden Parlamente des europäischen Kontinents eine stärkere Aktivität auf. Im zweiten Bundestage sind fast ebenso viel Gesetzentwürfe aus der Mitte des Parlamentes eingebracht worden, wie ihm von der Regierung vorgelegt wurden[81]). Dabei ist freilich die Art dieser Anträge zu berücksichtigen. Es gibt Initiativanträge der Regierungsparteien, die eigentlich von der Regierung stammen, aber nur deswegen im Bundestage eingebracht werden, um den Umweg über den Bundesrat zu sparen; es finden sich gemeinsam mit der Opposition eingebrachte Anträge, um einem Gesetzesvorhaben eine breite Mehrheit zu sichern; dann Initiativentwürfe von eigenwilligen Mitgliedern der Regierungsfraktionen, die durch sie eine persönliche Auffassung durchsetzen wollen (ich erinnere an das Kartellgesetz); dann Initiativentwürfe von Mitgliedern der kleineren Koalitionsparteien, um Wahlversprechen einzuhalten, deren Erfüllung sie im Kabinett nicht durchzusetzen vermochten. Schließlich die Initiativentwürfe der Opposition, manchmal sorgsam ausgearbeitet, manchmal aber auch nur hingeworfen, um die Regierung zu einem Gegenentwurf zu zwingen. Die Opposition kann dadurch positiv an der Gesetzgebungsarbeit teilnehmen und sich davor retten, immer nur Nein sagen zu müssen. Eine geschickte Opposition, welche die Zeichen der Zeit erkannt hat, vermag der Regierung das Gesetzgebungsprogramm aus der Hand zu nehmen und ihr die Führungsrolle im Parlament zu entwinden, obwohl die Regierung keine einzige Abstimmung verliert. Nach deutschem Recht sind alle Formen der geschilderten Initiativanträge zulässig, verfassungspolitisch sind

---

[79]) H. Morrison: aaO. Abschnitt XI: Das Gesetzgebungsprogramm, S. 292 bis 320, insbes. 304 f.; Ernest Davies: The role of private members bills, The Political Quarterly Bd. 28 (1957) S. 32.

[80]) K. Eichenberger aaO. S. 155; für Belgien vergl. Ganshof van der Meersch, Aspect S. 130: „Il souffre, désemparé du manque d'experts et de sécrétariat et, d' autre part, d'une certaine insuffisance d'information."

[81]) Vergl. die alle 14 Tage im Bundesanzeiger erscheinenden Übersichten über die Bundesgesetzgebung.

allenfalls Bedenken gegen die den Abgeordneten in die Tasche gesteckten Regierungsentwürfe anzumelden.

Auch bei der Formulierungsarbeit ist jedenfalls im Bundestag eine starke Aktivität des Parlaments festzustellen. Sie findet ihre Grundlage darin, daß der Inhaber des Initiativrechtes keinen Einfluß darauf hat, was aus seinen Formulierungen wird und noch nicht einmal verlangen kann, daß in der zweiten oder dritten Lesung darüber abgestimmt wird, ob seine oder die vom Ausschuß gewählte Formulierung der Abstimmung zugrunde gelegt wird[82]). Viele Regierungsvorlagen kommen aus dem Bundestag, die völlig umgebaut wurden. Aufbau, Systematik, Begriffsbildung, Sprache — alles macht das Parlament neu. Nicht immer, weil das Parlament sachlich etwas gegen den Regierungsentwurf hätte, sondern häufig aus dem Grunde, weil es der Bürokratie, von der der Entwurf stammt, keine ihm gegenüber loyale Formulierung zutraut, weil es sich vor Fußangeln fürchtet, in denen es sich fangen könnte. Daraus, in welchem Umfange das Parlament neu formuliert, läßt sich ablesen, in welchem Maße zwischen Parlament und Regierung ein Vertrauensverhältnis herrscht, jedoch nicht, wie die Macht zwischen ihnen verteilt ist; dasselbe gilt mutatis mutandis auch für die Ausübung des Initiativrechtes. Sonst gelangte man zu dem Ergebnis, daß unser Parlament mächtiger wäre, als die aller anderen Staaten mit parlamentarischem Regierungssystem, dann würden die Parlamente der romanischen Länder des Kontinents folgen, während Großbritannien im Dämmer parlamentarischer Ohnmacht läge. In Wahrheit dürfte das Verhältnis eher umgekehrt sein.

Bei der Ausübung der Gesetzgebungshoheit ist im modernen Verwaltungsstaat neben die Regierung und das Parlament ein drittes Element — ich vermeide es absichtlich, von einer dritten Gewalt zu sprechen — getreten, das zwar der Regierung zur Verfügung steht, aber doch kaum als ihr Bestandteil oder Anhängsel zutreffend charakterisiert wäre; die Bürokratie, eine permanente Hierarchie, deren Existenz von der jeweils am Ruder befindlichen Regierung unabhängig ist, sie überdauert und eine eigene auf der Sach- und Fachkenntnis beruhende Mentalität entwickelt hat. Ihre Bedeutung ergibt sich schon daraus, daß es der Regierung nur mit ihrer Hilfe gelang, der spezifischen Tendenzen der modernen Zeit zur Speziali-

---

[82]) So Art. 73 des Règlement de l'Assemblée Nationale. In den Ausschußberichten des Deutschen Bundestages an das Plenum werden allerdings häufig die ursprünglich von der Bundesregierung vorgelegten Fassungen den in den Ausschußsitzungen erarbeiteten Fassungen gegenübergestellt.

sierung und zur Beschleunigung des Arbeitsprozesses Herr zu werden.

Das Parlament, das eine derartige Stütze nicht besitzt, und nicht besitzen kann, wenn es nicht nur seine Struktur, sondern auch seine Funktion bewahren will, lebt in einem dauernden Zustande des Mißtrauens gegen diese Hierarchie, für die wir zahlreiche Beispiele in den nicht immer legitimen Versuchen haben, sie unter Kontrolle zu bringen[83]). Angesichts dieser Situation, die sich nicht nur in Deutschland findet, die sich hier aber angesichts eines ausgesprochen rückgewandten Beamtenrechts besonders stark ausprägte, ist es von entscheidender Bedeutung, in welcher Weise die Regierung im engeren Sinne, d. h. das Kabinett zum Parlament hin orientiert und mit ihm verzahnt ist. Das ist nur teilweise eine Frage des Verfassungsrechts.

Zunächst spielt ein Rolle, ob die Regierungsmitglieder dem Parlament entnommen werden müssen oder doch üblicherweise entnommen werden und wohin sie sich dann gehörig fühlen: zum Parlament oder zur Bürokratie. Dafür ist natürlich nicht nur die Form der Ministerbestellung maßgebend, sondern auch persönliche Faktoren[84]). Ferner ist wichtig, ob ein Minister in seiner Arbeit ganz auf Beamte angewiesen ist, die ihm womöglich sogar den persönlichen Referenten unter dem Gesichtspunkt auswählen, ihn auf einen ressortgemäßen Stil festzulegen, oder ob er in seiner Eigenschaft als Politiker über eigene Hilfskräfte verfügt, die nicht in die Hierarchie des Ministeriums eingegliedert sind. Die französische Praxis hat daher die Einrichtung der Ministerkabinette entwickelt.

Für das Wirken im Parlament ist eine andere Einrichtung noch wichtiger, deren sich nicht nur Großbritannien und einige Länder des Kontinents, sondern seit einigen Jahren auch ein deutsches Land[85]) bedienen: die parlamentarischen Staatssekretäre, die parlamentarischen Vertreter der Minister oder wie die Bezeichnung immer lautet; sie mögen auch Staatsminister genannt werden, um die Vorstellung zu bannen, das Amt des berufsmäßigen Staatssekretärs solle politisiert werden. Unter einem parlamentarischen Staatssekretär wird hier wie in England[86]) ein dem Minister beigegebener und nicht in

---

[83]) Beisp. bei W. Grewe: aaO. S. 139.

[84]) Ein Minister, der aus der Beamtenkarriere kommt, kann trotz jahrzehntelanger parlamentarischer Erfahrung in seiner Mentalität durch die Bürokratie geprägt bleiben.

[85]) In Schleswig-Holstein sind den Ministern, die nicht gleichzeitig Landtagsabgeordnete sind, parlamentarische Vertreter beigegeben.

[86]) H. Morrison: aaO. S. 79, 85 f., 88 ff.; zur allgemeinen Problematik Wigny in Aspects S. 24.

die Hierarchie des Ministeriums engegliederter Parlamentarier verstanden, der neben dem beamteten Staatssekretär steht und ihm und den ihm unterstellten Beamten gegenüber keine Weisungsbefugnisse hat. Er hat den Minister bei der Vertretung im Parlament zu unterstützen und seine parlamentarischen Kollegen in der Sprache und Denkart des Parlamentariers, die sich im politischen Kampf und nicht in der Atmosphäre des Beamtentums gebildet hat, vor allem in den Ausschüssen klar zu machen, was die Regierung mit einer vorgeschlagenen Gesetzgebungsmaßnahme beabsichtigt und warum sie dabei die Form wählt, in der sie diese dem Parlament vorlegt. Er hat also die Kluft des Argwohns zwischen Parlament und Bürokratie zu überbrücken und natürlich auch im Ministerium selbst die Aufgabe, den Beamten gegenüber als Interpret des Parlaments zu wirken und ihnen klar zu machen, daß sie nicht alles in die Gesetze hinein schreiben können, was sie vielleicht aus systematischen Gründen für notwendig halten mögen, was aber im Parlament kein Verständnis findet, sondern sogar Argwohn erregen kann. Seine Vermittler-Rolle erfüllt er nicht zwischen zwei Interessengruppen, sondern zwischen zwei untereinander grundverschiedenen Denk- und Sehweisen, die seinerzeit von Max Weber[87]) sehr prägnant herausgearbeitet wurden und die hier nur durch ein Wort gekennzeichnet seien, das einmal ein Abgeordneter in einem Ausschuß einem Beamten gegenüber gebraucht haben soll: „Ich werde mich auch durch Ihren höheren Sachverstand nicht von der Richtigkeit meiner Ansicht abbringen lassen.“ Zweck-

[87]) aaO. S. 50 f.: „Es ist, wie gesagt, nicht Sache des Beamten, nach seinen eigenen Überzeugungen mitkämpfend in den politischen Streit einzutreten und, in diesem Sinn „Politik zu treiben“, die immer Kampf ist. Sein Stolz ist es im Gegenteil, die Unparteilichkeit zu hüten und also seine eigenen Neigungen und Meinungen überwinden zu können, um gewissenhaft und sinnvoll durchzuführen, was allgemeine Vorschrift oder besondere Anweisung von ihm verlangen, auch und gerade dann, wenn sie seinen eigenen politischen Auffassungen nicht entsprechen. Die Leitung der Beamtenschaft, welche ihr die Aufgabe zuweist, hat dagegen selbstverständlich fortwährend politische — machtpolitische und kulturpolitische — Probleme zu lösen. Sie darin zu kontrollieren, ist die erste grundlegende Aufgabe des Parlaments. Und nicht nur die den höchstgestellten Zentralinstanzen zugewiesenen Aufgaben, sondern jede einzelne noch so rein technische Frage in den Unterinstanzen kann politisch wichtig und die Art ihrer Lösung durch politische Gesichtspunkte bestimmt werden. Politiker müssen der Beamtenherrschaft das Gegengewicht geben. Dagegen aber wehrt sich das Machtinteresse der leitenden Instanzen einer reinen Beamtenherrschaft, welche stets der Neigung zu möglichst unkontrollierter Freiheit und vor allem zur Monopolisierung der Ministerstellen für das Beamtenavancement nachgehen werden ...“.

mäßigerweise sucht der Minister sich seinen parlamentarischen Gehilfen unter den jüngeren Parlamentariern aus, die auf diese Weise eine wertvolle Vorschule zum Ministeramt durchmachen. Es wäre ideal, wenn er nicht in die Koalitions-, Religions-, Regional- und Sozialarithmetik einbezogen würde, um zwischen dem Minister und ihm keine Spannungen entstehen zu lassen, doch das ist kaum zu hoffen. Ich bin deswegen im Gegensatz zu Eschenburg[88]) der Auffassung, daß es heute — wenige Tage vor der Regierungsbildung — keineswegs zu spät ist, diese Einrichtung bei uns einzuführen. Je später sie kommt, desto weniger wird das Amt koalitionsmäßig ausgehandelt.

Die Einrichtung ist im Parlamentarischen Rat auf Anregung von Carlo Schmid diskutiert worden[89]) und man war sich darüber einig, daß nichts im Wege stehe, sie einzuführen. Man hat jedoch davon abgesehen, sie im Grundgesetz ausdrücklich zu erwähnen, da es der Praxis überlassen bleiben sollte, ob sich die Bundesregierung ihrer bedienen wolle[90]). Vor wenigen Tagen verlautete, das solle nun geschehen.

Mehrere Argumente pflegen gegen die Einrichtung vorgebracht zu werden:

1. unter den Parlamentariern von heute gebe es keine Menschen für dieses Amt; es verleiht jedoch dem Amt des Parlamentariers einen neuen Anreiz und es ist durchaus nicht ausgeschlossen, daß sich die Fähigen um einen Sitz im Parlament bewerben werden, um auf diese Weise in den Kreis der politischen Elite aufzusteigen und ministrabel zu werden.
2. Die Beamten würden dem parlamentarischen Staatssekretär nicht die notwendigen Informationen geben und damit die Voraussetzungen für eine sinnvolle Arbeit zerstören. Ob das eintritt, wird davon abhängen, welche Unterstützung der Minister dem jungen Parlamentarier gewährt.

---

[88]) „Wozu Zweitminister? — Antwort auf einen Vorschlag Adenauers." Die Zeit vom 3. 10. 1957.

[89]) In der 7. Sitzung des Organisationsausschusses des Parlamentarischen Rates vom 29. 9. 1948 wurde ein Antrag des Abgeordneten de Chapeaurouge (CDU) angenommen, eine Bestimmung einzufügen: „Dem Bundeskanzler und den Bundesministern können beamtete und politische Staatssekretäre beigegeben werden. Sie sind nicht Mitglieder der Bundesregierung."

[90]) Der Hauptausschuß hat in seiner 3. Sitzung am 16. 11. 1948 die in Anm. 89 wiedergegebene Formulierung gestrichen, weil der Begriff des politischen Staatssekretärs nicht klar umrissen sei und eine Regelung der Bundesregierung oder einem Bundesgesetz überlassen werden solle. Vgl. die Ausführungen des Abgeordneten Th. Dehler.

3. Er werde in dauerndem Streit mit dem ständigen Staatssekretär leben. Wenn dadurch die Auseinandersetzungen zwischen dem Parlament als solchem und der Bürokratie vermindert würden, wäre die Einrichtung schon gerechtfertigt.
4. Sobald der parlamentarische Staatssekretär sein Amt antrete, wechsle er in das Lager der Regierung über und finde daher bei den parlamentarischen Kollegen nicht mehr den nötigen Widerhall. Dieselbe Erfahrung sei bei den Bundesministern für besondere Aufgaben gemacht worden, welche die Verbindung zwischen den Fraktionen stärken sollten, aber keinen Erfolg gehabt hätten.

Dieser letzte Einwand — der stärkste von allen — fußt auf einem tiefen Pessimismus hinsichtlich der Möglichkeit, das Verhältnis zwischen Regierung und Parlament in Deutschland zu ändern. Aber wäre diesem Pessimismus nicht doch entgegenzuhalten, der Versuch des Jahres 1953 sei isoliert unternommen worden und auch die Einrichtung des parlamentarischen Vertreters des Ministers oder Staatsministers werde sich nur durchsetzen, wenn sie von anderen Maßnahmen begleitet sei, um die Regierung zum Parlament hin zu orientieren und aus den Verstrickungen der Bürokratie zu lösen? Zu diesen Maßnahmen gehört z. B. die Wahl des Adressaten für wichtige politische Erklärungen. In Großbritannien besteht die Arbeit der Pressereferenten der Minister darin, diese daran zu hindern, anderswo als vor dem Parlament wichtige und grundsätzliche Erklärungen abzugeben. Bei uns hat sich dieser Stil noch nicht ganz durchgesetzt, sondern es wird immer wieder beanstandet, daß Regierungsmitglieder das Forum für ihre Erklärungen gern außerhalb des Parlaments suchen.

Was hier unter Orientierung zum Parlament hin verstanden wird, kann vielleicht am sinnfälligsten erklärt werden durch ein Symbol für das Verhältnis zwischen den beiden Verfassungsorganen. Ich meine die Sitzordnung, in der die Regierungsmitglieder ihre Diskussionen mit den Parlamentariern führen. Schon 1917 bemerkte Max Weber[91]), man habe jahrzehntelang darüber gespottet, daß die deutschen Parlamente und ihre Parteien in den Regierungen immer eine Art von natürlichem Feind sähen; das ist aber nicht erstaunlich, wenn die Regierungsmitglieder mit den Beamten im Rücken aus luftiger Höhe auf die Abgeordneten herabschauen. Die Frage, wohin die Regierungsmitglieder im Sitzungssaal des Parlamentes gehören — oben auf ihre hohe Tribüne, auf eine

[91]) aaO. S. 46.

Bank in gleicher Höhe wie die ersten Reihen der Abgeordneten, aber diesen gegenüber oder in die ersten Reihen der Koalitionsfraktionen selbst — ist in den letzten Tagen des zweiten Bundestages wieder aufgegriffen worden. Das Parlament selbst wird über sie zu entscheiden haben; aber es wird jedenfalls aufschlußreich dafür sein, welche Stellung sich die Regierung dem Parlament gegenüber wünscht, wie sie sich selbst bei den kommenden Erörterungen über die Sitzordnung verhält. Und damit scheint mir der Kern des Verhältnisses von Regierung und Parlament überhaupt berührt: es ist eine Frage des politischen Stils und der eigenen Willensentscheidung der Regierung, wo sie sich selbst sieht: vor dem Beamtenapparat oder im Parlament. Davon hängt weitgehend die Führungsrolle der Regierung im Parlamente ab und damit auch die Macht, welche das Parlament im Leben eines Staates auszuüben in der Lage ist.

Leitsätze des Mitberichterstatters über: Parlament und Regierung im modernen Staat

Jeder moderne Staat hat mit den tatsächlichen Entwicklungen der Gegenwart fertig zu werden. Die Vermehrung der Staatsaufgaben, der Zerfall der natürlichen Lebenseinheit in geschiedene Spezialgebiete, die Hast der Zeit und die Internationalisierung zahlreicher Lebensgebiete beeinflussen die Stellung von Regierung und Parlament in der freiheitlichen Demokratie und auch ihr Verhältnis zueinander, ganz gleich wie diese verfassungsmäßig oder durch ungeschriebene Normen geregelt sind. Das gilt auch für die Wahrnehmung von Gesetzgebungsaufgaben durch sie.

Die genannten Zeitströmungen stärken die Macht der Regierungen und der hinter ihr stehenden Apparate, die unbeschränkt ergänzbar, minutiöser Spezialisierung fähig und rasch zu handeln in der Lage sind. Das Parlament — eine Körperschaft mit einer großen Zahl gleichgeordneter Mitglieder ohne hierarchische Gliederung — hat es hingegen schwerer, den Zeitströmungen gerecht zu werden und dennoch seine Rolle als zentraler politischer Gestaltungsinstanz und als Gegengewicht zu Regierung und Bürokratie zu behaupten.

1. *Die Vermehrung der Staatsaufgaben stellt die Regierung vor organisatorische Probleme. Das Parlament hat durch sie und die dadurch bedingte Spezialisierung seine Struktur gewandelt. Es konnte seiner Aufgaben nur Herr werden, indem es sich aufspaltete. Der Arbeitsteilung im Parlament sind jedoch Grenzen gesetzt. Sie hat in vielen von ihnen schon einen bedenklichen Umfang erreicht (Herrschaft der Ausschüsse). Organisation und Befugnisse der Ausschüsse und ihrer Stäbe sind nicht nur im Hinblick auf ihre Arbeitsfähigkeit, sondern auch unter dem Gesichtspunkte, daß die Einheit des Gesamtparlaments unter allen Umständen gewahrt bleiben muß, zu betrachten. Denn der politische Interessenausgleich kann nur vom Gesamtparlament in der Öffentlichkeit vollzogen werden, niemals aber von einem Ausschuß unter fachlich-sachlichen Gesichtspunkten.*

Die Organisation des Parlamentes, seiner Organe und Hilfsdienste werden weitgehend mit dem Ziel gestaltet, den Abgeordneten genau so sachverständig zu machen wie den Funktionär der Exekutive. Dieser Wettlauf ist nicht nur aussichtslos, sondern entspricht auch nicht den Aufgaben des Parlaments. Es ist wichtig, dem Abgeordneten eigene Informationsquellen zu erschließen und ihn von der Materialsuche und von allen seiner Aufgabe fremden technischen Arbeiten zu entlasten, doch kann es ihm nicht abgenommen werden, daß er selbst — und zwar als Politiker, nicht als Sachverständiger — entscheidet.

Um den Druck der Arbeitslast auf das Parlament zu mindern, haben viele Staaten den Ausweg beschritten, Gesetzgebungsaufgaben aus dem Parlament heraus zu verlagern. Soweit dies unter Aufweichung des Gesetzesbegriffes geschieht, sind dagegen schwere Bedenken anzumelden; aber auch sonst kann dieser Weg ohne Minderung der Macht und des Ansehens des Parlaments nur beschritten werden, wenn die substanzielle Entscheidungsbefugnis bei dem Parlament verbleibt und dieses mindestens eine wirksame Kontrolle darüber ausübt, wie sein Auftrag erfüllt wird.

2. *Das Zeitproblem ist auf der Regierungsseite eine Frage der rechtzeitigen Planung des Gesetzgebungsprogramms und einer guten Arbeitsökonomie. Im Parlament ist der Arbeitsrythmus durch die Bestimmungen über die Zahl der Lesungen, Fristen und Redezeiten festgelegt. In diesem Rahmen ist die Herrschaft über die Zeit bestimmten Organen zugewiesen (Aufstellung der Tagesordnung, Fristverkürzungen, dringliche Vorlagen). Es geht eine Tendenz dahin, jeden Inhaber des Initiativrechts an der Herrschaft über die Zeit zu beteiligen.*

3. *Die zunehmende Internationalisierung der Ordnung zahlreicher Lebensgebiete hat es notwendig gemacht, neue Formen der parlamentarischen Beteiligung am Abschluß internationaler Verträge zu entwickeln (Unterwerfung weiterer Vertragstypen unter den Zustimmungszwang, Ausdehnung des Zustimmungserfordernisses auch auf die Kündigung, Einräumung eines parlamentarischen Initiativrechts in gewissen Fällen, Beteiligung parlamentarischer Elemente an der Verhandlungsphase). Darin liegt kein Einbruch in den Bereich der Regierung, sondern eine folgerichtige Konsequenz aus dem Übergreifen der internationalen Ordnung auf Gebiete, die bisher innerstaatlich geregelt waren.*

4. Die G e w i c h t s v e r t e i l u n g *zwischen Regierung und Parlament hängt nicht nur davon ab, ob und in welcher Weise die Regierung dem Parlament verantwortlich ist, wie die Zuständigkeiten zur Gesetzgebungsinitiative und im Gesetzgebungsverfahren geregelt sind und ausgeübt werden können, sondern weitgehend davon, wie die Regierung im engeren Sinne (d. h. das Kabinett) im Raume zwischen Parlament und Funktionärskörper eingebettet ist. Es gibt Methoden, den Minister in seiner Funktion als leitender Politiker von dem ihm unterstehenden Beamtenapparat abzuheben (Ministerkabinette) und die Verbindung zwischen ihm und dem Parlament enger zu gestalten (parlamentarische Staatssekretäre); weitgehend ist es aber eine Frage des politischen Stils und der eigenen Willensentscheidung der Regierung, wohin sie sich selber stellt: vor den Beamtenapparat oder in das Parlament; symbolisch dafür ist, wo sie sich im Parlament hinsetzt. Von dieser Orientierung der Regierung hängt es ab, ob sie im Parlament eine Führungsrolle auszuüben vermag und schließlich auch, welche Macht das Parlament als solches innehat.*

3. Aussprache über: Parlament und Regierung im modernen Staat

Ipsen-Hamburg:

Wenn ich als erster spreche, so folge ich damit einer Aufforderung unseres Präsidenten, mögliche Ansatzpunkte zur Aussprache zu bezeichnen.

Das Thema, das unseren beiden Referenten gestellt war, zeichnete sich einmal durch seine besondere Weite aus, ferner — abgesehen noch von dem Wörtchen „und" und dem, was darin steckt — durch seine mangelnde Präzision, endlich durch eine eigenartige Aktualität, wenn ich nämlich daran denke, daß wir vor acht Jahren, vor zwei Wahlperioden des Bundestages am Beginn des Grundgesetzes, mit unserem Heidelberger Thema zum Regierungssystem den ersten Akt gespielt haben, dem heute mit unserem Thema der zweite Akt folgt. So gesehen, hätte die Behandlung des Themas von vornherein schon durch eine gewisse Blickrichtung bestimmt werden können.

Aber bevor ich auf die Möglichkeiten, das Thema anzugreifen, eingehe und zu kennzeichnen versuche, wie die beiden Referenten es erörterten, möchte ich etwas sagen zu der Methode, die mir in den beiden Referaten durchzuklingen schien. Sicherlich hat es, wenn ich zunächst von Herrn Friesenhahn spreche, ihm mancherlei Selbstverzicht und Bescheidung gekostet, auch Dinge vorzutragen, die in unserem Kreise wohl nicht problematisch sind, sondern Schilderung des gewordenen Befundes darstellen. Herr Friesenhahn hat, z. T. rechtsvergleichend ausholend, in seinem Referat, in seinen Thesen und auch in seinen Ergänzungsthesen für die Diskussion mancherlei zum Ausdruck gebracht, was in unserem Kreise kaum streitig werden wird und vielleicht auch in der Diskussion keiner weiteren Vertiefung bedarf. Diesen deskriptiven Teil seines Referates würde ich in der Art der Darstellung in die Nähe mancher literarischer Behandlungen des angelsächsischen Verfassungsrechts bringen, die in ihrer Methode gewisse Bezüge zur Nachbardisziplin der political science aufweist und die — das darf ich offen bekennen — meinem innersten Anliegen zur Behandlung dieser Fragen nicht entspricht. So erklärt es sich vielleicht auch, daß manches in den Thesen beider Referenten erscheint, was wir als ein Idealbild eines parlamentarischen Regierungssystems sicherlich uneingeschränkt unterschreiben würden. Als Beispiel dafür nenne ich den Leitsatz 7 von Herrn Friesenhahn: „Die Macht im Staat steht weder bei den Parteien, noch bei den Verbänden, sondern bei Parlament und Regierung, die die widerstreitenden Interessen zum Ausgleich bringen und ihre Entscheidungen nach den Forderungen des Gesamtwohls treffen." Wer wollte das bestreiten? Darüber gibt es schwerlich etwas zu diskutieren, und in einem modern geschriebenen „Fürstenspiegel" würde diese Aussage zweifellos einen guten Platz finden. Ich fürchte nur, daß sie die Problematik unseres Themas nicht gerade vom Fleck bewegt. Vielleicht gilt das auch für die Leitsätze 10 und 12, wo sich die Wendung von der Notwendigkeit der „gesunden Spannung" zwischen Regierung und Parlament findet, während die Wörter „gesund" und „Spannung" ja nun gerade die Problematik aufgeben, auf die es ankommt. Ich will einmal versuchen, medizinisch zu werden. Ich glaube an eine Pathologie unseres Problems. Wir sollten sezieren — wenn es nötig ist, am Leichnam. Gelegentlich werden ja aber auch Lebewesen seziert. Es kann für uns nicht darauf ankommen, hier nur die sympathischen Empfindungen einer Massage oder einer Diathermiebehandlung wiederzugeben.

Eine spezifische Problematik des Themas liegt — und damit will ich zu der Frage übergehen, wie es in der Diskussion hier erörtert werden könnte — m. E. in der Aufgabe, nach acht Jahren des Grundgesetzes zu überprüfen, ob unsere Staatspraxis jene Methode des Grundgesetzes als richtig bestätigt hat, im Rückblick auf die Erfahrungen vergangener Epochen, speziell der Weimarer Zeit, prohibitiv und prophylaktisch zu ordnen und zu normieren. Diese Fragestellung hat Herrn Friesenhahn speziell beschäftigt in seinem Leitsatz 26 und seinen Ausführungen zum konstruktiven Mißtrauensvotum mit seiner Feststellung, die ich für zutreffend halte, eine wegen der Modalitäten des konstruktiven Mißtrauensvotums nicht gestürzte Regierung, die eine Gefolgschaft im Parlament nicht mehr besitzt, verfüge gleichwohl über die volle Legalität einer Regierung, die der Drohung eines Mißtrauensvotums nicht ausgesetzt war.

Im übrigen haben die beiden Referate verdeutlicht, daß das Thema gegenständlich und methodisch mindestens zwei große Seiten hat. Einmal ein Thema A, das das Regierungssystem als solches betrifft, also die Frage nach den großen Leitprinzipien unserer Verfassung in ihrem organisatorischen Teil mit dem Übergriff in die Gruppenorganisation, die mit dem Stichwort „politische Parteien, Verbände usw." gegeben ist. Zu diesem Thema, also dem Bereich des Regierungssystems im materiellen Sinne, würden drei Punkte gehören, die der Erörterung bedürfen und die auch von den Referenten, wenn auch mit verschiedenen Gewichten, bedacht worden sind: 1. Regierungsbildung und -Bestand; zur Bestandsfrage gehört jenes Spannungsthema, das mehrfach angesprochen wurde, und die Eigenart des parlamentarischen Systems, zum Kompromiß zu führen mit der überaus beachtlichen Fragestellung, die Herr Friesenhahn am österreichischen Beispiel aufwarf, ob es nämlich Aufgabe einer Verfassungspraxis sein könne, jene Kompromißbildung schon bei der Regierungsbildung zu institutionalisieren. Der 2. Punkt würde alle Fragen zusammenfassen können, die die nichtparteiliche Intervention irgendwelcher Gruppen auf das Parlament umfaßt, einbezogen auch die Fragestellungen, die hier berührt wurden zu dem Thema: „Soziologie des Abgeordneten, Rechtsstellung des Abgeordneten, Problematik der Art. 21, 38 GG". Das 3. Thema dieses Hauptabschnitts A ist das Problem der Delegation der Normsetzung irgendwelcher Formen, wozu die Frage der nachträglichen Kontrolle der Delegation, der Überprüfung, der Innehaltung der Delegationsmaßstäbe usw. gehören würde, ebenso wie auch rechtstechnische Fragen der Handhabung der Delegationsquellen. Diese drei Punkte (Regierungsbildung und -Bestand, Kompromißproblem; die nichtparteiliche Gruppenintervention; die Delegation der Normsetzung) bilden den Kern der Themabehandlung unter dem Gesichtspunkt „Regierungssystem im materiell-verfassungsrechtlichen Sinne". Hierzu finden sich in dem Referat von Herrn Friesenhahn mannigfaltige Ausführungen, Gesichtspunkte und Anregungen, während das Referat von Herrn Partsch in größerem Ausmaß in eine Betrachtungsweise B unseres Themas hineinpaßt, die bezeichnet werden könnte als eine Funktionslehre des Parlamentarismus in der modernen Zeit.

Aber bevor ich auf diesen Abschnitt B eingehe, zunächst noch einige Worte zu der Themabetrachtung unter dem Aspekt A: Herr Friesenhahn hat in der Frage der Regierungsbildung und des Regierungsbestandes mit guten Gründen wesentliche Unterschiede herausgehoben zwischen der Struktur des Bundesrechts und der Verfassungspraxis des Bundes einerseits und derjenigen in den Ländern auf der anderen Seite. Hierzu pflichte ich ihm einmal darin bei, daß das Landesverfassungsrecht in höherem Maße als die Bundespraxis die Möglichkeit der Allparteien-Regierung anbietet. Zum anderen freue ich mich — zumal ich hierin bislang recht isoliert dagestanden habe — über seine Auffassung, eine vom Parlament kreierte Regierung habe bei der Beendigung der Legislaturperiode (jedenfalls nach eindeutiger Wahlniederlage) die verfassungsrechtliche Verpflichtung zur Beendigung ihres Amtes, zum Rücktritt, wenn nicht bereits automatisch kraft Gesetzes Amtsende eintritt, während die Verfassungspraxis in einigen Ländern, so zuletzt i. J. 1953 auch in Hamburg, anders verfährt. Ich brauche das nicht näher auszuführen. In meinen — wie mein Freund Stödter sagt — „Hamburgischen Nebenstunden"*) habe ich mich des näheren zu diesem Punkte geäußert. Zu Abschnitt A im weiteren ist von Herrn Friesenhahn die Problematik der Intervention anderer Gebilde als der politischen Parteien in das Parlamentsgeschehen erörtert worden in den Leitsätzen 2, 3 und 4 und speziell 7 und 8, wobei der Gesichtspunkt der föderalen Einflußmöglichkeiten (Stichwort „Bundesrat" — „politische Parteien und Bundesrat") zu kurz gekommen sein mag. Dahin gehört auch, was Herr Partsch so plastisch als notwendige Kanalisierung der „lobby" bezeichnet hat. Dazu gehören ferner die Fragen der Delegation der Rechtsetzung mit ihren Gesichtspunkten der Respektierung der Gewaltenteilung und der Rechtsstaatlichkeit. Die Rolle der Finanzgewalt, die uns in dem Hamburger Referat von Herrn Hettlage verdeutlicht worden ist, klang in diesem Zusammenhang nur einmal an; vielleicht könnte sie vertieft werden. Soviel zu der Behandlung des Themas unter dem Blickpunkt A.

Herr Partsch hat sein Anliegen im wesentlichen darin gesehen, eine Art Funktionslehre des Parlamentarismus vorzuführen. In unserer Diskussion sollten wir diese Funktionslehre des Parlamentarismus nicht so sehr ausbreiten, sondern das Schwergewicht der Aussprache auf die Blickrichtung A legen, wobei es auf die Neigung des einzelnen ankommt, mehr der dogmatisch-konstruktiven Betrachtung nachzugehen, als der anderen Methode zu folgen. Wenn ich selbst den dogmatisch-konstruktiven Weg nach A vorziehe, braucht darüber die aus Staatspraxis, Verfassungswirklichkeit, Politik und Soziologie geschöpfte Erfahrung und Einsicht gleichwohl nicht vernachlässigt zu werden. Nur meine ich, daß ihre Resultate in unserem Kreis als bekannt vorauszusetzen sind und nicht den Gegenstand unserer Überlegungen, sonder ihren Hintergrund bilden. Zu Abschnitt B des Themas würden wir uns einmal mit der Würdigung der Verhältnisse zu befassen haben, die mit

*) H. P. Ipsen, Hamburgs Verfassung und Verwaltung (1956) S. 290 ff., von Thieme AÖR Bd. 82 (1957) S. 353/54 offenbar mißverstanden.

dem Stichwort „moderner Staat“ auftauchen, mit den Störungen und Beeinflussungen, denen das Parlament en fonction heutzutage unterliegt, so unter dem Gesichtspunkt der Zeitnot, in der Bemühung, über die Zeit zu disponieren, über sie zu herrschen, in der Auseinandersetzung zwischen dem Politiker und dem Experten (als Sachverständiger im Parlamentsausschuß oder im Gewande des Ministerialrats). Dahin gehört die Problematik der richtigen Organisation des „parlamentarischen Gesetzgebungshilfsdienstes“, möglicherweise die Idee des parlamentarischen Staatssekretärs, die sogenannte „Soziologie“ des Abgeordnetentyps usw.

Zum Schluß will ich einen eigenen Diskussionsbeitrag anfügen, der thematisch zu allen drei Punkten meines Schemas A das eine oder andere beitragen könnte. Nur mit dem Leitsatz 4 von Herrn Partsch und einer zusätzlichen Bemerkung, die er in seinem Referat dazu machte, ist bisher das Tor in das Land, das mir vorschwebt, ein wenig geöffnet, danach leider sogleich wieder verschlossen worden. Für unsere Disziplin dürfte der Zeitpunkt gekommen sein, unsere Betrachtungen für die Zukunft von einem ganz anderen Standort aus anzustellen, als wir ihn bisher einzunehmen pflegten. Ich meine die Tatsache, daß wir vor der Eröffnung der Europäischen Wirtschaftsgemeinschaft und des EURATOM stehen und mit der Montanunion seit einigen Jahren bereits eine Vorstufe dieser Entwicklung hinter uns gebracht haben. Unser Thema „Regierung und Parlament“ ist heute Vormittag bewußt und absichtlich vom „Binnenstandpunkt“ her innerhalb unserer souveränen Staatlichkeit behandelt worden. Uns steht bevor, daß die wachsende „Präponderanz des Wirtschaftlichen“ und eine supranationale Organisation einen erheblichen Bereich unserer staatlichen Politik der nationalen Entscheidung entziehen wird. Mit Hilfe des Art. 24 GG wird dieser Kompetenzbereich in die Hände übernationaler Instanzen gelegt werden. Was das bedeutet, ist in Gutachten zu den EVG-Verträgen (z. B. von unseren völkerrechtlichen Kollegen Krauss und Kruse) als Frage der „Homogenität“ jener Ordnungen mit unserer nationalen Verfassungsordnung schon angesprochen worden. Wir stehen vor der Tatsache, daß in einem weiten Bereich heutiger nationaler Regierungspolitik und -Kompetenz des Ökonomischen und der Verwendung moderner Energiequellen, die besondere Sicherheitsprobleme auslösen, in Zukunft nichtnationale Organe tätig sein werden unter Ausklammerung nationaler Entscheidungskompetenzen; und die Funktionen dieser Kompetenzträger werden nicht unter jener Kontrolle stehen und nach jenen Maßstäben sich orientieren, die wir binnenstaatlich unter der Thematik „Parlament und Regierung" bisher im Griff hatten oder hoffen, heute noch im Griff zu haben. Wenn Sie sich die maßgebenden Verträge ansehen, können Sie feststellen, daß mindestens für die Übergangszeit das parlamentarische Gremium der Europäischen Wirtschaftsgemeinschaft nur mittelbar demokratisch legitimiert sein wird, und das Ziel, es unmittelbar demokratisch zu legitimieren, hängt in weiter Zukunft. Wir stehen ferner vor der Tatsache, daß jene Organe, die die laufenden Angelegenheiten dieser Gemeinschaft zu entscheiden und zu leiten haben, aus Funktionären bestehen, die unabhängig sind, die vergessen sollen, aus welchem Staate sie kommen, und die sich als fähig erweisen müssen, jede Intervention heimischer Herkunft zurückzuweisen mit dem Argument „ich bin ein Europäer und kenne keine Farben, jedenfalls keine heimischen mehr". Diese Funktionäre in der Kommission und in der Hohen Behörde haben Entscheidungskompetenzen, die den heimischen Exekutivbereich bei weitem hinter sich lassen, die zum guten Teil normativen Charakter besitzen. Und oberhalb unserer binnenländischen Ordnung von Parlament und Regierung erwächst in der Zukunft im Gesamtbereich des Ökonomischen, der hier internationalisiert ist, eine Ordnung, die den Prinzipien nicht gehorcht — jedenfalls vorläufig nicht —, die wir für das Verhältnis von Parlament und Regierung unser eigen nennen. Wenn wir das Problem, das uns heute gestellt ist, mit hinreichendem Weitblick für die Zukunftsentwicklung betrachten wollen, sollten wir diese Blickrichtung auf die Verhältnisse, die auf uns zukommen, nicht vernachlässigen.

Pfeifer-Wien:

Wenn ich hier das Wort ergreife, und zwar an früher Stelle, so habe ich es mir deswegen erlaubt, weil ich einerseits nun 8 Jahre Mitglied des Nationalrates in Österreich bin, und weil andererseits das derzeitige österreichische Regierungssystem, das ja auch schon kurz gestreift wurde, vielleicht klar erhellt, wie sich ein parlamentarisches Regierungssystem doch verschieden auswirken kann, je nachdem, welche Kombinationen und Konstellationen eintreten. Wenn von dem parlamentarischen Regierungssystem die Rede ist, so ist es klar, daß hier daran gedacht ist, daß eine Partei oder mehrere Parteien, die zusammen eine Koalition bilden und im Parlament die Mehrheit haben, zugleich die Regierung bilden. Und das möchte ich doch gleich vorausschicken, daß ich der Meinung bin, daß dieses parlamentarische Regierungssystem allein schon bewirkt, daß die ursprüngliche Spannung, die noch im konstitutionellen Staate vorhanden war zwischen Parlament und Regierung, die in der Regel eine vom Monarchen eingesetzte Beamtenregierung war, vermindert ist, weil nun einmal die Parteifreunde derer, die da als Abgeordnete im Abgeordnetenhaus sitzen, zugleich auf der Regierungsbank sitzen. Aber doch ist im einzelnen in der Durchführung des parlamentarischen Regierungssystems ein wesentlicher Unterschied zwischen diesem und jenem Staat. So besteht derzeit sicherlich ein Unterschied zwischen der Bundesrepublik Deutschland und dem System, wie es jetzt in Österreich ist, und besteht ferner ein bedeutender Unterschied zwischen Deutschland und Frankreich auf der anderen Seite, wie es etwa Herr von der Heydte in der Festschrift für Nawiasky so klar herausgestellt hat.

Wenn ich daher diese kurze Betrachtung beginne, so erlauben Sie mir, daß ich da noch an ein Wort von Aristoteles erinnnere. Es heißt dort in seinem Werk „Politik":

„Es kommt vielerorts vor, daß zwar die gesetzmäßige Verfassung nicht demokratisch ist, aber doch vermöge der Sitte und der Geschäftsführung demokratisch regiert wird, und ebenso wieder bei anderen, daß die gesetzmäßig bestehende Verfassung zwar stärker demokratisch ist, aber vermöge der Geschäftsführung und der Sitten mehr oligarchische Verhältnisse herrschen."

Gerade dieser zweite Fall besteht derzeit in Österreich, daß also, obwohl die Verfassung, die Österreich im Jahre 1920 beschlossen hat und zu der es im Jahre 1945 wieder zurückgekehrt ist, demokratisch ist, dennoch — aus den von Aristoteles angegebenen Gründen — oligarchische Verhältnisse herrschen. Das hängt eben z. T. mit dem Koalitionssystem zusammen, das wir derzeit haben, das seinen besonderen Ausdruck findet in dem Koalitionspakt, der erstmals nach der letzten Nationalratswahl veröffentlicht wurde. Und hier kommen wir gleich zu einem anderen Punkt, der ja auch schon in dem Referat des Herrn Kollegen Friesenhahn heute berührt wurde, zur Rechtsstellung des Abgeordneten, insbesondere zur Frage des Prinzips des freien Mandates, auf das es hier ankommt im Zusammenhang mit den Parteien.

Wenn der Herr Kollege Friesenhahn gesagt hat, daß der Art. 38 der deutschen Verfassung und der Art. 21 in keinem unauflösbaren Widerspruch stehen, so stimme ich ihm darin völlig bei. Ich bin durchaus der Meinung, daß dieses Prinzip des freien Mandates gilt, auch wenn politische Parteien bestehen, — das ist ja das Wesen dieser parlamentarisch regierten Staaten, daß solche Parteien an der Herrschaft in Parlament und Regierung irgendwie beteiligt sind, — daß auch, wenn solche Parteien bestehen, trotzdem die Freiheit des Abgeordneten keineswegs aufgehoben sein kann und darf, die Freiheit seiner Entschließung bei Abstimmungen und die Freiheit seiner Rede. Denn wenn diese Freiheit aufgehoben ist, dann schlägt die Sache ins Gegenteil um. Und gerade das ist dasjenige, was wir jetzt leider in Österreich bezüglich der Regierungsparteien festzustellen haben und was in dem Koalitionspakt tatsächlich niedergelegt ist.

In Punkt 5 des Koalitionspaktes ist folgendes gesagt: „Regierungsvorlagen, über die ein einstimmiger Beschluß der beiden in der Bundesregierung vertretenen Koalitionsparteien in materieller und formeller Hinsicht erzielt worden ist, sind für die im Nationalrat vertretenen beiden Koalitionsparteien verbindlich. Grundsätzliche Abänderungsvorschläge bedürfen der Zustimmung des Koalitionsausschusses. Ist anläßlich der Beschlußfassung über eine Regierungsvorlage ein Beschluß der Regierung gefaßt worden, die parlamentarische Behandlung der Regierungsvorlage im Nationalrat den Koalitionsparteien freizugeben, so haben die beiden Koalitionsparteien bei der Behandlung einer solchen Regierungsvorlage im Nationalrat freie Hand.“ Das heißt mit anderen Worten: Wird eine Regierungsvorlage für die freie Behandlung und Abstimmung im Nationalrat n i c h t freigegeben, — und dies ist die Regel, — so sind nach diesem Koalitionspakt die Abgeordneten der Regierungsparteien gehalten und verbunden, für die Regierungsvorlage zu stimmen, und sie dürfen von der Vorlage im Grundsätzlichen nicht abweichen, außer es stimmt der Koalitionsausschuß einer solchen Abweichung zu.

Meine sehr verehrten Damen und Herren, das hebt praktisch die Verfassung auf, hebt sie aus den Angeln, denn dann hört natürlich das notwendige Spannungsverhältnis zwischen Parlament und Regierung auf, dann hört der ganze Sinn des Parlamentes auf, dann hört das auf, was die gesetzgebende Körperschaft ausmacht, daß sie letzten Endes zu entscheiden hat, was Gesetz werden soll und was nicht oder wie es Gesetz werden soll.

Es hat ein österreichischer Bundespräsident, der Bundespräsident Dr. K ö r n e r, am 7. Mai 1952, als er die Abgeordneten bei sich in der Hofburg empfing, folgende Worte zu ihnen gesprochen: „Parlament und Parlamentarier sollen stets bereit sein, widerstreitende Meinungen Außenstehender anzuhören und sich von Sachverständigen beraten zu lassen. Die Entscheidung aber, die eigentliche und endgültige gesetzgeberische Arbeit darf sich das Parlament von niemandem aus der Hand winden lassen, von keiner politischen und keiner wirtschaftlichen Körperschaft, von keinem Gremium einzelner Berufe, Stände oder Schichten. Denn nur das Parlament ist von allen entsandt, für alle da, das Parlament allein vertritt die Rechte des Volkes in seiner Gesamtheit, es ist ihm für seine Zukunft verantwortlich, und es kann diese Verantwortung mit niemanden teilen."

So gut diese Worte gesprochen wurden und so sehr man ihnen beipflichten kann, so gegenteilig ist das Herrschaftssystem, das beide Regierungsparteien ausüben, vermöge dieses Koalitionspaktes, den ich Ihnen in einer Kernbestimmung jetzt schon vorgeführt habe. Es sind noch weitere solche Bestimmungen darin, die jedes freie Handeln eigentlich praktisch ausschließen. So etwa, wenn es in Punkt 6 heißt: „Bei allen sonstigen Vorlagen und Anträgen", — also wenn es nicht Regierungsvorlagen sind, — „werden die beiden Parteien im Parlament die Abstimmung, nötigenfalls auch die Freigabe der Abstimmung absprechen."

Es kommt also hie und da vor, daß die Bundesregierung, weil sie so rein innerlich doch nicht ganz einig war über die Vorlage, die eine oder andere Regierungsvorlage zur parlamentarischen Behandlung freigibt. Es besteht ja in Österreich die Besonderheit, abweichend von der Bundesrepublik Deutschland, daß die Regierung, der Ministerrat kraft Gewohnheitsrechtes Beschlüsse nur „einstimmig" fassen kann, daher zu jeder Regierungsvorlage die Einstimmigkeit notwendig ist. Und es kann natürlich sein, daß eine solche Einstimmigkeit einstweilen erzielt wird mit dem Vorbehalt, die endgültige Gestaltung dieses Gesetzentwurfes wird noch dem Parlament anheimgegeben. Dann bietet sich noch die Möglichkeit, im Parlament etwas zu tun. Wenn aber eine Regierungsvorlage von Anfang an für die Regierungsparteien verbindlich ist, sie also nicht freigegeben wird, dann ist bei uns die Lage derart auf die Spitze getrieben, daß nicht nur, wie es wohl auch hier bei Ihnen im großen und ganzen sein mag, im Plenum nicht mehr die Entscheidungen fallen, sondern im Plenum nur mehr die Tribüne ist, von der aus die Regierungsparteien die Gründe für eine Vorlage, die Opposition allenfalls die Gründe dagegen anführen, sondern es ist dann so, daß auch schon im Ausschuß praktisch fast nichts mehr zu ändern ist.

Es ist sehr oft vorgekommen, daß die Opposition mit durchschlagenden Argumenten gekommen ist, — ich gehöre einer Oppositionspartei an, — daß man gesagt hat: bitte das ist falsch und das ist selbst verfassungswidrig, ja, dann wollte der eine oder andere von den Regierungsparteien auf die Sache eingehen, es bessern, dann aber erhob sich ein Dritter und sagte: „Halt, das ist eine Regierungsvorlage, die eben nicht freigegeben wurde. Daran wird kein Wort geändert; das ist so anzunehmen, wie es ist.“ Das war die Situation im Ausschuß schon. Sie sehen also, daß man mit einem solchen Pakt, wie wir ihn jetzt in Österreich haben, tatsächlich allein die Verfassung aus den Angeln heben kann.

Und hier erhebt sich noch die Frage nach den Kontrollmitteln, die auch von einem der Herren Vorredner angeschnitten wurde; er sagte, daß diese Kontrollmittel ursprünglich dem Parlament zugedacht, nunmehr Mittel der Opposition geworden waren. Das wäre sehr schön, wenn es immer so wäre, aber bei uns zumindest, in der österreichischen Verfassung, ist es so, daß die Kontrollmittel, die da sind, der Opposition meist nicht zur Verfügung stehen, weil sie in der Regel der Mehrheit zustehen, also z. B. ein Mißtrauensbeschluß oder eine Anklage beim Verfassungsgerichtshof voraussetzt, daß eine Mehrheit diesen Beschluß faßt. Die Möglichkeit, die Sie hier haben, daß eine Minderheit das Verfassungsgericht anrufen und einen Antrag auf Überprüfung der Verfassungsmäßigkeit eines Gesetzes stellen kann, ist in Österreich leider nicht gegeben. Die Minderheit ist im wesentlichen auf das Anfragerecht beschränkt.

Also, ich muß, soviel ich weiß, schon zum Schluß eilen, habe aber noch vieles nicht erörtern können. Ich wollte nur zeigen, daß man mit einem solchen Koalitionspakt praktisch die Verfassung aus den Angeln heben, und das, was richtig ist, das natürliche Spannungsverhältnis zwischen Parlament und Regierung, mit einem Striche beseitigen kann. Es kommt eben letzten Endes darauf an, daß die Abgeordneten selbst sich der weittragenden Bedeutung des Prinzips des freien Mandates bewußt sind, daß, wenn man dieses fallen läßt oder untergräbt, das ganze parlamentarische System in sich zusammenfällt.

Scheuner-Bonn:

Ich darf zunächst zu der methodischen Frage Stellung nehmen, die Herr Ipsen aufgeworfen hat. Man kann den Parlamentarismus nicht behandeln, ohne die politische Wirklichkeit ins Auge zu fassen. Eine Beschreibung des Parlamentarismus bedeutet, Staatsrecht als Wissenschaft eines Lebenden zu betreiben und sich nicht auf die Auslegung einiger Verfassungsbestimmungen zu beschränken. In diesem Sinne möchte ich meine Bemerkungen hier auf drei Punkte begrenzen: Die ideelle Rechtfertigung des ganzen Systems, sodann das Problem Regierung und Parlament, von dem ich nur den Bezirk der Regierung berühren kann und endlich das, was Herr Partsch uns vor Augen geführt hat, das freilich mit der Benennung durch Herrn Ipsen als „Funktionslehre" mir nicht richtig gekennzeichnet erscheint, sondern das ich nennen möchte: Beobachtung der Entwicklung eines lebendigen Verfassungssystems an den feinen Erscheinungsformen der organisatorischen und geschäftsordnungsmäßigen Auseinandersetzungen.

Zur Rechtfertigung des Parlaments hat Herr Friesenhahn in seiner These I, 10 mit Recht darauf hingewiesen, daß sich das heutige Parlament nicht mehr allein aus dem Gedanken der Diskussion rechtfertigen läßt. Darin liegt eine Absage an bestimmte Fehldeutungen des parlamentarischen Systems. Die eine von ihnen kommt von der monarchischen Tradition her. Sie meint, nur dann sei ein Staat funktionsfähig, wenn in ihm eine sichtbare exekutive Spitze gegeben sei. Die Herstellung einer solchen festen exekutiven Struktur ist gewiß eine Möglichkeit, den Staat aufzubauen, aber nur eine von vielen. Das parlamentarische System ist ein monokratisches Gebilde, aber es wendet sich nach einer ganz anderen Richtung. Es sucht das Problem der Staatsführung dadurch zu lösen, daß es die politische Entscheidung gründet auf den Kreis von Menschen, der sich im Parlament aus der Wahl des Volkes heraus versammelt. Wir sollten hier die ideellen und ideologischen Vorstellungen des 19. Jahrhunderts nicht überschätzen, sondern den Blick auf die Tatsache lenken, daß in jedem Staat notwendig ein kleiner Kreis von Personen die staatlichen Entscheidungen zu treffen hat. Das parlamentarische System beantwortet die Frage nach Zusammensetzung und Wirksamkeit dieses Kreises dahin, daß das Handeln der Regierung in der Öffentlichkeit vor sich geht und in ständiger Auseinandersetzung mit einer mehrhundertköpfigen Körperschaft gewählter Volksvertreter. Hierin besteht der eigentliche Kern dieser Regierungsform, während in den Vereinigten Staaten etwa in Gestalt des volksgewählten Präsidenten im Gegenüber mit einer gewählten Volksvertretung ein ganz anderes System der Staatsführung aufgerichtet ist. Ideell steckt hinter jeder demokratischen Staatseinrichtung das Vertrauen auf den Wettbewerb verschiedener politischer Richtungen und die Wirkung der Öffentlichkeit. Dagegen kommt es nicht so entscheidend auf das Moment oder gar die Formen der Diskussion an, wie auch die ganzen Arbeitsmethoden des Parlaments im Lauf der Zeit sich wandeln können. Die entscheidende und zugleich vielleicht auch die pathologische Seite des heutigen Parlamentarismus liegt nicht so sehr in der Spannung von Regierung und Parlament, sondern in der Relation Parlament-Volk. Sie betrifft die Legitimationskette, die vom Volk über das Parlament zur Regierung reicht. Das berührt einen Fragenkreis, der noch über unser heutiges Thema hinausreicht, das Wahlrecht, die Stellung der Abgeordneten, ihre repräsentative Position. Ist die Überzeugungskraft dieser Legitimation des Abgeordneten nicht in Ordnung, so wird die Legitimation des Parlaments erschüttert. Das System vertraut auf die Möglichkeit, auf diesem Wege durch das Parlament die Bildung einer politischen Elite, die Gewinnung eines Kreises hervorragender Männer zu erreichen, der das Vertrauen rechtfertigt, hier werde eine Regierung für das Volk geführt. Deshalb ist eine Gefährdung dieser Rechtfertigung der parlamentarischen Regierung dort gegeben, wo entscheidende Einflüsse nicht den Weg durch diese konstitutionellen Formen gehen, sondern andere Bahnen sich suchen. Das gilt nicht für die Parteien. Sie gehören zu diesem System als mitbestimmende Faktoren, auch wenn ich nicht, wie Herr Leibholz — den wir heute nicht unter uns haben — glaube, daß die Institutionalisierung der Parteien als Verfassungsbestandteile schon weitgehend vollzogen sei, vielleicht sogar staatsrechtlich bis zu einer Anerkennung als staatliche Einrichtungen fortgeführt werden müsse. Auch die Stellung der Verbände gehört in diesen Zusammenhang. Ihre Position scheint mir dadurch gekennzeichnet, daß so wie der einzelne Abgeordnete sich heute in organisiertem Rahmen in Fraktion und Partei einfügt, so auch die Wählerschaft nicht mehr aus isolierten Individuen besteht, sondern auf einer gruppenförmigen Verfestigung des öffentlichen Lebens beruht.

In beiden Vorträgen, vor allem bei Herrn Friesenhahn (These I, 13), scheint mir die Stellung der Regierung ein wenig zu schwach gezeichnet. Auch im parlamentarischen System muß regiert werden, und zwar durch eine aktionsfähige Regierung. Denn nur der kann Verantwortung tragen, der wirklich zu handeln vermag. Deshalb würde ich Herrn Friesenhahns Meinung nicht teilen, es gebe kein Vorbehaltsgebiet der Regierung. Wenn das Parlament die personelle Zusammensetzung eines Ministeriums ins einzelne bestimmen würde, so könnte man den Minister nicht mehr für das verantwortlich machen, was in seinem Hause geschieht. Es gibt bestimmte Grenzen, jenseits deren das Parlament selbst regieren würde, nicht aber mehr den Ministern eine verantwortliche Regierung überträgt. Es gehört jedenfalls zu dieser Funktionsform der Regierung, daß sie insofern vom Parlament unabhängig ist, als sie in ihrer Vorbereitung politischer Initiativen nicht auf die parlamentarische Anregung zu warten braucht. Das Element des Programms, des Planes, der Vorausschau enthält ein exekutives Moment, es gehört dem eigentlichen Regierungshandeln, nicht aber der parlamentarischen Sphäre an. Wenn Herr Ipsen hier auf die Bedeutung der internationalen Sphäre hingewiesen hat, so würde ich meinen, daß auch hier die Probleme nicht in einer Machtverschiebung zwischen Regierung und Parlament liegen. Noch ist eine eigentlich supranationale Instanzenbildung hier nicht tatsächlich erfolgt und erst recht nicht eine Stufe föderativer Entwicklung erreicht, in der die nationalen Regierungen mediatisiert sein würden. Denn noch trägt unzweifelhaft für jedes Land die eigene nationale Regierung die Verantwortung für die nationale Solidarität in sozialer und wirtschaftlicher Hinsicht. Solange nicht eine wirkliche Föderation erfolgt, werden auch die nationalen Parlamente darüber wachen, daß nicht eine Verlagerung dieser Verantwortung erfolgt, daß sie vielmehr bei den einzelnen Gliedern eines europäischen Zusammenschlusses bleibt.

Endlich ein kurzes Wort noch zur strukturellen und funktionellen Gestalt des Parlaments. Die Wandlungen der Arbeitsweise und Geschäftsordnung des Parlaments stellen gewissermaßen Signale dar für die tiefer liegenden strukturellen Veränderungen der Staatsleitung. Wenn sich die Entscheidungen der Parlamente in die Ausschüsse verlagern, so werden damit strukturelle Veränderungen der Mehrheitsbildung und möglicherweise auch der Meiungsbildung hervorgerufen. Das ist mehr als eine Verfahrensfrage. In einem neueren Gutachten des Internationalen Gerichtshofes hat Sir Hersch Lauterpacht in seinem Sondervotum gesagt: „The size of the majority required for the validity of the decisions of a corporate body is not a mere matter of technical convenience or mathematical computation. It is expressive of the basic political philosophy of the organization." (I. C. J. Reports of Judgments 1955 S. 108). Es möge genügen, diese strukturellen Änderungen nur noch an einem Beispiel zu beleuchten. Die Auflösung des Parlaments ist heute überall zu einer Selbstauflösung des Parlaments geworden. Es gibt keine Auflösung als Kampfmaßnahme gegen ein Parlament mehr; auch die Zeitprämie, die in der Wahl des Zeitpunkts der üblichen Auflösung des britischen Parlaments liegt, ist durch die Mehrheit des Parlaments gedeckt, die hinter der dies Recht ausübenden Regierung steht. Die Auflösung dient also nicht mehr einer Auseinandersetzung zwischen Regierung und Parlament. Darum kann ich die Meinung von Herrn Friesenhahn nicht teilen, der der

Bundesregierung eine echte Auflösungsbefugnis zuteilen möchte (These I 27). Die Exekutive sollte im heutigen Stand der Entwicklung sich zurückhalten; es ist Sache des Parlaments selbst, sich selbst aufzulösen, wenn es seine Aufgaben nicht mehr erfüllen kann.

Merk - Tübingen:

Bei der Kürze der zur Verfügung stehenden Zeit ist es mir leider nur möglich, einige bedeutsamere Punkte zur Sprache zu bringen, zu denen mir die beiden Vorträge Anlaß geben.

1. Herr Friesenhahn hat mit Recht an der Spitze seiner Ausführungen auf das Musterbild der englischen Verfassung abgehoben, wo die parlamentarische Regierungsweise, geschichtlich geworden und gewachsen, man kann wohl sagen, am besten sich bewährt hat. Dort bestehen im allgemeinen zwei Parteien, die in ihren gesellschaftlichen und politischen Auffassungen keine wesentlichen Unterschiede aufweisen, so daß ein englischer Staatsrechtslehrer, wie Jennings, sagen konnte, daß die Konservativen und die Arbeiterpartei sich in ihren politischen Auffassungen nur dem Grade nach unterscheiden. Wenn sodann gesagt worden ist, die Bedeutung der Gegenseite oder Gegenpartei (der sogenannten Opposition) liege darin, daß sie eine sogenannte „Alternativpolitik" zu betreiben und die Regierung zu bekämpfen habe, so möchte ich statt dessen lieber sagen: sie hat die Aufgabe einer förderlichen Kritik der Regierung. Das braucht freilich nicht immer der Fall zu sein; es kann ja die Regierung auch sich auf dem „richtigen Wege" befinden. Vor allen Dingen wünschenswert wäre es m. E. für unser Volk, daß es wenigstens auf außenpolitischem Gebiete in wichtigen Fragen zu einheitlichen Auffassungen zwischen Regierung und Gegenseite käme, nötigenfalls auf Grund eines Gesprächs am runden Tisch, wie die Engländer sich ausdrücken, unter Ausschaltung von rechthaberischem Festhalten an der eigenen Meinung, statt den Blick hier wie auch sonst vor allem darauf zu richten, wie die zur Behandlung stehenden augenblicklichen politischen Fragen zum Wohle der Allgemeinheit zweckmäßigerweise am besten zu lösen sind. Es muß eben gegebenenfalls ein Ausgleich der verschiedenartigen Belange gesucht und gefunden werden und der Wille und die Bereitschaft dazu sowohl auf Seiten der Regierung und der Regierungsparteien wie auch auf Seiten der Gegenparteien vorhanden sein. Je mehr bei uns das Weltanschauliche in der Behandlung politischer Fragen bei den Parteien zurücktritt, um so mehr darf man hoffen, daß dies in der Zukunft auch bei uns

einmal möglich sein wird, zumal da jetzt alle im Bundestag vertretenen Parteien auf dem volksherrschaftlichen und rechtsstaatlichen Boden stehen.

2. Ich bin dann weiter mit Herrn Friesenhahn in Übereinstimmung darin, daß es im Grunde genommen keinen unauflöslichen Widerspruch zwischen Art. 21 und Art. 38 GG gibt, d. h. zwischen der Anerkennung der politischen Parteien als Mitträgern der politischen Willensbildung, kurz gesagt, zwischen dem sogenannten Fraktionszwang einerseits und der Eigenschaft der Abgeordneten als Vertretern des ganzen Volkes, die an Aufträge und Weisungen nicht gebunden und nur ihrem Gewissen unterworfen sind, andererseits. Im Hinblick auf die verfassungsrechtliche Stellung der Parteien läßt es sich nicht ausschließen, daß gegebenenfalls durch Mehrheitsbeschluß der Fraktion zu bestimmten Fragen Stellung genommen wird, mit der inneren Bindung für die Fraktionsmitglieder, daß sie ihre Stimme entsprechend abgeben. Wünschenswert mag jedoch wohl erscheinen, daß kein übermäßiger Gebrauch von solchem Fraktionszwang gemacht wird, sondern auf Grund des Vertrauens zur Parteiführung und eigener freier Überzeugung abgestimmt wird. Wichtig ist jedenfalls, daß der Abgeordnete die Eigenschaft als solcher nach außen nicht verliert, wenn er entgegen einem inneren Fraktionsbeschluß seine Stimme auf Grund freier Überzeugung abgibt; welche Folgen dies im Verhältnis zur Fraktion bzw. Partei hat, ob er etwa deswegen aus diesen ausgeschlossen wird, das ist eine andere Frage. Aber so wird doch die Freiheit des Einzelnen nach außen hin gewahrt.

3. Auch dem Satze, daß Parlament und Regierung in ihrem Wirken nicht auf die Fragen beschränkt sind, die eine Rolle im Wahlkampf gespielt haben, stimme ich voll zu. Die Abgeordneten werden auf vier Jahre gewählt und es läßt sich gar nicht voraussehen, was im Laufe dieser Zeit etwa an neuen Fragen auftaucht. Aber es wäre bei einer Neuordnung der Verfassung doch zu erwägen, ob nicht bei wichtigen Fragen gegebenenfalls mehr Rücksicht auf einen offensichtlich eingetretenen Wandel in der Volksmeinung gegenüber der Zeit der Wahl genommen werden kann. Es sei auch hier auf die beispielhafte englische Übung hingewiesen, wo man in solchen Fälen zur Auflösung des Unterhauses und zu Neuwahlen schreitet. Bei uns ist leider, möchte ich hier sagen, das Auflösungsrecht des Bundespräsidenten nach dem GG zu sehr eingeschränkt, so daß es nur u. U. bei der Bundeskanzlerwahl und bei der Ablehnung der Vertrauensfrage eine Rolle spielt.

4. Bei Ziff. 7) der Leitsätze, wonach die politische Macht im Staat weder bei den Parteien noch bei den Verbänden, sondern bei Parlament und Regierung stehe, welche die widerstrebenden Belange zum Ausgleich nach den Forderungen des Gemeinwohls zu bringen haben, wird m. E. nicht genügend zwischen der rechtlichen und der politischen Betrachtungsweise unterschieden. Es läßt sich doch nicht bestreiten, daß nach dem Wegfall der Einherrschaft, politisch betrachtet, die Parteien und deren Führer die Träger der politischen Macht geworden sind, insbesondere die Mehrheitsparteien, die die Regierung bilden als die sogenannten Regierungsparteien.

5. Es ist dann verschiedentlich von dem Spannungsverhältnis zwischen Regierung und Parlament gesprochen worden (vgl. Ziff. 12 d. Leits.). Aber bei der parlamentarischen Regierungsweise ergibt sich ein engerer Zusammenhang zwischen der gesetzgebenden Gewalt und der vollziehenden Gewalt, insofern die Regierung aus den Mehrheitsparteien hervorgeht, und so besteht das Spannungsverhältnis, wie es in der verfassungsmäßig beschränkten Einherrschaft zwischen Regierung und Volksvertretung bestand, in dem Maße nicht mehr, sondern es besteht vor allem zwischen der Regierung bzw. den Regierungsparteien und den Parteien der Gegenseite. Und es darf hier auch nicht übersehen werden — um grade auf unsere Verhältnisse abzuheben —, daß der Bundeskanzler nicht nur Vorsitzender der Bundesregierung ist und die Richtlinien der Politik bestimmt, sondern daß er auch Führer der Regierungspartei ist; diese andere Seite seiner Machtstellung darf nicht außer acht gelassen werden. Die Bildung einer „Allparteienregierung" mag gewiß in Krisenzeiten, wie insbesondere im Falle eines Krieges, ihre große Bedeutung haben, wie dies, auch hier in vorbildlicher Weise, in England immer wieder hervorgetreten ist. Im übrigen aber würde es an der erforderlichen öffentlichen Kritik der Tätigkeit der Regierung fehlen. Deshalb ist m. E. die Allparteienregierung in regelmäßigen Zeiten im großen Staatswesen im allgemeinen als nicht wünschenswert zu bezeichnen. Bei den Ländern mögen die Verhältnisse anders liegen, da sie, im ganzen gesehen, mehr die Aufgabe haben, zu verwalten und keine große Politik zu treiben haben.

6.[1]) Schwere Bedenken habe ich sodann gegen Ziff. 13 d. Leits., wonach es keine verfassungsmäßigen Vorbehaltsgebiete

---

[1]) Dieser von mir für die Aussprache aufgezeichnete Punkt ist infolge eines bedauerlichen Versehens nicht zur Sprache gekommen, obwohl mir an ihm sehr gelegen war; er wird deshalb nur mit diesem Vorbehalt andeutungsweise mitaufgeführt.

der Regierung gebe und die Staatsleitung dem Parlament und der Regierung gemeinsam zustehen, so daß das Parlament auch auf die Regierungshandlungen Einfluß nehmen und der Regierung Weisungen erteilen könne. Hier ist doch die in Art. 20 GG festgelegte Gewaltentrennung, wonach die vom Volk ausgehende Staatsgewalt vom Volke in Wahlen und Abstimmungen und durch besondere Willensträger der Gesetzgebung, der vollziehenden Gewalt und der Rechtssprechung ausgeübt wird, nicht genügend beachtet.

7. Auch den Ausführungen über die Schweizerischen und Bayerischen Verfassungsverhältnisse vermag icht nicht zuzustimmen. Der Bundesrat wird in der Schweiz auf Zeit, nämlich auf drei Jahre, von der Bundesversammlung gewählt, aber doch, soviel mir bekannt, unter Zugrundelegung der dort bestehenden parteipolitischen Verhältnisse. Eine Sicherung der Regierung gegen ihre Abberufung ist m. E. nicht, wie gesagt worden ist, in den Bestimmungen über die Volksabstimmung zu erblicken (Ziff. 23 d. Leits.); diese bedeuten vielmehr ein Gegengewicht gegen die Macht der Volksvertretung und der politischen Parteien. In Bayern wird der Ministerpräsident nach Schweizer Vorbild ebenfalls auf Zeit, auf 4 Jahre, vom Landtag gewählt, allerdings mit der Verpflichtung zurückzutreten, wenn die politischen Verhältnisse eine vertrauensvolle Zusammenarbeit zwischen ihm und dem Landtag unmöglich machen.

8. Entgegen Herrn Friesenhahn möchte ich doch in dem Erfordernis des einsetzenden oder aufbauenden Mißtrauensbeschlusses einen Fortschritt erblicken gegenüber der Einrichtung des bloß absetzenden Mißtrauensbeschlusses, wie es nach der Weim. RV galt. Es konnte da vorkommen, daß die verschiedenartigsten Parteien sich zusammentaten, nur in der Absicht, die Regierung zu stürzen, ohne daß nachher klar war, wer nun für die Zukunft die Regierung zu übernehmen hat, wie sich dies bei der Zweiparteiengestaltung ohne weiteres ergibt. Etwas ganz anderes haben wir heute, wenn gleichzeitig mit dem Mißtrauensbeschluß ein neuer Bundeskanzler mit der Mehrheit der Mitglieder des Bundestags gewählt werden muß; wenn dies nicht zustande kommt, dann ist eben die Regierung nicht gestürzt. Sie hat danach eine ganz andere Stellung als eine durch absetzenden Mißtrauensbeschluß gestürzte Regierung, die lediglich allenfalls bis zum Zustandekommen einer neuen Regierung die Geschäfte weiterzuführen hat.

9. Zu den Ausführungen des Herrn Partsch kann ich infolge Zeitmangels leider nicht mehr viel bemerken.

Ich möchte aber ihm gegenüber (Ziff. 2 seiner Leits.) doch einmal betonen, daß die Bedeutung der Arbeit der Parlamentsausschüsse — von besonderen Ausschüssen, wie dem sogenannten Zwischenausschuß usf., abgesehen — in der Vorbereitung der Beschlüsse der Vollversammlung liegt. Hier kommt im Zusammenwirken mit den Vertretern der Regierung das Fachlich-Sachliche, aber doch auch das Politische, zu Wort, indem die Parteien nach ihrer Stärke in ihnen vertreten sind. Äußerlich werden zwar die maßgeblichen Entscheidungen von der Vollversammlung getroffen; aber die Parteien haben regelmäßig ihre Stellungnahme schon vorher, sei es vor der zweiten oder dritten Lesung, festgelegt.

10. Was sodann den Sitz der Regierung in der Volksvertretung anbelangt, so glaube ich, wir sollten auch nach 1945 nicht einfach auswärtige Einrichtungen ohne ausreichende Gründe nachahmen. In England ist es alte geschichtliche Überlieferung und hat dort einen guten Sinn, daß die Regierungspartei einschließlich der Regierung und die Gegenseite einander gegenübersitzen. Dort sind die Parteien — ursprünglich die Konservativen (Tories) und die Liberalen (Whigs), die jetzt in der Hauptsache durch die Arbeiterpartei abgelöst worden sind — aus früheren den Staat tragenden Adelsparteien hervorgegangen. Dort handelt es sich um ein Spiel um die politische Macht; auch gehören dort sämtliche Mitglieder des sogenannten Kabinetts als Abgeordnete dem Parlament an. Bei uns wirken noch bis zu einem gewissen Grade die alten Verhältnisse der früheren — vor allem auf ein Berufsbeamtentum sich stützenden — Einherrschaft nach, vielleicht aber doch auch noch der Gedanke, daß die Regierung nicht nur eine Parteiregierung, ein „party government", wie die Engländer sagen, darstellt, sondern daß sie treuhänderisch die Gesamtbelange wahrzunehmen hat und insoweit doch in gewisser Weise über den Parteien stehen soll; weiter haben wir nicht oder noch nicht ein ausgeprägtes Zweiparteiengefüge nach englischer Art. Im übrigen meine ich, wir sollten die parteipolitischen Dinge nicht überspitzen und insbesondere die sachliche Bedeutung des fachlich vorgebildeten und verwaltungserfahrenen Berufsbeamtentums — zwar im Dienste der Regierung, aber als Diener nicht einer Partei, sondern der Gesamtheit — nicht gering anschlagen.

C a r s t e n s - Bad Godesberg:

Aus der großen Fülle der Themen, die von den beiden Herren Referenten behandelt worden sind, möchte ich nur zu einem Fragenkomplex, und zwar zu dem Verhältnis von Regierung und Parlament im Bereich der internationalen Politik Stellung nehmen, in Anknüpfung an das, was Herr Partsch ausführte. Herr Partsch hat ganz mit Recht darauf hingewiesen, daß sich der Einfluß des Parlaments auf den Bereich der auswärtigen Politik in verschiedenen Formen und auf verschiedene Weise vollzieht, sei es, daß das Parlament bei den Vertragsverhandlungen beteiligt wird, oder in der Form, daß es seine Zustimmung geben muß, bevor ein Vertrag in Kraft tritt, und schließlich in der Weise, daß Mitglieder des Parlaments zugleich Mitglieder internationaler parlamentarischer Instanzen sind und daher im internationalen Bereich, in den internationalen Organisationen, ein gewisses Kontrollrecht ausüben können. Nicht behandelt worden ist in den Referaten, und ich glaube auch in den bisherigen Diskussionsbeiträgen nicht, ein weiteres Problem, daß mir besonders aktuell zu sein scheint, nämlich die Frage: wer kontrolliert die Ministerräte, d. h. die Organe, die aus Regierungsvertretern bestehen, und die ja bei mehreren internationalen Organisationen eine außerordentliche Machtfülle auf sich vereinen? Man braucht gar nicht nur an die drei europäischen Gemeinschaften zu denken, die Montangemeinschaft und die Gemeinschaften, die im Begriff sind, zu entstehen, sondern man kann auch Bezug nehmen z. B. auf die OEEC, wo ein Ministerrat in der Lage ist, Beschlüsse zu fassen, die für die Mitgliedstaaten verbindlich sind, und in denen Fragen von weittragender wirtschaftlicher Bedeutung geregelt werden. Hier ist ein Raum, in dem eine parlamentarische Kontrolle zu fehlen scheint. Bei den Gemeinschaften der „6", bei der Montangemeinschaft, bei dem Gemeinsamen Markt und bei der Atomgemeinschaft ist zwar eine parlamentarische Instanz gebildet. Herr Ipsen hat davon gesprochen. Man kann vielleicht darüber streiten, wie stark ihre demokratische Legitimation ist, aber immerhin ist doch ein sehr ernsthafter Versuch unternommen worden, eine parlamentarische Kontrolle in diesem Bereich einzuführen. Aber diese Kontrolle bezieht sich auf die Tätigkeit der unabhängigen Exekutivorgane dieser Gemeinschaften, also der Hohen Behörde und der beiden Europäischen Kommissionen. Die Tätigkeit der Ministerräte unterliegt der Kontrolle dieses parlamentarischen Organs nicht; und sie unterliegt auch nur in einem sehr geringen Ausmaße der Kontrolle der nationalen Parlamente. Es ist zwar richtig, daß der Minister, der in diesen Ministerräten der internationalen Organisationen an einer Entscheidung mitwirkt, seinem eigenen nationalen Parlament verantwortlich ist; aber da die Abstimmungen und Beratungen geheim sind und da in vielen Fällen Mehrheitsentscheidungen möglich sind, ist die Ausübung der nationalen parlamentarischen Kontrolle gegenüber der Tätigkeit der nationalen Vertreter in den Ministerräten praktisch außerordentlich schwierig. Diese Frage hat bei den Beratungen der beiden neuen europäischen Verträge im Bundestag und Bundesrat eine große Rolle gespielt. Und sie hat schließlich zu einer Lösung geführt, die ihren Niederschlag gefunden hat in dem Art. 2 des Zustimmungsgesetzes zu diesen Verträgen, in dem es dem Sinne nach heißt, daß die Bundesregierung verpflichtet ist, Bundestag und Bundesrat über die Führung der Geschäfte in den Ministerräten der beiden europäischen Gemeinschaften auf dem laufenden zu halten und daß die Unterrichtung im Voraus erfolgen muß, bevor es in einem dieser Ministerräte zu einer Beschlußfassung kommt, durch die entweder eine Änderung der deutschen Gesetzgebung erforderlich wird oder unmittelbar verbindliches Recht in der Bundesrepublik gesetzt wird. Hier ist also der Versuch gemacht worden, das deutsche Parlament bei der Instruktionserteilung an den deutschen Vertreter im Ministerrat der Europäischen Wirtschaftsgemeinschaft und der Europäischen Atomgemeinschaft einzuschalten. Die Bundesregierung wird verpflichtet, dem Parlament die Problematik zu unterbreiten, bevor ein Beschluß im Rate gefaßt wird. Daraus ergibt sich die Möglichkeit einer Diskussion der beabsichtigten Maßnahmen im nationalen Parlament und eine Einwirkungsmöglichkeit des Parlaments auf diese Maßnahmen. Eine weitere Frage, die sich stellte, ist nicht entschieden worden, nämlich, ob es möglich und zulässig wäre, die Mitwirkung des deutschen Vertreters bei der Beschlußfassung der Ministerräte an die vorherige Zustimmung der deutschen gesetzgebenden Körperschaften zu binden. Diese Forderung ist zeitweilig erhoben worden, sie ist später aber fallen gelassen und zugunsten der erwähnten Informationspflicht der Regierung aufgegeben worden. Die Bedenken gegen die Bindung des Regierungsvertreters an die parlamentarische Zustimmung liegen auf der Hand. Durch eine solche Maßnahme würde die Entscheidungsmöglichkeit der europäischen Organe ganz außerordentlich eingeschränkt und erschwert. Nehmen wir an, daß die übrigen Mitgliedstaaten ähnliche Regelungen getroffen hätten, so hätte das bedeutet, daß, bevor der Ministerrat normsetzende Beschlüsse hätte fassen können, entsprechende zustimmende Beschlüsse in allen sechs Parlamenten hätten herbeigeführt werden müssen. Damit wäre der Zweck des Vertrages, den europäischen Organen gewisse Entscheidungen zu übertragen, vereitelt worden. Ich habe hier nur auf die Problematik hinweisen wollen.

Ich glaube, daß eine saubere Lösung dieser Fragen erst dann möglich sein wird, wenn der Schritt getan worden ist, von dem Herr Scheuner sprach, der Schritt zu einer Föderation, in der einer europäischen Staatengemeinschaft echte gesetzgeberische Funktionen, die bei einer parlamentarischen Instanz liegen müßten, übertragen werden. In der Zwischenzeit wird man sich mit Hilfskonstruktionen behelfen müssen, und ich glaube sagen zu dürfen, auch behelfen können; die Erfahrungen der OEEC scheinen mir zu zeigen, daß in den 8 Jahren ihrer bisherigen Tätigkeit das Fehlen einer unmittelbaren parlamentarischen Kontrolle gegenüber dem Ministerrat trotz der sehr weitgehenden Beschlüsse, die dort gefaßt worden sind, keine bedenklichen Folgen gehabt hat.

Münch-Berlin:

Ich glaube, daß der Grundtenor des Referats von Herrn Friesenhahn ein zustimmendes Echo verdient, daß man nämlich unsere Verfassung würdigen muß, und daß man sie nicht diskriminieren darf, indem man Vorstellungen politischer Wissenschaft von vor etwa 30 Jahren hereinbringt. Er hat mit großem Recht betont, daß der politischen Persönlichkeit doch heute noch ein sehr großer Wirkungsbereich und ein sehr großes Gewicht beizumessen ist, und daß man — glaube ich — sich in veralteten Vorstellungen bewegt, wenn man so viel vom Parteienstaat oder Verbandsstaat spricht. Es genügt m. E. ein Willensentschluß einmal der Beteiligten, dann aber auch aller derjenigen, die das Ohr der Öffentlichkeit haben — auch wir haben es ja in gewisser Weise in unseren Hörsälen — um hier einen großen Wandel zu schaffen.

Was heißt „moderner Staat", wenn wir nach Kopfzahl gehen und etwa alle Staaten aufzählen und mit gleichem Gewichte wägen, die auf der Welt existieren oder in den Vereinten Nationen vertreten sind? Wir müßten sagen: der moderne Staat ist die Pseudodemokratie. Nun haben sich die Herren Referenten auf unsere westlichen Vorstellungen beschränkt. Aber auch da haben wir zweierlei: nicht nur das parlamentarische Regierungssystem, sondern auch mit ebenso großem Gewicht und ebenso großer Bedeutung das Präsidialsystem. Und wenn wir uns auf den Kreis der parlamentarischen Demokratien beschränken, haben wir wiederum verschiedene Modelle: das französische auf der einen, das englische auf der anderen Seite, und können eigentlich nur das tun, was Redslob seinerzeit getan hat, als er sich ein Idealbild von parlamentarischem Regierungssystem schuf und damit die Verfassung, die zu entwerfen war, wertete. Wenn wir das heute tun, dann bewerten und interpretieren wir das Grundgesetz nach einem abstrakten Ideal, das wir uns gebildet haben. Und da möchte ich der Kritik von Herrn Ipsen folgen, der sagte, daß das eigentlich keine Rechtswissenschaft sei. Jedenfalls geraten wir in Gefahr, die Verfassungsartikel nicht mehr zu interpretieren, sondern weiterzuentwickeln und vielleicht mißzuverstehen.

Zu einzelnen Thesen: Nr. 5, 7 und 10 des Referates von Herrn Friesenhahn sprechen von der Rechtfertigung des parlamentarischen Regierungssystems. Die Bereitschaft und die Fähigkeit zum Kompromiß wird hier hervorgehoben, z. B. in der These 7: „widerstrebende Interessen zum Ausgleich bringen". Das ist aber etwas anderes als das, was nun mit einem „und" angehängt wird: „Entscheidungen nach den Forderungen des Gesamtwohls treffen." Die Forderungen des Gesamtwohls sind nicht in einem Kompromiß zu finden, sondern sind etwas ganz anderes. Aus Rousseau, obwohl er heute wenig zitiert wird, wissen wir, daß die „volonté de tous" etwas anderes ist als die „volonté générale". Und nur um die „volonté générale" handelt es sich. Es ist ja auch in den Referaten und in unseren Erörterungen schon gezeigt worden, daß die Diskussion und damit der Ausgleich der Interessen gar nicht mehr das Entscheidende heute ist, sondern die Führung der Politik in aller Öffentlichkeit, so wie es gerade in der These 10 hervorgehoben ist, also die Suche nach dem Gesamtwohl vor aller Öffentlichkeit und die Darlegung der Gründe in aller Öffentlichkeit.

Übrigens noch zum modernen Staat: Wenn wir angesichts der Verfassungen der supranationalen Gemeinschaften, insbesondere der Montan-Union unterstellen wollen, hier seien die Erkenntnisse der Staatslehre verwertet und die Folgerungen aus der bisherigen Geschichte des parlamentarischen Systems und der modernen Demokratie überhaupt gezogen, dann müssen wir im modernen Staat keine parlamentarische Demokratie mehr sehen, sondern den Absolutismus einer Exekutivelite, die nur sehr stark rechtsstaatlich gebunden ist. Das Parlament der Montanunion kann nur einmal im Jahr die Exekutive stürzen und sich in kein einzelnes Geschäft einmischen. Diese Exekutivelite hat auch das Gesetzgebungsrecht, soweit noch vorhanden, soweit nicht das Statut der Montanunion, also die Verfassung, alles schon festgelegt hat. Da wäre also doch die Frage, ob wir im modernen Staat nicht schon eine Tendenz zu einer Exekutivelite haben, die nur noch rechtsstaatlich gebunden ist — jedenfalls eine Formel für einen Staat, die hinter den aktuellen Formeln steht und an deren Stelle treten könnte, wenn wir mit der parlamentarischen Demokratie wieder einmal scheitern sollten. So glaube ich, daß man auch die Stellung der Regierung bei uns noch etwas unabhängiger sehen muß; sie nimmt bei uns sicher eine Zwischenstellung ein zwischen der französischen und der englischen. In der englischen führt sie — das haben ja mehrere Redner betont — das Parlament in einer Weise, die uns unbekannt ist und gegen die man sich bei uns sträubt. Jedenfalls hat sie nach unserer Tradition und so, wie die Verfassung jetzt gehandhabt wird, das Ansehen eines ganz besonderen Organs; sie geht zwar aus dem Parlament hervor, tritt ihm aber dann in dem ganzen politischen Spiel mit eigenen Rechten entgegen.

Und hier, scheint mir, ist auch der Bundespräsident etwas vergessen worden in den Thesen von Herrn Friesenhahn I, 18, I, 27 und II, 11. Seine Rolle ist m. E. verkümmert. Zur These II, 11 insbesondere glaube ich, daß der Bundespräsident das materielle Prüfungsrecht der Gesetze hat und daß die Bundesregierung infolgedessen in einer merkwürdigen Konsequenz, die aus der Gegenzeichnungspflicht und aus dem Gegenzeichnungsrecht hervorgeht, die präsidialen Befugnisse zunächst ausübt. Ich erinnere an das Platow-Amnestiegesetz, das kleine Spezialgesetz, welches von der Bundesregierung unterschlagen worden ist, die die Gegenzeichnung zur Ausfertigung nicht leistete, weil sie verfassungsrechtliche Bedenken hatte.

Auch glaube ich nicht, daß das Weisungsrecht des Parlaments gegenüber der Regierung, wie es in den Thesen I, 19, II, 2, II, 13 und in gewisser Weise I, 25 geschildert ist, in dieser Weise besteht. Es ist natürlich richtig, daß das Regierungsprogramm die Mehrheit des Parlamentes hinter sich haben muß. Das halte ich aber nur für eine politische Forderung, einfach eine Nützlichkeitserwägung. Die andere Alternative wäre das, was die ostzonale Verfassung ausdrücklich sagt — ich sehe jetzt von dem Zwiespalt zwischen Verfassungsrecht und Verfassungswirklichkeit ab —, daß die Richtlinien der Regierungspolitik durch Beschlüsse des Parlamentes festgelegt werden. Ich glaube, aus wohlerwogenen Gründen hat man das nicht bei uns.

Über die Rolle, die die Regierung durch ihre Beteiligung in internationalen Organisationen gewonnen hat, will ich nur noch wenige Worte sagen; denn verschiedene meiner Herren Vorredner sind schon darauf eingegangen. Es ist in der Tat so, daß die Regierungen diejenigen Gremien in den internationalen Organisationen bilden, die dort die Beschlüsse fassen. Je mehr Gegenstände internationalen Organisationen zugewiesen werden, um so mehr verstärkt sich auf diese Weise das Gewicht der Exekutive bei uns. Selbst dort, wo in die internationalen Organisationen demokratische oder parlamentarische Gremien eingefügt werden, wie bei der Montanunion, müssen wir beobachten, daß sie die Funktion des Parlamentes nicht haben, daß sie dort keine Gesetzgebung ausüben, sondern nur eine verhästnismäßig schwache Kontrolle haben. Es taucht also tatsächlich das Problem auf, das Herr Carstens behandelt hat: gibt es eine Möglichkeit, auf einem Umwege die Beschlüsse nicht nur der Ministerräte, sondern auch aller anderen internationalen Organe, die von Regierungsdelegierten beschickt werden, zu kontrollieren? Ich glaube auch hier nicht, daß das Parlament der Regierung Weisungen für ihre Verhandlungen geben kann; Aufforderungen zu Vorbehalten bei der Ratifikation sind m. E. politische Demonstrationen, die nur die politische Sanktion haben können, daß eventuell ein Regierungssturz folgt. In diesen Zusammenhang gehört, daß auch die Beteiligung der Parlamente bei der Beratung von internationalen Verträgen gering ist; die Verträge können nicht durch die Beschlüsse des Parlaments geändert werden. In der niederländischen Verfassung ist es seit der Novelle so, daß die Verträge nur deponiert werden und daß lediglich auf den Antrag des Parlaments in eine Beratung eingetreten wird. Also gibt es hier rein geschäftsordnungsmäßig die Möglichkeit, daß sich das Parlament zu internationalen Abkommen verschweigt.

Kordt-Köln:

Darf ich auf den Diskussionsbeitrag von Herrn Carstens zurückkommen, um Mißverständnisse, die möglicherweise entstanden sein könnten, zu klären. Seitens des Bundesrates bestand nicht die Absicht, durch Einfügung der erwähnten Bestimmungen in die Genehmigungsgesetze zu den Römischen Verträgen in den exekutiven Bereich einzugreifen. Die Absicht war vielmehr, sicherzustellen, daß der Bundesrat zur Beratung zugezogen werde. Es erscheint mir bei uns die Tendenz zu bestehen, Regierung und Parlament ausschließlich in der Rolle der Exekutive und der Legislative zu sehen. Das positive Recht zeigt, daß dem Parlament entgegen der These XIII des ersten Referenten die richterliche Gewalt nicht unbedingt fremd zu sein braucht. Man denke an die Funktion des britischen Oberhauses oder an die quasi richterliche Funktion des Bundesrates nach Art. 84 Abs. 4 GG. Es gibt zahlreiche Beeinflussungsvorgänge, die neben den drei Montesquieu'schen Gewalten stehen und die nicht weniger wichtig sind als diese drei. In der Staatslehre der asiatischen Reiche spielen Beratung, Kontrolle und Examen eine große Rolle. Die

Beratungsfunktion des Bundesrates scheint mir sehr wichtig zu sein. Der Bundesrat hat bei dem ersten Referenten wenig Gnade gefunden. Er schien ihm ein merkwürdiges atavistisches Überbleibsel Bismarck'scher Staatskonstruktion zu sein. Ich meine, in unserer Verfassung ist im Bundesrat allein das Beratungselement institutionell verankert worden. Die Tatsache, daß der Bundesrat bei Initiativgesetzen aus der Mitte des Bundestages seiner eigentlichen Beratungsfunktion anläßlich des ersten Durchganges von Gesetzen enthoben ist, hat sich meist nicht glücklich ausgewirkt. Ich erinnere an den Gesetzentwurf über die Geschwindigkeitsbegrenzung. Der Bundesrat, der hier nicht beim ersten Durchgang beratend tätig werden konnte, sah sich in die peinliche Zwangslage versetzt, in aller Öffentlichkeit Einwendungen dagegen zu erheben, daß auch die Polizei und die Feuerwehr an die Einhaltung der Höchstgeschwindigkeit von 50 km pro Stunde gebunden sein sollten.

Heute vormittag wurde betont, daß Menschen und nicht Institutionen das wichtigste im Verfassungsleben seien. Ich meine, daß hinsichtlich der Beratungsfunktion bei uns nicht genügend Institutionelles geschaffen worden ist. Es wäre meiner Ansicht nach von Vorteil, wenn institutionelle Beratungsgremien sowohl Regierung als auch Parlament in stärkerer Weise unterstützten. Die unterirdischen Einflüsse, von denen der zweite Referent gesprochen hat, würden alsdann stärker im Lichte der Öffentlichkeit stehen. Auch hinsichtlich einer nachträglichen Kontrolle scheint es mir an Institutionen zu mangeln. Die Kontrolle sollte sich nicht auf Rechnungskontrolle durch den Rechnungshof und parlamentarische Entlastungsbeschlüsse beschränken; wichtig wäre auch eine unpolemische, sachgemäße politische Beurteilung von Regierungsmaßnahmen.

Im ersten Referat sind meiner Ansicht nach die Sicherungen unterbewertet worden, die in das Grundgesetz eingebaut wurden. Ich meine die 5 %-Klausel und das konstruktive Mißtrauensvotum. Nur ein kurzer Hinweis:

Hätte wohl Hindenburg Papen die Genehmigung für den Staatsstreich gegen Preußen am 20. Juli 1932 gegeben, wenn es sich nicht um eine gestürzte, nur noch geschäftsführende Regierung gehandelt hätte, sondern um eine Regierung, die infolge des Erfordernisses des konstruktiven Mißtrauensvotums noch voll geschäftsfähig gewesen wäre?

In der These XVIII wird die Ansicht vertreten, der Bundespräsident sei verpflichtet, Vorschlägen des Bundeskanzlers hinsichtlich der Ernennung von Ministern zu folgen. Es herrscht eine große Verwirrung hinsichtlich der Bedeutung der

Worte „Vorschlag" und „Empfehlung". Dies gilt besonders für internationale Verträge, in denen das Wort „Empfehlung" fast jedesmal eine andere Bedeutung erhält. Empfehlung und Vorschlag bedeuten jedenfalls nicht, daß der Adressat einen Befehl erhält, dem er zu folgen hat.

In These XIX wird die Ansicht vertreten, die Bildung einer Allparteienregierung bedeute Verzicht auf eigene Politik. Ich glaube, in Krisenzeiten trifft dies jedenfalls nicht zu. Die Regierung Churchill's während des Zweiten Weltkrieges war Allparteienregierung. Sie war aber sicher nicht nur Vollzugsausschuß des Parlaments; sie betrieb im Gegenteil eine sehr eigenwillige Politik. Dasselbe gilt auch für die Regierung unter Lloyd George im Ersten Weltkriege.

Etwas traurig stimmte mich die These XX, wonach die Länder nur noch Verwaltungskörperschaften sein sollen. Vielleicht gestatten Sie mir, die These unter Berufung auf die „atavistischen Möglichkeiten" des „fehlkonstruierten Bundesrates" in Zweifel zu ziehen, der doch einen gewissen Einfluß auf die Bundespolitik auszuüben vermag.

These II der zusätzlichen Leitsätze besagt, daß akzentuierte Haushaltsansätze bindende Weisungen des Parlaments darstellen könnten; dies scheint mir gefährlich zu sein. Ebenso finde ich die These nicht akzeptabel, eine Landesregierung habe hinsichtlich ihrer Abstimmung im Bundesrat der Weisung ihres Landtags zu folgen. Dadurch würde dem Bundesrat die Möglichkeit zu bemerkenswerten Entscheidungen genommen, wie in der Frage der Montanunion und in anderen Fragen, in denen er sich von parteipolitischen Normen freimachte.

Besonders begrüßt habe ich den Hinweis des ersten Referenten, wie wichtig es ist, daß die Staatslehre nicht hinsichtlich dessen was erreicht worden ist, Defaitismus verbreitet, indem sie unzweifelhaft vorhandene Mängel allzustark in den Vordergrund stellt. Bei der Jugend wird dadurch ein Eindruck erweckt, der nicht beabsichtigt sein mag. Auch hinsichtlich des Gebrauchs des Wortes „Provisorium" sollte man vorsichtig sein. Es wurde ursprünglich aus der Empfindung heraus benutzt, daß der Bau des deutschen Staates so lange unvollendet bleibt, bis unsere Brüder und Schwestern unter sowjetischer Herrschaft freigegeben worden sind. Manchmal wird durch das Wort „Provisorium" aber der fatale Eindruck erweckt, als lohne es sich nicht, Schwächen im bestehenden deutschen Staat zu beseitigen, ja, als sei deren Erhaltung geradezu wünschenswert, da alsdann das große Ziel das „Provisorium" zu überwinden, besser erreicht werden könne.

Hans Schneider-Heidelberg:

In den Mittelpunkt seines Referates hatte Herr Friesenhahn gestellt das Spannungsverhältnis zwischen Regierung und Parlament. Aber zu diesem Spannungsverhältnis gehört auch eine dritte Kraft, die es überwacht. Und da bedaure ich, ebenso wie Herr Münch und z. T. auch Herr Kordt, daß der Referent die Befugnisse, die das Grundgesetz dem Bundespräsidenten bietet, nicht nur verkürzt, sondern ihm gänzlich abgesprochen hat. Herr Friesenhahn hat z. B. in der These 27 erklärt, daß dem Bundespräsidenten nach dem Vorschlag des Kanzlers die Auflösung des Parlaments als eine verfassungsrechtliche Pflicht obliege. Das steht doch in klarem Widerspruch zum Wortlaut des Artikels 68 GG, wo ausdrücklich die Rede davon ist, daß der Bundespräsident dem Vorschlag entsprechen „kann". Ich halte also jene These für eine Auslegung, die über das hinausgeht, was man vertreten darf. Sodann die These: der Bundespräsident müsse die Gesetze ausfertigen und sogar unverzüglich; die Verfassungsmäßigkeit dürfe er nicht prüfen. Ich halte auch das für nicht tragbar. Gewiß, maßgeblich und verbindlich entscheiden kann der Präsident über die Verfassungsmäßigkeit nicht. Das obliegt dem Bundesverfassungsgericht. Aber es ist ja seine Eidespflicht, daß der Bundespräsident in eine Prüfung eintritt, er kann dazu auch ein Gutachten einholen.

Ähnliches gilt von der These 18, daß der Bundespräsident die Entlassung und Ernennung der Minister vornehmen müsse. Der Wortlaut ergibt dergleichen nicht. Gerade der Vergleich mit anderen Verfassungsartikeln, die den Artikel 64 einrahmen und in denen das Grundgesetz ausdrücklich von einer Pflicht spricht (durch die Wahl der Worte „ist", „hat", „muß", usw.), zeigt, daß hier eine verfassungsrechtliche Verpflichtung, den Vorschlägen des Bundeskanzlers zu folgen, nicht besteht. Vor allem der Sinn der ganzen Regelung spricht gegen die Annahme des Referenten. Wenn man mit Herrn Friesenhahn davon ausgeht, daß die Stärke des parlamentarischen Systems in der Bereitschaft zum Kompromiß liegt, dann ist es doch eine legitime Möglichkeit des Bundespräsidenten, auf einen solchen Kompromiß hinzuwirken. Dazu müssen dem Bundespräsidenten die Befugnisse, die ihm die Verfassung in die Hand gibt, belassen werden. Wenn das Staatsoberhaupt als pouvoir neutre, als Vermittler, als Modérateur tätig sein soll, so kann er nicht verpflichtet sein, jedem Vorschlag des Bundeskanzlers zu entsprechen. Es ist nicht so, daß die Vorschläge des Kanzlers eine parlamentarische Legitimation besitzen, wie in den Fällen, in denen dem Bundespräsidenten vom Grundgesetz die Verpflichtung auferlegt ist, einem Vorschlage zu entsprechen, weil eine parlamentarische Abstimmung schon vorliegt. Dem Kanzler mag es auch willkommen sein, wenn er bei seinen Koalitionsgesprächen und den anderen Wahlkapitulationen darauf hinweisen kann, daß er verbindliche Zusagen nicht abgeben könne, weil er nicht wisse, in welchem Umfang der Bundespräsident bereit sei, mitzumachen. Wenn ein Kanzler darauf besteht, daß ein Minister seiner Wahl ernannt werde, so kann er schließlich durch Drohung mit dem Rücktritt den Bundespräsidenten vor die Wahl stellen, ob er entweder den Minister ernennen oder riskieren will, daß der Kanzler geht. Ich halte diese ausgleichende Funktion des Bundespräsidenten für um so wichtiger, als das Bundesverfassungsgericht seiner Natur nach als Gericht dieser Aufgabe nicht gerecht werden kann.

Kaiser-Freiburg:

Die rechtswissenschaftliche Dogmatik, die ich sicher nicht weniger hoch schätze als Herr Ipsen, wird, wenn sie nicht retrospektiv sein will, sich unter Umständen angesichts gegebener Tatsachen korrigieren müssen, zu deren Erkenntnis und Bestandsaufnahme die Mittel der political science wie der Soziologie sich als geeignet erweisen mögen.

Darf ich in der gebotenen Kürze den Versuch machen, aus einigen hier namhaft gemachten Tatsachen mir sich aufdrängende Konsequenzen für die Dogmatik des Themas „Verhältnis von Regierung und Parlament" zu ziehen? Dabei scheint mir im Vordergrund zu stehen, daß diesem Bezugssystem von Regierung und Parlament, das in Punkt 8 des ersten Referats hervorgehoben und in Punkt 10 näher dargestellt ist, nicht mehr jene außerordentliche, nahezu ausschließliche Bedeutung für die Formulierung der Politik zukommt, wie es im vorigen Jahrhundert noch der Fall war, und von dem die hergebrachte Dogmatik noch mehr oder weniger als selbstverständlich ausgeht. Es ist heute mehrfach zum Ausdruck gekommen, daß die Regierung die Auseinandersetzung über ihre politischen Ziele, die Darstellung und das Publikmachen ihrer politischen Vorhaben nicht selten unter Umgehung des Parlaments herbeiführt. Wichtiger für die Dogmatik unseres Themas scheint es mir zu sein, daß das Volk seinerseits noch häufiger den Kontakt und die Auseinandersetzung mit der Staatsführung unter Umgehung des Parlaments sucht. Dafür lassen sich zahlreiche Beispiele anführen. Der Kampf um das Gesetz über die Mitbestimmung der Arbeitnehmer bei Kohle, Eisen und Stahl ist ein extremes, aber aussagekräftiges Beispiel. Ein außergewöhnliches, aber in diesem Zusammenhang erwähnenswertes Beispiel ist auch der Fall, daß Verbände die Auseinandersetzung über die Regierungspolitik auf dem Umweg über internationale Instanzen führen können, indem etwa nach Art. 35 des Vertrages über den Gemeinsamen Markt für Kohle und Stahl die Hohe Behörde von einem Verband oder Unternehmen der Montanindustrie mit dem Gegenstand einer Regierungsmaßnahme, eines Gesetzes oder eines internationalen Vertrages befaßt wird, und indem in derselben Sache etwa auch der Montangerichtshof angerufen wird.

Diese und andere Symptome stellen die im alten Sinne repräsentative Funktion des Parlaments in Frage. Die Medien der öffentlichen Meinung, die Presse, die Einrichtungen zur Meinungserfragung und besonders die Verbände spielen hier ihre Rolle als Konkurrenten des Parlaments. Angesichts dieser Verhältnisse, die man teilweise vielleicht schon als Verfassungsbräuche charakterisieren darf, drängt sich einer rechtswissenschaftlich - dogmatischen Behandlung unseres Themas die Frage auf, ob das Parlament wirklich noch ausschließlich, noch absorbtiv repräsentiert, oder ob nicht auch andere Einrichtungen, insbesondere die Konkurrenz und die Balance der Interessengruppen, bereits heute eine faktische Repräsentation darstellen. Daraus mögen sich auch Konsequenzen für die Praxis ergeben, insbesondere im Sinne einer Bescheidung des Parlaments; Herr Partsch sprach sich mit Recht für den Verzicht auf eine parlamentarische Gegenbürokratie aus; in den Münchener Arbeiten über die Staatsvereinfachung ist auch die Verminderung der Abgeordnetensitze angeregt worden[1]).

Böhmert-Kiel:

Es ist davor gewarnt worden, das Grundgesetz zur Sprache zu bringen, aber mit Recht hat der Erstreferent den Nachdruck darauf gelegt, daß die Rechtsgrundlage des Verhältnisses zwischen Parlament und Regierung die jeweilige Verfassung, d. h. für uns das Grundgesetz ist. Das Grundgesetz ist nun keineswegs ein vom grünen Tisch nach abstrakten Erwägungen der allgemeinen Staatslehre gewissermaßen voraussetzungslos geschaffenes Dokument, sondern es legt die Begriffe zu Grunde, die in unserer Verfassungsgeschichte der letzten 150 Jahre entwickelt worden sind. Diese Begriffe sind für das heutige Thema 1. die Ministerverantwortlichkeit und 2. das

---

[1]) Staatsvereinfachung in Bayern, Gutachten der Arbeitsgemeinschaft für Staatsvereinfachung, München 1955, S. 18 f.

parlamentarische Prinzip. Der erstere Begriff, der aus dem Konstitutionalismus stammt, bedeutet Verantwortlichkeit des Ministers gegenüber dem Parlament für die Verfassungsmäßigkeit und Gesetzmäßigkeit seines Handelns, eine Verantwortlichkeit, die sich im Wege der Staatsanklage und der parlamentarischen Debatte mit dem Minister vor dem Parlament und dessen Ausschüssen realisiert. Der zweite Begriff, das parlamentarische Prinzip ist erst nach dem Übergang zur Republik endgültig zu der Ministerverantwortlichkeit hinzugekommen und bedeutet, daß die Minister zu ihrer Amtsführung des Vertrauens des Parlamentes bedürfen, eines Vertrauens, das ihnen auch dann entzogen werden kann, wenn ihnen keinerlei gesetz- und verfassungswidriges Handeln vorgeworfen wird. Die Weimarer Verfassung brachte die Zweiteilung dieser beiden Institute klar zum Ausdruck, und auch das Grundgesetz hat sie übernommen, wenn es auch in der Art ihrer Verwirklichung einige Beschränkungen brachte, die Ministeranklage als überflüssig strich und durch das konstruktive Mißtrauensvotum die formelle, zum Rücktritt führende Vertrauensfrage einerseits auf den Kanzler beschränkte und zum andern mit der Kanzlerneuwahl verband. Diese Einschränkungen haben nun zu einer Auslegung der Verantwortlichkeit der Bundes*minister* im Gegensatz zu der Verantwortlichkeit des Bundes*kanzlers* geführt, die meines Erachtens dem Sinne der Verfassung widerstreitet. Man hat gesagt, daß in dem Art. 65 GG über die Ministerverantwortlichkeit das Wort „Verantwortlichkeit" nur bezüglich des Bundeskanzlers den alten in unserer Verfassungspraxis und unserer Verfassungslehre seit 150 Jahren überkommenen Sinn einer Ministerverantwortlichkeit gegenüber dem Parlament habe, während Ministerverantwortlichkeit der Bundes*minister* seltsamerweise den völlig neuartigen, in unserem bisherigen Verfassungsleben unbekannten Sinn einer Verantwortlichkeit gegenüber dem Bundes*kanzler* haben soll. Diese These wird damit begründet, daß die im Art. 54 der Weimarer Verfassung hinter dem Wort „Verantwortlichkeit" stehenden Worte „gegenüber dem Reichstag" nicht in das Grundgesetz übernommen sind, ein Argument, das rechtlich zweifelhaft ist, weil diese Worte in beiden Fällen fehlen: sowohl bei der Verantwortlichkeit des Bundeskanzlers, wie auch bei der Verantwortlichkeit der Bundesminister, was gerade nicht für einen Willen des Gesetzgebers zur Sinnesänderung der übernommenen Weimarer Formel, sondern nur für dessen Wunsch nach Breviloquenz spricht. In gleiche Richtung weist, daß die Weimarer Formel des Art. 54 W.V. teils mit, teils ohne die Verkürzung des Grundgesetzes in die Landesverfassungen übernommen worden ist und es unmöglich erscheint, daß sie dort teils den neuen, teils den alten Sinn haben soll. Das Referat des Erstreferenten scheint mir nun der hier bezweifelten neuartigen Auslegung der Verantwortlichkeit der Einzelminister ihren Boden entzogen zu haben. Denn, wenn schon nach seiner 25. These Mißbilligungsanträge des Parlaments, Anträge also, die die Frage des Vertrauensverhältnisses zwischen Parlament und Minister betreffen, und nicht deren Verantwortlichkeit gegenüber dem Parlament für die Rechtmäßigkeit ihres Handelns, zulässig sein sollen, so muß der Herr Erstreferent de majore ad minus der Meinung sein, daß die hier bekämpfte Auslegung des Art. 65, nach der „Verantwortlichkeit der Bundesminister" die Verantwortlichkeit gegenüber dem Bundeskanzler betreffen soll, nach seiner Meinung erst recht unhaltbar ist. Innerhalb der Bundesregierung, die dem Bundestag gegenübertritt, haben die Bundesminister im Rahmen der allgemeinen Richtlinien eine selbständige Stellung auch neben dem Bundeskanzler. U. a. tritt diese in ihrer selbständigen Verantwortlichkeit gegenüber dem Parlament hervor.

E r l e r - Göttingen:

Im Zusammenhang mit dem, was Herr Carstens, Herr Kordt und Herr Ipsen über die Machteinschränkung des Parlaments durch die Hingabe von Hoheitsrechten an internationale Gemeinschaften gesagt haben, ist auf ein Problem hinzuweisen, das sehr häufig übersehen wird, nämlich auf das der parlamentarischen Haushaltskontrolle. Traditionell wird es als eine wesentliche Komponente der Macht des Parlamentes angesehen, daß es auf die Gestaltung des Staatshaushaltes durch die Haushaltsbewilligung und die Haushaltskontrolle einen entscheidenden Einfluß hat. Aber in immer steigendem Maße ist es durch die Abgabe von Hoheitsbereichen an internationale Gemeinschaften, aber auch ohne diese schon durch die Bindung des Staats durch langfristige internationale Verträge dazu gekommen, daß der Haushalt mit gewissermaßen international festgeschriebenen Positionen belastet ist.

Ich darf Sie zunächst an die Beiträge erinnern, die an internationale Organisationen zu leisten sind. Natürlich bleibt die Summe dieser Beträge noch relativ harmlos, soweit es sich lediglich um Umlagen zur Verwaltungsgestaltung internationaler Organisationen handelt. Aber denken Sie darüberhinaus an die Festlegung von Anteils- und Garantiesummen in internationalen Fonds, wie wir sie im Internationalen Währungsfonds, in der Weltbank, in der Europäischen Zahlungsunion und den verschiedenen Investitionsfonds heute schon haben. Denken Sie darüberhinaus an solche Dauerverpflichtungen wie das Schuldenabkommen, das noch über 40 Jahre hinaus das Parlament bindet. Denken Sie ferner an die internationale Besteuerung, wie wir sie schon bei der Montangemeinschaft in Form der ordentlichen Produktionsumlage haben. Sie ist zwar nur mittelbar für den Staatshaushalt belastend, auf der Rückseite gewissermaßen; aber dort, wo Besteuerungen der internationalen Gemeinschaften durch die staatlichen Grenzen hin durchgeführt werden, kann der nationale Besteuerer die Quelle nicht mehr so stark anzapfen, wie er es sonst vermöchte.

Denken Sie endlich auch an die anteiligen Quoten, an die Aufwendungen, die für große internationale Gemeinschaften und Aufgaben in steigendem Maße verlangt werden. Wenn Hoheitskompetenzen, wie etwa die der gemeinsamen Verteidigung, der Wirtschafts- und Energieverwaltung, aus dem nationalen Bereich ausgeklammert und in eine internationale Kompetenz überführt werden, dann werden von den internationalen Verwaltungsträgern auf die einzelnen beteiligten Staaten notwendig sehr hohe Beiträge umgelegt. Das Beeinträchtigende für die Parlamente der Einzelstaaten liegt in der Tatsache, daß diese Beiträge nicht mehr in ihrer Höhe von dem Parlament selbst bestimmt werden, sondern daß ihre jährliche Festsetzung in die Hände von Gremien kommt, die ohne wesentliche parlamentarische Kontrolle und ohne eine bestimmende Einflußnahme des Parlamentes der Staaten, die finanziell belastet werden, beschließen, was jeder einzelne Mitgliedsstaat zu zahlen hat. Zwar sind diese Festsetzungen heute noch von vielen Klauseln umgeben; aber letztlich kann sich kaum ein Staat dem politischen, wirtschaftlichen und moralischen Druck einer solchen internationalen Gemeinschaft, sich prozentual an den notwendig werdenden Ausgaben zu beteiligen, entziehen. So ergeben sich Jahr für Jahr für den Staat Haushaltspositionen, die durch langlebige internationale Verträge festgelegt sind oder in wechselnder Höhe durch internationale Stellen beschlossen werden und die automatisch den Haushalt mit festgeschriebenen Posten belasten.

Ich glaube, es ist nicht ganz uninteressant, auf diese Entwicklung, die sich hier anbahnt, — die heute noch nicht voll zur Wirkung kommt, die aber zweifellos in der Zukunft immer deutlicher werden wird, — hinzuweisen. Sie zeigt, daß durch die Auswirkungen der internationalen Vereinbarungen und internationalen Körperschaften die Kompetenzfülle des Parlamentes — gewissermaßen lautlos — dadurch eingeengt wird, daß sie sich nicht mehr uneingeschränkt bei einer der vornehmsten Funktionen des Parlamentes, bei der Festsetzung des Haushaltes, äußern kann.

Ein Wort sei noch gesagt zu den Problemen der begleitenden und der rückblickenden Kontrolle über den Haushalt. Bisher hat sich offenbar eine wirksame parlamentarische begleitende und rückblickende Kontrolle über die internationalen Gemeinschaftshaushalte nicht verwirklichen lassen. Es wird notwendig sein, völkerrechtliche oder staatengemeinschaftliche Formen zu entwickeln, durch die eine echte parlamentarische Kontrolle über die Ordnungsmäßigkeit der öffentlichen Ausgaben in internationalen Gemeinschaften sichergestellt wird.

P a r t s c h - Kiel (Schlußwort):

Ich kann mich sehr kurz fassen, da sich die meisten Diskussionsredner an den Vorschlag von Herrn Ipsen gehalten haben, sich auf die Fragen des positiven deutschen Rechts zu beschränken.

Herr Münch hat — wie mir scheint — sowohl Herrn Friesenhahn — wenn ich das hier sagen darf — wie auch mich mißverstanden. Wir haben den Begriff des modernen Staates beide in keiner Weise mit dem parlamentarischen Regierungssystem identifiziert, sondern waren uns beide — so glaube ich — darin einig, daß es nicht e i n parlamentarisches Regierungssystem, sondern daß es verschiedene Typen von parlamentarischen Regierungssystemen gibt. die sich untereinander stark unterscheiden und daß wir deswegen so vorsichtig sein mußten, wenn wir hier Rechtvergleichung betrieben, weil wir bei jedem Vergleich mit dem Einwand rechnen mußten, er sei unzulässig, da in der herangezogenen fremden Rechtsordnung diese oder jene Faktoren mitspielten, welche ihr ein eigenes Gepräge gäben.

Herr Carstens hat das interessante Problem der Kontrolle der Ministerräte in internationalen Organisationen angeschnitten, das zu dem Komplex der Regierungskontrolle gehört und nicht zu meinem Problemkreis, da ich mich auf das Parlament als Normensetzer beschränkt habe. Ich glaube allerdings, daß man die Frage nicht so pessimistisch wie Herr Carstens anzusehen braucht; der Minister, der im Ministerrat abstimmt, ist natürlich dem nationalen Parlament für das, was er dort tut, verantwortlich. Wenn das Parlament sein Verhalten zum Gegenstand einer Diskussion zu machen wünscht, dann ist es daran nicht dadurch gehindert, daß die Abstimmungen in diesem Gremium geheim waren, denn das Parlament hat die Möglichkeit, die Diskussion darüber auch seinerseits in einen geheim tagenden Ausschuß zu verlegen; der auswärtige Ausschuß ist das gegebene Forum dafür. Wir haben nicht nur im deutschen Parlament, wir haben auch im amerikanischen Senat viele Beispiele dafür, daß in den Ausschüssen allergeheimste Dinge beraten wurden und die Minister dabei sehr eingehenden Verhören über ihr Verhalten in den Ministerräten der internationalen Organisationen unterzogen wurden.

Wenn ich dann noch eine Kleinigkeit berichtigen darf: Herr Ipsen hat mich offenbar mißverstanden. Ich habe nicht davon gesprochen, daß die Kanalisierung der lobby im Parlament stattfinden müßte, sondern habe gerade darauf hingewiesen, daß es notwendig ist, sie auf der Regierungsebene vorzunehmen.

Diese drei Punkte würden es nicht rechtfertigen, daß ich von dem Rechte Gebrauch mache, am Schluß der Diskussion das Wort zu ergreifen, sondern ich tue es in erster Linie, um meine Methode zu verteidigen, nachdem sie — vor allem von Herrn Ipsen — angegriffen worden ist. Ich glaube, sie würden die Staatsrechtswissenschaft etwa auf den Stand der Zivilrechtswissenschaft aus der Zeit vor 1910 zurückwerfen, wenn wir uns darauf beschränken wollten, wie Herr Scheuner es so treffend darlegte, einzelne Grundrechtsartikel zu interpretieren. Die moderne Zivilrechtswissenschaft hat ihren Impuls erst dadurch bekommen, daß die Interessenjurisprudenz einbrach, die Begriffjurisprudenz hinwegschwemmte und statt dessen lehrte, die Rechtsnormen auf der Grundlage einer intensiven Tatsachenerforschung am Leben zu messen. Mir scheint, daß wir auf der staatsrechtlichen Ebene etwas ähnliches tun müssen, indem wir uns mit dem Leben der Institutionen, die durch die Verfassung geschaffen wurden, beschäftigen, und daß wir erst auf dieser Grundlage weiterschreiten können.

Friesenhahn-Bonn (Schlußwort):

Ich möchte Ihnen zunächst danken für die Anregungen, die mir die Diskussion gebracht hat, aber ich kann meine Enttäuschung nicht verhehlen. Ich hatte mir hier einen frischfröhlichen Streit erhofft und bedaure außerordentlich, daß unsere Diskussionen immer darunter leiden, daß die Guillotine des Parlamentes auch hier eingeführt wird, und daß dann, wenn Kollegen sehr wichtige Dinge zu sagen haben, die Klingel des Vorsitzenden ertönt. Unsere Verhandlungen leiden, wenn immer nur ganz kurze Ansätze in der Diskussion vorgebracht werden können.

Was meine Methode angeht, so möchte ich Herrn Scheuner danken, daß er mich gegen Herrn Ipsen etwas verteidigt hat. Ich glaube, Herr Ipsen, an sich sind wir sehr verwandte Naturen. Man wirft mir oft vor, daß ich zu sehr dogmatisch-konstruktiv arbeite, aber hier muß ich sagen: eine Behandlung dieses Themas in der Weise, wie Sie sie vorschlagen, ist überhaupt nicht möglich. Wenn ich es etwas scharf zuspitze, so wollten Sie mir vielleicht sagen, daß ich so ein bißchen staatsbürgerliche Bildung betrieben habe, so etwas versucht habe, unser Verfassungssystem für höhere Schüler schmackhaft zu machen. Ich darf dem entgegenhalten, daß alles das, was ich gesagt habe, in der Gegenposition auch im staatsrechtlichen Schrifttum zu finden ist, und daß es darum schon wichtig ist, auch solche Dinge hier anzurühren. Nur von diesen Fakten aus gesehen, lassen sich auch wesentliche Fragen unseres Verfassungsrechts lösen. Ich konnte also gar nicht anders vorgehen, als zunächst eine gewisse Typenlehre auszubreiten.

In der Diskussion wurde als Lücke empfunden, daß das Referat den Bereich der supranationalen Gemeinschaften nicht behandelt habe, und die Diskussion hat sich besonders eingehend darauf erstreckt. Nun habe ich natürlich auch diesen Problemkreis gesehen, aber ich habe ihn bewußt ausgeklammert, weil ich sonst noch länger hätte reden müssen. Die Erörterung der Fragen:

a) Wie sollen auf der supranationalen Ebene die Beziehungen zwischen Beratender Versammlung, Exekutivbehörde und Ministerrat geordnet werden?
b) Wie sind die Relationen zwischen den supranationalen und den nationalen Organen?

wäre ein Referat für sich gewesen. Das konnte ich einfach nicht bringen.

Ich weiß natürlich auch, daß wir nicht-parlamentarische Regierungen haben, Aber wenn ich versucht hätte, die Probleme, die mit der Themen-Stellung aufgeworfen sind, der Reihe nach durchzuarbeiten a) für Präsidialregierungen, b) für parlamentarische Regierungen aller Typen, wäre ich nie zu Ende gekommen. Ich konnte also nur den Versuch machen, eine Schneise zu legen, um dann auch einmal nach rechts und links Ausblicke zu geben, rechtsvergleichende Ausblicke auf andere Systeme. Wir hatten weiter schon hinter uns die Heidelberger, Bonner, Hamburger und Mainzer Tagung, alles Tagungen, auf denen genau die gleichen Fragen von irgendeinem

Punkt her schon angerührt worden sind. Wir haben in Heidelberg bereits die Kabinettsfrage und den Gesetzgebungsnotstand behandelt. Wir haben uns in Bonn mit der auswärtigen Gewalt beschäftigt, und ich stehe heute Herrn Menzel näher als damals, wie Sie bemerkt haben werden. In Hamburg haben wir von der Finanzgewalt gesprochen, und in Mainz war das Maßnahmegesetz Verhandlungsgegenstand.

Es wäre reizvoll gewesen, die Finanzgewalt von dem hier gewählten Ausgangspunkt aus eingehender zu behandeln. Unter II 2 habe ich dazu noch beiläufig eine These mit eingeflickt. Und Herr Erler hat zum Schluß noch darauf hingewiesen, wie die Masse der fixen Posten so außerordentlich stark geworden ist, so daß das Parlament kaum noch Bewegungsfreiheit hat. Daraus gerade ist meine These erwachsen: weil die Budgetkontrolle heute nicht mehr die alte Bedeutung hat, müssen die übrigen Kontrollen um so stärker eingesetzt werden.

Wenn einer der Redner, es war Herr Kordt, gesagt hat, ich würfe den Blick zu stark auf die Legislative, so muß ich darauf hinweisen, daß ich nicht von „Legislative" und „Exekutive", sondern ganz bewußt nur von Regierung und Parlament gesprochen habe, um zwei Organe zu bezeichnen und nicht die Funktionen. Gerade daß das Parlament eben nicht nur Legislative ist, war eine meiner Hauptthesen, und ich habe auch keineswegs, wie andere Redner geglaubt haben, etwa die These verfochten, das Parlament solle Exekutive werden. Ich habe von einer „Mitwirkung", von einer Staatsführung „zur gesamten Hand" gesprochen. Bei der Kürze, deren ich mich hier befleißigen mußte, ist wohl nicht alles so klar herausgekommen, wie es an sich nötig gewesen wäre.

Wenn Herr Scheuner mir entgegenhält: Um Gottes willen, wie kann noch ein Minister verantwortlich sein, wenn das Parlament ihm in die Ernennung der Beamten hineinredet?, so erwidere ich, daß insofern sehr genau unterschieden werden muß. Vielleicht wissen es viele Kollegen gar nicht, daß ein Staat wie Hamburg es fertig bringt, alle Ernennungen und Beförderungen der Beamten von der Zustimmung eines Ausschusses abhängig zu machen, der aus einigen höheren Beamten und einigen von der Bürgerschaft gewählten Mitgliedern besteht. Auch das gibt es also. Meine These war zunächst nur im Hinblick auf den bekannten Streit in Niedersachsen konzipiert worden: Das Haushaltsgesetz band die Ernennung der Mitglieder des Rechnungshofs an die Zustimmung des Parlamentes; die Regierung erklärte eines Tages, das sei als Verstoß gegen die Gewaltenteilung verfassungswidrig und nichtig;

daraufhin wurde sofort auf Antrag aller Parteien die Verfassung geändert. Das halte ich nicht für notwendig, weil, — Herr Ipsen wird mir zustimmen, — der Rechnungshof doch ein Kontrollorgan des Parlamentes ist, und es daher durchaus legitim ist, wenn das Parlament sich ein Mitwirkungsrecht vorbehält, auch wenn diese Beamten formell von der Regierung ernannt werden. Ich denke also nicht daran, es für zulässig zu halten, die gesamte Beamtenernennung durch einfaches Gesetz an parlamentarische Zustimmung zu binden.

Worauf es mir ankam, war darzulegen, daß es kein verfassungskräftiges Vorbehaltsgebiet für die Regierung in dem Umfang gibt, wie es vielfach in Anwendung eines überspitzten Gewaltenteilungsdogmas angenommen wird. Natürlich haben wir einen gewissen Bereich der Regierung, nur glaube ich, daß viele Herren Kollegen — entschuldigen Sie, Herr Weber, wenn ich Sie hier apostrophiere — die Grenze der Gewaltenteilung zwischen Regierung und Parlament etwas all zu scharf ziehen. Wo parlamentarische Regierungsweise herrscht, kann man nicht so scharfe Grenzen ziehen; hier gibt es ein Hinüber- und Herüberwirken. Dabei habe ich die durchaus führende Funktion der Regierung deutlich herausgestellt. Es kam mir darauf an, diese Wechselwirkung, die man — wie ich glaube — gar nicht in ganz klare Formeln bringen kann, herauszuheben, durchaus die Initiative der Regierung zu betonen, aber auch dieses Getragensein vom Parlament, das unter Umständen seinen Willen der Regierung auferlegen kann. Wenn ich von „Weisungen" gesprochen habe, so weiß ich natürlich auch, daß das nicht Weisungen sind, die eine Ministeranklage zur Folge haben könnten, wenn sie nicht befolgt werden. Aber es geht um die Frage, ob das Parlament überhaupt Beschlüsse über die Führung der Politik fassen darf, oder ob solche Anträge gar nicht zur Abstimmung gestellt werden dürfen, weil das Parlament damit den ihm durch die Verfassung zugemessenen Kompetenzbereich überschreitet. Es kommt mir darauf an, daß das Parlament legitimerweise allgemeine politische Debatten führen und mit solchen Willenskundgebungen abschließen darf. Ich erinnere an die Debatten im Bundestag über die Wiedervereinigung und über die Saarfrage, insbesondere an die Atomrüstungsdebatte mit ihrer abschließenden Weisung, die der Regierung solche Kopfschmerzen gemacht hat. Das ist also verfassungsrechtlich legitim und kann nicht von vornherein abgebogen werden mit der Behauptung: das gehört gar nicht zu den Aufgaben des Parlaments.

Ähnlich liegt es, Herr Böhmert, mit der Frage der Verantwortung der Bundesminister. Was Sie ausgeführt haben, steht ungefähr wörtlich in meinem zweiten Teil. Es ist ganz klar für mich, daß die Bundesminister auch dem Parlament verantwortlich sind, und nicht nur dem Bundeskanzler. Man muß unterscheiden zwischen der Verantwortlichkeit und den Mitteln, die Verantwortlichkeit geltend zu machen. Meine These geht dahin: Verantwortlichkeit vor dem Parlament bedeutet, daß das Parlament den Minister zitieren kann, daß der Minister Rede und Antwort stehen, auf Anfragen replizieren muß usw. Eine weitere Frage ist dann, ob das Parlament auch in der Lage ist, den Minister von sich aus zu stürzen. Es wird oft übersehen, daß es sich dabei um zwei grundverschiedene Dinge handelt. Wenn auch die Bundesminister nicht vom Bundestag gestürzt werden können, so sind sie doch dem Bundestag verantwortlich. Das hat Bedeutung für die Frage der Mißbilligungsvoten. Sie erinnern sich an die Debatte im Bundestag über das Telegramm des Justizministers Dehler an die Mannheimer Juristen betreffend den Plenarbeschluß des Bundesverfassungsgerichts und an den Mißbilligungsantrag der SPD. Die CDU wußte genau, daß es eine ganz faule Sache war. Sie konnte schlecht aus sachlichen Gründen dagegen stimmen, also klammerte man sich an das Argument: Mißbilligungsvoten sind verfassungsrechtlich überhaupt nicht zulässig. Nach meiner Meinung sind solche Mißbilligungsvoten, Tadelsvoten u. dgl. durchaus zulässig, und es muß darüber abgestimmt werden. Welche Folgen sie haben, ist eine andere Frage. Aber lesen Sie einmal die Debatten im bayerischen Landtag über das Verhalten des Justizministers Müller in der Auerbach-Affäre nach. Im Ergebnis haben sie doch dazu geführt, daß der Ministerpräsident ihn entlassen mußte, weil das Parlament erklärte: mit ihm arbeiten wir nicht mehr zusammen.

Was Herr Pfeifer über das österreichische Beispiel gesagt hat, hat natürlich seine praktischen Erfahrungen als österreichischer Oppositions-Parlamentarier für sich. Aber ich fühle mich nicht ganz widerlegt. Ich meine, daß in dem österreichischen Koalitions-Regime doch nicht eigentlich die Verfassung aufgehoben ist, sondern es scheint mir, daß dort eben die Mehrheitsparteien eine neue Methode entwickelt haben, den Mehrheitswillen festzustellen. Auch in Österreich dürfte doch niemals ein Abgeordneter deshalb sein Mandat verlieren, weil er dem Koalitionspakt entgegengehandelt hat, nur ist vielleicht dort der Druck etwas größer als bei uns. Es scheint mir nur ein gradueller Unterschied zu sein, aber das hebt nicht auf, daß dieses österreichische Beispiel doch eminent interessant ist dafür, wie man versucht, eine gemeinsame Regierung über bestehen bleibende Gegensätze hinweg zu bilden. Man muß dabei auch an die großen Koalitionen denken. Vielleicht ist die österreichische Regierung mehr große Koalition als Allparteienregierung; sie liegt gerade an der Grenze. Die Bildung der großen Koalitionen, diese Verständigung auf einen gewissen Bereich unter Freihaltung anderer Bereiche, scheint mir eine für die heutige Lage — Parlament und Regierung im modernen Staat — außerordentlich wichtige Angelegenheit zu sein.

Was die Stellung des Bundespräsidenten angeht, die ja von mehreren Diskussionsrednern angesprochen worden ist, so darf ich zunächst Herrn Hans Schneider sagen, daß mich das Argument aus dem Wortlaut nicht sehr überzeugt. Gerade Bestimmungen einer Verfassung, die politisches Recht ist, müssen stärker aus dem Gesamtzusammenhang heraus interpretiert werden als aus dem bloßen Wortlaut. Aus dem System der Verfassung, aus der Ausgestaltung der einzelnen Verfassungsorgane und ihrer Zuordnung zueinander kann sich unter Umständen ergeben, daß das Wort „kann" ein politisches „muß" verschleiert. Ich darf daran erinnern, daß zu der umstrittenen Frage der Ernennung und Entlassung der Minister Walter Jellinek schon auf der Heidelberger Tagung gesagt hat, daß er gar keinen Zweifel habe, daß der Bundespräsident dem Ersuchen des Bundeskanzlers folgen müsse. Nach dem Grundgesetz wird der Bundeskanzler grundsätzlich von der Mehrheit der Mitglieder des Bundestags gewählt, und zwar letztlich ohne Rücksicht auf einen Vorschlag des Bundespräsidenten. Der Bundeskanzler ist die Zentralfigur der Bundesregierung; er bestimmt die Richtlinien der Politik; ihm allein kann das Mißtrauen ausgesprochen werden. Der Bundespräsident ist bewußt schwach gehalten worden. Dann kann es nicht dem System des Grundgesetzes entsprechen, daß der Bundespräsident Einfluß auf den personalen Bestand der Bundesregierung nehmen und den Bundeskanzler daran hindern darf, die Regierung so zusammenzusetzen, wie er es nach Verständigung mit den politischen Parteien wünscht.

Herr Schneider hat nun vor allen Dingen noch die Funktion des Bundespräsidenten als pouvoir neutre hervorgehoben. Aber dazu möchte ich sagen, daß doch jene Aufwertung des Reichspräsidenten der Weimarer Reichsverfassung mit Hilfe des Begriffs des pouvoir neutre verfassungsrechtlich nur deshalb gerechtfertigt war, weil auch er aus allgemeiner Volkswahl hervorgegangen war wie das Parlament. Gehen wir doch auf die Grundlagen zurück: Weimar hatte den Reichspräsidenten aus allgemeiner Volkswahl, hatte das sozusagen unbeschränkte Auflösungsrecht, hatte die Möglichkeit, daß der Reichspräsident nach seinem Ermessen den Reichskanzler ernennen und entlassen, ja ausgesprochene Kampfregierungen bilden konnte. Alles das gilt nicht für den Bundespräsidenten nach dem Grundgesetz. Darum glaube ich nicht, daß dieser eine solche Funktion haben kann, wie sie dem Weimarer Reichspräsidenten zukam. Ich habe übrigens in meinem Referat darauf hingewiesen, daß das Nominationsrecht im politischen Raum eine gewisse Einflußmöglichkeit gibt, daß der Bundespräsident vorher sondieren, daß er die Parteiführer zu sich bestellen und damit unter Umständen der Regierungsbildung eine gewisse Richtung geben kann. Aber ich bestreite, daß nach dem System des Grundgesetzes dem Bundespräsidenten ein wirklich entscheidender Einfluß auf Bildung und Bestand unserer Bundesregierung zukommen kann.

Daß meine These über das Prüfungsrecht des Bundespräsidenten auf heftigen Widerspruch stoßen würde, war mir klar. Ich stehe da ja mit Herrn Peters ziemlich isoliert. Trotzdem halte ich daran fest. Sie erinnern sich, daß hier in diesem Raum vor 35 Jahren Richard Thoma seinen Vortrag über das richterliche Prüfungsrecht gehalten und damals gesagt hat, wir brauchten kein richterliches Prüfungsrecht, weil wir genügend andere Kontrollen eingebaut hätten. In diesem Zusammenhang erwähnte er auch das nach seiner Auffassung bestehende materielle Prüfungsrecht des Reichspräsidenten. Nun ist heute das richterliche Prüfungsrecht verfassungsrechtlich anerkannt, und zwar in der extremen Form, daß die Verwerfungskompetenz beim Bundesverfassungsgericht konzentriert ist. Dann scheint es mir aber nicht mehr konsequent zu sein, trotzdem noch dem Bundespräsidenten mit seiner dem Parlament gegenüber doch schwächeren politischen Grundlage das Recht zu geben, vom Parlament beschlossene Gesetze zu verwerfen. Nach den Grundlagen unserer Verfassung muß, wenn das Parlament ein Gesetz beschlossen hat, dieses Gesetz auch verkündet werden, und nur dem Bundesverfassungsgericht steht es zu, seine etwaige Verfassungswidrigkeit festzustellen. Am Rande: Sie wissen, daß in Berlin der Präsident des Abgeordnetenhauses die Gesetze ausfertigt, und in Frankreich ist es so, daß, wenn der Staatspräsident die Gesetze nicht binnen der bestimmten Fristen ausfertigt, der Präsident der Nationalversammlung die Gesetze ausfertigt und verkündet. Das ist meiner Meinung nach absolut konsequent. Für das materielle Prüfungsrecht des Bundespräsidenten wird nun auf den Wortlaut des Grundgesetzes verwiesen: Der Bundespräsident habe „die nach den Vorschriften dieses Grundgesetzes zustande gekommenen Gesetze" zu verkünden. Zur Weimarer Zeit hieß es: Wenn der Reichspräsident die Gesetze verkünden muß, die verfassungsmäßig zustande gekommen sind, dann könne die Prüfung nicht beschränkt sein auf das formelle Zustandekommen der Gesetze, weil die Form davon abhängig sei, ob die Gesetze mit der Verfassung inhaltlich in Einklang stünden. Dieses Argument konnte früher allenfalls durchgehen, weil die Technik der Verfassungsdurchbrechung mit verfassungsändernder Mehrheit anerkannt war. Heute aber haben wir ein spezielles Gesetzgebungsverfahren für verfassungsändernde Gesetze. Und nach meiner Meinung heißt heute prüfen, ob ein Gesetz verfassungsmäßig zustande gekommen ist, nur prüfen, ob der eine oder der andere von diesen beiden Wegen eingehalten worden ist. Das kann aber nicht bedeuten, daß der Bundespräsident oder die gegenzeichnende Bundesregierung erklären dürfen, ein Gesetz, das im einfachen Weg beschlossen worden ist, sei deshalb nicht gültig, weil eine Verfassungsänderung vorausgehen mußte. Aber hier — weiß ich — kämpfe ich ziemlich allein auf weiter Flur.

Ich muß damit meine Bemerkungen abschließen. Die Diskussion hat noch viele andere Anregungen gebracht, auf die ich aus Zeitmangel nicht mehr eingehen kann. Ich hoffe, mich darüber an anderer Stelle noch äußern zu können.

Zweiter Beratungsgegenstand:

Die Organisationsgewalt

1. Bericht von Professor Dr. Arnold Köttgen, Göttingen

Ein von seinem heimatlichen Landtag zu Rate gezogener Experte des Verfassungsrechts erteilte vor einigen Jahren der Organisationsgewalt das Ursprungsattest: Arsenal der preußischen Monarchie von 1850[1]). Unwillkürlich fragt sich daher der Referent über ein solches Thema, ob der Vorstand ihn etwa zur Vorhut eines Rückmarsches in jenen „vorrechtsstaatlichen Urwald" erkoren habe, aus dem erst vor Jahresfrist Herbert Krüger eine allerdings zuweilen etwas widerstrebende Versammlung herauszuführen versuchte[2]).

Ich würde das mir gestellte Thema verharmlosen, wollte ich hier über organisatorische Kompetenzen jeglicher Art referieren. Zwar ist in der Literatur hier und dort auch von einer Organisationsgewalt der Legislative die Rede[3]), jedoch seinen prägnanten Sinn erhält dieser staatsrechtliche Terminus erst dann, wenn er zwar nicht auf die Regierung, wohl aber auf die Exekutive in ihrer Gesamtheit beschränkt wird. Ja, man wird noch einen Schritt weiter gehen müssen. Von Organisationsgewalt im engsten und eigentlichen Sinne sollte nur dort gesprochen werden, wo sich ihr Inhaber nicht auf ein voraufgegangenes Placet des Gesetzgebers berufen kann. Außerhalb meiner Überlegungen bleiben daher gleich dem durch die Verfassung selbst gesetzten Organisationsrecht auch alle organisatorischen Regelungen durch Gesetz oder auf Grund eines solchen.

Auf dem in dieser Art abgegrenzten Thema lastet von jeher eine verfassungsgeschichtliche Hypothek, die sich in aller Regel bei Diskussionen über die Organisationsgewalt alsbald aktualisiert. Während die einen in ihr ein unvergängliches

---

1) Werner Weber (in „Die Verfassungsfrage in Niedersachsen", Landtagsdrucksache vom 24. 11. 1950, S. 6).

2) Verh. d. VDStRL Heft 15, S. 108. In verwandter Richtung bewegen sich die Ausführungen Spanners über „Organisationsgewalt und Organisationsrecht" (DÖV 1957 S. 640 ff.) mit ihrem Hinweis auf Überreste des absoluten Staates, die die Theorie unter eine Art unjuristischen Naturschutzes gestellt habe.

3) Obermayer: Verwaltungsakt und innerdienstlicher Rechtsakt, 1956, S. 117.

Verfassungserbgut erblicken möchten[4]), gilt sie den anderen nur als der illegitime Versuch einer Prolongation des monarchischen Beamtenstaates bis in die so gänzlich anders verfaßte Gegenwart[5]). Damit drohen Sentiments und Ressentiments nicht nur auf der politischen Bühne einer nüchternen staatsrechtlichen Analyse Abbruch zu tun.

Wer über die Organisationsgewalt als ein aktuelles Problem referiert, muß sich vorbehaltlos auf den Boden der juristischen, aber auch soziologischen Gegebenheiten von heute stellen. Juristisch ist evident das Fehlen eines harmonisierenden Überleitungsrechts, das nach 1919 in Fragen der Organisationsgewalt spezielle Bedeutung besaß[6]). Tiefe Skepsis gegenüber rein traditioneller Verfassungsauslegung gehört heute mit zu dem Erbe, dessen ressentimentfreie Bewältigung uns aufgegeben ist.

Allerdings auch der politische Sachverhalt ist offenbar ein anderer geworden. Kontroversen über die Organisationsgewalt vermögen die öffentliche Meinung nicht mehr im Stil liberaler Verfassungskämpfe[7]) von einst zu erregen. Nur mit dem geschichtlich einmaligen Komplex Bundeshauptstadt Bonn verband sich die Möglichkeit eines fundamentalen Konflikts über die Organisationsgewalt des Kanzlers, aber kaum ohne tieferen Grund wurde er nicht aktualisiert[8]).

Auf Grund mannigfacher Erfahrungen aus den letzten Jahren wird man ohne Übertreibung behaupten können, daß heute betriebswirtschaftliche Argumente bei der Entscheidung

---

[4]) Das gilt insbesondere von der auf Thoma zurückgehenden Charakterisierung der Organisationsgewalt als Hausgut der Verwaltung, die sich Werner Weber in der Diskussion zu eigen gemacht hat. Hierher gehört aber auch die Bemerkung von Forsthoff, die Organisationsgewalt sei selbstverständlicher und anerkannter Ausdruck der obersten Leitungsgewalt der Exekutive (Lehrbuch des Verwaltungsrechts, Bd. 1, 6. Aufl., S. 366). Krüger, der in Mainz die Organisationsgewalt nur im Sinne kritischer Abwehr zu den naturgegebenen Fähigkeiten gerechnet hatte (Verh. der VDStRL Heft 15, S. 119), hat offenbar diese Meinung in seiner Diskussionsbemerkung korrigiert.

[5]) So neuestens Hamann: Das Grundgesetz, 1956, S. 56. Der gleiche Verf. in NJW 1956, S. 1 ff.

[6]) Daraus erklärte sich, daß damals die h. M. mit gutem Grunde einen salva substantia erfolgten Übergang der kaiserlichen Organisationsgewalt auf den Reichspräsidenten annehmen konnte, was die GemGO der Reichsministerien — bes. Teil § 65 — nur bestätigte.

[7]) Die reich dokumentierte Darstellung der Organisationsgewalt bei v. Rönne (Preuß. Staatsrecht, 4. Aufl. Bd. 1, S. 422 ff.) spiegelt diese Konflikte wider.

[8]) Die Frankfurter Nationalversammlung hatte in vergleichbarer Lage die Bestimmung des Regierungssitzes dem Reichsgesetzgeber vorbehalten (RV § 71).

organisatorischer Fragen eine noch vor kurzem unvorstellbar große Bedeutung besitzen. Gleich der Regierung bemüht sich dabei auch das Parlament um ein betriebswirtschaftliches Optimum, hinter dem politische, aber auch rechtsstaatliche Anliegen durchaus nicht selten zurücktreten müssen. Dieser Wandel der Perspektive wird insbesondere auch durch die wechselvolle Geschichte der Verwaltungsreform bestätigt, deren enger Nachbarschaft zu unserem Thema Lutz Richter sogar in dem Untertitel seiner Schrift über die Organisationsgewalt Ausdruck gab: Verwaltungsreform und Rechtsstaat.

Von immer neuen Ansätzen aus hat sich das 20. Jahrhundert um eine Verwaltungsreform bemüht. Dabei geriet in Vergessenheit, daß diese in den Jahrzehnten von Stein bis Gneist ein eminentes Politikum gewesen war, das als solches zu den wesentlichen Anliegen des werdenden Verfassungsstaates gehörte[8a]). Geblieben war nur die Vokabel Verwaltungsreform, hinter der sich jedoch nur allzu oft lediglich eine Büroreform verborgen hielt. Trotz aller Bemühungen des Erneuerungsbundes blieb auch die alsbald nach dem ersten Weltkrieg erhobene Forderung nach einer Reichsreform ohne die notwendige Resonanz.

So war auch jene Verwaltungsreform, mit der sich Lutz Richter im Jahre 1926 kritisch befaßte, nur eine bescheidene Abschlagszahlung ohne politische Tiefenwirkung. Seine Kritik will uns heute als ein Beitrag zum Thema „Bürger und Bourgeois im deutschen Staatsrecht“[9]) erscheinen, da sie ausschließlich rechtsstaatliche Maßstäbe gelten ließ. Zwar sind die verfassungsrechtlichen Thesen dieser Schrift über die Organisationsgewalt alsbald auf mancherlei Widerspruch gestoßen, aber der um die Jahrhundertwende abgerissene Faden politischer Verwaltungsreform wurde nicht wieder aufgenommen. Die von dem Politiker, wenn nicht ausgeschlagene, so doch vernachlässigte Erbschaft haben dabei nicht die von Lutz Richter angesprochenen Juristen, sondern Betriebswirte angetreten.

Das gilt offenbar bis auf den heutigen Tag. Ja, erst die Gegenwart hat unter dem von der Kommunalen Gemeinschaftsstelle für Verwaltungsvereinfachung geprägten Stichworte „sachliche Verwaltungsreform“ diesen langfristigen Bedeutungswandel eindeutig verifiziert. Frei von jedem Pathos der Politik, aber auch des Rechts soll die Verwaltung am Maßstab betriebswirtschaftlicher Erkenntnisse nicht so sehr reformiert,

---

8a) Dazu neuestens K i t z e l : Die Herrfurthsche Landgemeindeordnung, 1957.

9) S m e n d (Staatsrechtliche Abhandlungen, S. 309 ff.).

als vielmehr rationalisiert werden[10]). Über die tieferen Gründe einer derart veränderten Fragestellung wird ein nüchterner Betrachter zeitgenössischer Verwaltungswirklichkeit nicht streiten wollen.

Dieser Wandel der Perspektive konnte nicht ohne Einfluß auf die Wahl der Mittel bleiben. Wer erinnert sich heute noch daran, daß einst Heinrich v. Treitschke den Gesetzgeber als Reformator der Verwaltung aufgerufen und von ihm gerade auf organisatorischem Gebiet eine „höchstgesteigerte Tätigkeit" verlangt hatte[11])? Als fast ein Jahrhundert später der 2. Bundestag sein Interesse der Verwaltungsreform zuwandte, geschah dies zu dem gleichen Zeitpunkt, in dem man die Möglichkeiten eines Gesetzgebungsstops intra et extra muros diskutierte[12]).

In der Tat hat der moderne Gesetzgeber die Grenzen seiner technischen Leistungsfähigkeit so nachhaltig spüren müssen, daß die Forderung seiner Entlastung vorerst kaum von der Tagesordnung verschwinden dürfte. Dem kommt eine betriebswirtschaftlich motivierte Verwaltungsreform auch insofern entgegen, als diese ohnehin mit einem Mindestaufwand auch politischer Kräfte die Verwirklichung ihrer Ziele versuchen und daher nicht ungern an die Selbsthilfe der Exekutive appellieren wird[13]). Mit all dem ist aber offenbar gegenüber der Frühzeit des Verfassungsstaates eine neue Lage gegeben. Die einst um ihr Hausrecht besorgte Verwaltung befindet sich anscheinend nicht mehr in jener politischen Defensive, die für die Verfassungsgeschichte des 19. Jahrhunderts so charakteristisch war.

Allerdings kann und soll nicht behauptet werden, daß nur im Bereich der Verwaltung eine verfassungsunmittelbare

---

[10]) Daraus erklärt sich, daß auch die einst so bedeutsame Unterscheidung zwischen politischer und technischer Verwaltung (Smend, aaO., S. 236 f.) keine zureichende Beachtung mehr findet, wie ich bereits in einer Besprechung (Nordsieck: Rationalisierung der Betriebsorganisation, 2. Aufl. 1955) bemängelt habe (DÖV 1956, S. 191). Im übrigen sei hier verwiesen auf die instruktive Studie von Markull über „Rationalisierung der ö. Verwaltung" (Verw. Archiv Bd. 48, S. 5 ff.).

[11]) Das constitutionelle Königtum in Deutschland, in „Historische und Politische Aufsätze", 5. Aufl. Bd. 3, S. 516.

[12]) Es ist dabei nur bezeichnend, daß Reuss demgegenüber auf den Rationalisierungseffekt des Gesetzes verweist (Verw. Archiv Bd. 48, S. 68) und diesem so offenbar auch gegenüber dem betriebswirtschaftlichen Trend der Zeit seine Schlüsselstellung sichern möchte.

[13]) Ein solcher Appell verbindet sich etwa mit dem Hellmut Beckers Kritik an der „verwalteten Schule" (Kulturpolitik und Schule, 1956, S. 55 ff.).

Organisationsgewalt in Anspruch genommen würde. Schon die konstitutionelle Monarchie hatte die Organisationsgewalt keineswegs ausschließlich dem Inhaber der monarchischen Prärogative vorbehalten, mag auch die staatsrechtliche Nomenclatur diesen Sachverhalt noch so sehr verdunkelt haben. Vielmehr gehörte es damals wie heute zu den Attributen aller Verfassungsorgane, daß sie in den Grenzen ihrer geschäftsordnungsmäßigen Autonomie eine solche Organisationsgewalt für sich in Anspruch nehmen können. Ob auch das vom Bundesgesetzgeber als Verfassungsorgan deklarierte Bundesverfassungsgericht im Besitz dieser Vollmachten ist und sich darin von allen anderen Gerichten unterscheidet, muß hier dahingestellt bleiben[13a].

Theorie und Praxis hat allerdings dieses Recht der obersten Staatsorgane zur Selbstorganisation in der Regel nur dort beschäftigt, wo diese Organisationsgewalt auf den benachbarten Bereich des Behördenwesens ausstrahlt. Daraus erklärt sich das unterschiedliche Interesse an Kabinetts- und Parlamentsverfassung, ohne daß der Wechsel der Staatsform hier etwa einen Wandel nach sich gezogen hätte. Kaum zufällig wird deshalb auch heute die Selbstorganisation der Parlamente nicht etwa unter dem Stichwort der Organisationsgewalt abgehandelt.

Die mit diesem Terminus angesprochenen Probleme beschränken sich vielmehr nach wie vor auf die Organisation der Verwaltung, der Streitkräfte und der Gerichte, denen auch im Falle des Zugeständnisses einer „vollständigen Selbstverwaltung" im Sinne der Verhandlungen des 40. Deutschen Juristentages keinesfalls eine ähnliche Position eingeräumt werden könnte wie den Verfassungsorganen. Im übrigen hat sich das Bundesverfassungsgericht bereits zu den Grenzen ministerieller Organisationsgewalt im Bereich des Gerichtswesens geäußert. Jedwede Änderung von Gerichtsbezirken unterliegt nach diesem Urteil dem Gesetzesvorbehalt[14]). Zur Organisation der Landesverteidigung hat das Grundgesetz selbst nur unter haushaltsrechtlichen Gesichtspunkten Stellung genommen (Art. 87a)[15]). Allerdings hatte schon das dieser Ver-

---

[13a]) Vgl. Leibholz: Der Status des Bundesverfassungsgerichts (Jahrbuch des öffentl. Rechts, Bd. 6).

[14]) Entscheidungen des BVfG Bd. 2, S. 320.

[15]) Wenn Hamann den Art. 87 a als eine Grundsatzentscheidung gegen die Organisationsgewalt bezeichnet, deren Bedeutung vorerst noch nicht übersehbar sei (Grundgesetz, S. 319), so muß dem widersprochen werden. Schon die RV von 1871 hatte die Friedenspräsenzstärke dem Gesetzgeber vorbehalten (Art. 60). Eher könnte umgekehrt gefragt werden, ob nicht mit dieser Vorschrift, was ins-

fassungsnovelle voraufgegangene Freiwilligengesetz einen organisationsrechtlichen Gesetzesvorbehalt für die militärische Spitzengliederung und das Ministerium angemeldet (BGBl. 1955 I S. 449, § 7).

Nicht nur aus zeitlichen Gründen möchte ich meine Betrachtungen über die Organisationsgewalt auf die Verwaltung beschränken[16]. Zur sachlichen Rechtfertigung dieses Verzichts darf daran erinnert werden, daß die Organisationsgewalt keine abstrakte Größe ist, die sich von der Eigenart ihres Gegenstandes völlig abtrennen ließe. Sicherlich ist es nicht das Gleiche, ob ein Behördenchef oder eine militärische Kommandostelle organisatorische Maßnahmen trifft. Diese sachlogischen Unterschiede müssen auch heute respektiert werden, wo von einer parakonstitutionellen Kommandogewalt gewiß keine Rede sein kann.

Zum Schluß dieser einleitenden Bemerkungen ein Wort über das tiefere Recht der Staatsrechtslehrer, hier und heute über die von ihnen so lange vernachlässigte Organisationsgewalt zu diskutieren. Bemühen wir uns damit nicht um eine fruchtlose Repristination bereits in die Verfassungsgeschichte eingegangener Streitfragen? Ja, bieten wir nicht der am verwaltungsorganisatorischem Optimum interessierten Staatspraxis lediglich Steine statt jenes Brotes, das die Betriebswirtschaftslehre für sie bereit hält?

Die Frage stellen, heißt sie verneinen. Entgegen dem äußeren Anschein hat jeder Anspruch auf verfassungsunmittelbare Organisationsgewalt auch heute das Gewicht eines aktuellen Politikum. Der „Herr im Hause" bietet zwar nicht die gleichen Aspekte wie in den Tagen der konstitutionellen Monarchie, aber er ist ein politisches Ärgernis geblieben. Die in Mainz so deutlich gewordene Unsicherheit in Fragen des Statusrechts lastet als eine schwere Hypothek auch auf der nur scheinbar entpolitisierten Organisationsgewalt.

Das gemeinsame Anliegen aller organisatorischen Vorkehrungen ist eine spezifische Kombination personeller und mate-

---

besondere ein Vergleich mit dem Art. 87 nahelegen könnte, für den Bereich der Truppe die Organisationsgewalt ausdrücklich anerkannt werden sollte.

[16]) Keine Frage eigentlicher Organisationsgewalt ist entgegen einer verbreiteten Meinung die Verleihung der Körperschaftsrechte an Religionsgesellschaften (anders K. Müller in Z. ev. KR Bd. 2, S. 167). Mag diese nun dem Gesetzgeber vorbehalten sein oder nicht, das staatskirchenrechtliche Interventionsverbot widerstreitet der Vorstellung, daß eine staatliche Instanz Religionsgesellschaften zu organisieren vermöchte. Die Gegenstände der Organisationsgewalt betreffen ausschließlich staatliche Interna (anders Forsthoff, Lehrbuch, S. 365).

rieller Potenzen, unterschiedlich ist nur die organisatorische Intensität. Während man sich im gesellschaftlichen Bereich auch heute nur allzu gern mit lediglich occasionellen Kontakten begnügt, war die Verwaltungsorganisation stets — darin ein Vorbild des gesellschaftlichen Großbetriebes — von charakteristischer Dichte. Jede derart verdichtete Organisation ist aber in dem Sinne anspruchsvoll, daß sie eine mehr oder minder intensive Eingliederung des Organisierten verlangt[17]). Dies gilt dabei keineswegs nur für die Bediensteten, sondern möglicherweise auch für das einen Verwaltungsdienst begehrende Publikum, so sehr dessen statusrechtliche Entstrickung im Zeichen des „Verwaltungskunden" propagiert werden mag[18]).

Diese Wechselwirkungen zwischen status und institutio drohen bei einer lediglich betriebswirtschaftlichen Betrachtung organisatorischer Fragen leicht in Vergessenheit zu geraten. Sicherlich hat der viel diskutierte Weg vom Status zum Kontrakt starke organisatorische Potenzen freigesetzt[19]). Deshalb gibt es auch ohne Zweifel mancherlei nicht an statusrechtliche Prämissen gebundene Organisationen. Allerdings gilt dieses für die öffentliche Verwaltung höchstens im Bereich ihrer Peripherie, auch wenn gerade die moderne Verwaltung sicherlich nicht so voraussetzungsbeladen ist wie die Armee[20]). Deshalb gilt auch für die Verwaltungsorganisation, daß die nicht lediglich das Produkt gesetzgeberischer oder sonstiger Dezisionen, sondern ein Stück „verwalteter Erbschaft" ist[21]).

---

17) Hierzu die arbeitsrechtliche Eingliederungstheorie, vgl. Nikisch: Arbeitsrecht, 2. Aufl. Bd. 1, S. 140. Für die Aktualität des Problems im außerstaatlichen Bereich ist die verstärkte Bedeutung negativer Koalitionsfreiheit kennzeichnend. Vgl. dazu Scheuner, in „Der Staat und die Verbände" 1957, S, 17.

18) Hierauf zielte offenbar W. Webers Diskussionsbemerkung über die schlichten Anstaltsbenutzungsverhältnisse ab (Verh. d. VDStRL Heft 15, S. 188), wenngleich man in Mainz von einer Bestandsaufnahme und anschließenden kritischen Untersuchung der heute im Übermaß angebotenen „besonderen Gewaltverhältnisse" Abstand genommen hat.

19) Wenn allerdings Erler moderne Organisationsprobleme unter dem Stichwort „vom internationalen Kontrakt zum internationalen Status" behandelt (Grundprobleme des Internationalen Wirtschaftsrecht, 1956 S. 129 ff.), so wäre zu fragen, ob sich etwa bereits ganz allgemein eine eigentümlich rückläufige Entwicklung anbahnt.

20) Hierzu ergänzend mein Vortrag über „Die Meinungsfreiheit des Soldaten" (Bergsträsser u. a. „Von den Grundrechten des Soldaten", 1957).

21) Gehlen: Soziologische Voraussetzungen im gegenwärtigen Staat (Beilage zur Staatszeitung für Rheinland-Pfalz vom 15. 1. 1956, vierte Seite).

Damit ist aber die Aktualität unseres Themas hinreichend erwiesen. Heute ist dieses Erbe weitgehend verzehrt. Deshalb ist, um Arnold Gehlen zu zitieren[22]), auch die Verwaltung von der dauernden Revolte des modernen Menschen gegen das Institutionelle bedroht und sollten die Diskussionen über den Bürger in Uniform mit all ihrem Für und Wider unseren Blick für verwandte Probleme der Verwaltung nicht trüben. Gerade unser eigener Tübinger Rückblick auf ein statusrechtliches wie institutionelles Trümmerfeld[23]) wollte ja auch nicht so verstanden werden, als seien status und institutio bereits wieder intakte Größen[24]). Daß dem offenbar nicht so ist, hat uns das Mainzer Referat Herbert Krügers erneut bewiesen.

I. Der institutionelle Gesetzesvorbehalt

Im modernen Verfassungsstaat hatte das Gesetz von jeher eine Doppelfunktion, was durch die Unterschiedlichkeit der Gesetzesvorbehalte nur bestätigt wird[25]). Neben dem rechtsstaatlichen Gesetzesvorbehalt, wie er bereits in der ständischen Freiheit und Eigentumsklausel vorbereitet war, stand und steht eine andere Gruppe von Vorbehalten, die eine bestimmte politische Entscheidung für die gesetzgebende Versammlung reklamieren. In diesem Zusammenhang gehören auch jene Gesetzesvorbehalte, die ausgewählte Einrichtungen an gesetzliche Vorentscheide binden[25a]).

Die ursprüngliche Funktion des institutionellen Gesetzesvorbehalts war eindeutig, er sollte die Organisationsgewalt der Krone beschneiden. Er verstand sich als Wegbereiter einer „Verbürgerlichung" überkommener Staatlichkeit über das urkundliche Verfassungsrecht hinaus. Nur so wird verständlich, warum die Verfassung des Großherzogtums Hessen (1820) sogar bestimmte, das künftige Gemeindegesetz solle in seinen Grundbestimmungen einen Bestandteil der Staatsverfassung bilden (Art. 45).

Das Verfassungsrecht des 19. Jahrhunderts kannte eine Vielzahl organisationsrechtlicher Gesetzesvorbehalte. Allerdings

---

[22]) Urmensch und Spätkultur, 1956, S. 234. Vgl. auch Paul Gerhardt: Amt und Person, 1955, S. 5 ff.

[23]) Heft 13 der Verh. d. VDStRL.

[24]) Hierzu auch Dombois: Recht und Institution, 1956.

[25]) Darin liegt eine Bestätigung jenes Wechselspiels zwischen dem „rechtsstaatlichen" und dem „politischen" Gesetzesbegriff, das in der Verfassungslehre C. Schmitts eine beherrschende Rolle spielte (S. 138 ff.).

[25a]) Diese Technik ist auch dem kirchlichen Verfassungsrecht nicht unbekannt. Vgl. die Verfassung der Evangelisch-Lutherischen Kirche in Bayern vom 10. 9. 1920, Art. 29, Ziffer 4.

nahm der preußische Großstaat hier eine Sonderstellung ein[26]), an der sich der politische Kampf um die Auslegung des Art. 110 der preuß. Verfassung von 1850 entzündet hat[27]). Alle durch vorkonstitutionelle Gesetze angeordneten Behörden sollten hiernach bis zur Ausführung künftiger organischer Gesetze in Tätigkeit bleiben.

Keineswegs nur über das Budgetrecht des Parlaments hat sich der Vormarsch des Bürgertums in das Innere des monarchischen Beamtenstaates vollzogen. Eine wesentlich breitere Plattform boten ihm jene institutionellen Gesetzesvorbehalte, deren eigentliche Aufgabe es war, eine der Verfassungsorganisation adäquate Organisation der Verwaltung zu erzwingen. Auch Preußen, wo mangels eines eindeutigen Vorbehalts vorerst über den Vorrang vorkonstitutioneller Organisationsgesetze gestritten wurde, vermochte sich dieser Entwicklung auf die Dauer nicht zu entziehen. Abgesehen von den verschiedenen preußischen Kommunalordnungen wurde hier insbesondere das Gesetz über die Organisation der allgemeinen Landesverwaltung vom 26. 7. 1880 ein Wahrzeichen des sich selbst entfaltenden Verfassungsstaates.

1. Begreiflicher wurde ein derart institutioneller Gesetzesvorbehalt nicht für beliebige, sondern nur für politisch relevante Einrichtungen angemeldet. Unter diesen standen zu aller Zeit die Gemeinden im Vordergrund, die zwar keinerlei Verfassungsautonomie erhielten[28]), aber ihr Organisationsstatut nur aus der Hand des Gesetzgebers entgegennehmen sollten[29]). Allerdings wurden einer ähnlichen Schmälerung der Organisationsgewalt im Bereich landesherrlicher Verwaltung stärkste politische Widerstände entgegengesetzt. Trotzdem waren die Verfassungen der Königreiche Württemberg (1819)[30]) und Sachsen (1831)[31]) schon früh bereit, zumindest

---

26) Charakteristisch für diese die Revision des Art. 105 (Gemeinden) im Jahre 1853 (GS, S. 228).

27) Zu der literarischen Kontroverse vgl. insbesondere Anschütz (Die gegenwärtigen Theorien über den Begriff der gesetzgebenden Gewalt, 2. Aufl. 1901) und Arndt (Das selbständige Verordnungsrecht, 1902).

28) Eine Sonderstellung nimmt hier auch heute die Verfassung von Bremen ein (Art. 144). Im übrigen vgl. Preuss: Städtisches Amtsrecht in Preußen, 1902, S. 150.

29) Darin kommt nur zum Ausdruck, daß die Freiheit des Bürgers und die seines Rathauses als ein Ganzes galten. Hierzu ergänzend meine Studie „Die Gemeinde und der Bundesgesetzgeber" 1957, S. 30.

30) Im Anschluß an die verfassungsrechtliche Fixierung der Verwaltungsdepartments (§ 56) erging das Verfassungsgesetz von 1876, das eine eingehende Organisationsregelung brachte (Abgedruckt bei Stoerk: Handbuch der Deutschen Verfassungen 1884).

31) § 41.

die Ministerialverfassung dem Gesetzgeber vorzubehalten. Ja, die neue Landschaftsordnung von Braunschweig (1832) hatte sogar die Organisation der herzoglichen Kreisdirektionen dem Gesetzgeber übertragen[32]).

Diese eklektischen Hinweise auf die verfassungsgeschichtliche Genesis unseres Problems sollen nur deutlich machen, wie sehr sich seitdem die Dinge gewandelt haben. Zwar ist der institutionelle Gesetzesvorbehalt auch dem geltenden Verfassungsrecht keineswegs fremd, jedoch diesem fehlt offenbar die politische Plastik vergangener Tage. Geblieben ist nur ein durchgehender Gesetzesvorbehalt in allen Fragen der Gemeindeverfassung, während die Ministerialorganisation nur in Baden-Württemberg gesetzlich geordnet werden soll (Art. 45)[33]). Was die sonstige Staatsverwaltung anlangt, so lassen sich hier zwei verschiedene Tendenzen unterscheiden.

Die Verfassungen von Bayern (Art. 77), Niedersachsen (Art. 43) und Nordrhein-Westfalen (Art. 77) verlangen nur für die allgemeine, will sagen politische Verwaltung eine Organisation durch den Gesetzgeber. Auf diese durchaus sinnvolle Selektion haben die Verfassungen von Baden-Württemberg (Art. 70), Schleswig-Holstein (Art. 38) und Hamburg (Art. 57) verzichtet. Stattdessen wird hier ein Gesetzesvorbehalt für die Verwaltungsorganisation schlechthin angemeldet, über dessen Tragweite die für Baden-Württemberg[34]) und Hamburg[35]) bereits erlassenen Organisationsgesetze unterrichten.

2. Wesentlich anderen Motiven entspringt der Gesetzesvorbehalt des Art. 87 GG. Hier wird eine — allerdings lange unterbrochene —[36]) Verfassungstradition wiederaufgenommen, die auf die Deutschen Bundesakte[37]) zurückgeht und deren

---

[32]) Ein Überblick über das damalige Organisationsrecht findet sich bei H. A. Zachariae: Deutsches Staats- u. Bundsrecht, 2. Aufl. Teil 2, S. 7 ff. (1854).

[33]) Bislang ist dieses Gesetz allerdings noch nicht erlassen (DVBl. 1957, S. 748). Eines solchen bedarf es ansonsten auch nicht in Bayern, wo die Verfassung unter Verzicht auf eine gesetzliche Regelung die Organisationsgewalt dem Landtage überträgt (Art. 49). Vgl. aber auch Art. 104 der hessischen Verfassung.

[34]) Bemerkenswert ist, daß sich das Landesverwaltungsgesetz von 1955 (Ges.Bl., S. 225) nur für den behördlichen Sektor der Verwaltungsorganisation interessiert, wie übrigens auch die Verfassung selbst das einleitend verwandte Stichwort „Landesverwaltung“ interpretiert (Art. 70).

[35]) Gesetz über Verwaltungsbehörden 1947/1952 (GVBl. 25/163). Näheres bei Ipsen: Hamburgs Verfassung und Verwaltung, 1956, S. 364.

[36]) Die Reichsverfassungen von 1848 (§ 63), 1871 (Art. 7) und 1919 (Art. 14) haben den Ausbau zentralstaatlicher Verwaltung mit anderen Mitteln zu regulieren versucht.

qualifizierte Bundesbeschlüsse über „organische Einrichtungen, das heißt bleibende Anstalten, als Mittel zur Erfüllung der ausgesprochenen Bundeszwecke[38])."

Da das Grundgesetz keinesfalls die einstmalige Regelung des Art. 14 WV übernehmen wollte, sollte der institutionelle Gesetzesvorbehalt seines Art. 87 den erwarteten Ausbau bundeseigener Verwaltung unter verfassungsrechtlicher Kontrolle halten. Nur die Einrichtungen ohnehin obligatorischer Bundesverwaltung (Art. 87 Abs. 1 S. 1) können auch weiterhin im Wege der Organisationsgewalt, also unter Verzicht auf ein Organisationsgesetz errichtet werden[39]). Das gleiche gilt dort, wo die Aufgaben einer Bundeseinrichtung außerhalb des Gesetzesvollzuges liegen[40]).

Damit entfiel das einst für die Position des Reichspräsidenten so wichtige Junctim zwischen Organisationsgewalt und Beamtenernennungsrecht[41]). Der Bundespräsident hat keinerlei Behörden oder sonstige Verwaltungseinrichtungen zu errichten. Das gilt dabei keineswegs nur insoweit, als bereits der institutionelle Gesetzesvorbehalt des Art. 87 GG gegen eine Organisationsgewalt des Staatsoberhauptes entschieden hat. Nichts anderes gilt auch dort, wo auch heute noch eine verfassungsunmittelbare Organisationsgewalt, wie insbesondere im Fall der in Art. 87 GG bewußt nicht erwähnten obersten

---

37) Bundesakte Art. 7, Schlußakte Art. 13 f. Näheres bei Klüber: Öffentliches Recht des Teutschen Bundes, 4. Aufl., S. 67 (1840).

38) Eine Variante zu Art. 116 des Verfassungsentwurfs von Herrenchiemsee sah sogar einen institutionellen numerus clausus vor.

39) Das schließt nicht aus, daß sowohl zwei der dort genannten Verkehrsverwaltungen (Bundesbahngesetz von 1951 und Postverwaltungsgesetz von 1953), als auch die Finanzverwaltung (Finanzverwaltungsgesetz von 1950) und schließlich der Konsulardienst (Gesetz betr. die Organisation der Bundeskonsulate vom 8. 11. 1867) durch den Gesetzgeber organisiert worden sind. Im übrigen ist in diesem Zusammenhang die recht bedeutungsvolle Überleitungsvorschrift in Art. 130 GG zu nennen (Jahrbuch des ö. Rechts NF Bd. 3, S. 76).

40) Köttgen: Der Einfluß des Bundes auf die deutsche Verwaltung und die Organisation der bundeseigenen Verwaltung (Jahrbuch des ö. Rechts nF Bd. 3, S. 109 f.).

41) Anschütz (Die Verfassung des Deutschen Reiches vom 11. 8. 1919, 14. Aufl., S. 316 f.). Schon in der Übergangszeit hatte der Reichspräsident in dem Erlaß vom 21. 3. 1919 (RGBl. S. 327) die Errichtung und Bezeichnung der obersten Reichsbehörden geregelt. Die GO der Reichsregierung hatte ihn in dieser Prärogative bestätigt (§ 8) und die Gem.GO der Reichsministerien hatte die Organisationsgewalt des Reichspräsidenten für alle Reichsbehörden anerkannt (Besonderer Teil § 67).

Bundesbehörden, beansprucht werden kann[42]). Nach der Geschäftsordnung der Bundesregierung ist es deshalb Sache des Bundeskanzlers, die Geschäftsbereiche der einzelnen Bundesminister in ihren Grundzügen zu fixieren (§ 9). Ansonsten hat die Staatspraxis die restierende Organisationsgewalt teils der Bundesregierung[43]), teils aber auch den Ressortchefs[44]) zugebilligt. Die organisatorischen Vollmachten des Bundespräsidenten beschränken sich daher auf das ohnehin eine Sonderstellung einnehmende Bundespräsidialamt[45]).

Die verfassungsrechtliche Grundlage dieser unter Kanzler, Kabinett und Ressortministern aufgeschlüsselten Organisationsgewalt bildet dabei mitnichten der Art. 86 GG. Die hier der Bundesregierung zuerkannte Einrichtungsvollmacht ist vielmehr nur ein Akzidenz des voraufgegangenen Organisationsgesetzes[46]). Die an keinerlei derartige Vorleistungen des Gesetzgebers gebundene Organisationsgewalt im eigentlichen Sinne hat das Grundgesetz ebensowenig ausdrücklich bestätigt wie die Weimarer Verfassung. Darin unterscheidet es sich von der RV von 1871, deren Art. 7 dem Bundesrat die Organisationsgewalt zusprach, ohne allerdings damit die Entstehung einer konkurrierenden Organisationsgewalt des Kaisers verhindert zu haben[47]).

3. Zwischen dem (politisch motivierten) institutionellen Gesetzesvorbehalt und dem (rechtsstaatlich motivierten) funktionellen Gesetzesvorbehalt besteht auch rechtstechnisch ein erheblicher Unterschied. Während im einzelnen oft nur schwer zu beantworten ist, welche Sachentscheidungen dem Gesetzesvorbehalt unterliegen sollen, ist der Kreis der dem Ge-

---

[42]) Die Verfassungsauslegung im Text hängt mit der nicht unumstrittenen Rolle des Bundespräsidenten bei der Kabinettsbildung zusammen. Hierzu v. Mangoldt (Das Bonner Grundgesetz, S. 465), Meder („Bonner Kommentar" zu Art. 62), Münch (Die Bundesregierung, 1954, S. 198 ff.), Eschenburg (Staat und Gesellschaft in Deutschland, 1956, S. 740) sowie Huber (Wirtschaftsverwaltungsrecht, 2. Aufl. Bd. 1, S. 62).

[43]) GemMinBl. 1953, S. 117.

[44]) GemMinBl. 1953, S. 507.

[45]) Nawiasky: Grundgedanken des Grundgesetzes für die Bundesrepublik Deutschland, 1950, S. 123. Im übrigen vgl. § 26 BBG, der in seinem Absatz 2 die Organisationsgewalt der Bundesregierung bestätigt.

[46]) Das erste Gesetz über die Maßnahmen zum Schutze der Zivilbevölkerung (BGBl. 1957 I, S. 1696) hat dem Bundesinnenminister eine an die Form allgemeiner Verwaltungsvorschriften gebundene Organisationsgewalt zugestanden (§ 9 Abs. 2).

[47]) Hierzu Laband (Staatsrecht des Deutschen Reiches, 4. Aufl., Bd. 1, S. 344 ff.), der sich ausdrücklich gegen die Annahme wendet, die kaiserliche Personalhoheit impliziere notwendig die Organisationsgewalt.

setzgeber vorbehaltenen Staatseinrichtungen in aller Regel völlig eindeutig.

Die eigentliche Problematik des institutionellen Gesetzesvorbehalts liegt daher im Bereich des Negativen. Hier ist die Frage, ob der Verzicht auf einen solchen Vorbehalt etwa im Sinne einer verfassungsrechtlich verbindlichen Ausschaltung des Organisationsgesetzes verstanden sein will. Sicherlich läßt dieses sich nicht ohne weiteres behaupten. Es würde vielmehr stets einer besonderen Begründung bedürfen, wenn in dieser Art eine verfassungsrechtliche Schranke gesetzgeberischer Aktivität behauptet wird. Deshalb ist die der Exekutive verbliebene Organisationsgewalt zumindest nicht generell, etwa aus Gründen der Gewaltenteilung verfassungskräftig garantiert worden. Nur eine rein negative Blockierung dieser Organisationsgewalt würde stets, wie später zu zeigen sein wird, die Vollmachten des Gesetzgebers überschreiten.

Allerdings ist die Frage, ob das Gesagte auch für die Ministerialorganisation gilt, soweit diese nicht etwa nach dem Landesverfassungsrecht nur durch den Gesetzgeber organisiert werden kann (so die Verfassung Baden-Württembergs Art. 45 Abs. 3) oder dort ihre gesetzliche Regelung doch ausdrücklich zugelassen wurde (so die Verfassung Hessens Art. 104). Kaum ohne Grund hat allerdings in der überwiegenden Mehrzahl der deutschen Länder das Landesverfassungsrecht — nach dem Vorbilde des Grundgesetzes — eine gesetzliche Regelung der Ministerialorganisation weder als notwendig bezeichnet, noch zumindest ausdrücklich zugelassen[48]).

Daraus könnte der Schluß gezogen werden, daß durch dieses „beredte Schweigen" für die Ministerialebene eine verfassungskräftige Organisationsgewalt anerkannt werden sollte. Zur Begründung dessen könnte man sich insbesondere auf die enge Verbindung zwischen Ministerialbehörden und Kabinett[49]) in dem Sinne berufen, daß hier die für die Verfassungsorgane charakteristische und essentielle Organisationsgewalt auch auf die dem Kabinett eng benachbarten Spitzenbehörden übergreifen müsse[50]).

Allerdings hat sich der Bundesgesetzgeber bei Verabschiedung des Freiwilligengesetzes von 1955 gegen diese Auslegung

---

[48]) Deshalb behauptet H a m a n n zu Unrecht, die Organisationsgewalt sei heute als Ganzes auf den Gesetzgeber übergegangen (Das Grundgesetz, S. 254).

[49]) K ö t t g e n : Bundesregierung und Oberste Bundesbehörden (DÖV 1954 S. 4 ff.).

[50]) Nur zur Veranschaulichung des Gesagten wäre darauf hinzuweisen, daß ein Gebilde gleich dem Bundespräsidialamt sicher nicht gesetzlich organisiert werden könnte.

des Grundgesetzes entschieden[51]). Die endgültige Organisation des Verteidigungsministeriums soll hiernach einer gesetzlichen Regelung vorbehalten bleiben (§ 7). Ein solcher Zugriff auf eine in Art. 87 GG ausgesparte oberste Bundesbehörde ist nicht ohne jedes historische Vorbild. Nicht nur die kaiserlichen Reichsämter[52]), sondern auch die königlich preußischen Ministerien[53]), wurden, wenn auch nur vereinzelt, ähnlich durch den Gesetzgeber organisiert. Anders die Weimarer Praxis, die auf diesem Gebiet in keinem Fall des Reichspräsidenten seine Organisationsgewalt streitig gemacht hat[54]).

Diese Zurückhaltung der Reichsgesetzgebung war nicht ohne tieferen Grund. Soweit die Verfassung nicht ausdrücklich wie in Baden-Württemberg etwas anderes bestimmt, kann der Gesetzgeber mangels eines verfassungsergänzenden Regelungsauftrages in die Autonomie der Regierung jedenfalls nicht so weit eingreifen, daß er die Zahl der Kabinettsmitglieder, aber auch die Abgrenzung der ministeriellen Geschäftsbereiche von sich aus verbindlich bestimmt[55]). Beides gehört vielmehr zu den der Autonomie eines Verfassungsorgans zwingend vorbehaltenen Gegenständen, nur daß hier nach der bayerischen Verfassung die Autonomie des Parlaments auf Kosten der Autonomie der Regierung ausgedehnt wurde (Art. 49 Abs. 3).

4. Eine verfassungsrechtliche Begründung dafür, daß der Exekutive überhaupt eine derart verfassungsunmittelbare Organisationsgewalt zusteht, wurde bislang nicht gegeben. Diese Kernfrage unseres Themas ist insbesondere nicht bereits damit beantwortet, daß die institutionellen Gesetzesvorbehalte einen solchen Spielraum ausgespart haben. Da jedoch diese Begründung erst in einem späteren Zusammenhang gegeben wer-

---

[51]) Bislang ist das hier in Aussicht gestellte Gesetz noch nicht verabschiedet. Hingegen erging in Österreich ein Bundesgesetz über die Errichtung eines Bundesministeriums für Landesverteidigung und über die Neuordnung des Wirkungsbereichs einiger Bundesministerien (BGBl. 1956 Nr. 134), da nach der österreichischen Verfassung (Art. 77) die Zahl der Bundesministerien, ihr Wirkungsbereich und ihre Einrichtung durch Bundesgesetz bestimmt werden müssen.

[52]) Gesetz über Errichtung des Reichseisenbahnamts von 1873 (RGBl. S. 164).

[53]) Gesetz betr. Abänderung der gesetzl. Bestimmungen über die Zuständigkeiten des Ministers der ö. Arbeiten und des Ministers für Handel u. Gewerbe (GesS 1890, S. 37).

[54]) Ich entnehme dies der Übersicht bei Triepel (Quellensammlung des Reichsstaatsrechts, 5. Aufl., S. 33).

[55]) Von solchen Organisationsgesetzen müssen Zuständigkeitsnormen unterschieden werden, die ein Ministerialressort zum Setzen von Verwaltungsakten ermächtigen. Darüber siehe unten S. 178.

den kann, darf ich mich hier auf die Bemerkung beschränken, daß der Gesetzgeber — unbeschadet gewisser Vorbehalte im Sonderfall der Ministerialorganisation — diesen Spielraum der Organisationsgewalt zwar beschneiden, daß er ihn aber nicht zur Gänze kassieren kann. Dem widerstreitet bereits jener unzerstörbare Rest an Organisationsgewalt, der in der späteren Analyse gesetzesfreier Verwaltung seine Bestätigung finden wird.

Die jüngste Entwicklung nötigt allerdings zur Beantwortung der weiteren Frage, ob der Gesetzgeber etwa den Inhaber einer Organisationsgewalt gegebenenfalls auswechseln kann. Die Aktualität dieser Frage beruht, wie noch zu zeigen sein wird, auf den veränderten politischen Aspekten, unter denen die Gegenwart die einst so umstrittene Organisationsgewalt betrachtet. Hatte man in der Vergangenheit den damals aus der monarchischen Prärogative abgeleiteten Anspruch auf Organisationsgewalt als solchen in Frage gestellt, so ist heute offenbar ungleich wichtiger, wer diese Vollmacht jeweils für sich in Anspruch nimmt.

Unter den mancherlei Konkurrenten der Exekutive sind insbesondere Personalräte und Elternbeiräte zu nennen, die beide eine Beteiligung auch an der Organisationsgewalt begehren. Von bloßen Mitwirkungs- und Mitbestimmungsrechte bis zu einer förmlichen Auswechslung des Inhabers der Organisationsgewalt ist politisch der Weg möglicherweise nicht weit. Eben deshalb ist wichtig, daß insbesondere die einem Verfassungsorgan zustehende Organisationsgewalt diesem nicht ohne weiteres durch den Gesetzgeber genommen werden kann. Nicht nur das Institut der Organisationsgewalt, sondern nicht minder ihr Inhaber sind gesetzgeberischen Manipulationen nur begrenzt zugänglich.

In erkennbarer Parallele zur Wirtschaft, wo das Mitbestimmungsrecht nicht in Widerspruch mit der Verfassungsgarantie des Eigentums geraten darf, hat auch jede Zubilligung von Mitbestimmungsrechten im Bereich öffentlicher Verwaltung einmal die verfassungsrechtlich abschließend geordnete Organisation der politischen Willensbildung und zum anderen etwaige institutionelle Garantien zu respektieren. Das gilt dabei keineswegs nur für die eigentlichen Personalangelegenheiten, sondern nicht minder für die mit diesen vielfach in einer Gemenglage befindlichen Organisationsgewalt[56]).

Das geltende Personalvertretungsrecht hat ein begrenztes organisatorisches Kondominium zwischen Behördenleiter und

[56]) Hierzu die Entscheidung des Bremischen Staatsgerichtshofes vom 3. 5. 1957 — St 1/56 — und das zu ihr ergangene Sondervotum.

Personalrat geschaffen. Dabei ist nicht lediglich an die bundesgesetzliche Generalklausel zu denken, die in allen Fragen der inneren Dienststellenordnung ein Mitwirkungsrecht des Personalrates anerkannt hat (§ 66). Wichtiger als diese Mitwirkung ist das Mitbestimmungsrecht, das zwar nicht bei der organisatorisch so entscheidenden Versetzung von Beamten, wohl aber von Angestellten und Arbeitern anerkannt ist (§ 70 f.).

Diese, ähnlich auch Elternbeiräten zugestandenen Mitwirkungsrechte in Fragen der Organisation markieren offenbar einen politischen Wendepunkt gegenüber der älteren politischen Praxis, die sich vornehmlich eine Zurückdrängung der Organisationsgewalt hatte angelegen sein lassen. Nunmehr verbindet sich diese Organisationsgewalt mit der zugkräftigen Parole einer Betriebsautonomie, deren Ansprüche sich schon lange nicht mehr allein gegen den Privatunternehmer richten. Es mag sein, daß das im Personalvertretungsrecht verankerte Privileg der „Selbstverwaltung der Verwaltenden" ein Widerspruch in sich selbst ist[57]), jedenfalls beweist diese Entwicklung, daß zumindest nicht jede Domestikation des Vorgesetzten[58]) zu Lasten der Organisationsgewalt gehen muß.

II. Organisationsgewalt und Zuständigkeitsordnung

Unter dem Blickwinkel bürgerlicher Freiheit interessieren primär die Aktionen „öffentlicher Gewalt" und nicht die Institutionen eines Gemeinwesens. Trotzdem ist nicht ohne weiteres erwiesen, daß der rechtsstaatliche Gesetzesvorbehalt auf einer trennscharfen Unterscheidung von Aktion und Institution beruht und sich deshalb auf materiellrechtliche Fragen beschränkt[59]).

Allerdings hat sich die herrschende Lehre zugunsten ihrer Hypothese einer verfassungsunmittelbaren Organisationsgewalt vor allem auf dieses Argument berufen. Ihr Vorkämpfer, Anschütz, hat ob des „absolutistischen Hintergrundes" seiner Lehre[60]), die den Rechtssatzbegriff künstlich verengere[61]), manche Kritik erfahren. Allerdings haben seine Kritiker zumeist nicht beachtet, daß dem deutschen Verfassungsrecht jene sozialwissenschaftliche Binsenwahrheit von jeher suspekt war, derzufolge Organisation- und Sachfragen keine wechselseitige

---

[57]) Eschenburg, in „Der Staat und die Verbände"; 1957, S. 30.
[58]) Krüger (Verh. d. VDStRL Heft 15, S. 128).
[59]) Hierzu Forsthoff (Lehrbuch S. 359).
[60]) Heller (Verh. d. VDStRL Heft 4, S. 111).
[61]) Richter (Organisationsgewalt, S. 12).

Isolierung vertragen. Unser Bundesstaatsrecht fordert genau das Gegenteil[62]).

Aber auch abgesehen von diesen Besonderheiten bundesstaatlicher Ordnung verbietet sich jede summarische Antwort auf die Frage, welche institutionellen Nebenwirkungen etwa mit dem Gesetzesvorbehalt des Rechtsstaates verbunden sind. Die stark unterschiedliche juristische Qualifikation der verschiedenen Verwaltungsaufträge kann gerade dort nicht bedeutungslos sein, wo eine Verwaltungseinrichtung nicht mehr um ihrer selbst willen, sondern nur mit Rücksicht auf ihre Publikumsausstrahlung einem Gesetzesvorbehalt unterworfen sein soll. Deshalb kann ein summarischer Gesetzesvorbehalt zu Lasten der Organisationsgewalt jedenfalls nicht mit rechtsstaatlichen Argumenten begründet werden[63]).

1. Die Mannigfaltigkeit der Verwaltungsaufträge zeigt sich schon daran, daß Verwaltung und Gesetzesvollzug mitnichten Synonyma sind. Die praktische Bedeutung g e s e t z e s f r e i e r V e r w a l t u n g ist bekannt. Den Gemeinden wurde diese Chance durch Art. 28 GG verfassungskräftig garantiert, von den Ländern kann nichts anderes gelten. Das gleiche gilt aber auch für den Bund[64]). Auch die Bundesverwaltung beschränkt sich daher nicht auf die verfassungsrechtlich ausdrücklich sanktionierten Sparten des Gesetzesvollzugs, auch der Bund besitzt eine — allerdings ungeschriebene und sicher nur begrenzte — Zuständigkeit zur Entfaltung gesetzesfreier Verwaltungsinitiative. Auch für diese ist im Sinne des Art. 30 GG eine Zulassung gegeben, deren verfassungsrechtliche Begrenzung dahingestellt bleiben muß.

Dieser „allgemeine Verwaltungsauftrag“[65]) von Gemeinden, Ländern und Bund ist schon begrifflich an institutionelle Prämissen gebunden, die ihm aber nur eine ebenfalls vom

---

[62]) Das ist vor allem von F o r s t h o f f in „Die öffentliche Körperschaft im Bundesstaat“ (1931) näher ausgeführt (S. 39).

[63]) Die Landessatzung von Schleswig-Holstein enthält die merkwürdige Bestimmung, daß die Verwaltung durch die gesetzmäßig bestellten Organe, die Rechtsprechung durch unabhängige Gerichte ausgeübt werde (Art. 2). Aber damit sollte wohl kaum in Analogie zu dem gesetzlichen Richter der gesetzliche Verwaltungsbeamte gefordert werden.

[64]) A. A. M a u n z (Staatsrecht, 6. Aufl., S. 183), der nur eine geschriebene Widerlegung der Vermutung des Art. 30 GG kennt. Da dem Text des Grundgesetzes gesetzesfreie Bundesverwaltung fremd ist, würde danach die Staatspraxis (über diese vgl. K ö t t g e n in Jahrbuch des ö. Rechts Bd. 3, S. 78 ff.) auf wichtigsten Sachgebieten verfassungswidrig sein.

[65]) H a t s c h e k (Lehrbuch des deutschen u. preußischen Verwaltungsrechts, 3. Aufl., S. 77), E. K a u f m a n n (Verh. der VDStRL Heft 9, S. 8).

Gesetzgeber unabhängige Organisationsgewalt zu bieten vermag. Hat die Verfassung die Möglichkeit originärer Verwaltungsinitiative eingeräumt, so kann dieses Zugeständnis nicht in der Weise um jede Wirkung gebracht werden, daß die organisatorischen Vorbedingungen dieser gesetzesfreien Verwaltungsinitiative erst vom Gesetzgeber geschaffen werden müssen[66]). Deshalb glaube ich auch Herrn Friesenhahn widersprechen zu müssen, der dem Parlament in seinen gestern vorgelegten Leitsätzen unter II 4 vorbehaltlos das Recht eingeräumt hat, durch einfaches Gesetz Aufgaben der Organisationsgewalt an sich zu ziehen oder einen Gesetzesvorbehalt in diesem Bereich zu schaffen. Kein lediglich negatives Sperrgesetz zu Lasten der Organisationsgewalt darf die verfassungskräftige Chance gesetzesfreier Verwaltung vereiteln, die keineswegs nur den Gemeinden garantiert worden ist.

Allerdings bleibt es dem Gesetzgeber unbenommen, die Exekutive auch dort, wo sie sich im Besitz einer verfassungskräftigen Organisationsgewalt befindet, an bestimmte Organisationstypen zu binden. Das öffentliche Recht kann die Organisationsgewalt sogar sehr viel stärker beschneiden als das private Gesellschaftsrecht, dem hier durch Art. 9 GG eine gewisse Schranke gezogen sein dürfte.

Diese Einflußnahme des Gesetzgebers auf den Organisationstyp ist keineswegs immer von gleicher Stärke. Die dem Privatrecht geläufige Form des Modellgesetzes bildet im öffentlichen Recht durchaus nicht die Regel. Mit der Bereitstellung solcher Modelle hat sich der Gesetzgeber insbesondere im Fall der kommunalen Eigenbetriebe und Sparkassen begnügt[67]). Wesentlich anders zu beurteilen sind die Gemeindeverfassungsgesetze, da sie sich keineswegs mit der Aufstellung eines verbindlichen Modells begnügen, sondern darüber hinaus dessen Praktizierung — insbesondere in der entscheidenden Frage der Errichtung einer neuen Gemeinde — ebenfalls dem Gesetzgeber vorbehalten. Auch der Bundesgesetzgeber hat die ihm vorbehaltene „Errichtung" neuer Verwaltungseinrichtungen nicht etwa in Gestalt von Modellgesetzen abgegolten, deren Anwen-

---

66) Deshalb geht Obermayers Behauptung einer unbegrenzten Organisationsgewalt der Legislative sicher zu weit (Verwaltungsakt und innerdienstlicher Rechtsakt, S. 118).

67) Eigenbetriebsverordnung (RGBl. 1938 I, S. 1650), ähnlich für die Sparkassen schon das preußische Sparkassenreglement von 1838 (GS., S. 39). Vor allem sind in diesem Zusammenhang die Zweckverbände zu nennen. Das als Landesrecht fortgeltende Zweckverbandsgesetz von 1939 überläßt den Gemeinden den Zusammenschluß zu solchen Verbänden und stellt lediglich den Organisationstypus als solchen bereit.

dung in concreto einer gesetzlich regulierten Organisationsgewalt überlassen bliebe.

Unter diesen Umständen bedeutet es kaum noch eine wesentliche Steigerung legislativer Einflußnahme, daß der Bundes- wie auch der Landesgesetzgeber eine große Zahl von Verwaltungseinrichtungen durch konkret gezielte Organisationsakte ins Leben rufen. Diese Praxis beschränkt sich dabei durchaus nicht auf singuläre Gebilde. Sie findet insbesondere dort gern Anwendung, wo sich die Verwaltung auf Neuland begibt und etwa vorhandene Organisationsmodelle versagen.

Dabei ist allerdings die Frage, inwieweit die Verwaltungspraxis überhaupt auf solche Modellgesetze angewiesen ist und ob eine unbestreitbare Starrheit des öffentlichrechtlichen Organisationsrechts ausweglos einem Elastizitätsbedürfnis widerstreitet, das Verwaltung und Wirtschaft gemeinsam ist[68]). Von einem solchen Angewiesensein auf den Gesetzgeber kann dabei nur im Bereich mittelbarer Bundes-, Landes- oder auch Gemeindeverwaltung die Rede sein. Nur dort, wo die in Aussicht genommene Aufgabe einer juristischen Person des öffentlichen Rechts übertragen werden soll, verlangt der Rechtsstaat, daß deren Errichtung — wie übrigens auch Kassation — nur durch oder auf Grund eines Gesetzes erfolgen darf[69]). Modellgesetze, auf Grund deren aber die Verwaltung von sich aus eine neue Sparte mittelbarer Verwaltung zu organisieren vermöchte, sind allerdings dem geltenden Recht so gut wie fremd[70]).

---

68) Riebel: Die Elastizität des Betriebes, 1954.

69) Zu der umstrittenen Frage vgl. die Literaturangaben bei Krüger (Verh. d. VDStRL Heft 15, S. 119). Forsthoff verlangt im Fall der Körperschaft stets ein Gesetz (Lehrbuch S. 411), bei Anstalten nur, falls das neue Sozialgebilde hoheitliche Befugnisse ausüben soll, was allerdings „wohl immer zutreffen dürfte" (aaO., S. 420). Hierzu ein Urteil des RG über die Errichtung von Außenhandelsstellen von 1930 (Ausgewählte staatsrechtliche Entscheidungen des Reichsgerichts in Zivilsachen, S. 205 ff.). Zur Frage der Errichtung neuer Hochschulen vgl. Wende (Grundlagen des preuß. Hochschulrechts, 1930, S. 15), Köttgen (Deutsches Universitätsrecht, 1933, S. 8) u. Thieme (Deutsches Hochschulrecht, 1956, S. 110 f.).

70) Umso bedeutsamer ist, daß der Entwurf einer Verwaltungsrechtsordnung für Württemberg (1931) eine Modellösung für rechtsfähige Körperschaften und Anstalten vorsah und der Exekutive die Verleihung dieses öffentlichrechtlichen Status überließ (Art. 118 u. Art. 153). Schon die preußische Verfassung von 1850 sah eine ähnliche Regelung vor, aber ihr Art. 31 blieb unausgeführt (C. F. Koch: Allg. Landrecht, 8. Aufl. Bd. 3, S. 543). Der Bundesgesetzgeber könnte sich kaum auf Art. 87 GG berufen, wenn auch er sich mit solchen Modellen begnügen wollte. Die jetzt von Imboden näher untersuchte Frage, inwieweit verwaltungsrechtliche Verträge eine zureichende Grundlage für Akte der Organisations-

Hier liegt der Grund — oder doch ein Grund — für das seit langem beobachtete Ausweichen der Verwaltung in das private Gesellschaftsrecht[71]), mit dem sich auch unsere Vereinigung bereits mehrfach beschäftigt hat[72]). Daß auch die Gesetzgebung diese Entwicklung in vielen Einzelfällen gefördert hat, soll nicht verschwiegen werden[73]). Allerdings hat das neuere Recht mit seinen Bestimmungen über die wirtschaftliche Betätigung der Gemeinden bereits Mittel und Wege gewiesen, wie der Gesetzgeber diesen Rückzug der Organisationsgewalt auf das Privatrecht unter seine Kontrolle bringen kann. Unter der Voraussetzung, daß nicht etwa ein radikaler Organisationsstop angeordnet wird, wäre ein ähnliches Vorgehen auch gegenüber den Inhabern der Organisationsgewalt in Bund und Ländern denkbar[74]).

2. Nunmehr wenden wir uns der Rolle der Organisationsgewalt im Bereich des Gesetzesvollzuges zu. Hier besteht nur für die Bundesverwaltung eine annähernd eindeutige Rechtslage. Ohne Rücksicht auf den jeweiligen Gesetzesinhalt unterliegen alle Verwaltungseinrichtungen des Bundes, die zum Vollzug eines Bundesgesetzes benötigt werden, einem lückenlosen Gesetzesvorbehalt (Art. 87 GG).

Für die Landesverwaltung besagt dieses verfassungsrechtliche Diktum auch dort nichts, wo sie einen vom Bundesgesetzgeber gestellten Verwaltungsauftrag durchführt. Da aber keine Landesverfassung eine dem Art. 87 GG vergleichbare Vorschrift kennt, können die im Interesse des Gesetzesvollzuges benötigten Institutionen der Landesverwaltung nur dann einem generellen Vorentscheid des Gesetzgebers unterworfen sein, wenn ein solcher etwa aus rechtsstaatlichen Gründen gefordert sein sollte[75]). Dabei ist selbstverständlich, daß diese Frage für alle Länder einheitlich beantwortet wer-

---

gewalt abgeben können, muß hier auf sich beruhen bleiben. (Der verwaltungsrechtliche Vertrag, 1958 S. 76 ff.).

[71]) Forsthoff: Lehrbuch, S. 420.

[72]) So schon 1925 in einer Diskussionsbemerkung von Erich Kaufmann (Verh. d. VDStRL Heft 2, S. 114).

[73]) Zum Grundsätzlichen vgl. Hans Huber: Recht, Staat und Gesellschaft, 1954, S. 35 f.

[74]) Damit soll allerdings nicht behauptet werden, der Bundesgesetzgeber besäße eine durchgreifende Zuständigkeit zur Regelung der wirtschaftlichen Betätigung der öffentlichen Hand im Sinne eines im zweiten Bundestag eingebrachten Initiativentwurfs (Dr: Nr. 2712).

[75]) Ein offenbares Dilemma besteht dort, wo der Bundesgesetzgeber wie im Fall der Kriegsopferversorgung ausnahmsweise auch die Organisation der Landesverwaltung regelt (BGBl. 1951 I, S. 169), jedoch die Ausführung seines föderativ motivierten Mindestprogramms der Organisationsgewalt in den Ländern überläßt.

den muß, da sich offenbar landesrechtliche Variationen des rechtsstaatlichen Minimums schon im Hinblick auf Art. 28 GG verbieten.

Die Beantwortung der Frage, inwieweit der primär funktionell orientierte Gesetzesvorbehalt des Rechtsstaates auch die organisatorischen Modalitäten des Gesetzesvollzuges einbegreift, ist heute schwieriger denn je. Dies schon deswegen, weil insbesondere seit Imbodens Kritik an der herrschenden Lehre die Spannweite des rechtsstaatlichen Gesetzesvorbehalts schon materiellrechtlich umstritten ist[76]). Allerdings ist die Beantwortung der Frage, ob die traditionelle Unterscheidung zwischen Eingriffs- und Leistungsverwaltung etwa einer sozialstaatlichen Korrektur bedarf und ob auch die Leistungsverwaltung einem Gesetzesvorbehalt unterliegt, so folgenschwer, daß sie hier nicht mit wenigen Sätzen versucht werden soll. Solange man aber auf dem Boden der herrschenden Lehre verbleibt, müssen auch die organisatorischen Formen des Gesetzesvollzuges für die gewährende Leistungsverwaltung gesondert betrachtet werden. Daran ändert auch nichts, daß Art. 87 GG für seinen Teil Eingriffs- und Leistungsverwaltung über den gleichen Leisten geschlagen hat.

Die für die Leistungsverwaltung charakteristische Mannigfaltigkeit organisatorischer Methoden hat Ipsen am Beispiel der Subventionsverwaltung geschildert, nicht ohne hierbei der „Aushöhlung des Gesetzesvorbehalts" durch einen zumeist nur auf Haushaltspositionen gestützten Staatsinterventionismus zu gedenken[77]). Hier ist nicht der Ort für eine Untersuchung etwaiger Lücken des Rechtsstaates. Soweit der Gesetzgeber im Bereich gewährender Leistungsverwaltung und daher, wie bis auf weiteres angenommen werden muß, außerhalb des ihm durch die Verfassung vorbehaltenen Bereichs einen Verwaltungsauftrag erteilt, muß ihm überlassen bleiben, ob er auch die begleitenden Vollzugsfragen selber entscheiden will oder nicht. Das ist schon deswegen wichtig, weil solche Gesetze heute in aller Regel vom Bunde erlassen werden. Hat sich aber der Bundesgesetzgeber hier zumeist — und sei es auch nur aus bundesstaatlichen Gründen — verschwiegen, so muß in den Ländern der Organisationsgewalt unverwehrt sein, diese Entscheidungen aus eigenem Recht zu treffen. Nicht anders

[76]) I m b o d e n (Das Gesetz als Garantie rechtsstaatlicher Verwaltung, 1954, S. 41 f.). Ähnliche Überlegungen bei B a c h o f (Verh. d. VDStRL Heft 12, S. 63 und JZ 1956, S. 36), M e n g e r (DÖV 1955, S. 592), I p s e n (Öffentliche Subventionierung Privater, 1956, S. 15). In die gleiche Richtung weist auch der Diskussionsbeitrag von W e r n e r W e b e r.

[77]) aaO., S. 52 f.

dürfte wohl auch jenes Urteil des Bundesverwaltungsgerichts zu verstehen sein, das die niedersächsischen Landesernährungsämter für die Abwicklung einer vom Bundesgesetzgeber gewährten Frühdruschprämie zuständig erklärte[78]).

3. Ihre eigentliche Zuspitzung erfährt die Problematik gesetzesunabhängiger Organisationsgewalt erst auf dem Boden jener Eingriffsverwaltung, für die nur ein vom Gesetzgeber gestellter Verwaltungsauftrag in Betracht kommt. Allerdings sollte auch für diese nach Anschütz gelten, daß durch die Organisation der Behörden in den „Rechtszustand der Untertanen" nicht eingegriffen wird[79]).

Als rechtsstaatliches, wie auch demokratisches Ärgernis hat diese Lehre in Vergangenheit und Gegenwart mancherlei herbe Kritik erfahren. Allerdings haben sich dabei die Argumente erheblich gewandelt. Nur so wird verständlich, daß Herbert Krüger ohne jede Berufung auf Lutz Richter der nach 1926 weitgehend verstummten Kritik an der herrschenden Lehre neuen Auftrieb gab[80]). In der Tat läßt sich nicht behaupten, daß Krüger nur den Faden von 1926 wieder aufgenommen hätte. Alle bisherige Kritik rührte noch nicht in der Weise an den Nerv verfassungsunmittelbarer Organisationsgewalt, wie dies Krüger mit seiner These der Unmöglichkeit jeder wirklichen Trennung von Innen und Außen getan hat[81]).

Schon in Mainz hat Werner Weber auf die Sprengwirkung dieser Konzeption hingewiesen[82]). Jener rechtsstaatliche Rationalismus, den man einst Lutz Richter zum Vorwurf gemacht hat[83]), gestattet deshalb keinen Vergleich mit dem Radikalismus der heute gestellten Frage. Allerdings wird damit nur bestätigt, welche Fortschritte der Abbau einstiger Selbstverständlichkeiten seit 1926 gemacht hat. In der Perspektive von Herbert Krüger verschwindet das altumstrittene Problem der Organisationsgewalt hinter einer umfassenden Problematik des Staatbegriffs.

Trotzdem darf ich mich vorerst auf eine Auseinandersetzung mit Richter beschränken, der die von Anschütz begründete Lehre der Organisationsgewalt in ihr genaues Gegenteil ver-

---

[78]) Entscheidungen Bd. 3, S. 103.

[79]) So im Anschluß an frühere Äußerungen noch einmal zusammenfassend bei Meyer-Anschütz: Staatsrecht, 7. Aufl., S. 670 (1919).

[80]) Das gilt sowohl von der Studie über Rechtsverordnung und Verwaltungsverordnung (Festgabe für Smend), als von dem Referat über das besondere Gewaltverhältnis (Verh. d. VDStRL Heft 15).

[81]) Festgabe für Smend S. 217.

[82]) Verh. d. VDStRL Heft 15, S. 191 f.

[83]) Heller (Verh. d. VDStRL Heft 4, S. 124).

kehrt hatte. Seine polemische These, daß jede organisatorische Änderung notwendig auch die Rechtsstellung des Bürgers tangiere und daher dem Gesetz vorbehalten sein müsse[84]), war allerdings nicht ohne Vorläufer. Schon Ludwig v. Rönne hatte verkündet, daß nur durch Gesetz Obrigkeit konstituiert werden könne[85]). Laband [86]) und Triepel[87]) sowie insbesondere Hänel[88]) haben ähnliche Auffassungen vertreten[89]).

Die praktische Tragweite dieser älteren Lehren war allerdings nicht sonderlich groß, solange der Bundesrat über eine unstreitige verfassungsunmittelbare Organisationsvollmacht verfügte (V 1871 Art. 7) und ähnliches auch für das gliedstaatliche Verfassungsrecht behauptet wurde. Jedoch schon in der Weimarer Verfassung klaffte hier eine positivrechtliche Lücke. Dem geltenden Verfassungsrecht ist eine ausdrückliche Bestätigung unabhängiger Organisationsgewalt nicht bekannt, es fehlt ihr somit eine rechtsstaatliche Legitimation. Auch die Niedersächsische Verfassung gestattet schon deswegen keine andere Auslegung ihres Art. 29, weil der rechtsstaatliche Gesetzesvorbehalt keine landesrechtlichen Variationen verträgt[90]).

Trotzdem wird man sich die aus diesem positivrechtlichen Befund zu ziehenden Konsequenzen sehr genau überlegen müssen. Das gilt insbesondere im Hinblick auf das in den letzten Jahren durch die Rechtsprechung stark herausgearbeitete Konkretisierungsgebot[91]). Wird der rechtsstaatliche Gesetzesvorbehalt vorbehaltlos auf das Organisationswesen ausgedehnt, dann kann sich der Gesetzgeber auch hier von diesem Gebot

---

[84]) Organisationsgewalt, S. 11.

[85]) Preuß. Staatsrecht, 4. Aufl., Bd. 1, S. 427.

[86]) Staatsrecht des Deutschen Reiches, 4. Aufl., Bd. 1, S. 345 f.

[87]) Reichsaufsicht, 1917, S. 585 f.

[88]) Gesetz im formellen und materiellen Sinne, S. 222 ff.

[89]) Dagegen hat Anschütz Zustimmung gefunden bei: Hatschek (Deutsches und Preußisches Staatsrecht, Bd. 1, S. 571), Thoma (Handbuch des Deutschen Staatsrechts, Bd. 2, S. 223), Forsthoff (Öffentliche Körperschaft, S. 39), Bilfinger (Reichssparkommissar, 1928, S. 15), neben denen aus der älteren Literatur auch M. v. Seydel zu nennen wäre (Bayr. Staatsrecht, 3. Aufl., S. 71). Auch bei Heller (Verh. d. VDStRL Heft 4, S. 124) werden keine grundsätzlichen Einwendungen gegen eine selbständige Organisationsgewalt erhoben. Abweichend allerdings Fleiner (Institutionen des Deutschen Verwaltungsrechts, 2. Aufl., S. 61), aber auch G. Jellinek (System der subjektiven öffentlichen Rechte, S. 229). Aus jüngster Zeit vgl. das Urteil des OVG Hamburg (VerwRspr. Bd. 10 S. 37).

[90]) Jacobi hatte sich auf ein Gewohnheitsrecht zugunsten der Organisationsgewalt berufen (Handbuch des deutschen Staatsrechts, Bd. 2, S. 251). Ähnlich heute Spanner (aaO., S. 642).

[91]) Bay. Verfassungsgerichtshof (Verw.Rspr., Bd. 7 S. 782), Bundesverwaltungsgericht (Entsch., Bd. 3, S. 116).

nicht selbstherrlich dispensieren. Die Lage ist eben eine grundsätzlich andere, als wenn eine Verwaltungseinrichtung nur um ihrer selbst willen einem institutionell motivierten Gesetzesvorbehalt unterworfen wird.

Die Praxis der Bundesgesetzgebung hat allerdings den Art. 87 GG im Sinne eines lediglich institutionellen Gesetzesvorbehalts interpretiert. Als Musterbeispiel sei das Gesetz über den Bundesgrenzschutz erwähnt (BGBl. 1951 I S. 201), dessen Blankovollmacht zugunsten der Organisationsgewalt bei Anlegung rechtsstaatlicher Maßstäbe sicherlich nicht bestehen könnte. Ähnliche Beobachtungen können erst recht dort gemacht werden, wo der Bundesgesetzgeber — entgegen der Regel — die Landesverwaltung organisiert und sich dabei begreiflicherweise größte Zurückhaltung auferlegt. Dessen ungeachtet wurde auch hier auf Ausführungsgesetze der Länder keineswegs nur vereinzelt zugunsten der Organisationsgewalt verzichtet.

Diese ähnlich auch im Landesbereich zu beobachtende Praxis findet ihre Erklärung in Elastizitätsbedürfnissen der Verwaltung, die nun einmal gerade auf organisatorischem Gebiet jeder allzu konkreten Gesetzgebung widerstreiten. Offenbar hat sich daher der Gesetzgeber, in Würdigung dieser Sachlage, die Entscheidung darüber vorbehalten, wo im einzelnen Fall die Grenze zwischen vorbehaltener „Errichtung" und komplementärer „Einrichtung" gezogen werden soll[91a]). Eine solche Staatspraxis ist jedoch, wie immer man den rechtsstaatlichen Pegel ansetzen mag, mit der Vorstellung unvereinbar, daß der rechtsstaatliche Gesetzesvorbehalt auch auf institutionelle Bereiche übergreift.

Auf der Verlustliste des Rechtsstaates steht dabei nicht nur das Zeichnungsrecht[92]), sondern sogar die besonders wichtige Zuständigkeitsordnung. Da der Grundsatz des gesetzlichen Richters[93]) keine Ausdehnung auf die Verwaltung gestattet, hat man mit Recht an der Möglichkeit administrativer Manipulationen örtlicher Zuständigkeit keinen Anstoß genommen[94]).

[91a]) Vgl. z. B. § 4 des Finanzverwaltungsgesetzes (BGBl. 1950 S. 449).

[92]) Nur das Gemeinderecht hat sich für diese Frage überhaupt interessiert, wie auch durch ein Urteil des des BGH bestätigt wird (VerwRspr., Bd. 5, S. 281 ff.). Im übrigen vgl. Triepel: Delegation und Mandat im ö Recht, 1942, S. 27 f.

[93]) Hierzu neuestens Bockelmann: Strafprozessuale Zuständigkeitsordnung und gesetzlicher Richter (Goldtammers Archiv 1957, S. 357 ff.).

[94]) Solche sind dann sogar unvermeidlich, wenn sich der Gesetzgeber mit der Bildung eines Organisationstypus begnügt, wie es nicht nur bei Mittel- und Unterbehörden die Regel sein muß. Im

Aber auch die sachliche Zuständigkeit ist offenbar nicht in dem Maße gesetzlich fixiert, wie man bei Anlegung rechtsstaatlicher Maßstäbe erwarten müßte. Das zeigt sich vor allem bei Ministerialverwaltungsakten.

Daß die Organisationsgewalt vorhandene gesetzliche Zuständigkeitsbindungen respektieren muß, sollte nicht ernsthaft bestritten werden. Allerdings entspricht das Offenhalten einer Manipulationschance möglicherweise wohlüberlegten Absichten des Verfassungsrechts, denen sich auch der Gesetzgeber nicht ohne Not verschließen wird[94a]). Die sich hier aufdrängende Frage nach der Zulässigkeit eines gesetzgeberischen Verzichts auf spezifizierte Ressortbindungen bliebe dabei auch dann zu beantworten, falls Ministerialverwaltungsakte oberster Bundesbehörden ohne eigenen Unterbau dem Grundgesetz wirklich unbekannt sein sollten[95]).

Ich möchte hier nur auf die Existenz dieser und verwandter Fragen verweisen. Die Kritiker einer derart „nachlässigen" Staatspraxis können sie jedenfalls nur mit hinreichend präzisen Angaben darüber beantworten, bis zu welcher Demarkationslinie ein rechtsstaatlich geforderter Gesetzgeber in die Interna der Staatsorganisation vorstoßen muß. Diese Angabe ist jedoch die bisherige Kritik schuldig geblieben[96]). Ja, es besteht auch kaum eine Aussicht auf künftige Schließung dieser wesentlichen Lücke ihrer Argumentation.

Anschütz und Lutz Richter waren bis zu dem Auftreten Herbert Krügers die Flügelmänner einer staatsrechtlichen Kontroverse, an der u. a. auch das unterschiedliche Verhältnis der staatsrechtlichen Theorie zur Staatspraxis sichtbar wird. Schon um die Jahrhundertwende hatte sich Anschütz auf den Boden jener Staatspraxis gestellt, die die preußische Regierung dem Herrenhaus im Jahre 1869 erläutert hatte[97]). Auch später hat er sich gegenüber Lutz Richter darauf berufen, es sei nicht Aufgabe der staatsrechtlichen Theorie, einer andauernd betätigten Verordnungsgewalt, deren rechtlich begründetes

---

übrigen ist hier jener Korrekturen einer gesetzlich fixierten Zuständigkeitsordnung zu gedenken, die sich aus dem übergreifenden Institut der Amtshilfe erklären.

[94a]) Hierzu ein Urteil des OVG Münster (DÖV 1958 S. 156), das eine gesetzliche Zuständigkeitsnorm im Sinne des jeweils zuständigen Ressortministers auslegt.

[95]) Vgl. Füßlein: Der überregionale Verwaltungsakt (DVBl. 51, S. 33 ff.) und die dort angegebene Literatur.

[96]) Ähnlich Forsthoff (Lehrbuch, S. 362).

[97]) Gegenwärtige Theorien über den Begriff der gesetzgebenden Gewalt, 2. Aufl., 1911, S. 153 ff.

Dasein weder vom Parlament noch von der Rechtsprechung bezweifelt werde, dieses Dasein abzusprechen[98]).

Allerdings wird die gegenüber der Staatspraxis skeptisch gewordene Gegenwart durch solche Argumente nicht ohne weiteres zu überzeugen sein. Wenn schon dort, wo das Grundgesetz ausdrücklich auf „hergebrachte Grundsätze" verwiesen hat, seine Auslegung in vieler Beziehung kontrovers ist, so darf diese Rezeption des hergebrachten Beamtenrechts erst recht nicht kritiklos auf das benachbarte Organisationswesen ausgedehnt werden[99]). Wenn trotz dieser Skepsis an den Ergebnissen der Lehre von Anschütz im wesentlichen festgehalten wird, so sei mit Nachdruck betont, daß der Rechtsstaat sicherlich in gewissen Grenzen auch ein legal fixiertes Organisationssystem erfordert. Strittig ist nur, wo die Grenze dieses rechtsstaatlichen Minimums verläuft. Wer hier aber dem Gesetzgeber das Recht ihrer selbstherrlichen Bestimmung bestreitet, muß beweisen können, daß die Verfassung hier nicht nur ein politisches Ziel „angedeutet"[100]), sondern selbst eine unmittelbar verbindliche Regelung getroffen hat. Solange dieser Nachweis aber nicht geführt werden kann, wird man den rechtsstaatlichen Gesetzesvorbehalt auf das materielle Recht beschränken müssen.

III. Incorporation als Grundlage der Organisation

Die Kernfrage unseres Themas haben alle bisherigen Betrachtungen über das Gesetz, seinen unstreitigen Vorrang und seinen umstrittenen Vorbehalt bewußt umgangen. Daher muß jetzt endlich eine verfassungsrechtliche Begründung des Anspruchs der Exekutive auf eine nicht vom Gesetzgeber delegierte Organisationsgewalt versucht werden. Nach dem Mainzer Kurssturz staatsrechtlicher Selbstverständlichkeiten ist hier offenbar doppelte Vorsicht geboten, da weder dem Wortlaut des Grundgesetzes noch auch der Landesverfassungen eine solche Begründung entnommen werden kann.

1. Bei genauerem Zusehen entpuppt sich die Organisationsgewalt als Kombination zweier verschiedener Vollmachten, die aber beide das Verfassungsrecht der Exekutive unstreitig gewährt hat.

Das zumeist nur als Schranke der Organisationsgewalt betrachtete Haushaltsrecht bildet zugleich ihre verfassungsrecht-

---

[98]) Kommentar zur Weimarer Verfassung, 14. Aufl., S. 316.

[99]) Vgl. allerdings Köttgen, DÖV 1954, S. 9.

[100]) Smend (Staatsrechtliche Abhandlungen, S. 191).

liche Grundlage[101]). Sicherlich kann ohne verfügbare Haushaltsmittel nicht organisiert werden, aber nicht dieses allein: ordnungsgemäß bereitgestellte Mittel bewirtschaftet die Exekutive auf Grund einer unmittelbar in der Verfassung begründeten Kompetenz. Dieses Recht trägt aber in Verbindung mit der Verfügungsbefugnis über das öffentliche Verwaltungsvermögen die materielle Komponente der Organisationsgewalt.

Für eine Legitimation der Organisationsgewalt genügt das allein allerdings noch nicht. Mit diesen sächlichen Verwaltungsmitteln sollen personelle Faktoren kombiniert werden. Eine weitere, ja die eigentliche Stütze der Organisationsgewalt bilden in Wirtschaft und Verwaltung Direktionsrechte des Dienstherrn gegenüber dem einzelnen Mitarbeiter, dem auf dieser Rechtsgrundlage sein Platz innerhalb der „Arbeitsaggregate" auch der Verwaltung angewiesen wird. Darin ist die moderne Verwaltung als ein in sich mannigfach gegliederter Kosmos von „Betrieben" dem privaten Großbetriebe durchaus verwandt. Auf diese Verwandtschaft, dem Ausland offenbar stärker gegenwärtig als uns, hat Simon in seiner Untersuchung über „Entscheidungsvorgänge in Behörden und privaten Unternehmen" angespielt. Es ist dabei nur bezeichnend, daß die Grundlage dieser Maßnahmen nach seiner Untersuchung eine Wirtschaft und Verwaltung gemeinsame „Entscheidungsgewalt" bildet[102]).

Über diese Entscheidungsgewalt oder im Sinne des deutschen Sprachgebrauchs über diese Direktionsrechte verfügt der Inhaber der Organisationsgewalt aber auch im Bereich der öffentlichen Verwaltung nicht etwa auf Grund spezieller Delegation. Das ist völlig eindeutig, soweit Arbeitnehmer in einen Verwaltungskörper „eingestellt" werden, muß aber ähnlich auch für Beamte gelten. Auch hier beschränkt sich die Rolle der Gesetzgebung auf Bereitstellung eines Rechtsinstitutes, dessen sich die Verwaltungspraxis in concreto bedient.

Nicht, wie die ältere Literatur oft annahm[103]), das Beamtenernennungsrecht etwa des Staatsoberhauptes, wohl aber die aus der beamtenrechtlichen Dienstherrenfähigkeit der Anstellungskörperschaft abgeleiteten Vollmachten der obersten

---

[101]) Dem steht nicht entgegen, daß sich die Ausbreitung der Organisationsgesetzgebung auch aus dem Wunsch einer Vermeidung von Haushaltsrisiken erklärt. So Heckel (Handbuch des Deutschen Staatsrechts, Bd. 2, S. 399).

[102]) Simon: Das Verwaltungshandeln, eine Untersuchung der Entscheidungsvorgänge in Behörden und privaten Unternehmen, 1955, S. 80 ff.

[103]) Schon Laband hatte dagegen polemisiert (Staatsrecht, Bd. 1, S. 344).

Dienstbehörde tragen den Anspruch auf Organisationsgewalt. Die aus dieser Dienstherrnfähigkeit abgeleitete Befugnis zur Einstellung von und zur Verfügung über Beamte gründet sich nicht auf eine spezielle, ausdrücklich durch die Verfassung gegebene Ermächtigung, sondern ist mit dem Begriff einer Exekutive mitgesetzt. Insofern besteht also zwischen den verschiedenen Erscheinungsformen der Organisationsgewalt in Wirtschaft und Verwaltung kein Unterschied[104]), hier wie dort hat sich der Gesetzgeber mit der Bereitstellung dienstrechtlicher Institute begnügt. Die „Eingliederung"[105]) selbst unterliegt solange keinem Gesetzesvorbehalt, als die Verwaltung auf Zwangsdienstpflichten verzichtet.

Allerdings ist Dienstherrenfähigkeit nur im Falle der Gebietskörperschaften eine essentielle Qualität. Den sonstigen rechtsfähigen Verwaltungseinheiten muß diese Qualifikation — gleich ihrem Organisationsstatut überhaupt — durch Rechtsnorm zuerkannt werden, wie erst neuestens das BRRG wieder festgestellt hat (§ 121)[106]). Unterbleibt aber diese Verleihung der Dienstherrenfähigkeit, so besagt auch dies nichts Entscheidendes gegen die Organisationsgewalt, da einer solchen auch dann arbeitsrechtliche Direktionsrechte die notwendige Basis bieten.

2. Demnach gründet sich die Organisationsgewalt auf Direktionsrechte der beiden dienstrechtlichen Varianten. Daraus folgt allerdings eine merkliche Abhängigkeit der Organisationsgewalt vom jeweiligen Stande des positiven Beamten- und Arbeitsrechts. Den hier bestehenden Wechselwirkungen muß gerade heute gesteigerte Beachtung zuteil werden[106a]).

a) Im Verlauf der letzten Jahrzehnte ist deutlich geworden, daß unter sozialrechtlichen Perspektiven zwischen der Organisationsgewalt in Wirtschaft und Verwaltung zumindest keine grundsätzlichen Unterschiede bestehen. Der in die Defensive gedrängte „Herr im Hause" sah sich hier wie dort in seiner Organisationsgewalt beschnitten, soweit diese nicht etwa für die „Selbstverwaltung" des Betriebes in Anspruch genommen wurde. Daß auch die Verwaltung von dieser Entwicklung nicht unberührt blieb, erklärte sich vor allem aus einem unverkennbaren Strukturwandel des Beamtenrechts, das auch den öffent-

---

[104]) Über die Organisation des Betriebes vgl. Nikisch: Arbeitsrecht, 2. Aufl., Bd. 1, S. 127 f.

[105]) Nikisch aaO., S. 140 ff.

[106]) Das Beamtenrecht hat diese organisationsrechtliche Frage mit gutem Grund nur aufgezeigt.

[106a]) Über ähnliche Wechselwirkungen Wagenhöfer: Der Förderalismus und die Notenbankverfassung (Festschrift für Ehard, 1957, S. 115).

lichen Dienst seines einstmals patriarchalischen Zuschnitts mehr und mehr entkleidet hat. Trotz der verfassungsrechtlichen Verweisung auf die hergebrachten Grundsätze des Berufsbeamtentums hat sich das moderne Beamtenrecht gerade auf solchen Gebieten dem arbeitsrechtlichen Vorbilde genähert, die für die Chancen einer Organisationsgewalt wesentlich sind.

Daher ist es gewiß nicht zufällig, daß Lutz Richter, für den schon damals das Beamtenrecht nur eine Teilerscheinung des Arbeitsrechts war[107]), seine Kritik an der Praxis der Organisationsgewalt einleitend auf beamtenrechtliche Argumente gestützt hat[108]). Eine nur durch die Organisationsgewalt bewirkte Veränderung des Behördenkörpers erschien ihm für nachhaltige Eingriffe in den Status der betroffenen Beamten keine zureichende Legitimation. Obwohl das Reichsgericht im Jahre 1929 den von Lutz Richter zum Ausgang seiner Betrachtung genommenen Fall anders entschieden hat[109]), bedürfen auch heute die beamtenrechtlichen Rückwirkungen einer nur im Wege der Organisationsgewalt vollzogenen „Behördenauflösung, einer wesentlichen Änderung des Aufbaus oder der Verschmelzung mehrerer Behörden“[110]) sorgsamer Prüfung. Allerdings hat das positive Beamtenrecht zumindest nicht ausdrücklich gegen die Organisationsgewalt entschieden, was dem Rahmengesetz des Bundes ohnehin aus verfassungsrechtlichen Gründen verwehrt gewesen wäre.

Aber auch sonst besteht mancherlei Anlaß, etwaigen beamtenrechtlichen Schranken der Organisationsgewalt verstärkte Beachtung zuteil werden zu lassen. Das gilt insbesondere für die umstrittenen Rechtsinstitute der Abordnung und Versetzung, die jedenfalls nicht als Blankovollmacht der Organisationsgewalt interpretiert werden können, auf Grund deren diese Arbeitspensum und Arbeitsplatz des Beamten bestimmt. Ähnliches gilt aber auch für die Übertragung von Nebenämtern, für Urlaubsregelungen und mancherlei andere Dispositionen der Organisationsgewalt[111]). Das Stichwort Fünftagewoche macht diese Abhängigkeit der Organisationsgewalt von dem Dienstrecht vollends deutlich. Dabei spielen

---

107) Verhandlungen der VDStRL, Heft 7, S. 108.

108) aaO., S. 3.

109) Ausgewählte beamtenrechtliche Entscheidungen des Reichsgerichts in Zivilsachen, S. 120 f.

110) So heute die Formulierung in § 19 des BRRG (BGBl. 57 I, S. 670).

111) Ein Urteil des OVG Münster hat die Frage behandelt, inwieweit die Organisationsgewalt die Lehrbefugnis von Dozenten an pädagogischen Akademien respektieren müsse (VerwRspr. Bd. 9, S. 433).

die Unterschiede zwischen Beamten und Arbeitnehmern offenbar keine entscheidende Rolle mehr, seitdem sich das ausdifferenzierte Beamtenrecht immer stärker seinem arbeitsrechtlichen Schrittmacher anpaßt. Nur solange, als die nichtvermögensrechtliche Position des Beamten im wesentlichen nur auf einer undifferenzierten Fürsorgepflicht des Staates beruhte, war auch die Organisationsgewalt in ihren personellen Dispositionen weitgehend ungehindert.

Heute überschneidet sich das Beamtenrecht mit der Organisationsgewalt ähnlich wie das Arbeitsrecht. Eben deshalb ist Ule's Unterscheidung zwischen einem Betriebsverhältnis, das nach wie vor durch die Organisationsgewalt gestaltet wird, und einem gerichtlich kontrollierten Grundverhältnis auch für unser heutiges Thema bedeutsam[112]). Ich muß mich hier mit einer Verweisung auf sein Mainzer Referat begnügen.

b) Allerdings hat diese Entwicklung des Dienstrechts keineswegs nur den Spielraum der Organisationsgewalt verengert, sondern vielmehr zugleich in eigenartiger Weise das Rechtsinstitut als solches bestätigt. Wurde die bisher rein hierarchische Struktur der Organisationsgewalt[113]) von den verschiedensten Ansätzen aus dienstrechtlich modifiziert, so wurde der also verwandelte Herr im Hause damit in der Sache bestätigt.

Nicht nur das Personalvertretungsrecht hat auf gewissen Gebieten ein organisatorisches Kondominium zwischen Dienststellenleiter und Personalrat begründet, auch Mitwirkungsrechte von Elternbeiräten dürfen in diesem Zusammenhang nicht unerwähnt bleiben[114]).

3. Demnach ist heute, abgesehen von etwaigen Drittwirkungen gegenüber dem allgemeinen Publikum der mit dem Begriff Organisationsgewalt umschriebene Sachverhalt in Wirtschaft und Verwaltung annähernd der gleiche. Deshalb kann es für verwaltungsrechtliche Diskussionen über die Organisationsgewalt nicht gleichgültig sein, daß das moderne Sozialrecht mit ihr offenbar seinen Frieden gemacht hat. Mitbestimmungsrecht bedeutet Teilhabe an der Organisationsgewalt.

Mit diesem rechtspolitischem Petitum wurden die jeder Organisationsgewalt unentbehrlichen Direktionsrechte seitens der Demokratie nostrifiziert und in derart abgewandelter

---

112) Zuletzt dargelegt in dem Referat über das besondere Gewaltverhältnis (Verh. d. VDStRL Heft 15, S. 152).

113) Simon aaO., S. 92 ff.

114) Hierzu Stein: Elterliche Mitbeteiligung im deutschen Schulwesen, JZ 1957, S. 11 ff.

Form gerade auch durch das Sozialrecht bestätigt. Grade hier besteht keinerlei Unterschied zwischen Wirtschaft und Verwaltung, auch gegenüber den Beamten beruht die Organisationsgewalt auf Befehl und Gehorsam. Dabei sollte schließlich nicht vergessen werden, wie sehr zum historischen Rechtsstaat eine dialektische Antinomie zwischen bürgerlicher Freiheit und jenem Irregulare gehört, das eine makabre Terminologie als besonderes Gewaltverhältnis zu beschreiben pflegt. Daß dieses angebliche Ärgernis in Wahrheit ein rechtsstaatliches Essentiale ist, lehrt ein Blick auf das vorkonstitutionelle Statusrecht des Ständestaates und die totalitären Regime der Gegenwart.

Schon deshalb ist es eine abwegige Behauptung, mit der Organisationsgewalt werde nur die lange abgelaufene Epoche des monarchischen Beamtenstaates verlängert. Dies ist schon deswegen falsch, weil sich heute hinter der Organisationsgewalt niemals politische Ansprüche autokephaler Bürokratie verbergen können. Weder das parlamentarische Regierungssystem, noch das Organisationsprinzip der Selbstverwaltung dulden impermeable Arbeitsreservate eines Verwaltungsstabes, die als solche unter Berufung auf die Organisationsgewalt frei von aller politischen Verantwortung gestaltet werden könnten.

IV. Organisationsgewalt und innerstaatliche Gliederung

Die Literatur pflegt sich im allgemeinen nur für die Organisationsgewalt der Regierung zu interessieren. Darüber droht in Vergessenheit zu geraten, daß ganz allgemein mit jeder Verantwortung für eine hinreichend geschlossene Verwaltungseinheit auch ein Stück Organisationsgewalt verbunden ist.

Verwaltungseinheiten in diesem Sinne brauchen dabei keineswegs notwendig rechtsfähige Verwaltungseinheiten zu sein. Verlangt wird nur ein selbständiger Lebensbereich, der gegenüber seiner Umwelt in vielfacher Form abgesetzt sein kann[115]), wobei sich allerdings das selbständige Rechtssubjekt durch besondere Trennschärfe auszeichnet. Dessen ungeachtet gibt es aber auch andere Formen der Selbständigkeit, wie das Grundgesetz mit seiner Formel von der „selbständigen Bundesoberbehörde" ausdrücklich anerkannt hat.

Eine Verfassung, die sich zu den Prinzipien des Bundesstaates und der Dezentralisation bekennt, hat diese innerstaatliche Gliederung spezifisch akzentuiert. Andererseits be-

115) Nikisch aaO., S. 124.

weisen schon der selbständige ministerielle Geschäftsbereich (Art. 65 GG) und die selbständige Bundesoberbehörde (Art. 87 Abs. 3 GG), daß die innerstaatliche Gliederung keineswegs nur eine Folge des Bundesstaates und der Selbstverwaltung ist. Daher ist auch die Frage nach der Verklammerung eines so in der Breite und Tiefe vielfältig gegliederten Verwaltungskosmos von besonderer Bedeutung. Im Bereich des Behördenwesens vollzieht sich diese Verklammerung im wesentlichen über die zentrale Organisationsgewalt. Diese vermag allerdings nicht aus eigenem Recht auch auf die Organisation rechtsfähiger Verwaltungseinheiten Einfluß zu nehmen[115a]). Die mit Rechtsfähigkeit ausgestattete Verwaltungseinheit wird damit zu einem „fremden Haus", das von Staats wegen nur durch Gesetz oder auf Grund eines solchen organisiert werden kann. Jede Dezentralisation[116]) begründet eine Vermutung zugunsten organisatorischer Autonomie, sie unterbricht — wenngleich mit unterschiedlicher Stärke — den geschlossenen Stromkreis einer auf Befehl und Gehorsam gegründeten Hierarchie.

Dieses im Begriff der Dezentralisation gegebene Interventionsverbot richtet sich gegen die Organisationsgewalt der jeweils übergreifenden Einheit. Gegenüber rechtsfähigen Anstalten und Körperschaften hat also weder die Bundes- noch eine Landesregierung eine gesetzesunabhängige Organisationsgewalt. Daß insbesondere das positive Anstaltsrecht der Aufsichtsbehörde vielfach solche Vollmachten ausdrücklich eingeräumt hat, besagt mitnichten das Gegenteil. Besonders geregelt ist schließlich das Verhältnis von Bundes- und Landesverwaltung. Die Landesverwaltung ist vorbehaltlich der Ausnahmeregelungen in Art. 84 Abs. 1 und Art. 85 Abs. 1 GG auch dem Zugriffe des organisierenden Bundesgesetzgebers entzogen. Aber weder die mittelbare Bundesverwaltung noch die mittelbare Landesverwaltung sind durch ähnliche Zugeständnisse an eine Verfassungsautonomie dem für sie jeweils zuständigen Gesetzgeber entzogen worden.

1. Die verfassungsrechtlichen Voraussetzungen, unter denen der Bundesgesetzgeber, entgegen der Regel auf die Verwaltungsorganisation der Länder unter dem Stichwort Einrichtung der Behörden Einfluß nehmen kann, sind hier nicht zu untersuchen. Für unser spezielles Thema ist lediglich wichtig, ob die Bundesregierung unter dem Titel „allgemeine Verwal-

---

[115a]) Aber auch die Deutsche Bundesbahn ist gemäß § 14 des Bundesbahngesetzes im Besitz einer gesetzeskräftigen Organisationsgewalt, wenngleich bestimmte Organisationsmaßnahmen ministerieller Genehmigung bedürfen.

[116]) Zum Terminologischen Peters: Zentralisation und Dezentralisation, 1928, S. 17.

tungsvorschriften" vielleicht doch eine in den Raum der Landesverwaltung hineinwirkende Organisationsgewalt für sich in Anspruch nehmen kann. Dabei ist unzweifelhaft, daß ein mit Zustimmung des Bundesrats beschlossenes Gesetz bestimmte organisatorische Maßnahmen auf den Weg der allgemeinen Verwaltungsvorschrift verweisen kann. Aber solche gesetzliche Regelungen sind zumindest nicht die Regel, ja § 9 des ersten Gesetzes über Maßnahmen zum Schutz der Zivilbevölkerung (BGBl. 1957 I S. 1696) ist offenbar ein singulum. Wo der Gesetzgeber aber schweigt, ist insbesondere die akzessorische Natur dieser allgemeinen Verwaltungsvorschriften zu beachten, die daher thematisch nicht über das Gesetz selbst hinausgehen können.

Daraus würde folgen, daß zu einem Bundesgesetz, das keinerlei Regelung über die Einrichtung der Behörden und das Verwaltungsverfahren getroffen hat, lediglich solche Verwaltungsvorschriften ergehen können, die sich ebenfalls auf reine Sachfragen beschränken. Dem widerspricht allerdings die vielfach belegbare Erfahrung, daß eine Gemenglage von Sach- und Organisationsfragen nun einmal zu den charakteristischen Eigentümlichkeiten der Verwaltungsverordnung gehört. Es wäre daher zumindest denkbar, daß das Grundgesetz sub titulo „allgemeine Verwaltungsvorschrift" Bundesregierung und Bundesrat gegenüber den Ländern eine Organisationsgewalt zur gesamten Hand einräumen wollte[117]).

2. Die Beantwortung dieser Frage darf nicht mit dem anderen Problem kombiniert werden, inwieweit die Organisationsgewalt des Bundes oder der Länder jeweils in die Räume mittelbarer Bundes- bzw. Landesverwaltung hineinwirken kann. Wenn überhaupt, so kann nur die jeweilige Staatsaufsichtsbehörde als Inhaber einer derart übergreifenden Organisationsgewalt in Betracht kommen, aber auch sie bedarf dazu einer besonderen gesetzlichen Ermächtigung.

Die Gemeindeverwaltung nimmt dabei schon insofern eine Sonderstellung ein, weil hier der Austeilung solcher Ermächtigungen an die staatliche Exekutive verfassungsrechtliche Grenzen gezogen sein könnten. Daß die Organisationshoheit der Gemeinden, deren Organisierung durch den Gesetzgeber nicht ausschließt, bedeutet noch nicht, daß mit dem gleichen Recht auf Grund eines Gesetzes auch die Aufsichtsbehörde die Gemeinde zu organisieren vermöchte.

Allerdings waren in der Vergangenheit solche Organisationsvollmachten der Aufsichtsbehörde insbesondere in den

---

117) K ö t t g e n : Gemeinde und Bundesgesetzgeber, S. 84 ff.

Bereichen von Polizei[118]) und Schule[119]) durchaus nicht selten. Spielen sie hier heute keine Rolle mehr, so erklärt sich dies aus der Verstaatlichung der Polizeiexekutive, aber nicht viel anders auch des Schulwesens. Trotzdem kennt auch das geltende Gemeinderecht auf anderen Sachgebieten nach wie vor ähnliche Zugeständnisse an die staatliche Organisationsgewalt, wie insbesondere das Eingemeindungsrecht keineswegs alle Grenzänderungen dem Gesetz vorbehalten hat.

Dem Bundesverfassungsgericht liegt z. Z. eine gegen das niedersächsische Durchführungsgesetz zum Kriegsgefangenenentschädigungsgesetz gerichtete Verfassungsbeschwerde vor[120]). Hier wird beanstandet, daß die Gemeinden ihre eigenen Ausgleichsämter nur mit Zustimmung des Landesflüchtlingsministers in den ihnen obliegenden Vollzug dieses Bundesgesetzes einschalten können. Daß eine solche Regelung idealtypischer Selbstverwaltung widerstreitet, ist evident. Ob sie deshalb bereits das Grundgesetz verletzt, ist eine Frage der Effektivität seines Art. 28, die hier dahingestellt bleiben muß[121]).

Da meine Zeit abgelaufen ist, darf ich hier abbrechen. Viele Aspekte des Themas wurden vernachlässigt. Zu ihnen gehört das Haushaltsrecht, obwohl gerade hier die neue Alternative zwischen funktionellem und institutionellem Haushalt[122]) reizvolle Perspektiven für unser Thema eröffnet. Nicht minder bedarf es der Nachsicht, daß entgegen der Regel auch die Probleme des materiellen Gesetzesbegriffs radikal ausgeklammert wurden.

Während ich hier den Faden der Mainzer Diskussion mit Vorbedacht nicht wieder aufgenommen habe, war er nicht möglich, das der Organisationsgewalt so eng verbundene besondere Gewaltverhältnis in ähnlicher Weise auszuklammern. Die damit verbundene Zumutung des Rückmarsches in den Urwald wiegt um so schwerer, weil offenbar zwischen Hamburg und Göttingen gewisse Kompaßdifferenzen bestehen. Zur Vermeidung von Mißverständnissen darf ich daher mit

---

118) Z. B. preuß. Polizeiverwaltungsgesetz von 1850 (§ 4).

119) Hierzu etwa die Kontroverse zwischen Peters (Der Städtetag 1952, S. 99 ff.) und Berkenkopf (DVBl. 1952, S. 424).

120) DÖV 1955 (S. 246), Die Selbstverwaltung 1955 (S. 358).

121) Die andere Frage, welchem kommunalen Organ die Organisationsgewalt zusteht, muß an Hand der Gemeindeverfassungsgesetze beantwortet werden (vgl. etwa LKO für Baden-Württemberg § 37 Abs. 1).

122) Oeftering u. v. Schmiedeberg in „Staats- und Verwaltungswissenschaftliche Beiträge" (Speyer 1957).

zwei Feststellungen schließen, die mir gleichermaßen wichtig sind:

Vollgewichtige Institutionen müssen durch den Gesetzgeber verfaßt werden. Nur das in der Idee auf Dauerregelung zugeschnittene Gesetz ist die adäquate Organisationsform echter Institution, die sich von organisatorischen Improvisationen grundsätzlich unterscheidet. Umgekehrt sollte für gewichtlose organisatorische Maßnahmen nicht ohne Not ein Gesetzgeber bemüht werden, dessen Notlage Jahrreiss so eindrucksvoll geschildert hat[123]). Schon aus Gründen sinnvoller Ökonomie der Kräfte sollte man deshalb dem „Herren im Hause" seine Chance belassen, die auch das geltende Verfassungsrecht nur beschnitten, aber nicht etwa kassiert hat.

[123]) Größe und Not der Gesetzgebung (Mensch u. Staat, 1957, S. 52).

Leitsätze des Berichterstatters über:
Die Organisationsgewalt

I

1. *Das Thema bezieht sich auf alle diejenigen organisatorischen Maßnahmen nicht, die durch Gesetz oder auch nur auf Grund eines solchen erfolgen.*

2. *Eine unmittelbar auf die Verfassung gestützte Organisationsgewalt besitzen alle Verfassungsorgane. Ihre institutionelle Autonomie ist verfassungskräftig, soweit dem Gesetzgeber nicht ausdrücklich Regelungsaufträge erteilt sind.*

3. *Organisationsgewalt im engeren Sinne betrifft gegenständlich die Organisation der Gerichte, Verwaltungseinrichtungen und Streitkräfte. Das Referat wird nur die Organisationsgewalt der Verwaltung behandeln.*

4. *Die Verleihung eines öffentlichrechtlichen Status an Religionsgesellschaften sollte nicht als Akt der Organisationsgewalt bezeichnet werden. Dem widerstreitet das staatskirchenrechtliche Interventionsverbot, Religionsgesellschaften organisieren sich selbst. Überhaupt ist es nicht ratsam, unter einem indifferenten Sammelbegriff Organisationsgewalt ohne Rücksicht auf ihren Gegenstand eine Vielzahl verfassungsunmittelbarer Zuständigkeiten zu vereinen, was u. a. für die repräsentativen Kompetenzen des Staatsoberhauptes gilt.*

II

1. *Das deutsche Verfassungsrecht kennt einen besonderen Typus des rein institutionellen Gesetzesvorbehalts.*

2. *Dieser Vorbehalt hat in Art. 87 GG eine föderative Funktion, er soll den Ausbau bundeseigener Verwaltung unter der Kontrolle des Gesetzgebers halten.*

3. *Die Landesverfassungen sind hier stark unterschiedlich, nur einige von ihnen haben diesen Vorbehalt speziell auf die politische (allgemeine) Verwaltung abgestellt. Keine Verfassung kennt einen lückenlosen Vorbehalt, dem alle nur denkbaren Verwaltungseinrichtungen unterfallen.*

4. *Auf dem Boden rein institutioneller Gesetzesvorbehalte unterliegt der Gesetzgeber insbesondere nicht dem rechtsstaatlichen Konkretisierungsgebot.*

III

1. *Ob das Prinzip gesetzmäßiger Verwaltung und sein primär funktionsorientierter Vorbehalt auch institutionelle Ordnungen einbezieht, kann nicht einheitlich beantwortet werden.*
2. *Die verfassungskräftige Chance gesetzesfreier Verwaltung (Art. 28 GG) findet ihre notwendige Ergänzung in einer damit ebenfalls verfassungskräftigen Organisationsgewalt im Bereich gesetzesunabhängiger Verwaltungsinitiative.*
3. *Der Vollzug von Bundesgesetzen bedarf nur insoweit stets einer gesetzlichen Regelung, als er in bundeseigener Verwaltung erfolgen soll.*
4. *Die Landesverwaltung unterliegt einem solchen Vorbehalt jedenfalls nicht, soweit den Gegenstand des zu vollziehenden Gesetzes gewährende Leistungsverwaltung bildet und das Anliegen daher nicht dem rechtsstaatlichen Gesetzesvorbehalt unterliegt.*
5. *Die Kritiker der auf Anschütz zurückgehenden Lehre, daß auch die Organisation der Eingriffsverwaltung nicht dem Gesetzesvorbehalt unterliege, vermögen nicht anzugeben, welches das rechtsstaatliche Mindestprogramm auf organisatorischem Gebiet ist. Die Staatspraxis genügt diesen Anforderungen rechtsstaatlicher Kritik in aller Regel nicht.*

IV

1. *Die verfassungsrechtlichen Grundlagen der Organisationsgewalt bilden das Recht zur Bewirtschaftung präsenter Haushaltsmittel und teils beamten- teils arbeitsrechtliche Direktionsrechte gegenüber dem Personalkörper.*
2. *Die Wechselwirkungen zwischen Dienstrecht und Organisationsgewalt bedürfen besonders sorgsamer Beobachtung.*

V.

1. *Organisationsgewalt besitzt jeder Leiter einer selbständigen Arbeitseinheit.*
2. *Die institutionelle Einheit des Staates beruht nicht zuletzt auch auf einer übergreifenden Organisationsgewalt der Zentrale.*
3. *Bundesstaat und Dezentralisation begründen hier allerdings Interventionsverbote von unterschiedlicher Stärke.*

Die Organisationsgewalt

2. Mitbericht von Professor Dr. Felix Ermacora, Innsbruck

I.

1. Die Organisation und die Macht, diese zu gestalten, sind nichts typisch Staatliches. In allen Bereichen, wo Gemeinschaften sind oder sich bilden, wo Personenmehrheiten fingiert und Vermögenschaften zu Personen erhoben werden, überall dort, wo es also um die Herstellung einer Ordnung zwischen Personen oder zwischen Personen einerseits und Sachen andererseits geht, bedarf es einer Organisation. Auch ist dann die Macht vorhanden, sie zu gestalten oder diese wird als gegeben allgemein vorausgesetzt. So sei z. B. auf die mannigfaltigen Regeln hingewiesen, die die innere Organisation politischer Parteien bestimmen, sowie auf organisatorische Maßnahmen aufmerksam gemacht, die der politischen Partei erst Gestalt geben[1]); von der Organisation der gesetzlich anerkannten Kirchen- und Religionsgesellschaften handelt das Kirchenrecht[2]); das technische Kollektiv schließlich verschmelzt Produktionsmittel, Betrieb und Individuum mittels eines noch nie dagewesenen organisatorischen Vorganges unlösbar. Man müßte fast sagen, weltweit und grenzenlos[3]). Ein besonderes

---

[1]) Vgl. z. B. für Österreich das ÖVP-Bundesorganisationsstatut vom 19. Mai 1948, das Organisationsstatut der Sozialistischen Partei Österreichs vom 11. und vom 13. November 1954, siehe ferner die Verordnung zur Durchführung des Gesetzes zur Sicherung der Einheit von Partei und Staat v. 29. März 1935, RGBl. I, S. 205 oder die Verordnung über die Deutsche Arbeitsfront vom 24. Oktober 1934, oder die österreichischen Bundesgesetze über die „Vaterländische Front" vom 1. Mai 1934 BGBl. II Nr. 4 und vom 20. Mai 1936 BGBl. Nr. 160; siehe ferner für Österreich: Hurdes, Wie die österreichische Volkspartei entstand, in: Österreichische Monatshefte, 1. Jhrg. (1945), S. 9 ff.; derselbe, Ein Jahr österreichische Volkspartei, aaO., S. 269.

[2]) Siehe darüber die einschlägigen Lehrbücher des Kirchenrechtes oder zum B. die Verfassung der evangelischen Kirche A. u. H. B. in Österreich vom 26. Januar 1949 ABl. Nr. 57 in: Das österreichische Recht, Loseblattsammlung, Hrsg. v. Heinl, Loebenstein, Verosta, IV/22, S. 1 ff. (bearbeitet v. Klecatsky, Weiler).

[3]) Vgl. hierzu die grundlegenden Studien von F. G. Jünger, Die Perfektion der Technik, 1953, 3. Aufl., und Bernadik, An der Konsumfront, 1957; vgl. ferner u. a. Gold, Der Betrieb,

Element im Problemkreis von Macht und Organisation stellt die Organisationsgewalt dar. Das Wort bezeichnet das Spezifische des Problems von Macht und Organisation im Rahmen einer Rechtsordnung, begreift es und erhebt es durch seine eigentümliche Prägung zu allgemeiner Bedeutung. Von der Organisation und der Macht, sie für Rechtsordnungen zu gestalten, soll im folgenden die Rede sein. Der Betrachtung muß aber noch eine Grenze gesetzt werden: die Rechtsordnung erscheint faktisch durch eine Organisation[4]). Es ist der Organwalter in Uniform, es ist die als solche bezeichnete Dienststelle, die auffällt; es sind die Organe, die für juristische Personen handelnd auftreten. Mögen Sie sich eine zentralisierte oder eine dezentralisierte — in zahllose Machtträger aufgesplitterte — Rechtsordnung vorstellen, in jedem organisatorischen Teilchen finden Sie eine Gestalt der Organisation und eine Erscheinung der Macht, diese zu ordnen. In der untersten Instanz wie in der höchsten, in der Verwaltung wie bei den Organen der Gerichtsbarkeit und der Gesetzgebung, im Verhältnis von Oberstaat und Gliedstaaten eines Bundesstaates, im Verhältnis von ursprünglichen zu abgeleiteten Rechtsträgern — überall stehen Sie organisatorischen Problemen gegenüber[5]). Sie bilden sich in einem „regressus ad infinitum" fort. Man darf aber die Probleme nicht über einen Leisten schlagen[6]), denn die Funktion des Organs bestimmt seine Gestalt. Sie läßt die Organisationsgewalt jeweils in anderem Licht erscheinen. Diese ist in jeder Organisationsstufe von anderer Weise. Ihre Bedeutung ist je nach ihrem Auftreten qualitativ und quantitativ verschieden. Ich glaube,

---

Schriftenreihe des österreichischen Gewerkschaftsbundes, Nr. 48; Eulenburg, Das Geheimnis der Organisation, 1952; Krähe, Unternehmungsorganisation, 1954; Lehmann, Allgemeine Betriebswirtschaftslehre, 3. Aufl., 1956.

[4]) Siehe vor allem Burckhardt, Die Organisation der Rechtsgemeinschaft, 1927, S. 119 ff.; Kelsen, Reine Rechtslehre, 1934, S. 121, 123 „Der Staat ist Apparat der beamteten Organe".

[5]) Merkl, A., Allgemeines Verwaltungsrecht, 1927, S. 310: „... Durch diese unökonomisch spezialisierte Problembehandlung (gemeint ist die Behandlung des Organisationsproblems als ein besonderes Problem der Verwaltungsrechtslehre) ist das Mißverständnis nahe gelegt, als ob die Ergebnisse der derart in ihrer Problemstellung beschränkten Organisationslehre nur für das fragliche Teilbereich der Rechtsordnung Geltung hätten, als ob namentlich die von ihr vorgeführten Organisationssysteme nicht eine Eigentümlichkeit der ganzen Rechtsordnung, sondern einer bloßen Teilordnung wären. Insbesondere werden einzelne der vorgeführten Organisationssysteme in dem Sinne behandelt, als wären sie bloße Möglichkeiten der Verwaltungsorganisation ...".

[6]) Vgl. die treffenden Bemerkungen bei Smend, Verfassung und Verfassungsrecht, 1928, S. 132.

man müßte ein stattliches Handbuch füllen, um den Problemen der Organisationsgewalt in einer modernen Rechtsordnung Herr werden zu können.

2. Sie werden von mir nicht erwarten dürfen, daß ich Sie mit den tausend — im konkreten Fall immer gleich bedeutsamen — Fragen vertraut mache. Vielmehr müßten Sie von mir erwarten, daß ich versuche, zur Achse der Organisationsgewalt vorzudringen. Sie ist begriffslogisch bestimmt von der Tauglichkeit oder Untauglichkeit des klassischen Begriffes der Organisationsgewalt, die rechtliche Wirklichkeit zu erfassen und, staats- bzw. verwaltungsrechtlich gesehen, von der Organisationsgewalt jener Organe, bei denen die Frage nach der Verantwortlichkeit gegenüber der Gesellschaft bzw. gegenüber den Repräsentanten der Gesellschaft aufgeworfen werden kann; also bei der Organisationsgewalt der „Grenzorgane", d. s. im Sinne der herrschenden Lehre unmittelbare Organe[7]). Gerade bei der Struktur und den Machtbefugnissen dieser Organe kommt das gesellschaftliche Kraft- und Machtverhältnis im Staate, wie es sich in den dynamischen Wandlungen der Staatsorganisation abzeichnet, besonders zum Ausdruck. Wenn ich mich im Folgenden mit der Organisationsgewalt in den Staatsfunktionen Gesetzgebung und Verwaltung besonders beschäftige, so deshalb, weil im Verhältnis dieser beiden Staatsfunktionen seit den Anfängen der Lehre von der Organisationsgewalt bedeutende Veränderungen vor sich gegangen sind. Die Fragen der Organisationsgewalt, die im Verhältnis von Oberstaat und Gliedstaaten eine Rolle spielen, sollen keiner systematischen Erörterung unterzogen werden. Das ist aber nicht als Geringschätzung des Problems zu werten. Die Probleme sind, da sie nach der Verfassung selbständige Staaten betreffen, so eigentümlich, daß eine Darstellung, soll sie mehr sein als eine ungenaue Skizze, den Rahmen des Berichtes und des mir gesteckten Zieles sprengen würde.

3. Die Gestalt der Organisation und der mit ihr gedachten Gewalt gibt ein Bild von den in einer konkreten Rechtsordnung herrschenden politischen und sozialen Kraft- und Machtverhältnissen. Die Organisation paßt sich den Staatszielen des jeweiligen Staates an. Daher ist die Organisationsgewalt je nach Rechtsordnung, Idee und Epoche variabel[8]). Dennoch scheint der Versuch nicht

---

7) Über diesen Begriff siehe G. Jellinek, Allgemeine Staatslehre, 3. Aufl., 1914, S. 548 ff.

8) Vgl. z. B. für die UdSSR Grottian, Das sowjetische Regierungssystem, 1956, 2. Bd., siehe auch die laufenden organisations-

gewagt, vom österreichischen Anschauungsmaterial her Allgemeines, auch für die Bundesrepublik Deutschland Gültiges, über die Organisationsgewalt zu entwickeln. Die Substanz in beiden Rechtsordnungen ist gleichartig: Die eine wie die andere Rechtsordnung ist fast in gleichen Zeitläufen durch dieselben Staatsformen geschritten[9]). Die Baugedanken der Verfassungen sind verwandt. Da wie dort soll die Staatsfunktion „Verwaltung“ nach denselben Grundsätzen geführt werden. Da wie dort ist sie an das Gesetz gebunden[10]). So sehr sich die Wissenschaft vom öffentlichen Recht in Deutschland wie in Österreich wechselseitig befruchten, sind rechtwissenschaftliche Forschungsergebnisse über die Organisationsgewalt in Österreich grundlegend verschieden von denen in Deutschland. Die Organisationsgewalt wurde bei Ihnen unablässig als Problem erkannt, als solches behandelt und in weite rechtstheoretische Zusammenhänge gehoben. Hierdurch wurde die rechtliche sowie die politische Bedeutung des Problems augenscheinlich[11]). In der österreichischen Rechtswissenschaft hingegen nahm man sich der Grundfragen der Organisationsgewalt kritisch nur bis zum Zusammenbruch der Monarchie an[12]). Später wurde den Problemen nur von Herrnritt

---

rechtlich bedeutsamen Artikel in der von amerikanischen Stellen herausgegebenen Zeitschrift (Bad Godesberg) „Ost-Probleme“.

[9]) Beide Staaten endeten als konstitutionelle Monarchien im Herbst 1918, in beiden Staaten verlor im Jahre 1933 schon die demokratisch-freiheitliche Verfassung ihre Wirksamkeit, in beiden Staaten herrschte von 1933 bis 1945 eine mehr oder minder diktatorische Staatsführung.

[10]) Und zwar: Bekenntnis zur Demokratie (Art. 1 B-VG; Art. 20 GG), Bekenntnis zur bundesstaatlichen Staatsform (Art. 2 B-VG; Art. 20 GG), Bekenntnis zu rechtsstaatlichen Grundsätzen (Art. 18 B-VG und vor allem StGG RGBl. Nr. 142/1867; Art. 20 GG und Art. 1 bis 19 GG), Bekenntnis zur Trennung der Gewalten und zu ihrer Balancierung (Art. 94 B-VG, Aufbau des B-VG an sich, 6. Hauptstück des B-VG; Art. 20 Abs. 2 GG, Aufbau des GG, Art. 92 ff. GG), Bekenntnis zur Trennung von Staat und Kirche Art. 15 StGG RGBl. Nr. 142/1867, Art. 140 GG), Bekenntnis zur monokratischen Geschäftsführung in der obersten Bundesverwaltung (Art. 76 B-VG, Art. 65 GG), u. a.

[11]) Vgl. unter vielen: Anschütz, Die gegenwärtigen Theorien über den Begriff der gesetzgebenden Gewalt und den Umfang des königlichen Verordnungsrechts nach preußischem Staatsrecht, 2. Aufl. 1901; Arndt, Das selbständige Verordnungsrecht, 1902; Forsthoff, Lehrbuch des Verwaltungsrechts, 6. Aufl., 1956, S. 356 ff.; Laband, Das Staatsrecht des Deutschen Reiches, 2. Bd., 1878, S. 207 ff.; Maunz, Verwaltung 1937, S. 74 ff.; Richter, Die Organisationsgewalt, 1926; Obermayr, Verwaltungsakt und innerdienstlicher Rechtsakt, 1956, S. 116 ff.

[12]) Spiegel, Die Verwaltungsrechtswissenschaft, 1909, S. 59 ff.; L. v. Stein, Handbuch der Verwaltungslehre, 1870, S. 14 ff.;

und Merkl besonderes Augenmerk geschenkt[13]). Melichar berührt in einer ausgezeichneten Abhandlung[13a]) Fragen der Organisationsgewalt. Für die in der heutigen Verwaltungspraxis gebräuchlichen Werke von Adamovich und Antoniolli scheint die Organisationsgewalt jedoch kein Problem zu bilden[14]).

Wo hierfür Grund und Ursache liegen, kann ich nur vermuten:

Kelsen hat in seinen „Hauptproblemen"[15]), entgegen Anschütz[16]) zu begründen versucht, daß die von der deutschen Lehre als typisches Mittel der Organisationsgewalt angesehene Verwaltungsverordnung ebenso wie die Rechtsverordnung und das Gesetz Rechtsnorm ist. Sie dürfte nur auf Grund der Gesetze ergehen. Die Ausübung der Organisationsgewalt müßte daher wie jede andere Gewaltausübung gesetzesgebundene Verwaltung sein. Das in dem Sinne, daß sie nicht sein darf, wenn kein Gesetz ist. Diese Auffassung Kelsens findet im Artikel 18 BVG.[17]) und in der diesen Artikel handhabenden Spruchpraxis der Gerichtshöfe öffentlichen Rechts ihren positiv-rechtlichen Niederschlag. Der Artikel 18 gilt auch für die Erlassung sogenannter Verwaltungsverordnungen[18]). Damit gäbe es für Österreich keine Freistellung der österreichischen Exekutive vom Gesetz in Belangen des Organisations-

---

Tezner, Der Kaiser, 1909, S. 23 ff.; Ulbrich, Lehrbuch des österreichischen Vervaltungsrechtes, 1904, S. 70 ff.

13) Herrnritt, Grundlehren des allgemeinen Verwaltungsrechtes, 1921, S. 17 f.; derselbe, Österreichisches Verwaltungsrecht, 1925, S. 66 ff.; Merkl, A., aaO., S. 308 ff.

13a) Melichar, Institutionelle und personelle Zuständigkeitsordnung, in: Gegenwartsprobleme des Rechts (Ebers-Festschrift), Bd. II, 1950, S. 214 ff.

14) Adamovich, Handbuch des österreichischen Verwaltungsrechts, I. und II. Bd., 1954 und 1953, geht auf die Problematik der Organisationsgewalt nicht ein; Antoniolli, Allgemeines Verwaltungsrecht, 1954, S. 142, zieht sich auf einen rein formalen Standpunkt zurück.

15) Kelsen, Hauptprobleme der Staatsrechtslehre, 2. Aufl., 1923, S. 537 ff.

16) Anschütz, Die gegenwärtigen Theorien ... aaO.

17) Art. 18 Abs. 1 und 2 lauten: „Die gesamte staatliche Verwaltung darf nur auf Grund der Gesetze ausgeübt werden. (2) Jede Verwaltungsbehörde kann auf Grund der Gesetze innerhalb ihres Wirkungskreises Verordnungen erlassen."

18 Vgl. die in der österreichischen Rechtswissenschaft abgeführte Diskussion über diesen Gegenstand bei Ringhofer, Zur Rechtsüberleitung reichsdeutscher Erlässe, JBl. 1953, S. 558 ff. und 591 ff. und Ermacora, Über die derogatorische Kraft der Verwaltungsverordnung, JBl. 1955, S. 185 ff. sowie die dieser Diskussion zu Grunde liegende Rechtsprechung der österr. Gerichtshöfe öffentlichen Rechtes, die in den Aufsätzen zitiert ist.

rechtes. Die Spannung ist dem Problem, wie es herkömmlich gestellt wird, genommen. Es wurde von den führenden österreichischen Rechtslehrern durch Stillschweigen in die Versenkung gestellt[19]). Wenn die österreichische Rechtswissenschaft mit dem Begriff nicht arbeitet, die Praxis in ihm etwa nur eine belastende Erfindung der Gelehrten erblickt, so beweist die rechtliche Wirklichkeit aber, daß die Organisationsgewalt auch in Österreich nach wie vor ein staats- und verwaltungsrechtliches Problem ersten Ranges ist, so daß der Begriff der Organisationsgewalt tauglich sein kann, bedeutende organisatorische Erscheinungen ordnend zu erfassen. Nur so kann die tatsächlich existierende Organisationsgewalt — ist das Problem in seinem ganzen Umfang erkannt — in kontrollierbare Bahnen gelenkt werden; nur so kann das rechtsstaatliche Gedankengut auch die Organisationsgewalt formen.

4. Die Erkenntnis von Organisation und Macht, sie zu gestalten, öffnet viele Seiten des Fragenkomplexes. Die Organisation soll im Großen gesehen niemals Selbstzweck sein, sondern ihrer Idealform nach immer Mittel zum Zweck — hier: den Staat wirksam werden zu lassen. Sie ist als solche auch eine technische Einrichtung. Nicht von ungefähr finden sich daher in den Betrachtungen der Organisation des Staates Ausdrücke, die aus dem Vokabular der technischen Wissenschaften entnommen sind. Die Verwendung von Worten wie „Funktionär"[20]), „technischer Apparat"[21]), „Verwaltungsapparat", „Staatsmaschinerie", „Arbeitsvorgang"[22]), „Arbeitsteiliger Vollzug", „Mechanisierung der Arbeit"[23]), „Organapparat"[24]), hat nicht erst in die rechtliche Terminologie Eingang gefunden, seit Techniker zum Personalstand der Staatsorgane zählen[25]), sondern war schon in den Lehren von den Regalien heimisch[26]). Besonders aufschlußreich

---

[19]) Gleichartiges konnte ich in meinem Aufsatz „Die besonderen Gewaltverhältnisse in der österreichischen Rechtsordnung", in: DÖV 1956, S. 529 ff. für die „besonderen Gewaltverhältnisse" feststellen.

[20]) Z. B. Art. 147 Abs. 4 B-VG.

[21]) Kelsen, Reine Rechtslehre aaO., S. 121.

[22]) Forsthoff, aaO., S. 364.

[23]) Melichar, aaO., S. 213.

[24]) Brockhausen, Österreichische Verwaltungsreform, 1911, S. 77.

[25]) Vgl. F. G. Jünger, aaO., S. 98 ff. siehe ferner die Anstellungserfordernisse für gewisse Sparten im öffentlichen Dienst in der österr. Dienstzweigeverordnung BGBl. Nr. 164/1948 i. d. g. F.

[26]) L. v. Stein z. B. spricht in „Die Verwaltungslehre" 7. Teil, 1868, auf S. 61, daß die „Verwaltungsorgane der Regalien fast ausnahmslos technische Beamte" sind.

ist der Satz bei **Brockhausen**, a. a. O. S. 62: „Mit einer solchen Dampfmaschine möchte ich die ganze bureaukratische Arbeitsleistung vergleichen." Der tiefere Blick in die Organisationsgewalt müßte jedenfalls die technische Seite des Problems — die Selbstbewegung der Organisation — erhellen. Insbesondere die anglo-amerikanische Verwaltungswissenschaft versucht diese Seite der Organisation zu begreifen[27]). Auf die Bemühungen des Brüsseler „Institut international des Sciences administratives", das mit dem „Comittee on administrative Practices of the Institute for the UNO" zusammenarbeitet, sei aufmerksam gemacht[28]). Gewiß reflektiert diese technische Seite der Organisation auf die Organisationsgewalt[29]), veranlaßt sie zu Maßnahmen organisatorischer Art, die ohne Kenntnis der technischen Seite nicht von vorneherein geplant werden konnten. Dennoch verschließt eine ausschließliche Beobachtung dieser Seite des Problems den Blick in seine Grundstruktur. Diese ist vielmehr im Rechtlichen und Rechtspolitischen gelegen. Denn dort ist die Macht, die die Organisation gestaltet, die die Selbstbewegung des technischen Apparates ordnet. Die Kenntnis dieser Seite der Organisation scheint mir Voraussetzung für das sinnvolle Begreifen der technischen Seite der Organisationsgewalt. Dem rechtlichen und rechtspolitischen Aspekt des Problems sei daher mein besonderes Augenmerk zugewandt.

---

[27]) Siehe z. B. **Gladeen**, Introduction to the principles of public administration, 1955.

[28]) Vgl. z. B. folgende von diesem Institut herausgegebenen Schriften: **Miles und Dean**, Issues and problems in the administrative organization of national governments (1950, I); **Lefas** u. a. Structure et attributions des administrations centrales de l'Etat (Paris, 1950); **Dovey**, Handbook of organization and method techniques (1951, VII); ferner siehe den Kongreßbericht über den VII. Kongreß (1947) des Internationalen Verwaltungskongresses 1947 und zwar besonders: „Der Regierungschef und die Organe seiner Dienststellen", S. 246 ff.; „Die Mitwirkung des Beamten an der Verwaltungstätigkeit im zentralisierten oder regionalen Staate sowie in der Gemeinde", S. 334 ff.; siehe ferner die Berichte in der Revue internationale des sciences administratives Brüssel, hrsg. vom Institut des Sciences administratives; in diese Kategorie der Untersuchungen ist auch die „statistische Methode" **Spiegels** in der Verwaltungsrechtswissenschaft zu stellen, aaO. Siehe die modernen und grundlegenden Betrachtungen **Peters**, Lehrbuch der Verwaltung, 1949, S. 49 ff. Auf diese Ausführungen ist auch bei der Darstellung des Berichtes Bedacht genommen worden (insbesondere S. 226 des Berichtes).

[29]) Z. B. der Grundsatz, daß das Verhältnis der speziellen Aufgaben zur Überwachungskapazität der überwachenden Einheit richtig sein muß.

5. a) Nun noch zur Methode, von der die Untersuchung getragen sein soll, einige Erinnerungen. Ich hatte oben[30]) hervorgehoben, daß ein neuralgischer Punkt in der Lehre von der Organisationsgewalt in der Frage liegt, ob der Begriff der Organisationsgewalt noch imstande ist, die Wirklichkeit richtig zu erfassen. Will ich den Problem-Komplex nicht mit einem analytischen Urteil steuern — das glaube ich vermeiden zu müssen, mir aber auch ersparen zu können[31]) — so muß der hergebrachte Begriff der Organisationsgewalt auf seine Entsprechung für die Wirklichkeit mit induktiver Methode geprüft werden. D. h. die Organisationserscheinungen in den Staaten sind auf den Begriff der Organisationsgewalt zuzuteilen. Dieses Vorgehen ist notwendig. Denn der zum Ausgang des vergangenen Jahrhunderts geprägte Begriff der Organisationsgewalt muß einer Bewegung unterworfen sein: einerseits einer dialektischen Bewegung, die dem Begriff selbst eigen ist[32]), andererseits einer Bewegung, die durch die Beziehungen mit dem Anschauungsmaterial der Organisationsgewalt — den Staat und dem Verhältnis der Staatsfunktionen zueinander — entstanden ist. Dieses Anschauungsmaterial ist seit dem Entstehen und Vergehen der konstitutionellen Monarchien in unseren beiden Staaten in eine neue innere Ordnung getreten. Diese begreift man[33]). Da die Organisationsgewalt immer in Beziehungen zu den Staatsfunktionen — Gesetzgebung und Verwaltung — gesetzt wurde und auch steht, kann sich die Organisationsgewalt verändert haben. Das wäre bei der Begriffsbildung zu berücksichtigen.

b) Hierbei ist die sogenannte normative Methode der Kelsen'schen Lehre[34]) nur bedingt verwendbar. Das Problem der Organisationsgewalt ist — wie sich noch zeigen soll — normativ auf das Wesen der Verwaltungsverordnung in ihrem Verhältnis zum Gesetz rückführbar[35]). Von der eigen-

30) S. 193.

31) Ersparen deshalb, weil „im Vortrag analytische Urteile unter der Voraussetzung anzuwenden sind, daß der, zu dem geredet wird, den Subjektivbegriff nicht so vollständig kennt oder gegenwärtig hat, wie der, welcher redet", Schopenhauer, Parerga und Paralipomena, II. Bd., S. 23; das ist aber hier nicht der Fall.

32) Ich glaube hier Hegel, Wissenschaft der Logik, erster Teil, 2. Aufl., Jubiläumsausgabe in 20 Bd., IV. Bd., 1836, S. 50 ff. folgen zu müssen.

33) Vgl. vor allem C. Schmitt, Verfassungslehre, 1928. Smend, aaO. und Forsthoff, aaO. sowie die Ausführungen in den vorangegangenen Referaten.

34) Vgl. Kelsen, Hauptprobleme der Staatsrechtslehre, aaO., S. 38 ff.

35) Vgl. die Ausführungen auf der S. 220 sowie die Betrachtungen bei Anschütz, Die gegenwärtigen Theorien, aaO.; derselbe

tümlichen Kennzeichnung der Verwaltungsverordnung als gesetzesfreie (selbständige) Verordnung bezog die Organisationsgewalt ihre Freiheit[36]). Die Frage, ob die Verwaltungsverordnung als Staatsakt tatsächlich gesetzesfreie Verordnung sein kann, ist eine „normative". Denn sie betrifft ausschließlich das rechtliche Verhältnis von Rechtssätzen. Anschütz, Laband, G. Jellinek hatten für inhaltlich bestimmte Staatshandlungen organisatorischer Natur, aus einer Betrachtung ihres Seins und historischen Werdens (nämlich als „eigengesetzliche" Handlungen juristischer Personen und als gewohnheitsrechtliche Prärogative der Krone) den Begriff der Verwaltungsverordnung geprägt[36]) und diese aus jenen Gründen zur selbständigen Verordnung[37]) erhoben. Hierzu hat Kelsen mit den Mitteln der reinen Rechtslehre Grundlegendes hervorgehoben. So weit es also dieses Problem im Gegenstande noch zu erfassen gilt, wird man sich des Verhältnisses Anschütz'scher und Kelsen'scher Ausführungen entsinnen müssen[38]). Im übrigen aber versagt die normative Methode. Das unter der Voraussetzung, daß bei der Erörterung der Organisationsgewalt Ergebnisse erzielt werden sollen, die die rechtliche und rechtspolitische Bedeutung der Organisationsgewalt in der konkreten Staatsordnung erfaßt werden und der in Rede stehende Begriff eine ordnende Wirkung im öffentlichen Recht ausüben soll[39]).

II.

6. Der Sinn des Wortes Organisationsgewalt knüpft an zwei Begriffe an, die in der Wissenschaft vom

---

Lehrbuch des deutschen Staatsrechts, 1914, 7. Aufl., S. 670; derselbe in: Enzyklopädie der Rechtswissenschaft, IV. Bd., 1914, S. 163 ff.; bei Arndt, Über die verfassungsrechtliche Grundlage des preußischen Unterrichtswesens, in ArchföR, Bd. 1 (1886), S. 512 ff.; derselbe, Das selbständige Verordnungsrecht, 1902; derselbe, Noch einiges über das selbständige Verordnungsrecht, ArchföR Bd. 16 (1901), S. 192 ff.; und in zahlreichen anderen bei Anschütz, Die gegenwärtigen Theorien, 2. Aufl., S. 55 zitierten Werken; Gerber in der Besprechung von Richters, Die Organisationsgewalt in: ArchföR, Bd. 13 NF (1927), S. 450 ff.; G. Jellinek, Gesetz und Verordnung, 1887, S. 366 ff.; Laband, aaO., S. 222 ff.; H. Kelsen, aaO., S. 537 ff.; L. Richter, aaO.

36) Vgl. insbesondere G. Jellinek, aaO. und Anschütz, Die gegenwärtigen Theorien, aaO., S. 153 ff. (176!).

37) Siehe z. B. G. Jellinek, aaO., S. 386: „... Daher hat jede verwaltende Persönlichkeit ein selbständiges Verordnungsrecht."

38) Vgl. die Ausführungen H. Kelsens, aaO.

39) Siehe u. a. Heck, Begriffsbildung und Interessenjurisprudenz, S. 22, S. 129 ff.; Dahm, Deutsches Recht, 1951, S. 73 ff. und C. Schmitt, Über die drei Arten des rechtswissenschaftlichen Denkens, 1934, S. 11 ff.

öffentlichen Recht eingehend behandelt werden. Das Wort setzt die Begriffe der Organisation und der Gewalt wohl als geklärt voraus. Das Wort Organisation wird in jeder Betrachtung über den Gegenstand gebraucht[40]). Allerdings wird es in der Regel einer näheren Würdigung nicht unterzogen. Ausnahmen: Laband, aaO. S. 207. Kelsen setzt die Organisation der Rechtsordnung bzw. der Teilrechtsordnung der Summe von Normen, die Zuständigkeits-Komplexe der Behörden bilden, gleich[41]). Von dieser Gleichsetzung scheint auch Hans Julius Wolff[42]) auszugehen. Die mittels normativer Methode vorgenommene Gleichsetzung von Organisation und Rechtsordnung muß aber — auch wenn dadurch das normative Gesicht des Problems getrübt würde — im Sinne Burckhardts[43]) zumindest ergänzt werden. Nur so kann das die Normen Bewegende erfaßt werden, nur so wird in das staatsrechtliche Problem, das der Praxis zu schaffen macht, eingedrungen. Sollte das aber nicht auch mit der Kelsen'schen Lehre von der Zurechnung[44]) in Einklang stehen? Zurechnungspunkte — um die es sich bei den einzelnen Organen im Sinne Kelsens handelt — würden aus ihrer linearen Position, die sie durch die Kelsen'sche Lehre erhalten haben, ins Mehrdimensionale gerückt werden. Sieht man von der Identifizierung der Rechtsordnung mit der Organisation ab und zugleich den technisch faßbaren Apparat des Staates (Rechtsträger), so kann unter Organisation folgendes verstanden werden: Organisation ist die Summe der für das Funktionieren der Machtausübung eines Rechtsträgers jeweils vorhandenen Mittel, deren Handhabung darauf abzielt, eine Ordnung bei der Machtausübung herzustellen, um bestimmte Zwecke mit einem adequaten Minimum an Arbeit und Kosten zu erreichen.

Der zweite Bestandteil im Wort „Organisationsgewalt" ist das Wort „Gewalt". Hier über den Begriff „Gewalt" abzuhandeln, würde ins Uferlose führen. Es kann aber festgestellt werden, daß es sich im Sinne des herkömmlichen Sprachge-

---

[40]) Es erübrigt sich wohl jede nur auffindbare Stelle in der Literatur hier anzuführen, an der das Wort Organisation verwendet wird. Auf einige moderne Werke sei verwiesen: Forsthoff, aaO., S. 356 ff.; Melichar, aaO., S. 213; Turegg, Lehrbuch des Verwaltungsrechts, 3. Aufl., S. 238.

[41]) Reine Rechtslehre, 1934, S. 55.

[42]) Juristische Person und Staatsperson, I. Bd., 1933, S. 202.

[43]) Burckhardt, aaO., S. 17: „Die Organisation bezeichnet auch die durch Menschen gehandhabte, verkörperte, aktionsfähig gemachte Zuständigkeitsordnung."

[44]) Reine Rechtslehre, 1934, S. 119 ff.

brauches um die Staatsgewalt bzw. um die Macht der Rechtsträger handelt. Es beziehen sich unter anderen ausdrücklich darauf L. v. Stein[45]), Loening[46]), Herrnritt[47]), L. Richter[48]), und Forsthoff[49]). Insbesondere ist es Richter zu verdanken, ausdrücklich klargestellt zu haben, daß die Organisationsgewalt kraft ihres Wortbestandteiles „Gewalt" in allen Funktionen des Staates auftritt; wenngleich dieser Gedanke schon bei Laband, Staatsrecht des deutschen Reichs, II. Bd., 1878, S. 207, aufscheint.

Der Wortsinn des Wortes Organisationsgewalt erfaßt somit, die Macht eines Rechtsträgers durch Organe der Gesetzgebung Verwaltung und Gerichtsbarkeit, je nach Zuständigkeit, die Organisation in jeder Staatsfunktion in allen Belangen zu gestalten. Sie steht — um mit Burckhardt, aaO., S. 140, zu sprechen, „mit der gesamten staatlichen Rechtsordnung im Zusammenhang".

7. Wie aus zwei Sätzen, wenn sie syllogistisch zu Prämissen verbunden werden, mehr folgen kann, als in jedem einzelnen Genommenen liegt[50]), so kann aus zwei Begriffen, soferne sie zusammengezogen werden, mehr bzw. weniger folgen, als in jedem von beiden liegt; so beim Begriffe der Organisationsgewalt. Der hergebrachte Begriff der Organisationsgewalt ist enger als der Sinn der den Begriff bildenden Worte. Wo in der Rechtslehre der Begriff der Organisationsgewalt entweder ausdrücklich definiert[51]) oder doch über ihn abgehandelt wird[52]), ist folgendes zu erkennen: Die Organisationsgewalt wird als eine besondere

---

45) Handbuch der Verwaltungslehre, 1870, S. 15: „Als Inhalt der vollziehenden Gewalt nennen wir sie die Verordnungs-Organisations- und Zwangsgewalt. ... sie bilden ein Ganzes und heißen ... die Staatsgewalt."

46) Lehrbuch des deutschen Verwaltungsrechts, 1884, S. 28/29: „Das Staatsoberhaupt vereinigt ... alle Rechte der Staatsgewalt in sich und übt sie unter den in der Verfassung festgesetzten Bestimmungen aus."

47) Grundlehren des Verwaltungsrechtes, 1921, S. 17 f.; Österreichisches Verwaltungsrecht, 1925, S. 66: „Der Staat ist Träger der Verwaltung vermöge der ihm zustehenden obersten Gewalt, welche auch die Zuständigkeit zur Organisation der Verwaltung (Organisationsgewalt) in sich schließt."

48) aaO., S. 7.

49) aaO., S. 359 unter Hinweis auf M. v. Seydl (Anm. 4).

50) Schopenhauer, aaO., § 24.

51) Anschütz, Die gegenwärtigen Theorien, 2. Aufl., aaO., S. 153 ff.; derselbe, Deutsches Staatsrecht in: Holtzendorff aaO., S. 163; Hatschek, Institutionen des Verwaltungsrechts, 1919, S. 74; Herrnritt, aaO.; C. Schmitt, aaO., S. 74.

52) In allen Systemen.

Funktion in der Verwaltung angesehen, die innere Organisation der Verwaltung, innerhalb bestimmter Grenzen, die nicht stabil zu sein scheinen, zu gestalten[53]).

Die herrschende Lehre sieht in der Organisationsgewalt ein Problem, das die interne Seite der Verwaltung betrifft und das nur soweit diese hoheitlich auftritt[54]). Sie setzt eine feste Staatsordnung, daher Rechtsträger, eingerichtete Organe[55]) und bestehende materielle Regierungsrechte voraus[56]).

8. Soferne die Organisationsgewalt im Sinne der herrschenden Lehre als eine Tätigkeit der Staatsfunktion „Verwaltung" angesehen wird, ist sie der historischen Auffassung treu geblieben. Sie hat einen Begriff übernommen, der vor allem in den parlamentarischen Monarchien bewußt geworden ist. Ein Bewußtsein, das mit dem Für und Wider herrschaftlicher Prärogative auf organisationsrechtlichem Gebiet als Träger der Staatsgewalt zusammenhing. Je mehr diese eingeschränkt oder erweitert wurde, desto lebhafter wurde über sie diskutiert. Die Idee vom Verfassungsstaat[57]) hat ebenso wie die Idee von der parlamentarischen

---

[53]) Forsthoff, aaO., S. 359 verweist darauf, daß der Umfang der Organisationsgewalt strittig sei; Richter wendet sich gegen die herrschende Auffassung und behauptet, daß die Organisationsgewalt dem Gesetzgeber zukommen müsse, in noch schärferer Form Gerber aaO. siehe hierzu auch Nebinger, Verwaltungsrecht, 2. Aufl., 1919, S. 192, er spricht von „Dienstgewalt", der bayr. VerfGH in Verw.Rspr. Bd. 4 Nr. 61, S. 274 von „Ordnungsgewalt"; Turegg, aaO., 241. Geradezu klassisch sind die Ausführungen eines Ministerialvertreters vor dem preußischen Herrenhaus, die in der Kontroverse Arndt-Anschütz eine Rolle spielen. Aus Anschütz, Die gegenwärtigen Theorien, aaO., S. 155: „Die Behördenorganisation ist an und für sich Verwaltungs- und nicht Gesetzgebungssache" ... „... der Landtag habe auf die Handhabung der Organisationsgewalt nur aus dem Titel des Budgetrechtes einen Einfluß, sonst keinen", aaO., S. 156: „Ausfluß der vollziehenden Gewalt ist notwendig die Organisationsgewalt. Die vollziehende Gewalt muß die Behörden und Organe selbst schaffen können, um die Gesetze ausführen zu können. Es gehört also zu einer solchen Organisationsgewalt die Befugnis zur Einsetzung von Behörden, zur Bestimmung ihres Wirkungskreises und ihrer inneren Einrichtung", siehe auch aaO., S. 158.

[54]) Forsthoff, aaO., S. 364 ff. scheint eine Ausnahme zu bilden, desgleichen ist auch L. v. Stein, Die Verwaltungslehre, 7. Teil, 1868, S. 61 ff. sehr modern.

[55]) Laband, aaO., S. 207.

[56]) Anschütz, aaO., S. 159.

[57]) Hierüber siehe Sarwey, Das öffentliche Recht und die Verwaltungsrechtspflege, 1880, S. 23 ff.; Lemayer, Der Begriff des Rechtsschutzes im öffentlichen Rechte, Grünhuts Zeitschrift, Bd. 29 (1902), S. 151 ff.

Monarchie[57a]) der Prärogative des Herrschers im Grundsätzlichen keine nennenswerten Abstriche auferlegt[58]). Zu den Prärogativen der Krone zählten nach übereinstimmender Auffassung auch die Rechte, welche sich auf die Einrichtung der Staatsbehörden bezogen, zählte die erst später sogenannte Organisationsgewalt. Die Behauptung bedarf keiner weiteren Begründung, daß vor der Wandlung der absoluten Monarchien zu parlamentarischen, die Organisationsgewalt uneingeschränkt zu den „Souveränitäts-, Regierungs-, Hoheits-, Majestäts- und Herrscherrechten" gehörte[59]). Erst der Zustand in den parlamentarischen Monarchien hat auf Grund des in ihnen herrschenden natürlichen Gegensatzes von Herrscher und Parlament eine Wandlung im Denken über den Umfang der Herrschergewalt und damit der Organisationsgewalt herbeigeführt, ja die Organisationsgewalt selbst erst zu einem Problem werden lassen. Die Krone war nach wie vor aus mancherlei Gründen ein selbständiger Machtfaktor geblieben[60]). Daher hatte ihr Träger auch die aus der vorkonstitutionellen Ära stammenden Befugnisse besessen, wo nur eine Übung erweislich und soweit sie mit der Verfassung vereinbar und auch sonst durch nachfolgende Gesetze nicht aufgehoben war[61]). Das auf die Organisationsgewalt angewendet, bedeutet somit: die Organisationsgewalt oblag dem Herrscher, soweit nicht Verfassung und Gesetze einen Vorbehalt machten. Diesen Gedanken finden Sie in der damals herrschenden deutschen und österreichischen Rechtslehre übereinstimmend.

Um die Namen einiger Träger dieser Meinung zu nennen, sei auf folgende verwiesen:

Lorenz v. Stein, Handbuch der Verwaltungslehre 1870[62]);

57a) Siehe da über G. Jellinek, Allgemeine Staatslehre, 3. Aufl., 1914, S. 702 ff.

58) Siehe für Österreich das StGG über die Regierungs- und Vollzugsgewalt RGBl. Nr. 145/1867 und die Theorien hierzu bei Ulbrich, Lehrbuch des österreichischen Staatsrechts, 1883, S. 122 ff., Tezner, aaO.; siehe für die deutschen Monarchien Anschütz, Die gegenwärtigen Theorien, 1. Aufl., S. 12 f.

59) Zachariae spricht in seinem Werk „Deutsches Staats- und Bundesrecht", 3. Aufl., 1865, S. 72 davon, daß zu diesen Rechten solche gehören, die sich auf die Organisation der Staatsbehörden beziehen.

60) Arndt, Noch einiges über das selbständige Verordnungsrecht„ ArchföR, Bd. 16 (1901), S. 197.

61) Anschütz, Die gegenwärtigen Theorien, 2. Aufl., aaO., S. 156 ff.; G. Jellinek, Gesetz und Verordnung, 1887, S. 373, Anm. 12; Tezner, aaO., S. 23.

62) S. 16: „Das Prinzip des Rechtes ist die Unterordnung desselben in Verordnung, Organisation und Zwang unter das Gesetz,

Ulbrich, Lehrbuch des österr. Staatsrechtes 1883[63]);

Loening, Lehrbuch des deutschen Verwaltungsrechtes 1884[64]);

Ulbrich, Handbuch der österr. politischen Verwaltung, I. Band, 1888[65]);

G. Jellinek, Gesetz und Verordnung, a. a. O.[66]);

Arndt, Das selbständige Verordnungsrecht, 1902;

Anschütz, Deutsches Staatsrecht in: Enzyklopädie der Rechtswissenschaft 1914, IV. Bd., Die gegenwärtigen Theorien, 1. Aufl. a. a. O., S. 6, S. 79, 89[67]); 2. Aufl. S. 156 ff., 175.

Sowohl in der deutschen wie in der österreichischen monarchischen Rechtsordnung setzten die Verfassungen der Organisationsgewalt der Krone manche Schranke[68]). Die Nachgiebigkeit des Parlaments, die politische Bedeutung der Krone aber verhalf in Österreich der hergebrachten Organisationsgewalt der Exekutive ein eigentümliches, um nicht zu sagen verfassungswidriges Eigenleben. Dieses formte die Organisationsgewalt zu einem unleugbaren, wenn auch verfassungswidrigen Gewohnheitsrecht. Laband und Anschütz haben sich vorsichtig, Tezner vehement mit diesem im gegebenen Um-

---

soweit eben ein Gesetz vorhanden ist; daß aber die vollziehende Gewalt — also auch die Organisationsgewalt (d. V.) — das Gesetz da zu ersetzen hat, wo es notwendig ist, und dennoch fehlt. Dies sind die Grundlagen des Rechts der vollziehenden Gewalt."

63) S. 140/141: „Die Organisation des Behördenapparates in seinem Detail ist Verwaltungssache; die Verfassung beschränkt jedoch den Monarchen nach 2 Richtungen ..."

64) S. 29.

65) S. 55: „Die Regierungsgewalt umfaßt: a) die Amtshoheit, d. i. das Recht, die zur Ausführung der Gesetze erforderlichen Behörden zu errichten, den Wirkungskreis, Sitz und die Geschäftsordnung derselben zu bestimmen, insoferne nicht die Gesetze etwas anderes normieren."

66) aaO., S. 373 ff.

67) Deutsches Staatsrecht: S. 52, 163: „Diese (die Organisationsgewalt — d. V.) gehört nach der verfassungsmäßigen Gewaltenteilung nicht zur Legislative, sondern zur Exekutive, steht daher ... der vollziehenden Gewalt nur insoweit nicht zu, als die Organisation bestimmter Arten von Behörden gesetzlich festgelegt oder dem Gesetzgebungsrecht durch ausdrückliche Bestimmung vorbehalten ist" u. aaO.; weitgehend zurückhaltender schon im Handbuch des deutschen Staatsrechtes (Anschütz-Thoma), II. Bd. 1932, S. 223.

68) Art. 7 Z. 2 RV, Art. 53 RV, § 11 lit. i des österr. StaatsGG über die Reichsvertretung v. 21. Dezember 1867, RGBl. Nr. 141; zum letzteren vgl. Tezner, aaO.

fang bedenklichen Gewohnheitsrecht der Exekutive auseinandergesetzt[69]).

9. Rückblickend kann man, gemessen an den einschlägigen Maßnahmen und Verhältnissen, vorbehaltlich der verfassungsrechtlichen Einschränkungen, folgende Belange des Organisationsrechtes im großen und ganzen als für die Exekutive zurückbehalten ansehen[70]).

a) Die Errichtung von Anstalten, Stiftungen und Fonds und anderen Körperschaften[71]), ihre Erhebung in den öffentlich- bzw. öffentlich-rechtlichen Status, ihre innere Organisation;

---

[69]) Laband, Staatsrecht des Deutschen Reiches, I. Bd., 1876, S. 303; Anschütz. Lehrbuch des Deutschen Strafrechtes, aaO., S. 670; und derselbe in Gegenwärtige Theorien, aaO., Tezner, aaO., S. 24 f.

[70]) Für das deutsche Staatsrecht siehe hierzu Beispiele bei Anschütz, Die gegenwärtigen Theorien, 2. Aufl., S. 66 ff. Beispiele für die österreichische Staatenpraxis werden in den nachfolgenden Anmerkungen angeführt.

[71]) Siehe hierzu: Hubrich, Entstehung öffentlich-rechtlicher Korporationen, in: Arch. f. bürg. Recht, Bd. 33 (1909), S. 39: „Die bei weitem überwiegende Mehrheit der Rechtslehrer hat sich dafür ausgesprochen, daß der konstitutionelle Hohenzollernkönig allein durch einen Akt der Exekutive jedesmal die Korporationsrechte verleihen kann." G. Meyer, Lehrbuch des deutschen Verwaltungsrechts, 1910, 3. Aufl., 1. Hälfte, S. 112; siehe ferner Herrnritt, in seinem grundlegenden diesbezüglichen Werk, Das österreichische Stiftungsrecht, 1896; derselbe, Grundlehren, aaO., S. 212 ff., 221, 230 (Anm. 3); der letztgenannten Arbeit entnahm ich den aufschlußreichen Bericht über den Hauptausschuß für Kriegs- und Übergangswirtschaft v. 21. März 1918, in dem ein Bericht über die Errichtung von Wirtschaftsverbänden mit hoheitlichem Einschlag abgegeben wurde (Wiener Zeitung v. 22. März 1918, Nr. 67, S. 2). Über die Errichtung von Stiftungen siehe ferner Mayerhofer, Handbuch für den politischen Verwaltungsdienst, 1903, insbes. Bd. V, S. 190 ff., S. 198: „Die Behörde nimmt die Verleihung selbst vor". Über die Errichtung von Fonds siehe Mayerhofer, aaO., Bd. VI, S. 748; für Anstalten siehe gleichfalls Mayerhofer, aaO., Bd. VI, S. 749 ff.; über die Einrichtung von Hochschulen siehe Herrnritt, Grundlehren aaO., S. 238 (Anm. 3), über die Einrichtung von Schulen gleichfalls Herrnritt aaO., S. 244 (Anm. 15). Über gewerbliche Genossenschaften siehe Mayerhofer, aaO., Bd. VI, S. 1029; über die Errichtung von Verbänden siehe die Verordnung des Handelsministers mit den beteiligten Ministerien und im Einverständnisse mit dem Kriegsminister vom 26. August 1919, RGBl. Nr. 273, betreffend die Errichtung eines Kriegsverbandes der Baumwollindustrie (der Verband hatte Rechtspersönlichkeit, § 3 ! !), desgleichen die V. RGBl. Nr. 315 und 316. Ferner siehe mannigfaltige Beispiele aus der Handhabung der Organisationsgewalt bei Spiegel, aaO., S. 59 ff.

b) die Errichtung, Auflassung und Umwandlung von Organen in der Verwaltungsorganisation, insbesondere die Errichtung, Auflassung und Änderung von Ministerien[72]);

c) die Begründung von sachlichen, räumlichen, personellen und zeitlichen Zuständigkeiten der Organe und die Gliederung der Zuständigkeitsverteilung innerhalb der einzelnen Organe[73]);

d) die Besetzung von Organen durch Organwalter bzw. die Vergebung von Dienstposten[74]);

e) die Regelung des inneren und äußeren Amtsdienstes wie der Dienststunden, des Parteienverkehrs, die Erledigung der Geschäfts-Korrespondenz, die Art und Weise der Aktenerledigung, der Fertigung von Akten, der Stellvertretung des Ministers durch Beamte bei Aktenerledigungen und ähnliches[75]);

f) die interne Wahrnehmung der Gesetzes-Initiative[75]);

g) die Systemisierung und zeitweilige Regelung der Bezüge für die Dienerschaft außer den Beamten[75]);

h) die dienstrechtliche Behandlung des Beamten;

i) die Heeresorganisation und die Befehlsgewalt im Heere, die Organisation der bewaffneten Exekutive[76]);

j) die Grundsätze für die Erstellung des Budgets[77]);

k) die Einrichtung von Verordnungsblättern[78]);

l) die freie Verwendung der den Organen der Verwaltung zur Verfügung gestellten Budgetmittel im Rahmen des Finanzgesetzes;

m) die Einrichtung von „technischen, wirtschaftlichen und fiskalischen Behörden"[79]).

Wenngleich die österr. Verfassung (Art. 11 lit. j des StGG RGBl. 143/1867) dem Gesetzgeber vorbehalten hatte, die

---

72) Vgl. hierzu die Ausführungen bei Tezner, aaO., S. 24 f. und bei Mayerhofer, aaO., Bd. I; Ulbrich, Lehrbuch des österreichischen Verwaltungsrechtes, 1904, S. 70 ff.

73) Siehe die in Anm. 72 angeführten Hinweise, insbesondere Ulbrich, aaO., S. 72.

74) Siehe Mayerhofer, aaO.

75) Siehe die bei Mayerhofer, aaO., Bd. I, S. 276 ff. abgedruckte Instruktion vom 12. April 1852, die wichtige organisatorische Regelungen enthält.

76) Siehe Mayerhofer, insbesondere aaO., Bd. VII, S. 361 (Disziplinarvorschriften für Angehörige des Heeres sind durch V. getroffen worden) vgl. hierzu für das deutsche Staatsrecht Anschütz, Die gegenwärtigen Theorien, aaO., 2. Aufl., S. 75 ff.

77) Siehe Mayerhofer, aaO., Bd. I.

78) Siehe Mayerhofer, aaO., Bd. I.

79) Siehe Ulbrich, aaO., S. 72; für das deutsche Staatsrecht: Anschütz, aaO., S. 66 ff.

Grundzüge der Organisation festzulegen, so ist er hierbei über das heute noch geltende Gesetz vom 19. Mai 1868, RGBl., Nr. 44, über die Einrichtung der politischen Verwaltungsbehörden und das ebenfalls heute noch geltende Reichsgemeindegesetz RGBl. Nr. 18/1862 nicht hinausgekommen. Diese Gesetze allerdings beziehen sich nur auf die Gestalt der Organisation der politischen Verwaltung in den Königreichen und Ländern. Aus der oben gegebenen Übersicht ist hingegen deutlich zu erkennen, daß sich die Organisationsgewalt des Herrschers (der Exekutive) auf die Ausgestaltung von drei wesentlichen Organisationserscheinungen in der Verwaltung bezogen hat; nämlich

a) auf die umfassende Einrichtung und Ausgestaltung vor allem der unmittelbaren Staatsorgane in der Verwaltung;

b) auf die umfassende Gestaltung der bewaffneten Körper, wie Landwehr und Gendarmerie, und

c) auf die Erstellung einer absoluten Ordnung für die staatliche Dienstnehmerschaft.

Rechnet man noch die Befugnis des Herrschers hinzu, entscheidend am Wege der Gesetzgebung mitzuwirken — womit ihm auch ein bemerkenswerter Einfluß auf die innere Organisation der gesetzgebenden Körperschaften[80]) sowie der Gerichte offen stand —, dann war beim Chef der Exekutive bzw. bei den für ihn tätig werdenden Ministern die Gewalt konzentriert, Herr aller Machtmittel des Staates zu sein.

III.

10. Die Rechtstheorie hat auch nach dem Zusammenbruch der Monarchien an dem Begriff der Organisationsgewalt als einem mehr oder minder gesetzesfreien Raum festgehalten — an dem Begriff der klassischen Organisationsgewalt.

Von ihm zehrt die Verwaltung heute noch. Man hat sich in jeder Herrschaftsform des Begriffes bedient. Seine Verwendung während der autoritären Herrschaft konnte begriffslogisch nicht tauglich sein. Der Begriff war damals ohne Spannung. Die dem Begriff eigene Spannung ist in der parlamentarischen Monarchie ebenso wie in den modernen Demokratien aus den Gegensätzen von Gesetzgebung und Verwaltung sowie von formellem Gesetz und materieller Verordnung[81]) gewachsen. Nur wo eine solche Spannung denkbar ist, kann man mit Recht zur Organisationsgewalt als Reservat der Ver-

[80]) So in Österreich das Gesetz vom 12. Mai 1873, RGBl. Nr. 94, im Betreff der Geschäftsordnung des Reichsrates.

[81]) Siehe hierüber G. Jellinek, Gesetz und Verordnung, aaO., S. 385 und Anschütz, aaO., S. 20 f.

waltung Zuflucht nehmen. Wo die Spannung nie bestanden hat, wie in der absoluten Monarchie, oder erschlaffte, wie im nationalsozialistischen Deutschland und im autoritären Österreich, da mag es gleichgültig sein, von wem und wie die Organisationsgewalt gehandhabt wird. Auch nach Maunz[82]) sei es klar geworden, daß „die Regelung der Organisation mittels Gesetzes nichts anderes ist, als ein Ausfluß der Organisationsgewalt des Führers". Die Organisationsgewalt kann als Vorbereitung für die Gewaltausübung und somit als Machtfaktor in der staatlichen Kräfteverteilung nur in einem Staate Problem sein, dessen Staatsfunktionen vom System der Gewaltenteilung beherrscht werden. Nur das sind der Form nach unsere freiheitlich-demokratischen Rechtsordnungen.

11. Nach dem Jahre 1918 und nach 1945 hat sich die Gestalt der Organisationsgewalt grundlegend gewandelt. Erlauben Sie mir — nicht ohne auch die Verhältnisse in der BRD vorbedacht zu haben — dies zunächst festzustellen, dann zu bestimmen und schließlich zu begründen.

Man hatte in den Jahren 1918/19/20 Regelungen getroffen, die die Zuständigkeiten des Kaisers auf die neugeschaffenen republikanischen Organe überleiten sollten. § 4 des deutschen Überleitungsgesetzes vom 4. März 1919, RGBl. I S. 285, bestimmt, daß die Befugnisse, die nach den Gesetzen des Reiches dem Kaiser zustanden, auf den Reichspräsidenten übergehen. Art. 3 des österreichischen Gesetzes vom 12. November 1918, StGBl. Nr. 5, über die Staats- und Regierungsform von Deutschösterreich bestimmt, daß „alle Rechte, welche nach der Verfassung der im Reichsrat vertretenen Königreiche und Länder dem Kaiser zustanden . . . . . auf den österreichischen Staat übergehen"[83]). (In der Folgezeit wurden im Zusammenhang mit der Neuorganisation der Republiken weitere Übergangsbestimmungen getroffen.) Die gesetzlich nicht festgelegten Befugnisse zur Handhabung der Organisationsgewalt schlüpften so durch die Maschen des Gesetzes und blieben gewohnheitsrechtlich bei republikanischen Organen als Nachfolger jener mon. Organe haften[84]), die diese Befugnisse auch

---

[82]) Maunz, aaO., S. 77.

[83]) Die österreichische Staatspraxis lehnte es unter dem Einfluß der Kelsenschen Lehre immer ab, in dieser Bestimmung auch eine Norm zu erblicken, mit der etwa nicht normierte Prärogativen des Herrschers — also monarchisches Gewohnheitsrecht — auf die republikanischen Organe übergegangen seien. Unter Berufung auf Art. 18 Abs. 1 B-VG (siehe Anm. 17) folgert man, daß jedes nicht gesatzte Recht untergegangen sei.

[84]) Das nimmt nicht wunder, wenn z. B. von Anschütz, aaO., S. 175 behauptet wird: „ . . . die durch vorkonstitutionelle Gesetze

unter der Macht des Herrschers ausübten. Nämlich bei den Organen der Exekutive im besonderen. Das allerdings soweit sie ihnen nicht ausdrücklich entzogen wurden:

a) Die Errichtung und Einrichtung von Anstalten, Stiftungen und Fonds, sowie anderer sogenannter rechtsfähiger Verwaltungseinheiten[85]) — ursprünglich wie nachgewiesen, ein Ausfluß der Macht der Exekutive — übernahm im weitesten Umfang der Gesetzgeber[86]). Er ist es nun, der in der Regel den öffentlich-rechtlichen Status zuteilt und entzieht. Unter Heranziehung des wissenschaftlich gebildeten Unterschiedes von selbständigen und unselbständigen Anstalten, schied man zwischen Anstalten, die nur der Gesetzgeber, und Anstalten, die auch die Verwaltung errichten durften. So haben sich z. B. die einzelnen Bundesversuchsanstalten oder das Dorotheum auf der Basis verwaltungsrechtlicher Anordnungen erhalten[87]). Andererseits wurden die kraft herrschaftlicher Stiftungsakte oder allerhöchster Entschließungen geschaffenen Universitäten nach dem österr. Hochschulorganisationsgesetz BGBl. Nr. 154/1955 zu mehr oder minder selbständigen — in der Regel jedoch unselbständigen — Anstalten gemacht[88]). Der Gesetzgeber regelt eingehend alle Voraussetzungen, die gegeben sein müssen, damit die Verwaltungsbehörde Öffentlichkeitsrechte verleihen kann. Das trifft insbesondere für die Krankenanstalten nach dem Krankenanstaltengesetz BGBl. Nr. 1/1957 zu. Der innere Betrieb der

ausgesprochenen Spezialvorbehalte zu Gunsten der königlichen Entschließungen sind bestehen geblieben."

[85]) Über diesen Begriff grundlegend Köttgen, Die rechtsfähige Verwaltungseinheit, 1939.

[86]) „Volksbildungsanstalten z. B. leiten ihre innere Struktur ohne gesetzliche Grundlage nach wie vor von einem Erl. des Unterrichtsressorts v. 30. Juli 1919 Z. 16 450, ‚Volkserziehung' Nr. 45 ab." Die Errichtung von Schulen fiel in der monarchischen Rechtsordnung in den Aufgabenkreis des Landesschulrates, siehe hierüber Herrnritt, aaO., S. 244 (Anm. 15), heute hingegen ging die Praxis dahin, Hauptschulen mit Landesgesetz einzurichten. Das neue Schulerrichtungsgrundsatzgesetz BGBl. Nr. 163/1956 läßt hingegen die Frage nach der Art der Errichtung offen.

[87]) Das Versatz-, Verwahrungs- und Versteigerungsamt Dorotheum in Wien ist mit Verwaltungsakt errichtet (siehe das Statut des Dorotheums, 1946).

[88]) Siehe hierüber Ermacora, Österreichisches Hochschulrecht, 1956, S. 20 ferner die in Anm. 71 bezogene Auffassung Herrnritts. Bemerkenswert ist hierbei, daß auch heute noch gewisse Eigenheiten klassischer Organisationsgewalt die Hochschulen beherrschen, so insbesondere die Tatsache, daß noch immer auf dem Verwaltungswege die Verknüpfung der katholisch-theologischen Fakultät der Universität Innsbruck mit der Societas Jesu effektuiert wird. Siehe hierzu auch Ermacora, aaO., S. 360 ff.

Krankenanstalten soll durch Anstaltsordnung geregelt werden. Jedoch zeichnet auch hier der Gesetzgeber den Inhalt der Anstaltsordnungen im großen und ganzen eindringlich vor[89]).

Fonds wurden ursprünglich in der Regel kraft Herrschermacht errichtet[90]). Auch derzeit existieren noch Fonds, die sich auf eine Verwaltungsmaßnahme gründen[91]). Neben ihnen jedoch wurden mit Gesetz neue Typen von Fonds geschaffen[92]). Ihre Geldmittel dienen in der Regel dazu, wirtschaftslenkende und fürsorgende Maßnahmen zu steuern, und zwar hoheitlich zu steuern. Fonds als Rechtsträger mit hoheitlicher Macht, das ist vor allem die Parole der Wirtschaftsgesetze[93]).

---

[89]) Z. B. für die Krankenanstalten im Krankenanstaltengesetz BGBl. Nr. 1/1957 im § 6 bzw. in den entsprechenden Landesgesetzen, u. a.

[90]) Siehe hierüber Mayerhofer, aaO., Bd. VI, S. 748, ferner Schmid, Fonds (öffentliche) in: Mischler-Ulbrich, Österreichisches Staatswörterbuch, 2. Aufl., 1906, II. Bd., S. 126 ff. (insbesondere S. 127 und 129); siehe auch Herrnritt, aaO., S. 232 Anm. 5.

[91]) So z. B. Bundesgendarmerie-Massafonds (Beschaffung von Dienstkleidern für Angehörige der Bundesgendarmerie), Min-Ratsbeschluß v. 6. Dez. 1949; Polizeimassafonds (Beschaffung von Dienstkleidern für Wachbeamte der österr. Bundespolizei), Min-Ratsbeschluß v. 6. Dez. 1949; Massafonds der Justiz (Beschaffung von Dienstkleidung für Beamte der Justizwache), Min.-Ratsbeschluß v. 6. Dez. 1949; Kulturfonds für Volksbildungszwecke Min-Ratsbeschluß vom 10. Februar 1948; Kulturfonds zwecks Vertiefung kultureller Beziehungen, Min-Ratsbeschlüsse aus dem Jahre 1948; Florianifonds (Unterstützung des Feuerwehrwesens) Min-Ratsbeschluß aus dem Jahre 1937; es handelt sich von vom Bund eingerichteten Fonds, denen Rechtspersönlichkeit zukommt und die ich einer Übersicht aus den Erläuternden Bemerkungen zum Bundesfinanzgesetz 1956, zu 625 d. B. zu den stenographischen Protokollen d. NR VII. GP, S. 178/179 entnommen habe. Darüber hinaus existieren auch Fonds in den Ländern, die durch Verwaltungsmaßnahme errichtet wurden.

[92]) Z. B. als Bundesfonds: Salzburger Festspielfonds BGBl. Nr. 147/1950; Bergbauernhilfsfonds BGBl. Nr. 233/1937; land- und forstwirtschaftlicher Wiederaufbaufonds BGBl. Nr. 176/1946; Milchwirtschaftsfonds, Milchwirtschaftsgesetz 1956; Viehverkehrsfonds, Viehverkehrsgesetz 1956; Getreideausgleichsfonds, Getreideausgleichsgesetz 1956; Leibrentenfonds BGBl. Nr. 6/1927; Reservefonds nach dem Arbeitslosenversicherungsgesetz BGBl. Nr. 184/1949 i. d. g. F.; Ausgleichstaxenfonds, StGBl. Nr. 459/1920; Bundeswohn- und Siedlungsfonds BGBl. Nr. 252/1921; Wohnhaus-Wiederaufbaufonds, BGBl. Nr. 130/1948; Ausgleichsfonds für Familienbeihilfen BGBl. Nr. 18/1955; Kinderbeihilfenfonds BGBl. Nr. 31/1950; Religionsfonds-Treuhandstelle BGBl. Nr. 169/1955; Handelskammer-Altersunterstützungsfonds BGBl. Nr. 115/1953; Hilfsfonds zur Hilfeleistung an politisch Verfolgte BGBl. Nr. 25/1956; Stickereiförderungsgesetz 1957 u. a.

[93]) Vgl. das Getreidewirtschaftsgesetz, das Milchwirtschaftsgesetz, das Viehverkehrsgesetz u. a.

Während die monarchische Rechtsordnung frei konstituierte Berufsgenossenschaften, insbesondere im Gewerberecht voraussetzte[94]), die einen Verbandscharakter hatten, wurden sie in der republikanischen Rechtsordnung vom Gesetzgeber umgewandelt. Nach 1945 wurden auch Bewirtschaftungsstellen und andere Körperschaften öffentlichen Rechtes — z. B. auf dem Gebiet des Fremdenverkehrs oder des Feuerwehrwesens oder der Verstaatlichung[95]) — vom Gesetzgeber eingerichtet.

Diesen Körperschaften fehlten jedoch die durch natürliche wirtschaftliche Verhältnisse gegebenen Mitglieder. Der Gesetzgeber ordnete ihnen erst solche zu. Diesen Verbänden wurden zum Teil auch die Vollziehung staatlicher Aufgaben übertragen. Der Gesetzgeber hat es so im steigenden Maße in Konkurrenz zur Exekutive in die Hand genommen, den inneren Verwaltungsaufbau zu gliedern, obschon die verfassungsrechtliche Grundlage hierzu kaum gegeben sein dürfte. Rechtsträger wurden geschaffen, um der Erfüllung moderner Staatsaufgaben zu dienen. Wenngleich in diesen Belangen dem Verordnungsgeber die Aufgabe zugewiesen wird, die innere Organisation der Verbände näher zu gestalten (vgl. z. B. § 2 Abs. 6 des Werksgenossenschaftsgesetzes BGBl. Nr. 169/1946) bzw. den neu geschaffenen Rechtsträgern es selbst überlassen wurde, sich weiter zu organisieren, so darf man darin nicht etwa ein Residuum der klassischen Organisationsgewalt erblicken. Es handelt sich um eine delegierte Organisationsgewalt, die den Verbänden nicht kraft ihrer Rechtspersönlichkeit oder ihres Verwaltungsauftrags, sondern nur kraft Gesetzes zusteht. Andererseits wieder kommt gerade diesen neu geschaffenen Verwaltungseinheiten beträchtliche Organi-

---

94) Vgl. z. B. die Formulierungen der §§ 115 ff. der österr. Gewerbeordnung in ihrer ursprünglichen Fassung.

95) Hier sind vor allem die Fremdenverkehrsverbände und Feuerwehrverbände zu nennen, die in Österreich entsprechend der bundesstaatlichen Kompetenzverteilung von den Ländern eingerichtet werden. Siehe ferner das Werksgenossenschaftsgesetz BGBl. Nr. 169/1946. Allerdings setzte diese Entwicklung schon im ersten Weltkrieg ein. Die durch Verwaltungsmaßnahmen errichteten Kriegs- oder Wirtschaftsverbände sind zu nennen. Siehe hierzu die in Anm. 71 zitierten Verordnungen und den aufschlußreichen Bericht, des Sektionschefs Riedl vor dem Hauptausschuß für Kriegs- und Übergangswirtschaft des österr. Parlamentes in der Wiener Zeitung vom 22. März 1918 Nr. 67, S. 2 wiedergegeben. Aber die Besonderheit war damals eben die, daß die Errichtung solcher Verbände der klass. Organisationsgewalt zugerechnet werden konnte, während sie heute der Gesetzgeber besorgt. Siehe auch die Anm. 96 a u. 109; beachte auch das Wirtschaftsverbändegesetz StGBl. Nr. 171/1945.

sationsgewalt zu (vgl. das Erk. des öVfGH, Slg. 2500 und den Vortrag von Spanner, „Probleme der Verwaltung durch besondere nichtstaatliche Rechtsträger", gehalten vor der Wiener Jur. Gesellschaft am 23. Nov. 1950).

b) In der Monarchie wurde es der Organisationsgewalt der Exekutive zugerechnet, Organe zu schaffen, insbesondere Ministerien und ihnen zugeordnete Stellen. Diese Funktion ist kraft der Bundesverfassung nahezu völlig beseitigt. Die Norm des Art. 77 B-VG bestimmt, daß Wirkungskreise und Zahl der Bundesministerien durch Bundesgesetz zu regeln sind. Da Unterbehörden mit dem Ressort eine Einheit bilden, ist jedenfalls auch die Errichtung solcher Organe von der Norm des Art. 77 Abs. 2 erfaßt. Darüber hinaus gebietet es die Verantwortlichkeit der Minister, daß sie allein berufen sind, die obersten Verwaltungsgeschäfte zu führen. Der ö. Verfassungsgerichtshof hat diesem Grundgesetz entsprechend schon im Jahre 1932 (Erk. Slg. 1454) und dann wieder im Jahre 1952 erklärt, daß neben den Ministern keine entscheidungsbefugten Kollegialbehörden treten dürften, die nicht die im Art. 133 Z. 4 B-VG vorgezeichnete Struktur aufweisen. Diese Verfassungsbestimmung gibt jedoch — nach herrschender Auffassung — den Gesetzgebern die Möglichkeit, Kollegialbehörden bestimmter Struktur in Konkurrenz zu den obersten Organen der Verwaltung einzurichten[95a]). Der Gesetzgeber hat von dieser vermeintlichen Kompetenz reichlich Gebrauch gemacht[96]). Während in der Monarchie der Minister seine beratenden Organe ernannte[96a]), hatte es sich der moderne Gesetzgeber nicht nehmen lassen — ähnlich wie in der von Köttgen[97]) für Deutschland aufgezeigten Art — die Berater der Minister zu bestimmen. Im steigenden Maße

---

95a) Art. 133 Z. 4 B-VG fordert für die Zusammensetzung der Kollegialbehörden unter den Mitgliedern wenigstens einen Richter, die übrigen Mitglieder dürfen in Ausübung ihres Amtes an keine Weisungen gebunden sein, die Bescheide der Behörde dürfen nicht der Aufhebung und der Abänderung im Verwaltungswege unterliegen.

96) So z. B. Disziplinarkommissionen, Grundverkehrskommissionen u. a. bei Adamovich, Die Bundesverfassungsgesetze, 8. Aufl., 1953, S. 155 genannte.

96a) So hatte die Regierung Wirtschaftsverbände errichtet, die ihr beratend zur Seite stehen sollten. Vgl. die diesbezügliche Fundstelle in Anm. 95. Siehe für Deutschland auch Schoen, Die Verordnungen, in: Handbuch der Politik, Hrsg. v. Anschütz u. a., 3. Aufl.

97) Köttgen, Der Einfluß des Bundes auf die deutsche Verwaltung und die Organisation der bundeseigenen Verwaltung, in: JöR Bd. 3 NF (1954), S. 103 ff. Vgl. meine Besprechung in den JBl. 1957, S. 383.

werden die Minister verpflichtet, vor Erledigung ihrer Amtsgeschäfte, andere Organe zu hören. „Beiräte" heißen diese modernen organisationsrechtlichen Errungenschaften. Insbesondere sind zu nennen: die Wirtschaftskommission, das Wirtschaftsdirektorium, die Opferfürsorge-Kommission, der Invalidenfürsorge-Beirat, die Wohnbauförderungsbeiräte, Landesplanungskommissionen, der Landesverteidigungsrat, die Beschwerdekommission für militärische Angelegenheiten, die Kommission für die Begutachtung der Anträge von Waffendienstverweigerern, der akademische Rat, u. a.[98]). Allen diesen Kommissionen ist eigentümlich, daß ihre Zusammensetzung ein Spiegelbild der politischen Kraftverhältnisse im Staate sein muß und daß sie an die Seite der unmittelbaren Staatsorgane zu treten haben.

c) Die Begründung von Zuständigkeiten der Organe war Ausfluß der klassischen Organisationsgewalt. Das österreichische Finanzministerium — eingedenk dieser Tradition — richtete Finanz-Strafämter mit Verwaltungsverordnung ein[98a]). Der Verfassungsgerichtshof hat hierzu in seinem Erk. Slg. 2650 folgendes festgestellt:

„Da der Erlaß ein bisher nicht vorhanden gewesenes Finanzamt für Strafsachen schafft, ist er eine typische Rechtsverordnung organisatorischer Art.

Bei der Prüfung der Frage der Gesetzmäßigkeit dieser Verordnung ist davon auszugehen, daß die Schaffung neuer Behördentypen mit einem besonderen, ressortmäßig abgegrenzten Wirkungsbereich nur durch Gesetz erfolgen kann, weil darin in jedem Fall eine Änderung der bestehenden Rechtslage gelegen ist. Dagegen ist die innere Einrichtung der Behörden, ihre Gliederung in Sektionen, Abteilungen usw. eine Angelegenheit der Verwaltung, die durch interne Verwaltungsmaßnahmen geregelt werden kann.

Unabhängig davon ist die Frage zu beantworten, wie der Sitz und der Sprengel der Behörden zu bestimmen sind. Soweit der Gesetzgeber selbst den Sitz und Sprengel von Be-

---

[98]) Diese und noch andere Kommissionen sind durch Gesetz eingerichtet. Vgl. als Typus der Zusammensetzung z. B. den § 69 H-OG: „(1) Beim Bundesministerium besteht ein aus fünfzehn Mitgliedern zusammengesetzter akademischer Rat. Fünf hiervon entsendet die Bundesregierung nach Maßgabe der Zusammensetzung des Hauptausschusses des Nationalrates ...".

[98a]) Amtsblatt der österreichischen Finanzverwaltung, VI. Jg. (1953) Nr. 93: „Das Finanzamt für Strafsachen in Graz, dessen Kompetenz sich auf das Bundesland Steiermark erstreckt, wurde eingerichtet. Anschrift: Graz, Konrad-von-Hötzendorf-Straße 14 bis 18."

hörden festgelegt hat, bedarf auch die Änderung dieser Bestimmungen eines Gesetzes. Dies trifft z. B. hinsichtlich der Finanzlandesdirektion zu (§ 28 Beh.-ÜG.). Soweit aber eine solche gesetzliche Regelung nicht besteht, der Gesetzgeber diese Aufgabe vielmehr der Verordnungsgewalt einräumt, können Sitz und Sprengel, im besonderen der unteren Verwaltungsbehörden, durch Verordnung bestimmt und geändert werden"[99]). Es hat sich unter der Sanktion des Verfassungsgerichtshofes auf dem Gebiete der inneren Einrichtung der Behörden ihre Gliederung in Sektionen, Abteilungen durch Verwaltungsverordnung usw. als ein Rest klassischer Organisationsgewalt gewohnheitsrechtlich erhalten. Aber auch dieser Rest klassischer Organisationsgewalt soll abgetragen werden. Nach den Entwürfen eines Bundesgesetzes über die Einrichtung und den Wirkungskreis der Bundesministerien vom 8. 11. 1949, BKA Zl. 48. 591-2a/49 soll die Gliederung der einzelnen Bundesministerien gesetzlich eindeutig vorgezeichnet sein.

Das letzte Reservat, das auch von diesen vorgesehenen Maßnahmen in der Macht der Exekutive verbleiben soll, ist die Aufteilung der Agenden auf Sektionen, Abteilungen und Referate. Aber auch hier sollen gesetzliche Richtlinien gelten.

In den Zeiten der Notlage wird selbst die Frage der Begründung personeller Zuständigkeiten vom Gesetzgeber bestimmt. So bestimmt das Gesetz v. 7. 8. 1945, StGBl. Nr. 115, über die Ordnung der Staatsverwaltung in der sowjetischen Besatzungszone von Oberösterreich den Ökonomierat Plöchl zum Staatsbeauftragten. Melichar hat das Problem grundlegend behandelt und auf die Bedeutung der personellen und institutionellen Zuständigkeitsordnung hingewiesen[100]).

e) Die Regelung des inneren und äußeren Amtsdienstes ist vorläufig in der Hauptsache noch Domäne der Exekutive. Hiezu gehört die wichtige Frage, inwieweit sich der Minister bei seinen Amtshandlungen durch Bedienstete seines Ministeriums vertreten lassen darf. Eine Frage, die in Form eines „regressus in infinitum" bis zur Frage nach der Machtbefugnis des letzten Konzipisten zu stellen ist. Das Problem führt zur Rivalität der Macht der

---

[99]) Vgl. hierzu paradigmatisch OVG Rhld.-Pf. U. v. 21. 1 1954 (teilweise abgedruckt in DVBl. 1954, S. 745 ff.) siehe hierzu ferner Obermayer, aaO., S. 126 f.

[100]) Melichar, aaO., (Anm. 13 a); siehe ferner die Kundmachung über die Errichtung der provisorischen Staatsregierung StGBl. Nr. 2/1945, die als Akt der Organisation unmittelbarer Staatsorgane (bevor die vorläufige Verfassung beschlossen war) die Funktionäre namentlich benannte!

Beamtenschaft und der des Ministers. Auch da bahnen sich gesetzliche Regelungen an[101]). Das ist verständlich, handelt es sich doch hiebei um eine eminente Frage staatlicher Machtverteilung und Machtausübung. Jede Ermessensentscheidung, die ein Organ zu treffen hat, kann je nachdem, ob der Beamte oder Minister den Akt fertigt, verschieden ausfallen. Die Regelung anderer grundlegender Fragen, die nach außen wirken, jedenfalls aber immer den Dienstnehmer berühren, wie die Einteilung der Dienststunden, die Urlaubsregelung der Bediensteten, der Geschäftsverkehr zwischen den Ministerien, die Amtssprache, die Verwendung von Amtssiegeln und Formularen, bleibt vorderhand der Organisationsgewalt der Verwaltung überlassen. Doch auch hier greift der Gesetzgeber durch das AVG 1950 BGBl. Nr. 172 in die Organisationsgewalt ein. Die Beglaubigungsverordnung BGBl. Nr. 445/1925, die Verwaltungsformularverordnung, BGBl. Nr. 219/1951 — Maßnahmen des inneren Amtsdienstes — sind Verordnungen, auf Grund des AVG erlassen. Die Regelungen sind solche „delegierter Organisationsgewalt". Darüber hinaus bahnen sich weitere Wandlungen auf Grund des oben bezeichneten Entwurfes an.

f) Auf dem dienstrechtlichen Gebiet ist die Verwaltung nach wie vor, von einzelnen gesetzlichen Grundsätzen abgesehen, im patrimonialen Fahrwasser: Im Rahmen der Organisationsgewalt werden Beförderungsrichtlinien statuiert und gehandhabt, Disziplinar- und Qualifikationskommissionen zusammengesetzt, Prüfungskommissionen gebildet, das Einvernehmen mit Gewerkschaften gepflogen, Personalvertretungen geheim ins Leben gerufen[102]).

g) Auch die Organisation des Heeres liegt nicht mehr in der ausschließlichen Macht der Verwaltung. Wehrorganisatorische Fragen sind nunmehr im Wehrgesetz geregelt. Das Disziplinarrecht ist durch das Disziplinargesetz BGBl. Nr. 151/1956 festgelegt. Neben den verantwortlichen unmittelbaren Staatsorganen hat ein Landesverteidigungsrat mitzubestimmen. Er ist in seiner Zusammensetzung Spiegel des Gesetzgebers. Selbst die allgemeine Dienstvorschrift (ADV) ist von der Bundesregierung im Einvernehmen mit dem Haupt-

---

[101]) Vgl. den oben genannten Gesetzentwurf.

[102]) Siehe die diesbezüglichen Verwaltungsmaßnahmen, nämlich den Erl. des BKA, v. 17. Juli 1946, Zl. 47 538—3/46 u. v. 27. Februar 1952, Zl. 67. 361—3/51, des BMfsV v. 19. Februar 1954, Zl. I—II. 823—1/54 alle veröffentlicht in: Probleme des öffentlichen Dienstes, Die Interessenvertretung; hrsg. von der Sozialwissenschaftlichen Arbeitsgemeinschaft, Wien I, Sonnenfelsgasse 19.

ausschuß des Nationalrates zu beschließen. Das Streben der Machthaber, auch eine parlamentarisch zusammengesetzte Personalkommission der Bundesregierung zur Seite zu stellen, wurde nicht verwirklicht, hingegen fungiert eine parlamentarische Beschwerdekommission (§ 6 WG). Ein Recht klass. Organisationsgewalt liegt in der Handhabung der Kommando- und Befehlsgewalt der zuständigen Behörden, die Organisation und Formation des Heeres und der Wachkörper zu regeln[103]).

h) Nach wie vor werden die Grundsätze für die Erstellung des Budgets von den für die Finanzverwaltung zuständigen Verwaltungsorganen festgelegt. Besonders merkwürdig ist hiebei, daß die Regierung eine Pflichtinitiative hat, den Entwurf des Bundesfinanzgesetzes vorzulegen (Art. 51 B-VG).

i) Während man die Systemisierung technischer, wirtschaftlicher und fiskalischer Behörden der Exekutive überließ — die Post- und Telegraphendirektion, die Domänendirektion, die Finanzprokuraturen, waren nicht vom Gesetzgeber, sondern von der Verwaltung organisiert[104]) — ist auch in diesen Belangen die Organisationsgewalt der Verwaltung zusammengeschmolzen: die Errichtung von Post- und Telegraphendirektionen hat — auch soweit sie nur wirtschaftliche Aufgaben besorgen sollen — nach dem 27. April 1945 der Gesetzgeber übernommen (§ 52 des Behörden-ÜG). Die innere Organisation dieser Organe wird von der Verwaltung besorgt — soweit nicht das moderne Postgesetz BGBl. Nr. 58/1957 anders bestimmt. Der selbständige Wirtschaftskörper „Österreichische Bundesforste" — eine unselbständige Anstalt des Bundes — wurde schon im Jahre 1925 durch Gesetz errichtet (BGBl. Nr. 282/1925), im Jahre 1945 der Wirtschaftskörper wiederum durch Gesetz (§ 45 Behörden-ÜG) reorganisiert. Die Finanzprokuratur des Bundes wurde erst nach 1945 durch Gesetz eingerichtet[105]). Ferner möge man das Augenmerk auf die Bestimmungen des Behörden-ÜG lenken, nach denen zahlreiche Organe der klassischen Wirtschaftsverwaltung[106]) —

---

[103]) Vgl. die Bestimmungen der §§ 20 ff. des österr. Wehrgesetzes, BGBl. Nr. 181/1955; siehe gleichartige Bestimmungen im deutschen Wehrpflichtgesetz v. 21. Juli 1956 BGBl. I, S. 436, §§ 14 ff. Vgl. für die Rechtslage in den Monarchien auf dem Gebiete des Wehrrechtes die Hinweise in Anm. 76.

[104]) Siehe z. B. Ulbrich, aaO., S. 72.

[105]) Siehe den § 30 des Behörden-Überleitungsgesetzes StGBl. Nr. 172/1945 sowie das Prokuraturgesetz StGBl. Nr. 172/1945.

[106]) So z. B. die § 33 (Postsparkassenamt), § 36 (Salinen), § 38 (Hauptmünzamt), § 39 (Punzierungsamt) u. a.

auch wenn sie keine behördlichen Aufgaben zu besorgen gehabt hatten — durch Gesetz eingerichtet worden sind; nicht, wie es der klassischen Organisationsgewalt entsprochen hätte, durch Akte der Verwaltung.

j) Der Staat als Leistungsträger[107]) schafft Organisationsformen, die bislang nur der privaten Unternehmersphäre bekannt waren. Hand in Hand mit der Sozialisierung — in Österreich Verstaatlichung genannt[108]) — wird kraft der Natur der verstaatlichten Objekte auch ihre Organisation gewandelt.

Was sich vor der Verstaatlichung der Objekte noch nach dem Grundsatz der freien Organisation gestaltete, wandelt sich nach gesetzlicher Maßgabe zur gelenkten Organisation[109]). Man wird nicht übersehen dürfen, daß sich hier vollkommen neue Formen der Handhabung der Organisationsgewalt entwickeln. Einerseits ist die Gestalt der Organisationsgewalt von der Natur des Unternehmens als technische Einheit bestimmt, andererseits ist sie nach wie vor bestrebt, Staatsmacht auszuüben[110]). Ein merkwürdiges Zwittergebilde entwickelt sich so. Es würde in diesem Rahmen zu weit führen, die organisatorischen Eigentümlichkeiten verstaatlichter Unternehmen im einzelnen auseinanderzusetzen. Nur soviel sei hervorgehoben: der Staat, und zwar der Gesetzgeber, bestimmt die Rechtsform des Unternehmens[111]). Dieses gestaltet seine innere Einrichtung einerseits selbständig, andererseits werden

[107]) Über diesen Begriff siehe bahnbrechend Forsthoff, aaO., S. 340 ff.

[108]) Siehe z. B. das 1. Verstaatlichungsgesetz BGBl. Nr. 168/1946 und das 2. Verstaatlichungsgesetz BGBl. Nr. 81/1947. Zu diesen Problemen hat schon Herrnritt, aaO., S. 232 ff. (Anm. 6), über das „Unternehmen" grundlegendes entwickelt und hierbei schon auf die modernen Aspekte des Problems hingewiesen. Von ebensolchem Interesse dürften die Ausführungen Steins, Innere Verwaltung, 7. Teil sein.

[109]) Siehe über den Begriff der „gelenkten Organisation" den eindrucksvollen Grundriß von Eulenburg, Das Geheimnis der Organisation, 1952.

[110]) In Österreich nahm das durch die Errichtung von Kriegs- oder Wirtschaftsverbänden (siehe Anm. 95) seinen Anfang. In dem in dieser Anm. zitierten Bericht heißt es u. a.: Die Aufgabe dieser Wirtschaftsverbände ist eine doppelte: Sie sind beratende Organe der Regierung, haben über Befragung Gutachten zu erstatten oder aus eigenem Antrieb Gutachten zu erstellen, und sie sind gleichzeitig Verwaltungsorgane in allen Fällen, in denen ihnen durch eine besondere Verfügung des Handelsministeriums oder durch eine generelle Bestimmung ihrer Statuten die Durchführung kriegswirtschaftlicher Verwaltungsmaßnahmen übertragen werden.

[111]) So z. B. die §§ 3, 4, 5, 6 des 1. Verstaatlichungsgesetzes (Anm. 108), der § 4 des Gesetzes BGBl. Nr. 134/1956.

bestimmte organisatorische Handlungen, die das Unternehmen setzen soll, vom Gesetzgeber vorgezeichnet[112]). So entwickeln sich organisatorische Einrichtungen des Staates in der Gestalt privatrechtlicher Unternehmerformen. Sie sollen weniger der ökonomischen Nutzung des Unternehmens dienen, als staatlicher bzw. politischer Machtausübung. Für sich spricht z. B. die Bestimmung des § 7 des Bundesgesetzes BGBl. Nr. 134/1956, über die Neuordnung des Wirkungskreises einiger Bundesministerien. Danach sind bei der Bestellung von Organen einer Gesellschaft m. b. H. für verstaatlichte Unternehmungen die Kräfteverhältnisse und die Vorschläge der im Nationalrat vertretenen politischen Parteien zu berücksichtigen.

k) Zahllose Eigentumsbewegungen sind im Zuge der Liquidierung der Folgen des zweiten Weltkrieges einerseits und der NS-Besetzung andererseits eingetreten. Der Staat hat die Ordnung dieser Bewegung in die Hand genommen. Das Rechtsinstitut der öffentlichen Verwaltung wurde mit dem Verwaltergesetz BGBl. Nr. 157/1946 in der geltenden Fassung geschaffen. Dieses Gesetz enthält organisatorische Vorschriften ersten Ranges. Es gestaltet die Organisation der öffentlichen Verwaltung ohne auf die Organisationsgewalt der Exekutive Bedacht zu nehmen; ausgenommen sind gewisse individuelle Maßnahmen, die in das Ermessen der Verwaltung gelegt werden.

Die damals freie Verfügungsmacht der klassischen Verwaltung über die Haushaltsmittel ist einer delegierten Verfügungsmacht gewichen. Vgl. so das Verwaltungsentlastungsgesetz BGBl. Nr. 277/1925, die Bundeshaushaltsverordnung BGBl. Nr. 118/1926 u. a. Bemerkenswert ist auch hier wiederum, daß die neu entstandenen rechtsfähigen Verwaltungseinheiten einen relativ weiten Spielraum genießen.

Es zeigt sich, daß die Organisationsgewalt sowohl vom Gesetzgeber als auch von der Verwaltung ausgeübt wird. Die Entwicklung läßt aber erkennen, daß die klassische Organisationsgewalt, die man der Verwaltung zuerkennt, stetig abbaut. Eine Verlagerung der Handhabung der Organisationsgewalt von der Verwaltung auf den Gesetzgeber ist im Gange. Wenngleich die Verlagerung auch nicht systematisch erfolgt, so ist sie doch stetig. Laband hatte schon im Jahre 1878 festgestellt: „Die Entwicklung des modernen Staates ist darauf ge-

---

112) Siehe den § 3 Abs. 6 des 2. Verstaatlichungsgesetzes und den § 7 des 1. Verstaatlichungsgesetzes. Hierzu die Erläuterungen in: Das Österreichische Recht, hrsg. Heinl-Loebenstein-Verosta, (Lose-Blatt-Slg.) Bd. VIII d (Kastner).

richtet, das gesamte Behördensystem und die Zuweisung bestimmter Geschäftskreise an die einzelnen Ämter immer vollständiger und ausschließlicher durch die Gesetzgebung zu regeln ..." und Herrnritt, Grundlehren des Verwaltungsrechts; aaO. S. 18 (Anm. 5): „Was die Organisationsgewalt anbelangt, so ist sie zwischen Gesetzgebung und Vollzugsgewalt geteilt." Wo Organisationsgewalt noch von der Exekutive selbständig ausgeübt wird — insbesondere solange das für Österreich vorgesehene Organisationsgesetz nicht erlassen ist, im inneren Amtsdienst —, da hielt sich die klassische Organisationsgewalt infolge unklarer positivistischer Formulierungen der Bestimmungen, die den Übergang von Kompetenzen des Kaisers auf die republikanischen Organe festlegte, als Gewohnheitsrecht. Der Gesetzgeber ist jedoch imstande, dieses dann zu beseitigen, wenn er die Macht der klassischen Organisationsgewalt erkannt hat. Wo Organisationsgewalt sonst noch vorliegt, ist sie eine vom Gesetzgeber delegierte. Das gilt im weiten Umfang auch für die Organisationsgewalt über die Wirtschaftsbetriebe des Staates (Bund und Länder) — nicht hingegen aber für die anderer Rechtsträger. Die Organisationsgewalt ruht somit nicht mehr „in dem verfassungsmäßigen Dasein der Regierung selbst" (G. Jellinek) oder „sie folgt nicht mehr aus dem allgemeinen Verwaltungsauftrag des Staatsrg." (Anschütz).

IV.

12. Vom Staatsrechtlichen her gesehen, müßten die Gründe und Ursachen für diese Verschiebung in der Handhabung der Organisationsgewalt in der deutschen und österreichischen Rechtsordnung in der selben Weise zu finden sein. Das deshalb, weil die Rechtsentwicklung da wie dort gleichartige Stufen durchschritten hat und zu gleichartigen Ergebnissen gelangt ist.

a) Das Schwergewicht der Organisationsgewalt lag in den monarchischen Rechtsordnungen nicht nur deshalb bei der Exekutive, weil die Staatsrechtslehre dieser faktischen Macht wissenschaftliche Unterstützung lieh, sondern weil auch die Kraft- und Machtverhältnisse in den Monarchien der Exekutive trotz sich anbahnender rechtsstaatlicher Durchbildung eine Vorrangstellung verlieh. Ging doch die staatliche Gewalt nach wie vor vom Monarchen aus. Der Zusammenbruch der Monarchien war geistesgeschichtlich Revolution. Er manifestierte sich nicht zuletzt im verfassungsmäßig verankerten Bekenntnis zur Volkssouveränität. Nach der Weimarer Reichsverfassung sollte alle Gewalt vom Volke ausgehen, nach dem GG geht alle Staatsgewalt vom Volke aus. Sie wird aber von selbständigen Organen der Gesetzgebung, Verwaltung und Rechtsprechung ausgeübt. Nach dem B-VG geht „das Recht der Republik“ vom Volke aus. Gleichgültig wie man die Dinge in dieser Sphäre benennt, die Gewaltverschiebung war unleugbar. Und das vom Grunde auf! Die Äußerungsform der Volkssouveränität liegt ausschließlich im Gesetz; ihm sollen Akte der Vollziehung jedenfalls untergeordnet sein. Die Lehre vom Stufenbau der Rechtsordnung — durchaus eine Theorie im Sinne Kant'scher Rechtsphilosophie[113]) wurde im demokratischen, gewaltenteilenden Staat ungeschriebene Maxime. Die Folge war: keine Verwaltung im gesetzesfreien Raum. Der aus dem Verhältnis von Gesetzgebung und Verwaltung in der Monarchie geborene Begriff des „Vorbehaltes des Gesetzes“[114]) hat seine Bedeutung verloren. Das mußte auch auf die Organisationsgewalt zurückwirken.

b) Dieses in erster Linie konsequent und ohne konservativer Scheu von der Wiener Schule erarbeitete Prinzip vom Stufenbau der Rechtsordnung fand in der österreichischen Bundesverfassung vom Jahre 1920 seinen positiv rechtlichen Niederschlag. Nach Art. 18 B-VG darf die gesamte staatliche Verwaltung nur auf Grund der Gesetze geführt werden und jede Verwaltungsbehörde darf nur auf Grund der Gesetze Verordnungen erlassen. Diesen Normen kann, entsprechend ihrem Wortlaut, sowohl die Forderung nach „Gesetzmäßigkeit im weiteren Sinne des Wortes“ (Rechtmäßigkeit)[115]), als auch nach „Gesetzmäßigkeit im engeren Sinne“ unterlegt werden. Beachten Sie den gleichartigen Artikel 20 Abs. 3 GG, so müssen Sie erkennen, daß sich hiebei im Vergleich mit der österreichischen BV Geister und Rechtsordnungen scheiden. Je nachdem, wie eng oder wie weit man die Begriffe zieht, wird die Exekutive bei Ausübung der Organisationsgewalt durch Verwaltungsverordnungen Handlungsfreiheit haben. Nur dann wird man der Organisationsgewalt Handlungsfreiheit zugestehen können, wenn die gesetzesgebundene Verwaltungsverordnung das Mittel hierfür sein darf. Die österreichische Verwaltung wird vom Verfassungsgerichtshof (vgl. z. B. Slg. 2650)

---

113) Über diese Lehre siehe zunächst die grundlegenden Arbeiten von Merkl, die Kelsen in seiner 2. Aufl. der Hauptprobleme aaO., S. XV anführt, dann aber schon Kant, Metaphysische Anfangsgründe der Rechtslehre, 1797, § 45.

114) Vgl. hierzu grundlegend O. Mayer, Deutsches Verwaltungsrecht, I, S. 74 ff.

115) Merkl, Allgemeines Verwaltungsrecht aaO., S. 157 ff.; Thoma, Der Vorbehalt der Legislative und das Prinzip der Gesetzmäßigkeit der Verwaltung und Rechtsprechung, in: Anschütz-Thoma, 2. Bd., 1932, S. 227 ff., siehe auch die folgenden Ausführungen des Berichts.

enger, als es den Vertretern dieser Staatsfunktion oft wünschenswert ist, an das Gesetz gebunden.

c) Man muß also — auch heute noch — dem Gedanken G. Jellineks beipflichten[116]): „Das Wesen der Verwaltungsverordnung, von Laband auch als materielle Verordnung bezeichnet, erheischt eine eingehendere Untersuchung, die auf die Grundprobleme des Staatsrechtes zurückführt." Um diese eingehendere Untersuchung hat sich die Wissenschaft bemüht. Zu einer einhelligen Lösung der Frage ist sie jedoch nicht gekommen.

Arndt, Anschütz und andere[117]) schoben mit tiefgründigen Überlegungen, denen politische Aspekte nicht abgingen[118]), der Verwaltung das Sprungbrett für eine vom Gesetz freie Handhabung der Organisationsgewalt in Form der Verwaltungsverordnung hin. Sie hätte keine Normqualität. Kelsen u. a.[119]) sehen hingegen auch in der Verwaltungsverordnung im Zusammenhalt mit Disziplinarregelungen u. ä. Normen. Nach Kelsen bedürfen auch sie der gesetzlichen Delegation.

Ob diese Forderung normativ richtig ist oder nicht, hängt von der Lösung dreier Grundfragen ab:

aa) Ist es richtig, mit Anschütz und der herrschenden Lehre zu folgern; „Rechtsnorm ist nur die Norm, welche mit Gebot oder Verbot in die Freiheit oder das Eigentum der Individuen eingreift"[120]) oder die Rechtsnorm als ein hypothetisches Urteil anzuerkennen? Bejaht man das erste, dann ist die Verwaltungsverordnung möglicherweise frei von gesetzlicher Bindung.

bb) Wie weit darf man den Begriff der Gesetzmäßigkeit der Verwaltung, der sowohl aus dem Art. 18 B-VG als auch aus

---

116) Gesetz und Verordnung, aaO., S. 385.

117) Anschütz, Die gegenwärtigen Theorien, 1. Aufl., S. 79, 89; Arndt, selbständiges Verordnungsrecht, 1901 und die in Anm. 35 angeführten Werke beider, sowie die anderen noch bezogenen Autoren.

118) Aufschlußreich ist die Apologie Anchütz'. Er verwahrt sich gegen Arndt, demokratische Auffassungen zu vertreten. AaO., 2. Aufl., S. 57: „Rechnete ich mich bisher noch immer zu den ernstlich Gutgesinnten, wähnte ich doch, mit keinem Tröpfchen demokratischen Öls gesalbt zu sein!"

119) Kelsen, aaO., S. 558 in Verbindung mit S. 491 ff. Bemerkenswert ist auch das Ergebnis des von Arndt, aaO., vielfach herangezogene Urteil des Reichsgerichtes für Zivilsachen vom 26. März 1901 in: Entscheidungen des Reichsgerichtes in Civilsachen, 48, S. 85. Es kommt der Kelsenschen Auffassung nahe. Siehe auch Nawiasky, Allgemeine Rechtslehre, 2. Aufl., 1948, S. 111 ff.; Burckhardt, aaO., S. 123 ff.

120) Gegenwärtige Theorien, 2. Aufl., aaO., S. 97.

dem Art. 20 Abs. 3 GG hervorleuchtet, spannen? Spanne ich ihn weit, so ist es denkbar, die Verwaltungsverordnung ohne detaillierte gesetzliche Grundlage zu erlassen.

cc) Liegt es im Wesen des Staates als personifizierte Rechtsordnung begründet, daß sich ihre Funktionen — ohne eingehende gesetzliche Grundlage selbst — gesetzesfrei gestalten dürfen?

Zu aa) schließe ich mich der Auffassung Kelsens an. Die Frage bb) kann logisch nur in Verbindung mit der Frage cc) gelöst werden. In der juristischen Arbeitspraxis hält man den Staat für eine Juristische Person. Kraft seiner Personqualität erachtet man ihn und seine Funktion „Verwaltung" für delegiert, gesetzlose Verwaltungsverordnungen zur Handhabung der Organisationsgewalt zu erlassen. Vor allem Anschütz, Laband und Jellinek neigten dieser Auffassung zu[121]). Ob diese Auffassung richtig ist, ist aus der Lehre vom Wesen der Juristischen Person als Normenkomplex[122]) sowie aus der jeweiligen Rechtsordnung zu ermitteln. Ohne hier auf jene Seite der Frage näher eingehen zu können, sei das Augenmerk auf diese gerichtet.

Für Österreich verbietet die Verfassung, die Gestalt der Rechtsträger ohne nähere Bestimmungen in der Verfassung oder in Gesetzen durch den Verordnungsgeber mittels Verwaltungsverordnung zu bestimmen. Das ist in der Ordnung der Ausübung der Staatsgewalt begründet. Für die Bundesrepublik Deutschland jedoch halte ich eine andere Auffassung für vertretbar.

In Österreich sind die Organe der Gesetzgebung wie auch die Organe der Vollziehung Erscheinungen einer einheitlichen Staatsgewalt, die — demokratischen Grundsätzen gemäß — vom Volke ausgeht (Art. 1 B-VG). Doch sind die Organe der Vollziehung nicht wie nach dem GG (Art. 20 Abs. 2) von der Verfassung unmittelbar delegiert, Staatsgewalt — wozu auch die Organisationsgewalt als ein Teil derselben zu zählen ist — auszuüben. Vielmehr hat diese Delegation in jedem Falle das Gesetz zu besorgen. Denn gemäß Art. 18 B-VG und Art. 83 B-VG sind verfassungsmäßige Verwaltung und Gerichtsbarkeit nur

---

121) Gegenwärtige Theorien, aaO., S. 76: „Soweit die Anstaltsordnung nicht legislativ festgelegt ist, folgt es aus dem allgemeinen Verwaltungsauftrag der Staatsregierung ... die Anstaltsordnung durch organisatorische und instruktionelle Vorschriften zu erlassen, abzuändern, aufzuheben." Laband, aaO., S. 207 f.; G. Jellinek, aaO., S. 385.

122) Vgl. grundlegend Kelsen, Reine Rechtslehre, aaO., S. 119 ff. und H. J. Wolff, aaO.

denkbar, wenn sie auf Grund der Gesetze geschehen. Hingegen sind nach dem GG die Organe der Gesetzgebung und der Vollziehung wie auch der Gerichtsbarkeit unmittelbar durch Art. 20 Abs. 2 GG delegiert, Staatsgewalt auszuüben. Der Abs. 3 dieses Artikels bewirkt — nicht wie der gleichartige Art. 18 B-VG — keine Delegation zur Ausübung der Staatsgewalt. Er weist der Vollziehung nur eine Schranke für die Ausübung der Staatsgewalt.

Daher müßte in Österreich die Ausgestaltung der inneren Struktur der Rechtsträger der Gesetzgebung obliegen, die natürlich die Verwaltung delegieren kann, ihrerseits Organisationsgewalt auszuüben. In der Bundesrepublik Deutschland hingegen, braucht eine solche Delegation nicht zu sein, soferne man nur dem Art. 20 Abs. 3 GG die vorgetragene Auslegung gibt und die Frage bejaht werden kann, daß es im Wesen einer Juristischen Person begründet liegt, ihre innere Struktur selbst zu gestalten.

Wenn in Österreich Fakten Gegenteiliges zeigen, so spricht keine Norm für sie: Die Kompetenzverteilungsbestimmung betreffen nur die Frage, ob eine Angelegenheit dem Bund oder den Ländern „gehört". Sie regeln hingegen nichts darüber, ob ein Rechtsgebiet durch die Verwaltung oder durch die Gesetzgebung gestaltet sein soll. Anderes könnte aus der Rechtslage in den Monarchien geschlossen werden[123]). Wo das B-VG Bestimmungen enthält, die den Gesetzgeber im besonderen berufen, Vorschriften zu erlassen[124]), da sind solche Normen auf das Verhältnis von Bund und Länder abgestellt.

Daß die Handhabung der Organisationsgewalt in Österreich grundsätzlich vom Gesetzgeber zu besorgen ist, ist die Regel. Sie wird durch Ausnahmen bestätigt: Gemäß Art. 102 Abs. 6 B-VG ist die Bundesregierung berufen mit Verordnung Polizeibehörden einzurichten; gemäß Art. 8 Abs. 5 lit. d. VerfÜG 1920 i. d. Fassung v. 1925 dürfen die Landesregierungen und die Bundesregierung mit Verordnung Sprengelgrenzen verändern u. ä.

Obermayer, aaO., S. 119 vermeint, daß der „institutionelle Zweck" als normativer Faktor geeignet sei, die nicht von der Legislative ableitbare Organisationsgewalt der Verwaltung zu

---

[123]) Anschütz, Die gegenwärtigen Theorien, aaO., 1. Aufl., S. 35 oder für Österreich StGG RGBl. Nr. 141/1867; hier hatten die Vorschriften nicht nur die Aufgabe, Kompetenzen zwischen Reich und Länder zu verteilen, sondern auch Kompetenzen ausdrücklich der Gesetzgebung vor der Verwaltung vorzubehalten.

[124]) Siehe z. B. Art. 3, 10 Abs. 2; 11 Abs. 5; 12 Abs. 2; 19 Abs. 2; 21 Abs 1, 3 und 5; 23 B-VG usw.

rechtfertigen. Im Hinblick auf seinen normativen Gehalt sei er einem Ermessentatbestand gleichzuhalten. Was für das Ermessen im republikanischen Rechtsstaat zu gelten hat, hat Klecatsky in einer literarischen Kontroverse mit Melichar zu begründen versucht[125]). Auf diese Darstellung verweisend, schließe ich mich der Meinung Klecatsky an.

d) Aus all dem folgt, daß die Gründe für das Abbröckeln der klassischen Organisationsgewalt in der Verschiebung der Kraft- und Machtverhältnisse innerhalb der Staatsfunktionen und den hinter ihnen liegenden politischen Kräften sowie in den damit verbundenen Änderungen des Verfassungsrechtes liegen. Organisationsgewalt der Verwaltung ist nicht, soweit die Verfassung oder Gesetze nicht anderes bestimmen, sondern soweit die Verfassung und das Gesetz die Verwaltung ermächtigen, die Organisationsgewalt auszuüben[125a]).

Nicht übersehen werden darf, daß die Handhabung der Organisationsgewalt immer wieder von der Lösung der Fragen, wie ist die Verwaltungsverordnung zu werten und wie hat die juristische Person Gestalt zu gewinnen, abhängt. Es sind Phänomene, die von der Wissenschaft der Praxis bewußt gemacht worden sind und nur von der Wissenschaft richtig gelöst werden können. Wenn eine übereinstimmende Lösung der Fragen aber nicht gelingt, dann wird sich die Praxis die eine oder die andere Meinung zu Nutze machen müssen. Aber sprechen wir realistischer, wenn dem Wissenschaftler die übereinstimmende Lösung nicht gelingt, dann werden sich der Jurist der Praxis und der Politiker die Lösung selbst zu suchen haben. Es wird dann vielleicht eine theoretisch falsche, systemlose Lösung sein, aber es wird eine Lösung sein. Nicht in der Problemstellung gehen die deutsche und die österreichische Wissenschaft auseinander, sondern in der Lösung der Rechtsfragen, die das positive Recht bietet, das anders gelagert ist (Art. 18 B-VG und Art. 20 GG). Hiezu kommt natürlich noch ein methodischer Unterschied, der in der Lehre Hans Kelsens begründet liegt, von dem sich die österr. Theorie, aber auch die österreichische Praxis nicht ganz freimachen kann.

Wenn die Gesetzgebung in Österreich die organisationsrechtlichen Fragen uneinheitlich löst, der Verwaltung manches überläßt, was mittels Gesetz geordnet werden müßte, so hat das nicht in dem Bewußtsein des Gesetzgebers, etwa nicht

---

125) Klecatsky, Die Köpenickiade der Privatwirtschaftsverwaltung, JBl. 1957, S. 333 ff.

125a) Siehe neuerdings Spanner, Organisationsgewalt und Organisationsrecht, in: Die öffentliche Verwaltung, 1957, S. 640 ff.

legitimiert zu sein, Organisationsgewalt auszuüben, seinen Grund, sondern in der Unkenntnis der wahren staatsrechtlichen Bedeutung der Organisationsgewalt.

V.

13. Die Folgen und Wirkungen der aufgezeigten Verschiebung in der Handhabung der Organisationsgewalt für die Organisationsgewalt selbst scheinen mir zu sein:

a) die Organisationsgewalt ist an sich nicht vernichtet, nur ihre Handhabung hat sich entsprechend der Verschiebung der modernen Gewaltverhältnisse zum Gesetzgeber hin verlagert[126] [127]). Daß diese Verlagerung von Laband schon im Jahre 1878 ins Auge gefaßt wurde, habe ich bereits vermerkt (vgl. S. 218). Diese Verlagerung der Handhabung der Organisationsgewalt erhöht die Kraft der Organisationsgewalt bedeutend.

b) Ein Gesetzgeber, der die Organisationsgewalt geschickt ins Treffen führt, kann den verfassungsmäßig veranlagten Staatsaufbau auf kaltem Wege vernichten. Die zunehmende Schaffung rechtsfähiger Verwaltungseinheiten[128]), die Zersplitterung der Budgeteinheit durch die Schaffung rechtsfähiger oder auch nichtrechtsfähiger Fonds, die Konkurrenzierung der obersten Staatsorgane in Bund und Ländern durch die Einrichtung „unverantwortlicher" Kollegialorgane und Beiräte, die Übernahme privatrechtlicher Organisationsformen zur Besorgung staatlicher Aufgaben, bewirken zwar keine substanzielle Änderung im Umfang der Staatsgewalt. Bei normativer Betrachtung des staatlichen Aufbaus, wie er durch das Bonner Grundgesetz und das B-VG gesichert ist, kann es keine Tätigkeit rechtsfähiger Verwaltungseinheiten geben, die letzten Endes nicht zur Verwaltung des Bundes und der Länder zu rechnen wäre. Denn alle die Verwaltungseinheiten, die hier in Betracht kommen, sind es nur kraft Bundes- oder landesrechtlicher Delegation. Sie sind nicht wie Bund und Länder ursprüngliche, sondern abgeleitete Rechtsträger und damit Ausläufer der staatlichen Zentrale. Ihr Bestand hängt vom

---

[126]) Diese Frage hat schon Burckhardt, aaO., S. 140 angeschnitten: „Welche organisatorischen Änderungen die Folge dieser Änderungen der Rechtsordnung ... sein müßten, ist hier nicht auszuführen."

[127]) Ohne auf die dargestellte staatsrechtliche und normative Problematik eingehend setzt Obermayer, aaO., S. 117 den aufgezeigten Wandel voraus.

[128]) S. 209 ff.

„Willen" des Bundes und der Länder ab[129]). Doch können (oder wollen) Bund und Länder es nicht verhindern, daß durch die organisatorischen Bewegungen faktisch neue, vom Staat auch in der Substanz verschiedene Machtkörper entstehen, die Staaten im Staate sind. Sie haben besondere Verwaltungsziele, betreiben besondere Personalpolitik, führen eine besondere Budgetierung, gründen besondere Gewaltverhältnisse u. ä. — das alles in einem „regressus ad infinitum".

c) Wachsen durch die Handhabung der Organisationsgewalt vom Gesetzgeber politisch und ständisch orientierte Satelliten heran, so wächst die gesetzlich unkontrollierte Restorganisationsgewalt der Verwaltung in die Bürokratie aus. Ihr Kennzeichen ist die Vermehrung staatlicher Ämter innerhalb bestehender Organe ohne sachliche Rechtfertigung, wennschon das Sonderbehördenwesen den Umfang nicht angenommen hat, auf den in der Bundesrepublik Deutschland verwiesen wird[129a]).

d) Es mag zunächst wohl scheinen, als ob die Vielzahl der Organisationsformen, die ihrer Form nach demokratisch organisiert sind, kraft ihrer natürlichen Reibungen, die Vehemenz der staatlichen Gewalt mindert. Dann und wann ist es auch so. Doch in Österreich nicht von vornherein. Die besondere Einheitlichkeit der politischen Struktur in Bund und Länder — getragen von der „großen Koalition"[130]) — dirigieren die „Organisationsgewalt der Gesetzgebung". Während man in den absoluten Monarchien von der Kanzlei des Monarchen mit ihren Kommissionen, Abteilungen und Ämtern gesprochen hat, wird man heute bei manchen rechtsfähigen Verwaltungseinheiten von einer Abteilung dieser oder jener politischen Partei zu sprechen haben! Wie wir in den Referaten des Vortages erfahren konnten, massieren sich trotz formaler Scheidung von Gesetzgebung und Verwaltung die staatlichen Machtmittel. Was für die Gewaltausübung im allgemeinen gilt, gilt für die Bereitstellung der Mittel zur Gewaltausübung — für die Organisationsgewalt — im besonderen.

Die dargelegten Verschiebungen in der Handhabung der Organisationsgewalt berühren aber dennoch die Substanz der staatlichen Gewalt. Und zwar deshalb, weil „unverantwortliche" Organe den „verantwortlichen" Organen den Rang abzulaufen beginnen, weil diese in ihrer Zusammensetzung ein

---

[129]) Vgl. Köttgen, aaO.

[129a]) Siehe Peters, Lehrbuch der Verwaltung, 1949, S 49.

[130]) Siehe den in der Wiener Zeitung vom 27. Juni 1956 Nr. 147 erstmals veröffentlichten Koalitionspakt der Regierungsparteien!

[131]) Vgl. diese Bemerkung bei Brockhausen, aaO., S. 16.

Spiegelbild der Kraftgruppierungen im Parlament sind, weil ihnen unter anderem Begutachtungsaufgaben im Gesetzgebungsverfahren oder gegenüber Verordnungsentwürfen zustehen. Diese Begutachtungen werden infolge der faktischen Macht der rechtsfähigen Verwaltungseinheiten beachtet. Der Gesetzgeber schaltet die an dem Werden des Gesetzesinhaltes so maßgebend beteiligten Verwaltungseinheiten schließlich entscheidend in die Gesetzesvollziehung ein[132]). Das kann sich bei Ermessensmaßnahmen zu Lasten des Einzelnen auswirken. Der einheitliche Rechtswille erscheint geschwächt.

14. Dadurch, daß sich die Handhabung der Organisationsgewalt auf den Gesetzgeber verlagert hat, haben sich auch die r e c h t l i c h e n G r e n z e n f ü r d i e H a n d h a b u n g d e r O r g a n i s a t i o n s g e w a l t v e r ä n d e r t. Für die klassische Organisationsgewalt sind sie wohl gleichartig geblieben[133]). Das allerdings mit umgekehrten Vorzeichen: Klassische Organisationsgewalt ist nur insoweit, soweit die Verfassung oder das Gesetz zu ihr ausdrücklich ermächtigt. Für die Handhabung der Organisationsgewalt durch neu geschaffene Verwaltungseinheiten wiederholen sich — da ihre gesetzlichen Grundlagen nicht unproblematisch sind — auch in der Grenzziehung die Fragen, die einstmals für die klassische Organisationsgewalt gegolten haben (S. 208). Die Organisationsgewalt der neuen Verwaltungseinheiten scheint die Position der klassischen Organisationsgewalt zu besetzen. Insbesondere wird ihre Organisationsgewalt durch die Zwecke, die die Verwaltungseinheit zu erfüllen hat, begrenzt sein. Das entnehme ich dem Leitsatz 6 der Entscheidung des bayr. VfGH in: Verw.Rspr. 4. Bd., S. 262.

Für den Gesetzgeber aber sind die Grenzen weiter hinaus gesteckt; nämlich bis zur Verfassung. Da sich aber die Verfassungen wohl mit der Organisationsgewalt im Verhältnis von Bund und Ländern, nicht aber mit ihr schlechthin befassen, gibt es praktisch keine unmittelbar erkennbaren und rechtlich wirksamen Grenzen für die Handhabung der Organisationsgewalt durch den Gesetzgeber. Die Verwirklichung der Forderung nach der Stabilität des Budgets hängt nur von außerrechtlichen Gesichtspunkten ab. Eine Zuständigkeitsgrenze, die etwa für die Verwaltung und die Gerichtsbarkeit maßgebend wäre, ist in der Österreichischen Rechtsordnung nicht ohne weiteres erkennbar. So bleiben als Grenzen für die Handhabung der Organisationsgewalt des Gesetzgebers — sieht man

---

132) J u n g w i r t h, Über Verwaltungsformen und Wirtschaftsordnung, JBl. 1950, S. 282.

133) Siehe hierüber der sich sehr an A n s c h ü t z, aaO., 2. Aufl., S. 156 ff. anlehnende F o r s t h o f f, aaO., S. 359 ff.

von jenen ab, die von staatsökonomischen Gesichtspunkten oder technischen Organisations„gesetzen" gezogen werden, — verfassungsrechtliche Grundsätze übrig. Zwei sind besonders augenfällig: die strenge Trennung von Bundes- und Landesverwaltung und der Grundsatz, daß die gesamte staatliche Verwaltung gegenüber der Allgemeinheit verantwortlich — getragen vom verfassungsrechtlich normierten Prinzip der Ministerverantwortlichkeit — geführt werden muß. D. h. rechtsfähige Verwaltungseinheiten sollten nur Hilfsorgane sein, Zwangsbefugnisse dürften nur gegenüber Mitgliedern der Rechtsträger selbst ausgeübt werden; Rechtsträger sollen nur autonome Verwaltung führen dürfen, die genau zu umschreiben wäre. Welche Grenzen für die Organisation staatlichen Unternehmertums im besonderen gelten sollen, das müßte auf Grund der Erfahrung im In- und Ausland, insbesondere in den Volksdemokratien, noch eingehend untersucht werden.

15. Wenn ich im Vorangegangenen als Ursache der Entwicklung die Gewaltverlagerung angesehen habe und mich bemühte die rechtlichen und rechtspolitischen Folgen zu skizzieren, so drängen sich als weitere Folge Forderungen auf; Forderungen, die in rechtsstaatliche Postulate münden. Die Verfassung steht der Organisationsgewalt des Gesetzgebers mangels näherer Ordnung der Organisation des einzelnen Rechtsträgers derzeit machtlos gegenüber. Sie müßte dem staatlichen Organisationsrecht mehr Augenmerk zuwenden als bisher. Die Organisationsgewalt der Verwaltung aber sollte vom Gesetzgeber näher vorbestimmt sein. Somit teile ich im Ergebnis die rechtspolitischen Auffassungen von L. Richter[134]) und Spanner[125a]). In diesem Zusammenhang muß ich es bedauern, den Auffassungen Forsthoffs nicht folgen zu können, mit denen er die Thesen Richters ablehnt[135]). Und zwar aus folgenden Gründen:

aa) Die Handhabung der Organisationsgewalt hinsichtlich des inneren Amtsdienstes berührt in den Fällen, die politisch bedeutsam sind, das rechtliche Interesse jedes einzelnen. Die Frage inwieweit sich der Minister bei einer Amtshandlung durch Bedienstete seines Ministeriums, ob durch Beamte oder gar nur durch Vertragsbedienstete vertreten lassen darf, die Frage ob ein Akt „für den Bundesminister" gezeichnet ist, oder ob ihn „der Bundesminister" gezeichnet hat, oder ob etwa ein Organwalter „in Vertretung für den Bundesminister" gezeichnet hat, werfen subtile Rechtsprobleme auf. Sie münden letztlich

---

[134]) AaO.: Organisationsgewalt soll gesetzlich geordnet sein.
[135]) Forsthoff, aaO., S. 362.

in die Frage, ob die zuständige Behörde im konkreten Falle überhaupt entschieden hat.

bb) Es kann für die Allgemeinheit nicht gleichgültig sein, wer vor Entscheidung über einen Verwaltungsakt oder vor Wahrnehmung der Gesetzesinitiative der Regierung „gehört wird". Ob das zuständige Bundesministerium allein entscheidet, oder ob es „vor Abfertigung" eine Personalmaßnahme etwa einer Interessenvertretung oder einem andern Ministerium zuzuleiten hat. Insbesondere bei Ermessensentscheidungen oder aber bei Regierungsakten kann sich die Entscheidung nach Befassung mehrerer Stellen grundsätzlich wandeln. Die Öffentlichkeit hat aber ein Recht von der Manipulation der Behörden Kenntnis zu erlangen, denn die Staatsgewalt geht vom Volke aus.

cc) Es kann nicht gleichgültig sein, ob die Zentralstellen — mangels geeigneter Rechtsgrundlagen — in Angelegenheiten des Beamtendienstrechtes nicht Vertreter der Beamtenschaft, sondern Gewerkschaftsfunktionäre hören, die kraft Organisationserlasses zu pseudo-offiziellen Interessenvertretern gemacht wurden. In diesen Belangen scheint die Gleichheit der Dienstnehmer des Staates, gegenüber anderen Dienstnehmern, die gesetzlich eingerichtete Interessenvertretungen haben, durch Maßnahmen der Organisationsgewalt gefährdet.

dd) Für den Gesamtstaatsaufbau, sowie für die ökonomische Gewaltausübung ist es von entscheidender Bedeutung, daß die Ministerien z. B. richtig gegliedert sind: das Verhältnis der speziellen Aufgaben zur Überwachungskapazität der überwachenden Einheit müßte wohl abgewogen sein.

ee) In jedem Falle aber betrifft die Regelung des internen Amtsdienstes sowie der internen Personalverwaltung den bislang aus der Diskussion gestellten Dritten: den Bediensteten. Wie und wer die Mitglieder von Disziplinar-, Qualifikations- und Prüfungskommissionen besetzt, wie die Urlaubseinteilung, wie die Verteilung von Auslandsreisen und die Vergebung von Orden und Ehrenzeichen vor sich geht, nach welchen Gesichtspunkten Beförderungsrichtlinien gestaltet sein müßten, das alles trifft das rechtliche Interesse des Bediensteten aus seiner Stellung im Amte.

ff) Das Bedenken, daß es schwierig sein dürfte, die Probleme legistisch einwandfrei gestalten zu können, vermag ich nicht zu teilen. Der Legist wird bei gründlicher Kenntnis des äußeren und inneren Amtsdienstes und seiner Nahtstellen die Grenze zwischen Haupt- und Nebenproblemen nach Maßgabe rechtsstaatlicher Erfordernisse richtig zu ziehen vermögen und der Verwaltung wohl abgewogene Organisationsgewalten delegieren können.

gg) Zumindest für österreichische Verhältnisse vermag ich auch dem Bedenken Forsthoffs nicht zuzustimmen, wonach durch die gesetzliche Gestaltung des Organisationsrechtes eine den Traditionen (deutscher) Verwaltung und des Berufsbeamtentums widersprechende unmittelbare Einwirkung der politischen Partei auf die Interna der Verwaltung eröffnet würden. In Österreich herrscht kraft des Koalitionspaktes[130]) der Proporz in Gesetzgebung und Verwaltung. Der Beamte wird einen sichereren Boden unter den Füßen haben, wenn die Organisationsgewalt gesetzlich begrenzt ist.

Daß die Organisationsgewalt der neu geschaffenen rechtsfähigen Verwaltungseinheiten (S. 209) relativ erheblicher ist, als die klassische Organisationsgewalt, hat seine Gründe in der politischen Machtstellung dieser Rechtsträger, in der mangelhaften verfassungsrechtlichen Grundlagenbildung, in der Neuartigkeit der Satelliten und nicht zuletzt in der „weichen" Judikatur des österreichischen Verfassungsgerichtshofes, die sich nach dem „Gesetz vom geringsten Widerstand" bei der Beurteilung von Rechtsakten solcher Selbstverwaltungskörper den faktischen Verhältnissen fügt. Aber gerade diese Judikatur wäre imstande, in konsequenter Weise die Rechtsfragen zu verfolgen und den Gesetzgeber, d. i. aber die politischen Parteien zu veranlassen, in einer Generaldebatte reinen Tisch zu machen. Ein Akt der Balancierung der Gewalten wäre das. Bemerkenswert ist, daß der VfGH solchen rechtfähigen Verwaltungseinheiten im Gegensatz zu den ehrwürdigen Gemeinden selbständiges Verordnungsrecht zuerkannt — also die klassische Organisationsgewalt anerkennt (vgl. das Erk. Slg. 2500 und die rechtswissenschaftliche Diskussion über diesen Problemkreis, dargestellt bei Ermacora, Der Verfassungsgerichtshof, 1956, S. 178 ff.).

Auch diese Umstände sprechen für eine gesetzliche Handhabung der Organisationsgewalt.

ii) Ich höre die Klage, daß die Vergesetzlichung der Organisationsgewalt die Gesetzesflut vermehre. Auf diese Klage, die an sich ja begründet ist, erlauben Sie mir mit Worten zu antworten, die ich dem Aufsatz Klecatskys, Die Köpenickiade der Privatwirtschaftsverwaltung, JBl. 1957, S. 341, entnehme: „Soweit diese Klage von patrimonialen Verwaltungsromantikern ausgestoßen wird, vermag ich sie nicht zu trösten. Die

[130]) Siehe hierüber für die österreichische Rechtslage Gedanken bei Melichar, aaO., siehe für die deutsche Rechtsordnung Obermayer, aaO., S. 117.

‚gute alte Zeit' ist halt vorbei. Ernst zu nehmen ist die Sorge allerdings, soweit sie philosophisch geschulte Köpfe bedrückt. So hat Marcic jüngst erst in ... Ansätzen zu einer Fundamentalontologie des Rechtes angemerkt, daß viele Gesetze ein ‚Zeichen der Dekadenz' seien. Darin stimme ich Marcic durchaus bei. Allein man beachte, daß es sich bei der Vielzahl von Gesetzen eben nur um ein ‚Zeichen', also um ein Symptom handelt, das einen tiefer sitzenden Mangel anzeigt. Dieser Mangel ist transzedenter, und zwar nicht nur metajuristischer, sondern auch metaphilosophischer Natur. Ihn beseitigt man nicht, indem man die symptomatischen Gesetze abschafft oder auch nur vermindert. Im Gegenteil: das Unrecht als ein Element dieses transzedenten Mangels wird dann nur noch tiefer werden." Soweit Klecatsky; die gesetzliche Normierung der Organisationsgewalt bewußt und alle Erfordernisse der Rechtsstaatlichkeit mit denen der Verwaltungsökonomie abwägend, wäre die Ordnungsaufgabe!

16. Die Verschiebung der Innehabung der Organisationsgewalt übt nicht zuletzt auch eine Wirkung auf den herkömmlichen Begriff der Organisationsgewalt aus. Ich deutete das in den Punkten 1 bis 4 meines Berichtes an. Vom Logischen her muß die Frage untersucht werden, ob es logisch-wissenschaftlicher Zucht entspricht, von Organisationsgewalt noch zu sprechen, wenn man unter ihr bislang grundsätzlich nur eine Funktion der Verwaltung verstand — also Organisationsgewalt und Verwaltungsfunktion identisch waren — aber nun Bewegungen im Raume der Gesetzgebung darin einbeziehen will. Organisationsgewalt ist erst, wenn Erscheinungen des Rechtslebens als solche begriffen werden. Solange nicht die Sonde des Begriffes angelegt ist, ist jedes Sein ungeordnet. Der Begriff der klassischen Organisationsgewalt basiert auf Erscheinungen, die nicht mehr oder nur mehr zum Teil sind. Der Umfang der klassischen Organisationsgewalt wurde vom Gesetzgeber dezimiert. Er selbst trifft an Stelle der Verwaltung organisatorische Maßnahmen, die sie bislang setzte. Ich bin der Auffassung, daß man das, was die Verwaltung einst als Organisationsgewalt besaß und nun vom Gesetzgeber wahrgenommen wird, nach wie vor als Organisationsgewalt ansprechen darf. Es hat sich ja nicht die Qualität der Maßnahmen als „organisatorische Maßnahmen" geändert, es hat sich nur die Qualität in der Ausübung organisatorischer Maßnahmen geändert. Ich halte es vom Begrifflichen her nicht nur für vertretbar, sondern geradezu für erforderlich, die organisatoischen Maßnahmen des Gesetzgebers (allenfalls auch solche der Gerichtsbarkeit)[136]) als Maßnahmen

der Organisationsgewalt anzusehen. Nur dann ist begriffliche Ordnung möglich, wenn der Begriff nicht erstarrt. Hätte man einen anderen tauglichen Begriff, die von der klassischen Organisationsgewalt abgezweigten organisatorischen Maßnahmen des Gesetzgebers umfassend begreifen zu können, dann wäre mein Ansinnen — nach Revision des Begriffes — aus begriffsökonomischen Gründen abzulehnen. So aber folge ich nur der Wandlung des Begriffes, folge also einer im Begriff liegenden dialektischen Bewegung.

Daß diese Begriffsbildung, die auch die organisatorischen Maßnahmen des Gesetzgebers mit umfaßt, darüber hinaus gerechtfertigt ist, scheint sich mir dadurch zu beweisen, daß die Organisationsgewalt ein Axiom der Staatsgewalt ist und übereinstimmend auch als ein solches angesehen wird[137]). Die Staatsgewalt ist nach herrschender Auffassung ja eine einheitliche. Erscheinungen der Staatsgewalt sind doch Gesetzgebung, Verwaltung und Gerichtsbarkeit. Es wird daher die Organisationsgewalt nur richtig eingeordnet, wenn man sie, den Verhältnissen entsprechend, auch der Gesetzgebung zurechnet. Eine derartige Zurechnung kommt auch dem Wortsinn (S. 199) näher.

Ob ich unter Organisationsgewalt auch die Gestaltung der Organisation in der staatlichen Unternehmerschaft verstehen darf, ist eine weitere Frage. Diese wirft aber das Problem auf: Ja wo liegt die rechtliche „differentia specifica" zwischen Organisationsgewalt in staatlichen oder partiell staatlichen Unternehmen und in privaten Unternehmen? Abgesehen von politischen Merkmalen ist nur dort eine erkennbar, wo das staatliche Unternehmen dem Staat zugerechnet werden kann. Das kann aber kraft normativer Methode nur mittels Rechtsnorm geschehen. Wo diese nicht ist, ist die differentia specifica zwischen den beiden Arten von Unternehmerschaften vielleicht im „besonderen Gewaltverhältnis" zu finden, das die staatliche Unternehmerschaft ausstrahlt. Dieses muß aber nicht immer normativ erkennbar sein. J e d e n f a l l s übt der Staat in seinen Unternehmen Staatsmacht aus wie durch seine Behörden[138]). Daher wird im Begriff der Organisationsgewalt auch die organisatorische Macht in der staatlichen Unternehmerschaft mitzuverstehen sein.

„Durch die rechtssatzmäßige Natur unterscheidet sich die staatliche Organisation von derjenigen einer gewillkürten Ge-

---

[137]) Siehe z. B. F o r s t h o f f, aaO., S. 359.

[138]) Siehe z. B. S t a s s i n o p o u l o s, Traité des actes administratifs, 1954, S. 27: „On trouve donc un élément de puissance publique dans tout service publique".

meinschaft, wie sie ein Verein, eine Handelsgesellschaft, eine private Anstalt darstellen. Dadurch gleicht sie aber den öffentlich-rechtlichen Organisationen, wie den Anstalten des öffentlichen Rechtes, den Gemeinden, Provinzen und anderen Körperschaften, die, wie er, nicht durch den Zufall einer rechtsgeschäftlichen Entwicklung von Privatpersonen entstehen, sondern durch den Willen des objektiven Rechts, der Rechtsordnung selbst: als Bestandteile des Planes, welcher die Zuständigkeitsordnung, die Verfassung des Landes, ausmacht"[139]).

17. Zum Begriff der Organisationsgewalt kann somit folgendes festgestellt werden:

a) Organisationsgewalt ist als Axiom der Staatsgewalt je nach der staatlichen Gewaltenbildung die Macht der zuständigen Organe, unter Voraussetzung unmittelbarer Staatsorgane, die hoheitliche und wirtschaftliche Organisation im Staate mit dem Ziele, eine geordnete Machtausübung herbeizuführen, nach jeder Richtung hin zu gestalten. Umfang, Mittel und Grenzen sowie die Kontrolle der Organisationsgewalt ergeben sich aus der jeweiligen Rechtsordnung. Die Gestalt der Organisationsgewalt ist somit variabel.

b) Die klassische Organisationsgewalt ist folglich der Rest an Organisationsgewalt, der der Exekutive nach den Gewaltenverschiebungen im modernen Staat — faktisch gewohnheitsmäßig oder zu Recht — noch verblieben ist. Rechtlich ist die Organisationsgewalt eine vom Gesetzgeber stillschweigend oder ausdrücklich delegierte. Rechtlich soll sie sein, nicht soweit Gesetz und Verwaltung nichts anderes bestimmen, sondern soweit Verfassung und Gesetz Organisationsgewalt zulassen.

VI.

Abschließend nun Gedanken über die Kontrolle der Ausübung der Organisationsgewalt:

18. Die Gestalt der Organisation im Staate unter der Voraussetzung des Vorhandenseins unmittelbarer Staatsorgane ist Ausdruck für die Kraft der Organisationsgewalt. Diese hält gleichen Schritt mit der staatlichen Machtausweitung. Allerdings ist die Organisationsgewalt nur technische Handhabe zur Erfüllung der Staatszwecke. Die Wucht der Organisationsgewalt ist proportional der den Staatszweck erfüllenden Ausübung der Staatsgewalt. Werden die Staatszwecke beschränkt, müßte die Organisationsgewalt sich in ihrem Ausmaß auto-

---

[139]) Burckhardt, aaO., S. 147.

matisch verringern. Daher ist jede Maßnahme der Verwaltungsreform gleichzeitig Kontrolle der Organisationsgewalt[140]).

19. Die faktisch gehandhabte Organisationsgewalt im hoheitlichen Staatsbereich findet je nachdem, von welchen Organen sie getragen ist, ihre rechtliche Kontrolle durch die Gerichtshöfe öffentlichen Rechtes[141]). Mittelbar auch durch Organe, die nach der Verfassung berechtigt sind, Anträge auf Rechtskontrolle an die Gerichtshöfe zu stellen. Problematisch an dieser Kontrolle ist aber immer, daß die einer Überprüfung unterzogene Maßnahme an einem rechtlichen Maßstab zu prüfen ist. Dieser Maßstab ist die Rechtsnorm. Für die Gesetze die Verfassung, für Akte der Verwaltung das Gesetz usw. Die Überprüfung setzt eine Interpretation der Rechtsnorm voraus. Sie wissen, meine Herren, daß der geschickte Jurist fast immer Mittel findet — dem Auslegungsgrundsatz des österreichischen Verfassungsgerichthofes folgend, daß keiner Norm von vornherein eine Auslegung gegeben werden darf, die sie verfassungswidrig erscheinen läßt —, das Überprüfte mit der vorgegebenen Rechtsgrundlage in Einklang zu setzen. Daraus erwächst in Wahrheit mancher Unsicherheitsfaktor, auch für die rechtmäßige Ausübung der Organisationsgewalt. Nur die einwandfreie Rechtsgrundlage hilft die Organisationsgewalt davon zu bewahren, daß sie Hypertrophien erzeugt, die vom Laien mit Verständnislosigkeit und Staunen zur Kenntnis genommen werden.

Die österreichische Rechtsprechung hat ein für die Organisationsgewalt bedeutsames, dem deutschen Rechtsleben unbekanntes Kontrollmittel entwickelt, und zwar wird die klassische Norm: „Niemand darf seinem gesetzlichen Richter entzogen werden"[142]), auch auf der Verwaltungsebene angewendet. Das führt zu merkwürdigen Kontrollformen der Organisationsgewalt.

---

140) Vgl. hierzu für Östereich das Verwaltungsentlastungsgesetz BGBl. Nr. 277/1925, die Verordnung über den Wirkungskreis des Ersparungskommissärs BGBl. Nr. 47/1949; siehe den Wirkungskreis des Bundeskanzleramtes — Verfassungsdienst auf dem Gebiete der Verwaltungsreform im jeweiligen Österreichischen Amtskalender; siehe ferner die Schrift von Brockhausen, Österreichische Verwaltungsreformen, 1911. Bemerkenswert ist in diesem Zusammenhang die Diskussion über die Verwaltungsreform in den volksdemokratischen Staaten siehe z. B. den Aufsatz „Zur Einführung der Volkswirtschaftsräte", in: Ost-Probleme 1957 (Nr. 17), S. 578 ff.

141) Über die Rechtskontrolle siehe Ermacora, Der Verfassungsgerichtshof, 1956.

142) Siehe darüber neuerdings Ermacora, Klecatsky, Ringhofer, Die Rechtsprechung des Verfassungsgerichtshofes im Jahre 1956, ÖJZ 1957, S. 621 f.

Im Bereich der wirtschaftlichen Verwaltung des Staates und seiner Trabanten kann rechtliche Kontrolle der Organisationsgewalt nur wirksam sein, wenn diese Wirtschaftsverwaltung auf Grund der Gesetze geführt wird. Das liegt — ohne hierauf weiter eingehen zu können — in Österreich jedoch im argen[143]).

Die faktisch gehandhabte Organisationsgewalt findet ihre ökonomische Kontrolle vor allem in der Kontrollfunktion des Rechnungshofes[144]), ferner in der Tätigkeit der von den Finanzgesetzen jeweils berufenen Ersparungskommissäre[145]) oder der nach dem Verwaltungsentlastungsgesetz vorgesehenen Einrichtungen und Maßnahmen. Nicht zuletzt ist die Publizität von Organisationsmaßnahmen und die freie Meinungsäußerung über sie heilsam.

Wie sehr die Selbstbewegung der Organisation aus sich heraus Kontrolle in ökonomischer Richtung erzeugen kann, das bemüht sich die anglo-amerikanische Rechtswissenschaft ans Licht zu stellen (vgl. die Ausführungen auf S. 197 und in Anmerkung 28).

Muß ich vor Ihnen, meine Herren, noch von der Kontrollfunktion der erkennenden Rechtswissenschaft sprechen? ... Ich glaube nicht.

VII.

20. Wenn Sie, verehrte Zuhörer, die von mir skizzierten Gedanken für richtig halten können, dann folgt, daß die Organisationsgewalt in ihren Extremen ein für die Rechtsstaatlichkeit erschreckender Koloß sein kann. Sie vermag — unkontrolliert — wie Unkraut zu wuchern. Insbesondere deshalb erschreckend, weil sie an sich als Mittel zum Zwecke, Macht zu organisieren, „neutral" ist. Daher können gewisse Produkte der Organisationsgewalt in der freiheitlich-demokratischen Rechtsordnung ebenso wie in der Diktatur verwertbar sein. Erschreckend auch heute deshalb, weil durch die Mammut-Wirtschaftsmacht des Staates und seiner Trabanten Elemente in der staatlichen Organisationsgewalt und Organisation Eingang finden, die bisher nur den technischen Monsterunternehmen eigen waren[146]). Das mit der Wirkung, den Menschen — ob Konsumenten oder Produzenten — einem strengen Mechanismus zu unterwerfen. Aber dennoch ist in diesem staatlichen Mechanismus ein grundlegender Unterschied zum technischen erkennbar, wenn jener in einer freiheitlich-demokratischen

---

143) Siehe Klecatsky, aaO., und die dort angeführte Literatur.

144) Vgl. die Art. 121 ff. B-VG.

145) Siehe die Anm. 140.

146) Siehe F. G. Jünger, aaO.

Grundordnung existiert: Der technische Mechanismus ist notgedrungen anonym, der staatliche kann nicht anonym sein, weil die Verantwortlichkeit der die Organisationsgewalt handhabenden Organe in unseren Bereichen offenkundig sein muß. Darüber hinaus kann die Organisationsgewalt des Staates nur durch Organwalter — durch Menschen — in Erscheinung treten, die Recht anzuwenden haben. Die Handhabung derselben ist aber noch nicht, wie in Franz Kafka's bedrohlicher Vision der „Strafkolonie", Urteilsmaschinerie, sondern sittliche Entscheidung. Das wirkt auf die Organisationsgewalt zurück: Sie ist nicht technischen Automationen preisgegeben!

Leitsätze des Mitberichterstatters über: Die Organisationsgewalt

I.

Abgrenzung der Probleme:

1. *Der Bericht bezieht sich nur auf die Organisation und die Macht, diese in der Rechtsordnung zu gestalten.*

2. *Schwerpunkte des Phänomens der Organisationsgewalt: Fragen nach dem Wert des klassischen Begriffes der Organisationsgewalt und nach der Organisationsgewalt, die den „unmittelbaren Staatsorganen" (Georg Jellinek) zukommt.*

3. *Gestalt der Organisation und der mit ihr vorausgesetzten Gewalt sind je nach Rechtsordnung variabel. Aus dem österreichischen Anschauungsmaterial kann infolge mancher substanzieller Gleichheit mit dem deutschen Allgemeingültiges entwickelt werden.*

4. *Mannigfaltige Seiten dieses Fragenkomplexes. Hauptaugenmerk soll auf die rechtliche und rechtspolitische Seite gerichtet werden; darin wird die Grundstruktur des Phänomens offenbar.*

5. *Der klassische Begriff der Organisationsgewalt ist mit induktiver Methode zu prüfen. Normative Methode nur bedingt anwendbar; einem materiell-teleologisch methodischen Vorgehen soll der Vorzug gegeben sein.*

II.

Die klassische Organisationsgewalt:

6. *Der Sinn des Wortes „Organisationsgewalt" setzt die Begriffe der Organisation und der Gewalt voraus. Der Wortsinn erfaßt die Macht juristischer Personen, durch Organe jeder Staatsfunktion die Organisation des Staates nach jeder Richtung zu gestalten.*

7. *Hingegen erscheint der klassische Begriff der Organisationsgewalt enger. Die Organisationsgewalt sei in der Hauptsache Tätigkeit der Staatsfunktion Verwaltung, soweit sie die Hoheitsverwaltung betrifft.*

8. *In den parlamentarischen Monarchien ist der Begriff aus der rechtlichen und natürlichen Spannung von Gesetzgebung und Verwaltung erwachsen. Die Organisationsgewalt lag gesetzesfrei in der Hand des Herrschers (Exekutive), soweit nicht Verfassung und Gesetz Vorbehalte machten.*

9. *Organisationsgewalt bezog sich besonders auf die umfassende gesetzesfreie Einrichtung und Ausgestaltung der Organe — vor allem der unmittelbaren Verwaltungsorgane —, auf die umfassende Gestaltung der bewaffneten Macht und auf die Erstellung einer absoluten Ordnung für die Staatsdienerschaft. Mittel der Handhabung: die Verwaltungsverordnung.*

III.

Verschiebungen in der klassischen Organisationsgewalt:

10. *Auch nach dem Zusammenbruch der Monarchien hielten Rechtswissenschaft und Rechtspraxis in allen Staatsformen (auch in der Diktatur) an der hergebrachten Organisationsgewalt mit zeitbedingten Varianten fest.*

11. *Nach dem Zusammenbruch der Monarchien jedoch Wandlung in der Trägerschaft und dem Umfang der klassischen Organisationsgewalt: Abbau zugunsten des Gesetzgebers, Abbau zugunsten neugeschaffener Verwaltungseinheiten. Organisationsgewalt besitzt die klassische Exekutive nur insoweit, als sie ihr gewohnheitsrechtlich unangetastet bleibt.*

12. *Ursache dieser Verschiebung liegt in der durchgehenden und praktischen Neuordnung des Verhältnisses der Staatsgewalten zueinander, in der dieser folgenden Erfüllung der Forderung der Gesetzmäßigkeit der Verwaltung, in der Unterordnung der Verwaltungsverordnung unter das Gesetz. Organisationsgewalt steht daher der Verwaltung nur zu, soweit sie zur Handhabung durch Verfassung und Gesetz ermächtigt ist (Schwerpunkt in der juristischen Struktur: die Verwaltungsverordnung; die Beantwortung der Frage nach dem Wesen der Verwaltungsverordnung ermangelt eines übereinstimmenden Ergebnisses).*

IV.

Folgen der Verschiebung der Organisationsgewalt:

13. *Der Gesetzgeber als Träger der Organisationsgewalt kann den klassischen Staatsaufbau untergraben. Dagegen nur untaugliche Schranken.*

14. *Denn rechtliche Grenzen der Organisationsgewalt sind verschoben. Für den Gesetzgeber nur Grundsätze bindend: Trennung von Bundes- und Landesverwaltung und die Norm, die Verwaltung verantwortlich zu führen. Organisationsgewalt im staatlichen Unternehmen ist aber grenzenlos, wenn keine juristische Zurechnungsregel.*

15. *Handhabung der Organisationsgewalt durch den Gesetzgeber. Wenn schon etwa nicht normativ zwingend, so dennoch begründetes Postulat rechtsstaatlicher Ideologie.*

16. *Notwendige Begriffswandlung als Folge: klassische Organisationsgewalt und Verwaltungsfunktion sind eins; jedoch nicht schlechthin Organisationsgewalt und Verwaltung. Da die Organisationsgewalt ein Axiom der Staatsgewalt ist, darf begrifflich die Befugnis jedes Organes, organisatorische Handlungen zu setzen, als Organisationsgewalt angesprochen werden. Auch die Ausübung organisatorischer Macht im staatlichen Unternehmertum ist Organisationsgewalt.*

17. *Daraus folgt, daß umfassende Begriffsbildung notwendig.*

V.

Kontrolle der Organisationsgewalt:

18. *Die Wucht der Organisationsgewalt ist proportional der staatszweckerfüllenden Gewaltausübung, daher besorgt die Verwaltungsreform auch die Kontrolle der Organisationsgewalt und ihrer Ausübung.*

19. *Rechtliche Kontrolle der Organisationsgewalt im hoheitlichen Bereich durch Gerichtshöfe öffentlichen Rechtes, im staatlichen Unternehmerbereich ist sie nur wirksam, wenn dieser gesetzlich geordnet. Ökonomisch geordnete Selbstbewegung der Organisation trägt in sich Kontrollfunktion.*

VI.

Zusammenfassender Schlußgedanke:

20. *Staatliche Organisationsgewalt und staatliche Organisation sind kein automatischer Mechanismus.*

3. Aussprache über:

Die Organisationsgewalt

Weber-Göttingen:

Bei dem Vortrag unserer Referenten heute vormittag ist, wie ich meine, sehr bald deutlich geworden, daß das heute behandelte Thema in ziemlich engem Zusammenhang steht mit dem Thema von Mainz („Besonderes Gewaltverhältnis"), aber auch mit dem gestrigen Thema („Regierung und Parlament im modernen Staat"). Der Zusammenhang ist dadurch gegeben, daß es sich auch bei dem Thema „Organisationsgewalt" um die Frage nach der Exekutive, ihrer Eigenständigkeit, ihren Möglichkeiten und der Begrenzung dieser Möglichkeiten handelt, überhaupt danach, wie und in welchen Grenzen der Staat sich durch eine eigenständige Exekutive und in ihr realisiert. Nicht von ungefähr waren deshalb die Bezugnahmen auf das Referat von Herrn Krüger vom vorigen Jahre verhältnismäßig häufig, und an einigen Stellen klangen auch ohne ausdrückliche Bezugnahme Fragen unseres gestrigen Themas an, und zwar Erwägungen, die vielleicht gestern etwas an den Rand gedrängt worden sind und die insgesamt ebenfalls auf die Frage nach den Möglichkeiten einer eigenständigen Exekutive in der modernen Verfassung abzielen. Nun ist das sehr subtile Referat von Herrn Köttgen insofern etwas sperrig gegenüber einer Diskussion, als die Subtilitäten, die seine Arbeitsweise kennzeichnen und die er in diesem Referat besonders stark sich hat entwickeln lassen, den Vergröberungen einer kurz bemessenen Diskussion nicht leicht zugänglich sind. Das müssen wir in Kauf nehmen — das müssen Sie, Herr Köttgen, natürlich auch in Kauf nehmen —, und Sie haben uns das dadurch erleichtert, daß Ihre Thesen mehr „holzschnittartig" formuliert sind, so daß, wenn man nur die Thesen liest, man nicht viel von dem ahnt, was sich an Subtilitäten darin einhüllt.

Mit Herrn Kollegen Köttgen würde ich empfehlen — davon weicht auch das, was Herr Ermacora vorgetragen hat, nicht ab —, bei der Begrenzung des Themas, die die Herren Referenten vorgenommen haben, zu bleiben. Herr Köttgen hat ebenso wie Herr Ermacora betont, daß er sich mit der Organisationsgewalt der Verwaltung oder im Hinblick auf die Verwaltung beschäftigen würde, und er hat insbesondere hervorgehoben, daß er Militärwesen und Gerichte ausklammere. Natürlich würde die Betrachtung der Organisationsgewalt in bezug auf die Streitkräfte unser Thema außerordentlich wirkungsvoll und wesentlich abrunden, aber wir sind hier zur Beschränkung genötigt. Ich empfehle also, bei der Organisationsgewalt der Verwaltung zu verharren, gerade auch im Bewußtsein dessen, daß wir damit nur einen repräsentativen Ausschnitt des Themas behandeln. Herr Köttgen hat sodann darauf hingewiesen, daß ein Problem, das zeitweilig eine nicht unerhebliche Rolle gespielt hat, nämlich das der Verleihung eines öffentlich-rechtlichen Status an Religionsgesellschaften, hier gleichfalls beiseite bleiben soll. Ich möchte nicht meinen, daß dieses Problem nichts mit der Organisationsgewalt zu tun hätte. Ich könnte mir denken, daß es um die Mitte des vorigen Jahrhunderts durchaus etwas mit Organisationsgewalt zu tun gehabt hat. Aber mit der heutigen staatskirchenrechtlichen Lage hat es in der Tat keinen rechten Zusammenhang. Und wenn sich einige unserer Landesregierungen dann, wenn sie — meist ziemlich unbedeutenden — Religionsgemeinschaften die Rechte einer Körperschaft des öffentlichen Rechts verleihen, auf die Organisationsgewalt berufen, dann ist das einfach falsch. Das ist nicht Betätigung der Organisationsgewalt, und wir sind uns jedenfalls darüber klar, daß das hier beiseite bleibt.

Herr Kollege Köttgen hat uns insofern die Erörterung des Themas ein wenig erschwert, als er uns eine genaue Beschreibung dessen, was Organisationsgewalt ist, nicht gegeben hat. Er hat allerdings den Tatbestand, der damit gemeint ist, eingegrenzt, wenn ich mich so ausdrücken darf, und zwar schon dadurch, daß er den Bereich des Militärwesens, der Gerichte und der Religionsgesellschaften ausgeklammert hat. Dann sind durch die verschiedenen Abgrenzungen, die sich nachher ergaben, noch einige weitere Präzisierungen herausgekommen. Aber dann hat sich doch wieder gezeigt, daß sich etwas verschwimmende Perspektiven anboten, als er etwa davon sprach, daß zwischen der Dienstherrenstellung und der Organisationsgewalt ein enger Zusammenhang bestehe, und daß z. B. auch die Mitbestimmung in den Personalräten oder Personalvertretungen zur Organisationsgewalt eine Beziehung habe. Überhaupt hat er sehr stark unterstrichen, daß die Personalhoheit des Dienstherren mit der Organisationsgewalt in Beziehung stehe oder jedenfalls Auswirkungen auf die Organisationsgewalt habe. Aus diesen Andeutungen ergibt sich eine gewisse

Schwierigkeit, und vielleicht ließe sich im Verlauf der Diskussion gerade die Frage noch ein wenig vertiefen, womit wir es überhaupt zu tun haben. Herr Kollege Ermacora hat nach dieser Richtung festgestellt — das hat Herr Köttgen nicht getan —, daß die Organisationsgewalt sich qualitativ gleich bleibe, gleichgültig, ob sie in der Hand der Exekutive oder in der Hand der Legislative sei. Das setzt nun wiederum ein materielles Verständnis von Organisationsgewalt voraus, das gleichfalls noch einer Präzisierung bedürfte. Ich weiß aber von mir aus darauf keine Antwort zu geben, keine klare Antwort jedenfalls, und möchte nur meinen, daß wir uns damit in der Diskussion zu beschäftigen hätten.

Herr Kollege Köttgen hat sein Referat mit einer Bezugnahme auf eine Äußerung begonnen, die ich in einem Ausschuß des Niedersächsischen Landtages getan habe. Ich sprach damals davon, die Organisationsgewalt entstamme dem Arsenal der preußischen Monarchie von 1850. Da wollte man nämlich (1951) in die Niedersächsische Verfassung hineinschreiben: Die Organisationsgewalt steht der Regierung zu. Darauf hatte ich gesagt: „So geht das nicht. Ihr könnt nicht das, was Bestandteil der spezifischen Verfassungsproblematik der preußischen Verfassung von 1850 war, so einfach mit einem Federstrich perpetuieren. Die Situation ist heute ganz anders." Sie ist ganz anders, aber in mancher Beziehung doch auch wieder dieselbe. Damals, unter der Herrschaft der preußischen Verfassung von 1850, wußte man ziemlich genau, was Organisationsgewalt war. Das war nämlich etwas, was der Monarch oder der monarchische Beamtenstaat als sein Hausgut in Anspruch nahm, so wie übrigens der Monarch in dieser oder unter dieser Verfassung ferner noch in Anspruch nahm die militärische Kommandogewalt, das militärische Verordnungsrecht und das Recht, Verwaltungsordnungen, insbesondere Anstaltsordnungen zu erlassen, d. h. Rechtssätze in Form sogenannter Verwaltungsverordnungen zu schaffen. Das alles einschließlich der Organisationsgewalt gehörte zum Hausgut dieser beamtenstaatlichen Monarchie und wurde — das hat Herr Köttgen auch hervorgehoben — verteidigt gegen die Versuche der Volksrepräsentation, hier die Position des monarchischen Beamtenstaates aufzubrechen. Bemerkenswerterweise war die Defensive für den monarchischen Beamtenstaat auf diesem Gebiete leicht. Das Hauptinteresse der Volksvertretung konzentrierte sich bekanntlich auf das militärische Verordnungsrecht, auf die Kommandogewalt, auf die Gegenzeichnung dabei, auf das Rechtsetzungsrecht des Monarchen, das sich in Verwaltungsverordnungen einkleidete, während die Organisationsgewalt dem Monarchen erst in allerletzter Linie streitig gemacht wurde. Nur daraus ist es zu erklären, daß bei der Erbfolge der Weimarer Verfassung ganz naiv gesagt werden konnte: „Nun, die Organisationsgewalt in dem Bestande, wie sie vorher vorhanden war, geht jetzt auf den Reichspräsidenten über, in Preußen auf das Staatsministerium usf." Erst im Laufe der Zeit haben sich die eigentlichen Einbrüche in die Organisationsgewalt der Exekutive herausgestellt. Aber damals handelte es sich noch darum, in der Organisationsgewalt eine verfassungsmäßige Position der monarchischen Exekutive zu behaupten. Auf diesen Grundtatbestand zurückgeführt, scheint mir die Lage heute doch ähnlich zu sein; auch heute scheint es mir sich darum zu handeln, daß die Exekutive — ich darf mich so ausdrücken, wobei ich weiß, daß das etwas verschwommene Bezeichnungen sind — in Anspruch nimmt, in ihrem Hause, wie Herr Köttgen es ausgedrückt hat, Herr zu sein, und daß die Exekutive Organisationsgewalt als ihr Hausgut in Anspruch nimmt, ein Hausgut, das ihr, jedenfalls sofern es ihr von der Verfassung nicht ausdrücklich abgesprochen ist, zu ihren verfassungsrechtlichen Positionen als Exekutive gehört. Das wird ihr nun heute streitig gemacht, nicht mehr von einer in sich geschlossenen Volksvertretung, die sich in toto der monarchischen Exekutive gegenübergestellt weiß, sondern wird ihr streitig gemacht von dem unmittelbaren Zugriff der Parlamente, besser: der Parteiapparaturen auf die Verwaltungsmacht, die wir heute überall finden und die sich in der verschiedensten Weise äußert.

Die eine Äußerung dieses Zugriffs besteht darin, wie Herr Köttgen m. E. sehr treffend hervorgehoben hat, daß in den Verfassungen ein „institutioneller Gesetzesvorbehalt" angebracht wird. Ich halte die Individualisierung und Hervorhebung des institutionellen Gesetzesvorbehalts gegenüber dem rechtsstaatlichen Gesetzesvorbehalt in diesem Zusammenhang für eine überaus wichtige Erkenntnis. Natürlich kann die Verfassung solche institutionelle Gesetzesvorbehalte anbringen, und sie tut es in reicher Fülle, übrigens aus den verschiedensten Gründen. Herr Köttgen hat besonders auf die Funktion des Art. 87 GG hingewiesen. Aber solche Vorbehalte werden natürlich auch mit dem klaren Ziele angebracht, den Bereich des von der Exekutive in Anspruch genommenen Hausgutes einzuengen. Etwas anderes ist der rechtsstaatliche Gesetzesvorbehalt, mit dem sich die Kontroversen über die Organisationsgewalt früher in der Hauptsache beschäftigten. Von ihm meint Herr Köttgen, daß er seine Bedeutung eingebüßt habe. Wir haben es ja nicht mehr mit der Problematik des Staates von

1850 oder auch der Weimarer Republik zu tun, wo — gleichviel nach welcher Konstruktion — noch ein selbständiges Rechtsetzungsrecht des Monarchen und später des Trägers der Organisationsgewalt postuliert werden konnte. Wir gehen vielmehr ohne Einschränkung davon aus, daß die Rechtsetzung vom Parlament monopolisiert ist. Nun ist die Frage die, ob in der Betätigung der Organisationsgewalt auch Rechtsetzungselemente enthalten sind, die infolgedessen der Exekutive als dem Träger der Organisationsgewalt streitig zu machen sind.

Ich stimme Herrn Köttgen darin zu, daß die Bedeutung dieser rechtsstaatlichen Vorbehalte stark nachgelassen hat. Die meisten Fälle erledigen sich schon deshalb, weil die großen materiellen Gesetze, die im Verwaltungsrecht heute ergehen, Bundesgesetze zu sein pflegen und diese Bundesgesetze schon durch die Art. 84 ff. GG genötigt sind, das wegen der Durchführung organisations- und verfahrensrechtlich Erforderliche ihrerseits vorzusehen. Aber der rechtsstaatliche Gesetzesvorbehalt hat m. E. auch deshalb an Bedeutung verloren, weil die Generalklausel der Verwaltungsgerichtsbarkeit ja auf jeden Fall dafür sorgt, daß jeder seinen „gesetzlichen Richter" findet und dadurch die Bedeutung der „gesetzlichen Verwaltungsbehörde" — wenn ich mich so ausdrücken darf — für den rechtsstaatlichen Vollzug wesentlich geringer geworden ist. Wenn ich gegen jeden Verwaltungsakt zurückgreifen kann auf die verwaltungsgerichtliche Kontrolle, dann ist es rechtsstaatlich nicht mehr wichtig, daß es gerade die so oder so organisierte Behörde ist, die diesen Akt mir zufügt. Natürlich besagt das nicht, daß der rechtsstaatliche Gesetzesvorbehalt insoweit *jede* Bedeutung eingebüßt hätte. Herr Köttgen hat sich nun dahin präzisiert, daß der rechtsstaatliche Gesetzesvorbehalt allenfalls für die Eingriffsverwaltung noch Bedeutung habe, für die Leistungsverwaltung dagegen nicht. Das möchte ich nicht unterstreichen, sondern ich möchte meinen, daß die heutige Leistungsverwaltung, soweit sie sich nicht etwa darauf beschränkt, Anstalten zur Verfügung zu stellen, die man nach freiem Belieben benutzt oder nicht benutzt, sondern soweit sie uns daseinsnotwendige Leistungen erbringt, für uns existentiell so wichtig ist, daß auch für die Exekutierung dieser Leistungsverwaltungsbereiche die Frage der Zuständigkeit von derselben rechtsstaatlichen Bedeutung sein kann wie bei der Eingriffsverwaltung. Ich glaube, darüber können wir uns leicht verständigen.

Herr Köttgen hat nun gesagt, daß der allgemeine Verwaltungsauftrag die Exekutive auch organisatorisch von gesetzlichen Vorentscheidungen unabhängig stelle, und zwar verfassungskräftig, daß dabei allerdings Bindungen an Typen möglich seien. Ich glaube, daß diese These richtig ist und daß sie übrigens der Verwaltung noch einen beträchtlichen Betätigungsraum für ihre Organisationsgewalt gibt. Aber wir dürfen auch nicht verkennen, daß der Aktionsbereich des allgemeinen Verwaltungsauftrags sich in unserem heutigen, von Gesetzen durchgeplanten Verwaltungsstaat stark verringert hat. Freilich wird anderseits immer wieder versucht, neue Aktionsbereiche zu erschließen. Herr Köttgen hat in diesem Zusammenhang, was mir außerordentlich wichtig scheint, darauf hingewiesen, daß ein zu gering bemessener Spielraum beispielsweise das Ausweichen ins Privatrecht begünstige. In der Tat können wir das in großem Umfange feststellen. Ich möchte das noch um ein paar Bemerkungen ergänzen. Man weicht nicht nur aus ins Privatrecht, sondern man weicht auch aus in merkwürdige „graue Zonen", die unser traditionelles Verwaltungs- und Verfassungsrecht aus den verschiedensten Gründen — meist wegen der föderalistischen Komplikationen — nicht in den Griff bekommen hat. Ich darf in diesem Zusammenhang erwähnen — bei Herrn Ermacora hat ähnliches angeklungen —, daß uns etwa die Verwaltungsabkommen der Länder untereinander und mit dem Bund neue Möglichkeiten der Betätigung freier Organisationsgewalt eingebracht haben. Ich brauche nur an den Zentralrat für Wissenschaft oder an die neue „Konferenz für Raumordnung und Landesplanung" zu erinnern, u. ä. m. Auch im Hochschulwesen betätigt sich freie Organisationsgewalt sehr fruchtbar. Das geschieht etwa in der Weise, daß im Zusammenhang mit den kulturpolitischen Bemühungen des Bundesinnenministeriums, des Auswärtigen Amtes und anderer Bundesministerien schon vorhandene Organisationen wie Deutsches Studentenwerk, Verband Deutscher Studentenschaften usw. oder ad hoc neugeschaffene wie der Deutsche Akademische Austauschdienst in die Rolle offiziöser Verwaltungsstellen des Bundes heraufgehoben werden.

Hier möchte ich als Fazit eine kritische Bemerkung anknüpfen: Meine Herren, sobald wir die Organisationsgewalt in ihrem legitimen Bereich zu stark beschränken, wird man ausweichen und sich auf anderem Wege behelfen. Auf diesem anderen Wege aber gelangt man leicht zu einer solchen Hypertrophie unkontrollierbarer, undurchsichtiger Verwaltungserscheinungen, daß man im Ergebnis keinesfalls eine Begrenzung der Verwaltung erzielt, sondern eine starke Ausweitung, noch dazu verbunden mit einer starken Depravierung des eigentlichen Verwaltungsauftrags, vor allen Dingen mit einer Beeinträchtigung des Öffentlichkeitscharakters der Verwaltung.

Da meine Redezeit begrenzt ist, woran ich schon erinnert worden bin, möchte ich nur auf die Schlußbemerkung von Herrn Köttgen noch in einem Wort eingehen. Er hat gesagt, die verfassungsrechtlichen Grundlagen der Organisationsgewalt seien zu finden im Recht zur Bewirtschaftung präsenter Haushaltsmittel und in teils beamten-, teils arbeitsrechtlichen Direktionsrechten gegenüber dem Personalkörper. Ich meine, die Bedeutung dieser beiden Ansatzmöglichkeiten für die Betätigung von Organisationsgewalt sei hier insofern ein wenig überdosiert, als darin gerade die verfassungsrechtlichen Grundlagen der Organisationsgewalt erblickt werden. Ich würde vielmehr meinen, daß es von der Natur der Sache her, d. h. von der Natur des Staates und von der Natur der Aufgaben der Exekutive her im Staate keine Exekutive geben kann, in Ordnung geben kann, wenn sie nicht als eigenes Hausgut auch Organisationsgewalt hat. Infolgedessen ist die Organisationsgewalt der Exekutive schon unmittelbarer Bestandteil der Verfassung, während die haushaltsrechtlichen und die beamten- und dienstrechtlichen Möglichkeiten mehr bloß Bestätigungen und Ergänzungen liefern. Ich will damit schließen und nur noch einmal zurückkommen auf die These von Herrn Ermacora, daß die Organisationsgewalt bestehen bleibe und sich auch in der Qualität nicht verändere, wenn das Parlament sie in seine Obhut nimmt. Wie ich demgegenüber meine, zeigt uns die geschichtliche Entwicklung unseres Problems ebenso wie seine Würdigung in der Gegenwart, daß es sich bei der Organisationsgewalt um die Frage nach dem verfassungsmäßigen Hausgut der Verwaltung (der Exekutive) handelt, und daß, wenn andere (Parlament, politische Parteien usw.) sich dieses ursprünglichen Hausguts der Exekutive bemächtigen, es sich in der Hand des neuen Inhabers nicht mehr um „Organisationsgewalt" handelt, jedenfalls nicht in dem Sinne der von uns hier erörterten Problematik. Auch der neue Inhaber trifft natürlich organisatorische Maßnahmen, aber der Begriff der Organisationsgewalt verliert dann sein durch die Historie und durch unsere politische Situation geformtes Gepräge. Davon, glaube ich, müssen wir ausgehen, denn sonst müßten wir jedwede Art von Organisationsproblemen schließlich in die Frage der Organisationsgewalt einbeziehen. Das aber würde dem hochpolitischen Moment „Organisationsgewalt" nicht gerecht werden und den Begriff selbst auflösen.

Peters-Köln:

Den beiden interessanten Referaten möchte ich in einigen wenigen Punkten widersprechen. Leider fehlt die Zeit, meine Darlegungen ausführlich zu begründen. Ich stehe im Ergebnis den Ausführungen von Herrn Köttgen erheblich näher als denen von Herrn Ermacora. Zunächst einmal müssen wir den zugrunde liegenden Begriff der „Gesetzmäßigkeit der Verwaltung" klären. Er bedeutet im bundesrepublikanischen Bereich, daß die Verwaltung an die Gesetze gebunden ist, nicht aber, daß die Verwaltung sozusagen eine gesetzliche in dem Sinne ist, daß ihr alles gesetzlich vorgeschrieben sei, wie Herr Ermacora meint. Den Satz „keine Verwaltung im gesetzfreien Raum" halte ich für falsch. Ich bin nicht einmal der Meinung, daß sich der gesetzesfreie Raum etwa ständig vermindert. Er verringert sich für den Juristen scheinbar, weil immer wieder neue Regelungen erscheinen. Aber es wächst unendlich viel jeden Augenblick der Verwaltung zu. Herr Weber hat eben ein paar Beispiele genannt. Wir brauchen ja bloß an die Atomaufgaben zu denken, die die Verwaltung neuerdings hinzu bekommen hat, — vorläufig ohne alle Gesetze —. So zeigt schon dies eine Beispiel, daß immer wieder neue Aufgaben ohne gesetzliche Regelungen an die Verwaltung herantreten.

Dann aber ein Zweites, das meiner Ansicht nach auch a priori berücksichtigt werden muß: Es liegt eine der großen Gefahren für den Rechtsstaat darin, daß man die Zahl der Gesetze noch mit der Forderung vermehrt, die Verwaltungsorganisation sowie alle neu auftretenden Aufgaben der Verwaltung müßten gesetzlich geregelt werden. Herrn Köttgen darf ich dabei zunächst in einem kleinen Punkte, den er wohl übersehen hat, korrigieren: Die Verfassung von Nordrhein-Westfalen stellt nicht die allgemeine Verwaltung in Gegensatz zur Spezialverwaltung. Im Art. 77 ist gesagt, wenn die allgemeine Landesverwaltung, also wenn generell die Verwaltungsorganisation geändert wird, daß das durch Gesetz zu geschehen habe, also wenn z. B. die Regierungspräsidenten als Behörde generell abgeschafft werden. Wenn jedoch die Regierungspräsidenten von sechs auf zwei vermindert werden, dann wird nur die Einrichtung der Behörden im einzelnen verändert, und das kann die Verwaltung allein anordnen. „Allgemein" ist dort demnach im Sinne von „generell" (Zwischenbemerkung von Köttgen — unverständlich —) gebraucht. Wenn man alle Gewerbeaufsichtsbeamten als Behörden aufheben würde, wäre dazu — trotz der Spezialverwaltung — ein Gesetz nötig.

Die Gefahr für den Rechtsstaat, die sich aus Herrn Ermacora's Forderung ergibt, liegt eben darin, daß eine Hypertrophie von Gesetzen entstehen muß. Endlich bin ich der Meinung, bei der Verwaltungsreform liege der Fehler, dessentwegen man hierbei nicht weiter kommt, darin, daß die Reformaufgaben primär betriebswirtschaftlich gesehen werden, daß also „rationalisiert" werden soll. Ich habe mich im Ausschuß für Verwaltungsvereinfachung bemüht — allerdings bisher ohne viel Erfolg —, dagegen zu wirken, und habe am Beispiel des Freiherrn vom Stein gezeigt, daß man so keine Verwaltungsreform machen kann. Verwaltungsreformen müssen vom Grundsätzlichen her aufgezogen werden: z. B. wollen wir den Perfektionismus der Verwaltung oder nicht? Wollen wir den Föderalismus stärken, oder wollen wir mit der Verwaltungsorganisation den Föderalismus schwächen?

Herr Weber hat eben eins meiner weiteren Bedenken schon anklingen lassen: Man sollte erst einige Begriffe klarstellen. Ich habe nicht den Eindruck, daß die Referenten in jedem Falle unter „Organisationsgewalt" das Gleiche verstanden haben. Sie, Herr Köttgen, haben einmal die Behördeneinrichtungen damit gemeint. Darin sind wir wohl einig. Dann aber auch das Dienstrecht. Dieses ist eine ganz wesentliche Frage zumindest der Organisation; ob aber auch der Organisations*gewalt*, ist zweifelhaft. Eine zweite Frage ist, wer das Zeichnungsrecht in der Behörde hat. Es ist für den Bürger wichtig, ob der politische Minister etwa eine Verfügung selbst zeichnet, oder ob es der Amtsrat oder der fachtechnische Beamte tut. Soll aber diese Frage nun etwa auch noch in den Bereich der Organisationsgewalt fallen und damit womöglich dem Parlament zur Regelung übertragen werden? Das geht doch nicht! Also wir müssen zunächst klar erfassen, — das kann ich jetzt nicht versuchen, weil es für die Diskussion zu schwierig ist —, was eigentlich alles zur Organisationsgewalt gehört. Ich bin persönlich der Meinung, daß es neben der allgemeinen Aufteilung zwischen den sogenannten Gewalten auch noch *innerhalb* der Verwaltung ein Stück Organisationsgewalt gibt; denn zu der Aufgabe, die die Exekutive hat, gehört m. E. auch, ihre Organisation intern zu regeln. Dem stimmen Sie, Herr Köttgen, und Herr Weber ja weitgehend zu mit dem Worte „Hausgewalt". Also diese Besonderheit müssen wir zunächst anerkennen. Dann aber geht es darum, die Organisationsgewalt weiter klar abzugrenzen von der Zuständigkeit. Art. 30 GG, den Sie nannten, und Art. 87 GG bestimmen meiner Ansicht nach nichts anderes als eine Zuständigkeitsabgrenzung zwischen Bund und Ländern. Sie setzen die Organisationsgewalt entweder voraus, oder, soweit der Art. 87 sagt, das und das müsse durch Gesetz geschehen, ist das nichts anderes als eine positivrechtliche Zuständigkeitsbestimmung zugunsten des Bundesgesetzgebers. Aber das ist nichts Prinzipielles über die Organiationsgewalt des Gesetzgebers seitens der Verfassung. Man muß also ganz klar trennen die Organisationsgewalt von der Zuständigkeit, wie man ja auch — das ist heute hier zum Ausdruck gekommen — auseinanderhalten muß die Organisationsgewalt und das Haushaltsrecht. Gewiß kann man in der Tat die Organisationsgewalt weitgehend lahmlegen, indem das Parlament die notwendigen Gelder nicht bewilligt. Aber das hat an sich mit der Organisationsgewalt als solcher nichts zu tun. Nun bedarf — wie ich glaube — die Organisationsgewalt einer verfassungsrechtlichen Legitimation überhaupt nicht. Ich bin allerdings so konservativ (oder so reaktionär?), hier auf die hergebrachte Lehre weitgehend zurückgreifen. M. E. hat die Exekutive im Rahmen der Verwaltung auch die Organisationsgewalt. Ich halte es für völlig unmöglich, daß jemand z. B. wegen der Einrichtung einer Krankenanstalt usw. den Gesetzgeber bemüht. Also: Der Inhaber der Exekutive hat die Organisationsgewalt und gleichzeitig das Recht, innerhalb seines Bereichs die Organisation zu gestalten, — wieder mit den althergebrachten Ausnahmen. Die Verfassung kann zunächst in concreto etwas anderes bestimmen, wie sie es ja oft genug tut. Der Gesetzgeber kann ferner eine Sache an sich ziehen; da das Prinzip der Gewaltenteilung nach dem Grundgesetz m. E. nicht ausnahmslos gilt, könnte man diese Ausnahme nicht damit widerlegen, daß, weil die Organisationsgewalt innerhalb der Verwaltung zur Verwaltung gehört, eine Verletzung der Verfassung, nämlich des Gewaltenteilungsprinzips, darin liege, daß sich der Gesetzgeber hier in die Exekutive einmische. Dieses Recht hat er. (Herr Friesenhahn hat das gestern für andere Probleme auch ausgeführt.) Damit könnte also der Gesetzgeber auf einem bestimmten Gebiet die konkrete Organisation an sich heranziehen. Die gesetzliche Regelung wird im Rahmen der Eingriffsverwaltung häufiger sein als im Rahmen der Leistungsverwaltung. In letzterer ist das aber auch heute gar nicht mehr selten; denken Sie an das Gebiet der Sozialversicherung, wie organisatorisch fast alles durch die Reichsversicherungsordnung und das Selbstverwaltungs g e s e t z geregelt ist, oder an die entsprechenden Spezialgesetze z. B. über die Bundesanstalten in der Sozialversicherung. Ich erkenne also durchaus an, daß die Organisationsgewalt auch mal vom Gesetzgeber ausgeübt werden kann, aber eben nur, weil es keinen Verfassungssatz gibt, der das verbietet, so daß nun der Einfluß desjenigen einströmen kann, der stärker ist als die Verwaltung. Der Gesetzgeber kann auf diese Weise mit einer materiellen Regelung auch die zugehörige Organisation bestimmen. Trotzdem ist klar zu differenzieren: materielle Regelung und Organisation sind verschiedene Dinge. Daher kann man auch nicht irgendwie von der Materie her unterscheiden, indem auf gewissen Gebieten der Gesetzgeber die organisatorischen Vorschriften treffen müsse, im übrigen die Exekutive. Die enge Verbindung zwischen der materiellen und organisatorischen Regelung wird sehr häufig dazu führen, daß der Gesetzgeber in dem ihm verfassungsrechtlich gegebenen Raum — z. B. der Bundesgesetzgeber etwa nach Art. 87, der Landesgesetzgeber in seinem eigenen Raum — auch Dinge an sich zieht, die die Organisationsgewalt betreffen und daher sonst grundsätzlich der Exekutive zustehen.

Damit komme ich auch zu dem Ergebnis: Es gibt für die Organisationsgewalt im Prinzip keinen Unterschied zwischen Eingriffsverwaltung und Leistungsverwaltung. Die Verschiedenheiten sind einfach opportunistisch aus der Praxis entwickelt. Ich glaube, daß es gerade im Sinne des Rechtsstaats liegt, den Gesetzgeber nicht noch weiter zu überfordern. Die Flut der Gesetze schädigt den Rechtsstaat auf das schwerste. Jeder, der irgendwo über Reform redet, klagt schon heute, daß zu viele Gesetze gemacht werden. Wenn man jetzt noch dadurch, daß mit mehr oder weniger vagen Konstruktionen meinetwegen oder auch aus einer angeblichen inneren Logik heraus für den Gesetzgeber die Regelung der Organisation in Anspruch genommen wird, dann kommt man — meiner Ansicht nach — auf solche Abwege, die geradezu den Rechtsstaat untergraben. Die Beispiele, die Herr Ermacora aus der österreichischen Praxis genannt hat, — ich glaube nicht, daß sie sich selbst zur Nachahmung empfehlen. Das Parlament baut sich auf den politischen Parteien auf. Die Verwaltungsorganisation läuft dann Gefahr, nach der Stärke der Parteien — nicht bloß formal — aufgeteilt zu werden. Gerade diese naheliegende Möglichkeit scheint mir zu beweisen, daß der Gesetzgeber zur Ausübung der Organisationsgewalt vernünftigerweise kaum in der Lage ist. Man sollte ein Staatsorgan nicht in die Lage versetzen, Aufgaben zu erfüllen, die ihm nicht gemäß sind —, bloß aus einer Theorie heraus, die auf den ersten Blick vielleicht ganz einleuchtend ist, die aber große Gefahren mit sich bringt.

M e r k - Tübingen:

Ich kann mich nach den Ausführungen der Herren Weber und Peters kurz fassen. Ich bin im Gegensatz zu anderen Meinungen nach wie vor der Auffassung, daß die sogenannte Einrichtungsgewalt (oder Organisationsgewalt) an sich Ausfluß der vollziehenden Gewalt ist und insofern keiner besonderen verfassungsrechtlichen oder gesetzlichen bzw. gewohnheitsrechtlichen Grundlage bedarf, soweit nicht etwas anderes in der Verfassung oder im Gesetz in dieser Hinsicht bestimmt ist oder sich aus sonstigen Gründen ergibt. Grundlage ist die Aufgabe der vollziehenden Gewalt, d. h. der Regierung und der Verwaltung, und das besondere Gewaltverhältnis, wie es insbesondere im Beamtenverhältnis gegeben ist. Nur dort, wo durch die Handhabung der Einrichtungsgewalt unmittelbar in den Rechtskreis der Bürger, insbesondere durch die Auferlegung von Pflichten, eingegriffen oder eine Erweiterung oder Änderung der in der Verfassung oder im Gesetz bestimmten obrigkeitlichen Befugnisse des Staates in Frage kommt, wie z. B. auch mittels Einrichtung neuer obrigkeitlicher Ämter oder Behörden sowie mittels Einrichtung staatsunmittelbarer öffentlichrechtlicher Körperschaften und Anstalten, bedarf es einer gesetzlichen Grundlage, von der gewohnheitsrechtlichen Grundlage hier abgesehen. Daß durch die bloße Bestimmung der Zuständigkeit von Behörden oder Ämter die Rechtsstellung der Bürger „berührt" wird, wie z. T. gelehrt wird, genügt m. E. nicht. Es kann also die vollziehende Gewalt hier von sich aus vorgehen, soweit gesetzlich nichts anderes sich ergibt. Ein Regierungspräsident kann so z. B. wenn gesetzlich oder durch Dienstvorschriften vorgesetzter Behörden nichts darüber bestimmt ist, seine Behörde innerlich in Abteilungen usf. gliedern, wie er es für zweckmäßig findet, und ebenso kann die vollziehende Gewalt, unbeschadet der haushaltsrechtlichen Beschränkungen, neue Stellen schaffen, wenn, wie gesagt, es sich nicht um eine Erweiterung oder Änderung der Hoheitsbefugnisse der öffentlichen Gewalt oder einen unmittelbaren Eingriff in den Rechtskreis der Bürger handelt. Ein Ausfluß der gesetzgebenden Gewalt liegt bei der Betätigung der Einrichtungsgewalt nicht vor, da es sich nicht um den Erlaß von Gesetzen im sachlichen Sinne, d. h. von Rechtsätzen, handelt und so scheidet auch der rechtsstaatliche Gesichtspunkt hier aus, da und sofern ein unmittelbarer Eingriff in Freiheit und Eigentum der Bürger nicht in Frage steht. So ist m. E. die Rechtsauffassung, die schon die preußische Staatsregierung im Jahre 1869 in einer grundsätzlichen Stellungnahme zu dieser Frage im preußischen Landtag abgegeben hat, im wesentlichen auch heute noch als zutreffend anzuerkennen. Ich lehne hiernach die Auffassung ab, daß die Einrichtungsgewalt als solche an sich einer besonderen gesetzlichen oder gewohnheitsrechtlichen Grundlage bedarf. Gewiß, die vollziehende Gewalt bedarf im volksherrschaftlichen Freistaat und sozialen Rechtsstaat mit Gewaltentrennung einer rechtlichen Grundlage für ihre Tätigkeit in der Verfassung oder im Gesetz. Aber diese Ermächtigung für die Aufgaben der vollziehenden Gewalt und ihre Betätigung kann nach deutschem Recht auch ganz allgemein gehalten sein; dadurch unterscheidet es sich vom österreichischen Recht, wo die gesamte staatliche Verwaltung nur auf Grund der Gesetze ausgeübt werden darf, d. h. sie für jede Art ihrer Betätigung, und so auch auf dem Gebiete der Einrichtungsgewalt, der besonderen gesetzlichen Grundlage bedarf. Allerdings zeigt sich in der neueren Zeit, daß die gesetzgebende Gewalt — auch abgesehen von dem haushaltsrechtlichen Erfordernis der Bewilligung der für die Einrichtung neuer Ämter und Behörden erforderlichen Mittel durch die Volksvertretung — mehr und mehr, auch wegen der Bedeutung der Einrichtung von Behörden und Ämtern für die Bürger, Regelungen auf diesem Gebiete vornimmt, wie das ja auf dem Gebiete des Gerichtswesens schon im GVG und in den Verfahrensgesetzen geschehen ist; das hat dort noch seine besondere Bedeutung wegen des sogenannten „gesetzlichen Richters", dem nach Art. 101 GG niemand entzogen werden darf. Dann kann die Einrichtungsgewalt der vollziehenden Gewalt nur noch in diesem Rahmen, soweit ein solcher überhaupt noch verbleibt, ausgeübt werden. So finden sich jetzt verschiedentlich ausdrückliche verfassungsrechtliche Vorbehalte bezüglich der Einrichtungsgewalt. Das GG hat bekanntlich in Art. 86 GG die Einrichtungsgewalt im Bunde der Bundesregierung zugesprochen im Gegensatz zur Zeit des Kaiserreichs, wo sie dem Kaiser, und zur Weimarer Zeit, wo sie dem Reichspräsidenten für das Reich zustand. So ist dann in Art. 87 Abs. 3 GG im Verhältnis zwischen Bund und Ländern bestimmt, daß für Angelegenheiten, für die dem Bund die Gesetzgebung zusteht, selbständige Bundesoberbehörden und neue bundesunmittelbare Körperschaften und Anstalten des öffentlichen Rechts durch Bundesgesetz, und, wenn dem Bunde auf Gebieten, für die ihm die Gesetzgebung zusteht, neue Aufgaben erwachsen, bei dringendem Bedarf bundeseigene mittlere und untere Behörden mit Zustimmung des Bundesrats und der Mehrheit der Mitglieder des Bundestags errichtet werden können. Namentlich aber möchte ich hinweisen auf Art. 70 der neuen Bad.-Württ. Verfassung, wonach der Aufbau, die räumliche Gliederung und die Zuständigkeit der Landesverwaltung durch Gesetz geregelt wird, die Einrichtung der staatlichen Behörden im einzelnen aber der Regierung oder den von ihr ermächtigten Ministern obliegt. Aber bei diesen sogenannten Einrichtungsgesetzen handelt es sich nach dem früher Gesagten um Gesetze im bloß förmlichen, und nicht im sachlichen Sinne, soweit nicht die oben angeführten zwei Ausnahmefälle gegeben sind. Danach sind die Einrichtungsvorschriften z. T. Verwaltungsvorschriften — Einrichtungsverordnungen — oder Gesetze im bloß förmlichen Sinne, oder aber sachlichrechtliche Vorschriften oder Rechtssätze, nämlich in den eben bezeichneten Ausnahmefällen.

Krüger-Hamburg:

Herr Köttgen hat das Thema „Organisationsgewalt" in Parallele gestellt zu dem Besonderen Gewaltverhältnis und der Unterscheidung zwischen Rechtsverordnung und Verwaltungsanweisung, und er hat demgemäß auch die Angriffe gegen diese drei Institute auf eine gemeinsame Wurzel zurückgeführt. Die Gemeinsamkeit aller drei Gebilde — und damit auch die Gemeinsamkeit der Ursache, die ähnliche Angriffe gegen sie auslöst —, liegt offenbar darin, daß es sich um vor- oder außerkonstitutionelle Bestände handelt. Die Auseinandersetzung mit der Organisationsgewalt hat gezeigt, daß es sich insoweit überall um das gleiche Problem dreht —, nämlich um die Aufgabe, diese vorkonstitutionellen Bestände in das konstitutionelle Staats-Schema einzuordnen und sie durch solche Einordnung zugleich zu rechtfertigen. Gerade das aber ist es, was offenbar in allen drei Fällen nicht recht gelingen will. Zwar hat heute Herr Ermacora einen Versuch gemacht, die Organisationsgewalt als einen Bestandteil der Staatsgewalt zu erweisen. Das ist natürlich völlig richtig, besagt aber noch nichts für eine verfaßte Staatsgewalt und ergibt erst recht keine Placierung der Organisationsgewalt in einem System der Gewaltenteilung.

Wenn man — womöglich vergeblich — nach der Stellung dieser vorkonstitutionellen Bestände im konstitutionellen Schema fragt, so entspringt eine solche Frage nicht der Absicht, diese Bestände als unkonstitutionell zum Verschwinden zu bringen. Es handelt sich also insbesondere nicht darum, die Verwaltung einer Handlungsfähigkeit zu berauben, die weitgehend auf den Möglichkeiten beruht, die diese vorkonstitutionellen Bestände ihr bieten. Genau das Gegenteil trifft vielmehr zu: Es geht darum, die Handlungsfähigkeit der Verwaltung zu erhalten, indem man die bis jetzt von den vorkonstitutionellen Beständen dargebotenen Mittel ins Bewußtsein emporhebt, modern versteht und sich dadurch in die Lage versetzt, sie erfolgreich verteidigen zu können.

Es ist mit Recht hervorgehoben worden, daß es sich hierbei in erster Linie um ein Problem der Grenzziehung handelt. Man kann aber dann nicht von einer Grenzziehung sprechen, wenn man zwei, etwa die Organisationsgewalt beanspruchende Größen wie z. B. die Gesetzgebung und die Verwaltung einander dergestalt zuordnet, daß man der ersten eine unbegrenzte Option auf die Organisationsgewalt zuspricht und die zweite Größe auf das verweist, was nach der Ausübung solcher Option übriggeblieben ist. Ein solches Vorgehen könnte man selbst dann nicht gelten lassen, wenn man hinzufügen würde, es müsse auf jeden Fall für den zweiten Faktor nach der Option noch etwas übrigbleiben, er dürfe also nicht ganz leer ausgehen. Eine echte Grenzziehung kann nicht in die Hand eines der zu begrenzenden Faktoren gelegt werden, sie muß vielmehr von dritter Seite her erfolgen, und hierbei wird entscheidend auf die vorgegebenen Sachstrukturen abzuheben sein.

Versucht man im Sinne des letzten Gesichtspunktes einige Andeutungen, dann ist vor allem hervorzuheben, daß es sich bei der Organisationsgewalt um eine formelle Gewalt im Verstande der fruchtbaren Unterscheidung zwischen materiellen und formellen Gewalten handelt, die bis in die Mitte des vergangenen Jahrhunderts gang und gäbe war. Formelle Gewalten sind diejenigen rechtlichen Möglichkeiten, deren die materiellen Gewalten bedürfen, um sich zu verwirklichen. So bedarf z. B. die Rechtsetzung durch das Parlament der Organisationsgewalt, um ein Präsidium zu konstituieren usw. usw. Die Rechtsanwendung benötigt die Organisationsgewalt um der Instituierung der Gerichte willen usw. usw. Das entsprechende gilt für eine als materielle Gewalt verstandene Verwaltung.

Es wäre die Frage zu stellen, ob für die formellen Gewalten nicht deswegen von einer Grundlage in der Verfassung oder im Gesetz abgesehen werden muß, weil sie eine derartige Grundlage bereits in derjenigen der materiellen Gewalt haben, der sie zur Verwirklichung verhelfen. Auf jeden Fall reicht auch eine solche mittelbare Grundlage aus, um die Möglichkeit auszuschließen, daß die gesetzgebende Instanz unter Berufung auf den Vorbehalt des Gesetzes organisatorische Fragen regelt, wenn die entsprechende Organisationsgewalt der Natur der Sache nach einer anderen materiellen Gewalt zugeordnet ist. Etwas derartiges könnte als Ausnahme nur dann als zulässig angesehen werden, wenn die gesetzgebende Gewalt eine besondere Ermächtigung zu einer solchen Evokation vorweisen könnte: Es ist nicht einzusehen, weshalb nur die Verwaltung einer Ermächtigung bedürfen sollte, wenn sie statt der Gesetzgebung Recht setzt, und das entsprechende nicht für die Gesetzgebung gelten sollte, wenn sie organisatorische Fragen an Stelle der Verwaltung entscheiden will.

Gerade das letzte läßt deutlich werden, worum es der Beschäftigung mit den vorkonstitutionellen Beständen geht: In dem großen Zusammenwirken der materiellen Gewalten der Verwaltung das zu geben, was ihr gerade in einem Verwaltungs- und Wohlfahrtsstaat zukommt.

Spanner-Erlangen:

Herr Köttgen war heute morgen so freundlich, einleitend auf meinen kleinen Aufsatz in der „Öffentlichen Verwaltung"[1]) hinzuweisen, wobei er freilich erklärte, daß er von meinen dort vertretenen Auffassungen grundsätzlich abweiche. Ich muß gestehen, daß mich dies durchaus gefreut hat, insbesondere auch im Sinne des gestern von Herrn Friesenhahn geäußerten Wunsches, daß in der Diskussion mitunter auch größere Gegensätzlichkeiten zu Tage treten mögen.

Nun möchte ich aber doch einige Auffassungen aus diesem — um einen Ausdruck von Herrn Giese hier zu verwenden — vorweggenommenen Diskussionsbeitrag nochmals unterstreichen, zumal sie zusammenhängen mit einer Feststellung, die ich gestern nachmittag im Schlußwort machen durfte. Das ist wiederum die Methodenfrage, auf die auch jetzt mehrfach in dieser Diskussion bereits hingewiesen worden ist. Es will mir nämlich scheinen, daß die Referate des heutigen Vormittags wieder die Notwendigkeit der Besinnung auf die Methodenfrage deutlich werden ließen. Insbesondere im Referat von Herrn Köttgen haben wir mehrere Methoden nebeneinander beobachten können. Ich darf hier nicht ausgehen von der Fiktion, daß vorweggenommene Diskussionsbeiträge in einer Zeitschrift bereits gelesen worden wären und möchte daher darauf hinweisen, daß ich damals schon gesagt habe, daß für die umfassende Erkenntnis der Fragen der Verwaltung und damit auch der Verwaltungsorganisation eine Betrachtung

---

1) „Organisationsgewalt und Organisationsrecht" (DÖV 1957, S. 640 ff.). Im letzten Absatz (S. 634) findet sich übrigens dort ein sinnstörender Druckfehler, indem es statt „Abschaffung einer das Verfahren der Verwaltungsbehörden regelnden gesetzlichen Ordnung" selbstverständlich heißen muß „Schaffung einer . . .".

sowohl des Tatsachenbereiches, damit auch des rechtspolitischen Bereiches und andererseits des rein normativen Bereiches notwendig ist, wobei man allerdings dann leicht der Gefahr einer gewissen methodologischen Vermischung unterliegt. Ich möchte aber auf diese Methodenfrage hier nicht weiter eingehen, da sie in Zukunft doch einmal auf die Tagesordnung unserer Tagungen gesetzt werden soll.

Ich möchte aber besonders ein Wort von Herrn Krüger unterstreichen, als er von der Notwendigkeit einer juristischen Sanierung gesprochen hat, die mir auch gerade in diesem Bereich notwendig erscheint. Herr Ermacora hat darauf hingewiesen, daß durch die Lehren von Kelsen der Blick für das, was hinter den organisatorischen Maßnahmen steht, vielfach getrübt worden sei. Das mag insofern richtig sein, als man sich mit diesen Dingen wohl etwas zu wenig befaßt hat, zumindest was die österreichische Rechtslehre anlangt. Im übrigen liegen aber tatsächlich die Wesensprobleme dessen, was wir als Organisationsgewalt bezeichnen, vielfach im politischen Bereich, was in den Referaten sehr deutlich geworden ist, so daß hier eine Betrachtung dessen, was hinter den Normen steht, gar nicht vermieden werden kann und soll.

Von besonderer Bedeutung ist die Frage, die, wie mir scheint, durch die Referate und die bisherige Diskussion nicht zufriedenstellend beantwortet werden konnte: Das ist die Frage, wo eigentlich die einwandfreie Rechtsgrundlage für das gelegen ist, was wir Organisationsgewalt nennen. Wir haben da gehört von einem „Hausgut" der Verwaltung. Dann wurde gelegentlich — das war natürlich schon sehr juristisch — auf Gewohnheitsrecht verwiesen. Ich für meinen Teil bin nicht in der Lage, den Begriff des Hausgutes als eine neue Rechtsquelle anzuerkennen. Ich meine jedoch, daß, wenn von der Organisationsgewalt und in Zusammenhang damit von einem Hausgut der Verwaltung oder von notwendigen Befugnissen der Verwaltung gesprochen wird, dies letzten Endes alles Versuche sind, eine einwandfreie Rechtsgrundlage zu finden. Es geht auch mir nicht darum, nunmehr der Verwaltung etwas zu nehmen, sondern nur darum, eine einwandfreie Rechtsgrundlage für die organisatorischen Maßnahmen in der Rechtsordnung zu finden, wie sie dem rechtsstaatlichen System entspricht. Es ist vielfach die Rede gewesen von einer Verwaltung im gesetzesfreien Raum. Ich meine, das ist doch in Wahrheit nichts anderes als ein Bereich freien Ermessens der Verwaltung. Eine staatliche Verwaltung in einem völlig rechtsfreien Raum gibt es nicht, denn es muß zumindest eine Zuständigkeitsnorm da sein, die es ermöglicht, die Maßnahmen, die der

Herr Schulze oder Meier oder die ein Kollegium getroffen hat, als eine Maßnahme des Staates oder eines anderen Trägers von Verwaltungsaufgaben zu erkennen und gelten zu lassen.

Und schließlich noch ein Wort zu dem Begriff der Organisationsgewalt überhaupt: Ich glaube, daß man unter der Organisationsgewalt nichts anderes verstehen kann, als eine Zusammenfassung der Kompetenzen, organisatorische Maßnahmen zu treffen, mögen diese Kompetenzen dem Gesetzgeber zustehen oder mögen sie der Verwaltung zukommen. Wenn Herr Peters von der Gefahr gesprochen hat, daß wir auch im organisatorischen Bereich zu viele Gesetze bekommen, so meine ich, daß nichts den Gesetzgeber, noch weniger den Verfassungsgeber hindert, seinerseits der Verwaltung für die Maßnahmen, für die es eben notwendig erscheint, einen weit gespannten Bereich freien Ermessens einzuräumen. Abschließend sei aber nochmals betont, daß der Verwaltung keineswegs etwas genommen, sondern ihr auch für organisatorische Maßnahmen nur eine einwandfreie Rechtsgrundlage gegeben werden soll, wie sie dem rechtsstaatlichen System entspricht, so daß sie nicht immer wieder gezwungen wird, auf einer mehr oder meist weniger begründeten Grundlage zu arbeiten, die aus dem vergangenen Rechtssystem des absoluten Staates stammt.

Ipsen-Hamburg:

Es trifft sich glücklich, daß ich sogleich im Anschluß an Herrn Spanner sprechen kann, der die Forderung aufgestellt hat, wir müßten uns um die Ermittlung einer sauberen Rechtsgrundlage der Organisationsgewalt bemühen. Ich halte diese Wendung für einen Widerspruch in sich. Nach meiner Auffassung besteht das Wesen der Organisationsgewalt, wenn ihre Erscheinung einen Sinn behalten soll, darin, daß sie eben keine Rechtsgrundlage besitzt, sondern fließt aus der inneren Aufgabe, der — ich bin beinahe geneigt zu sagen — Mission der Verwaltung, sich überhaupt zu betätigen. Wenn wir daran gehen, für die Organisationsgewalt Rechtsgrundlagen zu ermitteln, fügen wir sie in ein Legalisierungsnetz ein, das der Organisationsgewalt das Wesentliche nimmt. Organisationsgewalt ist sicherlich in jedem Verfassungsstaate rechtsstaatlich gebunden, es gibt Grenzen, innerhalb deren jede Verwaltung ihre Organisationsgewalt wahrzunehmen hat, und wenn sie diese Grenzen verläßt und dadurch möglicherweise die Rechte einzelner verletzt, überschreitet sie damit Grenzen, die auch justiziabel sein können. Aber die Innehabung der Organisationsgewalt durch die Verwaltung wird nicht durch die Norm begründet, sondern nur begrenzt und beschränkt. Und aus diesem Grunde — ich bin ja gestern zum Begriffsjuristen „befördert" worden — will ich auch zu diesem Thema der Begriffsbildung meinen Beitrag leisten.

Ich bin nicht der Meinung, daß die Organisationsgewalt in dem Augenblick, in dem sie durch Normen parlamentarischen Einrichtungen überantwortet wird, noch dasselbe bleibt, was sie vorher war. Das, was die Verwaltung kraft Organisationsgewalt tut, bleibt nicht dasselbe, wenn es kraft ausdrücklicher gesetzlicher Zuweisung durch das Parlament getan wird. Durch eine solche Legalzuweisung gibt diese Kompetenz ihren Wesensgehalt auf und wird damit eine Befugnis des Parlaments, die wir mit dem Namen „Organisationsgewalt" nicht mehr bedenken sollten. Aus diesem Grunde möchte ich auch Bedenken anmelden zu der These IV 2, die Herr Köttgen entwickelt hat, nämlich für den Zusammenhang des Beamten- und Angestelltendirektionsrechtes mit der Innehabung der Organisationsgewalt. Es heißt in dieser These: Die Wechselwirkungen zwischen Dienstrecht und Organisationsgewalt bedürfen besonders sorgsamer Beobachtung. Wenn wir etwa in der jetzigen Entwicklung des Personalvertretungsrechts erleben, daß Stellen außerhalb der Verwaltung befugt sind, in Kompetenzen mitzuwirken, die bis dahin der Organisationsgewalt ungeschmälert zustanden, dann handelt es sich bei diesen Mitwirkungsbefugnissen von Organen, die selbst nicht Verwaltung sind, um durch Normen eingeräumte Befugnisse, die ihrerseits durch die Normierung sorgfältig umgrenzt sind. Wenn ein Personalrat im Bereich der Verwaltung auf diese Weise mitzuwirken befugt ist, dann wechselt nicht einfach der Inhaber dieses Teils der Organisationsgewalt, sondern diese Befugnis in Händen der Mitwirkungsinstanzen ist anderer Natur als die Organisationsgewalt, die der Verwaltung zusteht. Ob wir hier die Wendung vom „Hausrecht" der Verwaltung gebrauchen wollen oder ob wir im verfassungsgeschichtlichen Vorspann bis in die Mitte des vorigen Jahrhunderts zurückgehen, dürfte unerheblich sein. Wesentlich ist mir für unsere Begriffsbildung — und das wird uns möglicherweise von unseren österreichischen Kollegen unterscheiden, wenn ich die Bemerkung von Herrn Spanner und das Referat von Herrn Ermacora recht verstehe —: nach den Vorstellungen des deutschen Verwaltungsrechts ist die Organisationsgewalt der Verwaltung etwas, was ohne Legalisierung im Sinne einer Begründung dieser Kompetenz der Verwaltung aus ihrer Aufgabe ursprünglich zusteht.

Diese Kompetenz der Verwaltung in rechtsstaatlichen Grenzen zu bewahren, ist mir allerdings ebenso ein Anliegen, wie es nach seinen letzten Worten ein Anliegen von Herrn Krüger ist.

Pfeifer-Wien:

Die Auffassungen sind, das steht schon fest, geteilt über die Frage, die hier den Gegenstand des zweiten Referates gebildet hat, und sie sind irgendwie vielleicht historisch geteilt, weil sich hier und dort auch die Verfassung anders entwickelt hat. Mir scheint folgendes wesentlich zu sein: Wenn man sich die Entwicklung des Rechtsstaates vom absoluten Staat bis zur Gegenwart vorstellt, so habe ich da immer in der Vorlesung verschiedene Entwicklungsstufen unterschieden, habe da unterschieden die dem absoluten Staat unmittelbar nachfolgende Epoche des liberalen Rechtsstaates. Diese schien mir irgendwie gekennzeichnet durch die Auffassung, wie wir sie etwa bei Otto Mayer in seinem Lehrbuch des Deutschen Verwaltungsrechts finden, und zu deren Charakterisierung etwa folgender Satz herausgegriffen sein soll: „In der Verwaltung aber begegnet das Gesetz einem auf eigenen Bahnen einhergehenden Staatswillen, der nicht bloß dient, sondern selber herrscht, von mehr oder minder hoher Stelle aus und selber frei bestimmen mag, was rechtens sein soll oder nicht. Hier tritt dann selbständig zu Tage, was dort stillschweigend gilt: Der in Form des Gesetzes geäußerte Staatswille geht rechtlich jeder anderen Staatswillensäußerung vor.“ Das nennt Otto Mayer den Vorrang des Gesetzes. Dann kommt er noch zu dem Vorbehalt des Gesetzes und sagt: „Wir nennen den Ausschluß des selbständigen Vorgehens der vollziehenden Gewalt, der bezüglich jener ausgezeichneten Gegenstände“ — das sind die Grund- und Freiheitsrechte — „besteht, den Vorbehalt des Gesetzes.“ Das ist nun so der Typus des liberalen Rechtsstaates, in dem man die Verwaltung noch selbstherrlich auf eigenen Bahnen walten läßt, dann aber sagt: Du, Staatsbürger, du hast einige vorstaatliche Grund- und Freiheitsrechte, und wenn in diese eingegriffen werden soll, dann gilt der Vorbehalt des Gesetzes.

Aber ich glaube, daß wir schon längst weiter sind, und daß diesem liberalen Rechtsstaat, wie er da geprägt ist durch diese Sätze von Otto Mayer, längst eine weitere Periode gefolgt ist, die Periode des demokratischen Rechtsstaates, jenes Rechtsstaates, in dem das Gesetz des Parlamentes alles Grundsätzliche regelt, und in dem die Verwaltung an den Willen dieses demokratischen Gesetzgebers gebunden ist und diesen nur ausführen kann. Das hängt auch zusammen mit dem Thema von gestern „Parlament und Regierung“, in dem wir hier im Parlament den Gesetzgeber sahen. Auch wenn wir nach der Diktion, in den Verfassungen aber auch in der Staatslehre, die Gewalten unterscheiden, und von der gesetzgebenden Gewalt und dann von der vollziehenden Gewalt oder Exekutive sprechen, so ist mit dieser in der Regel nur die Verwaltung gemeint, im österreichischen Staatsrecht allerdings Verwaltung und Gerichtsbarkeit, da sie beide die dienende Rolle gegenüber dem Gesetz haben, aber so oder so, es kommt zum Ausdruck, daß eben nicht so, wie Otto Mayer es sagte, die Verwaltung noch selbstherrlich auf eigener Bahn einhergeht, sondern daß sie Dienerin ist gegenüber dem Willen des Volkes, wie er im Gesetz ausgeprägt ist. Das ist der demokratische Rechtsstaat, er hat seinen Ausdruck gefunden in dem von Herrn Kollegen Ermacora schon erwähnten Satz der demokratischen österreichischen Verfassung von 1920, der da sagt: „Die gesamte staatliche Verwaltung darf nur auf Grund der Gesetze ausgeübt werden.“

Gewiß, das ist das, was der Herr Kollege Peters ausgeschlossen haben wollte, wenn er sagte, „es muß auch eine gesetzesfreie Verwaltung geben“. Nach unserer Auffassung gibt sie es nicht. Und Herr Kollege Spanner hat es schon etwas näher erläutert, das muß ja gar nicht sehr weit gehen, das muß ja gar nicht in Einzelheiten gehen, es kann eine Zuständigkeitsnorm schon genügen, die im übrigen der Verwaltung größten Spielraum läßt. Das ist dann schon der nähere Inhalt der Gesetzgebung, wie weit sie gehen will in der Regelung und Reglementierung, die sie der Verwaltung geben will. Aber — ich meine — der Grundsatz ist: Verwaltung ist Vollziehung des gesetzgeberischen Willens.

Wenn wir nun zur Organisationsgewalt übergehen, so handelt es sich hier um das Recht, um die Befugnis, Verwaltungseinrichtungen zu schaffen und ihre Zuständigkeit abzugrenzen. Was für Verwaltungseinrichtungen geschaffen werden sollen, wie diese sein sollen, ob sie von Juristen oder von Laien besetzt werden sollen, ja, das sind grundsätzliche Angelegenheiten. Die hat sich naturgemäß der Gesetzgeber vorbehalten. Und hier muß ich sagen, daß, in die Verfassungsgeschichte zurückgegriffen, in Österreich schon beim Übergang vom absoluten Staat zum konstitutionellen Staat die klare Erkenntnis bestand, daß das Grundsätzliche der Organisation und damit der Organisationsgewalt in die Hand des Gesetzgebers gehört. Denn schon das Staatsgrundgesetz über die Reichsvertretung von 1867 hat in seinem Art. 11 unter Aufzählung der Aufgaben des Reichsrates gesagt, „Es gehören daher zum Wirkungskreis des Reichsrates: 1. die Gesetzgebung über die Grundzüge der Organisierung der Gerichte und Verwaltungsbehörden". Und es hat das Staatsgrundgesetz über die richterliche Gewalt noch darüber hinausgehend gesagt: „Die Organisation und Kompetenz der Gerichte wird durch Gesetz festgestellt." Die österreichische Verfassung von 1867 ließ also noch immer einen weiten Spielraum für die Gesetzgebung und für die Vollziehung offen.

Die Verwaltung hat zu vollziehen. Meine Herren, auch die Durchführungsverordnung, die ein Gesetz näher ausführt, ist Vollziehung. Es kann sich das Gesetz darauf beschränken, die Verwaltungsorganisation in ihren Grundzügen zu regeln, zu sagen, wir wollen allgemeine Verwaltungsbehörden, diese und diese Sonderverwaltungsbehörden, wir wollen so und so viele Stufen der Verwaltung haben, weil dies zugleich den Rechtszug betrifft. Und damit wird auf Schritt und Tritt auch die Rechtsstellung des einzelnen, der bei der Verwaltung sein Recht sucht, irgendwie mitgeregelt. Man kann also gar nicht immer scharf trennen: materielle Gesetzgebung — organisatorische Gesetzgebung, — ich weiß, daß es eine gewisse Kühnheit ist, wenn man das sagt. Das materielle Gesetz bedeutet eine grundsätzliche Regelung des Gemeinschaftslebens. Diese liegt aber auch vor, wenn ich ein Organisationsgesetz schaffe. Lassen Sie mich schließen mit dem Hinweis darauf, daß unser wichtigstes Gesetz, die Verfassung — vom Grundrechtsteil abgesehen —, ein Organisationsgesetz ist, und daß dieses Organisationsgesetz von Haus aus und unbestritten von einem qualifizierten Gesetzgeber, nämlich dem Verfassunggeber, geschaffen wurde.

Scupin-Münster:

Es ist eine Nebenfrage, die ich hier anschneide, wenn ich auf das zurückkomme, was Herr Kollege Weber vorhin schon gesagt hat, als er davon sprach, daß die Entstehung einer Organisationsgewalt in einer „grauen Sphäre" etwas Bedenkliches sei und gerade dadurch hervorgerufen werde, daß man der angestammten Verwaltung ihr ursprüngliches Recht beschneide. Ich stimme ihm darin nachdrücklich zu und möchte nun Folgerungen daraus ziehen, die Herr Weber noch nicht gezogen hat. Es gibt hier doch Gesichtspunkte, die auch an dieser Stelle genannt werden sollten, denn: nostra res agitur! Ich meine die Maßnahmen nach dem sog. „Honnefer Modell" als potentielle Grundlage einer Funktions- und Strukturveränderung der Hochschule und ihrer Glieder. Dieser Ansatz zur Wandlung geschieht dadurch, daß Sozialeinrichtungen geschaffen werden, die an feste Voraussetzungen geknüpft sind und aus denen ganz bestimmte Folgen hervorgehen, mit anderen Worten, die Veränderungen vollziehen sich durch das, was uns in der Bundesrepublik als die Anfänger- oder die Hauptförderung nach dem sog. Honnefer Modell bekannt und sogleich zu erläutern ist. Ich glaube, daß das ein recht instruktives Beispiel für die Bildung von Organisationsgewalt ohne gesetzliche Grundlage und außerhalb der Hierarchie der Exekutive darstellt.

Dabei ist eines zunächst zu betrachten: die Frage der Kontrolle der Organisationsgewalt. Herr Kollege Ermacora hat das noch nicht ausgeführt, aber es ist dennoch wohl kein störender Vorgriff, daß ich in dieser Spezialfrage bereits darauf komme; denn hier gibt es eine solche Kontrolle eben nicht. Wenn Herr Weber vorhin auf die Generalklausel der Verwaltungsgerichtsbarkeit hingewiesen und dazu gesagt hat, im Verwaltungsstreitverfahren könne ja nur nachträglich etwas korrigiert werden, zum Leidwesen der Betroffenen könne also nichts vorher, d. h. zur Verhinderung unrichtiger Verwaltungsakte getan werden, so muß man für das neue Feld exekutiven Wirkens feststellen: Hier gibt es gar nichts dergleichen, hier fehlt der Schutz des Rechts. Das aber ist bedenklich, insbesondere dann, wenn ganz unkontrolliert eine Leistungsverwaltung geschaffen wird. Ohne hier auf Einzelheiten eingehen zu wollen, was nicht am Platze wäre, möchte ich eine institutionalisierte Eingriffsmöglichkeit der neu geschaffenen Stellen herausgreifen: Diejenige Universität oder Hochschule, die **n i c h t** folgsam wäre, würde durch entsprechende Zahlungssperre gekennzeichnet. Würde man sich an das Geforderte genau halten, so würde die Lage kritisch werden, Prüfungen dieser Art würden Wochen des Semesters kosten. Wenn man aber Prüfungen nicht kollegial durchführt oder wenn man ferner nicht die Übungen und Seminare herabwürdigt zu Leistungskontrolleinrichtungen in der Richtung, ob der betreffende Student weiterhin förderungswürdig sei — das ist die andere kritische Zumutung des Honnefer Modells —, wenn man das also nicht tut, dann bekommt man nichts. Allerdings die Universität selbst soll schon dem Plane nach nichts erhalten, aber das Studentenwerk an der dissentierenden Universität sollte es bekommen; auch ihm wird dann nichts gezahlt. Das Ergebnis ist: In den Augen der Öffentlichkeit trifft die Verantwortung dafür, daß diese Gelder nicht fließen, die Hochschule! Damit möchte ich deutlich machen, daß kein Kraut gewachsen ist gegen diese in einer grauen Sphäre eingerichtete Leistungsverwaltung und daß man sich dem, was sie, wenn auch nicht befiehlt, so doch so empfiehlt, schwer entziehen kann. Ich glaube nicht, daß ein Senatsausschuß für Stipendienbewilligung sich diesem trend zur sozialen Gestaltung des studentischen Daseins und auch unseres Lehrwesens durch kritisch modifizierende Handhabung der Vorschriften auch nur scheinbar zu widersetzen vermag. Führt man das Vorgesehene aber wortgetreu durch, dann gibt man wesentliche akademische Prinzipien sowohl des Lehrstils wie der Lehrfreiheit preis. Man hätte sich dann allmählich mehr und mehr an das zu halten, was nach jener Ordnung im Hinblick auf das äußere Studienziel der Gegenstand einer Prüfung weit vor Erreichung einer gewissen Reife des Studenten sein müßte, man könnte also nicht mehr frei den Stoff des Kollegs einteilen; diesen Weg droht jedenfalls die Entwicklung zu nehmen. Übrigens schränkt man zugleich auch die akademische Studierfreiheit der betroffenen Studierenden ein. Doch sind das Einzelheiten, die ich hier nur zur Kennzeichnung der aus einem unkontrollierten und nicht kontrollierbaren Gebrauch der Organisationsgewalt entstehenden Gefahren andeuten wollte.

Das Beispiel birgt noch mehr: Die Kultusminister der Länder haben bei diesen Verhandlungen insoweit die Organisationsgewalt ihrer Länder aus der Hand gegeben. Der Bundesinnenminister hat, mit der Zustimmung der Kultusministerkonferenz, die Richtlinien entworfen, aus denen ich eben einige Punkte herausgestellt habe und auf der Grundlage einer Position des Bundeshaushaltes in die Form einer Verordnung gebracht. Bedeutet dies, daß im Kreise der Träger der Landesorganisationsgewalt in diesem konkreten Fall offenbar keine festen Vorstellungen darüber vorhanden gewesen sind, welche weittragende Bedeutung jener Entäußerung ihrer Organisationsgewalt und deren unkontrolliertem Gebrauch zukommt? Man muß andererseits feststellen, daß die Durchführung jener großzügigen Hilfsmaßnahmen, die vielleicht Reformen, jedenfalls Struktur- und Funktionsveränderungen im Hochschulbereich bedeuten, sich in der Sphäre der Organisationsgewalt vollzieht, die den Ländern zukommt. Hier entstünden allerdings bei denkbaren koordinierten Landesregelungen neue Fragen: Wer soll die Organisationsgewalt ausüben? Welche Landesorgane sollen die Grundlagen schaffen und die Einzelnormativierungen treffen: die Kultusverwaltung oder die Parlamente der Länder? Man kann hinsichtlich des Ergebnisses der Betätigung des einen oder des anderen Staatsorgans sehr verschiedener Meinung sein, verschiedene Prognosen stellen. An dieser Stelle sind gar nicht irgendwelche Ratschläge ex cathedra zu geben; vielmehr soll daraus lediglich die allgemeine Folgerung gezogen werden: Es ist zu überlegen, ob nicht bei solchen und ähnlichen Anliegen gefordert werden sollte, daß die Schranke des Gesetzes rechtzeitig errichtet wird, ehe in einer abseitigen, nur unter Mitwirkung freier Vereinigungen zu bewältigenden Verwaltungssphäre organisatorisch gehandelt wird, ohne die Folgen vollkommen zu übersehen. Mit anderen Worten: auch dann, wenn Organisationsgrundlagen in der Sphäre der Leistungsverwaltung geschaffen werden, können daraus so starke Eingriffe in die personale Rechtssphäre von natürlichen Personen wie von Rechtsträgern des privaten und öffentlichen Rechts hervorgehen, daß eine gesetzliche Ermächtigung dafür gefordert werden muß. Daher vermag vielleicht dieses Beispiel einen Beitrag für Bemühungen zu geben, die Grenzen zwischen der Organisationsgewalt der Exekutive im Bund und der in den Ländern abzustecken, wie auch Notwendigkeiten der gesetzlichen Fundierung und der nicht übereilten, sondern überlegten Einzelregelung zu unterstreichen.

Bachof-Tübingen:

Herr Köttgen und Herr Ermacora haben uns sehr unterschiedliche Auffassungen von der Organisationsgewalt entwickelt. Wenn ich einmal vereinfachen darf, so scheint mir dieser Unterschied in der Auffassung allgemein zwischen den deutschen Kollegen einerseits und den österreichischen andererseits zu bestehen. Es ist wohl der Mühe wert, nach der Ursache für diese verschiedene Sicht der Dinge zu fragen. Sie scheint mir sehr wesentlich mit bestimmt zu sein durch das unterschiedliche Verwaltungsverfahren, das wir in der Bundesrepublik einerseits und in Österreich andererseits haben. Wenn man, wie in Österreich, ein stark justizförmiges Verwaltungsverfahren hat und wenn man die Aufgaben der Verwaltung nicht nur (oder doch nicht primär) in deren Gestaltungsfunktion, sondern auch in der Rechtsschutzfunktion erblickt, dann scheint mir in der Tat für eine eigenständige Organisationsgewalt der Verwaltung keine Möglichkeit zu bleiben. Wenn man ein Rechtsschutzverfahren regelt — und das heißt natürlich: gesetzlich regelt —, so bleibt gar nichts anderes übrig, als gleichzeitig auch den Apparat, der die Rechtsschutzfunktion gewährt, gesetzlich zu regeln.

Ich glaube, daß das Nachdenken über solche Zusammenhänge auch für uns in Deutschland von besonderer Bedeutung ist, weil ja auch bei uns schon des öfteren die Frage aufgeworfen wurde, ob nicht die deutsche Verwaltung zu einem stärker justizförmigen Verwaltungsverfahren übergehen solle. Erst jüngst hat Herr Ule wieder in einem Aufsatz im Deutschen Verwaltungsblatt[1]) die Frage aufgeworfen, ob man nicht zur stärkeren Entlastung der Verwaltungsgerichtsbarkeit nach dem Vorbild der hessischen und rheinisch-pfälzischen Rechtsausschüsse oder nach dem Vorbild des Wehrpflichtgesetzes und des Lastenausgleichsgesetzes in stärkerem Maße weisungsfreie Beschlußbehörden einrichten solle. Ich sehe diese Dinge aus verschiedenen Gründen, auf die ich jetzt nicht eingehen will, etwas anders als Herr Ule; aber ich glaube, die Zusammenhänge als solche, die zwischen Organisationsgewalt und Verwaltungsverfahren bestehen, sollten wir hier nicht übersehen. In dem Augenblick, in dem wir dazu übergehen, das Verwaltungsverfahren mehr oder minder justizförmig zu gestalten, ist es mit der eigenständigen Organisationsgewalt der Exekutive zu Ende. Das würde ich mit Herrn Köttgen bedauern, und es ist dies nur einer der Gründe, weshalb ich Bedenken gegen eine solche justizförmige Gestaltung des Verwaltungsverfahrens habe.

Gerade das Beispiel der Beschlußbehörden ist sehr aufschlußreich: Man kann an sich — jedenfalls wenn kein besonderer institutioneller Gesetzesvorbehalt besteht — das reine Verwaltungsverfahren und die Einrichtung der in einem solchen Verfahren entscheidenden Behörden kraft der Organisationsgewalt regeln. Man kann aber sicher nicht Verfahren und Einrichtung weisungsfrei entscheidender Beschlußbehörden auf diese Weise regeln! Man kann das einmal deshalb nicht, weil die weisungsfrei entscheidenden Behörden aus der hierarchischen Befehlsgewalt der Verwaltung herausgenommen sind; das schließt die Möglichkeit aus, ihnen im Verwaltungswege Vorschriften zu setzen, man bedarf hierzu also eines Gesetzes. Man kann aber, davon abgesehen, auch keine Rechtsfolgen von der Einhaltung eines bestimmten Verfahrens abhängig machen, ohne dieses Verfahren selbst rechtsnormativ zu regeln. Das zeigt das Beispiel des in der BRD allgemein gesetzlich geregelten sog. „Vorverfahrens" (Einspruchs- und Beschwerdeverfahren) als der gesetzlichen Voraussetzung der verwaltungsgerichtlichen Klage, im Gegensatz zu dem weithin gesetzlich *un*geregelten ursprünglichen Verwaltungsverfahren. Gestaltet man ein Verfahren überdies noch gerichtsförmig, so bleibt nichts anderes übrig, als auch die Organisation der in einem solchen Verfahren entscheidenden *Behörden* gesetzlich zu regeln. Denn Verfahren und entscheidende Behörde korrespon-

1) DVBl. 1957 S. 597 ff. Vgl. dazu jetzt auch meine Stellungnahme in DVBl. 1958 S. 6 ff. und die Erwiderung von *Ule* ebendort S. 9 f.

dieren einander, ein förmliches Verfahren erfordert auch eine nach Zuständigkeit, Besetzung usw. förmlich geregelte Behörde. Allgemein und zusammenfassend kann man sagen: In dem Umfang, in dem die Verwaltung Rechtsschutzfunktionen übernimmt, tritt an die Seite des „gesetzlichen Richters" notwendig auch der „gesetzliche Verwaltungsbeamte".

Diese hier nur angedeuteten Zusammenhänge zwischen Organisationsgewalt und Verfahren zeigen vielleicht die eigentlichen Ursachen für die unterschiedliche Auffassung der Organisationsgewalt zwischen uns und den österreichischen Kollegen auf. Diesen Zusammenhängen sollte man etwas mehr nachgehen, wenn wir in der Bundesrepublik die Frage nach der Zweckmäßigkeit einer stärkeren Formalisierung des Verwaltungsverfahrens aufwerfen.

Ermacora-Innsbruck (Schlußwort):

Ich danke dem Herrn Professor Köttgen für den wertvollen Bericht wie allen Diskussionsrednern für ihre Beiträge, die für mich samt und sonders wertvolle Anregungen enthielten.

Es scheint, daß sich die Diskussion — wie nicht anders zu erwarten war — auf zwei Punkte zuspitzte. Der eine Punkt war schon in den Kontroversen Arndt-Anschütz sowie Anschütz-Kelsen neuralgisch. Nämlich: kann die Organisationsgewalt gesetzesfrei gehandhabt werden oder nicht. Diese Frage läuft nach wie vor auf die Frage nach dem Rechtscharakter der Verwaltungsverordnung hinaus. Muß sie gesetzlich gebunden sein oder nicht?

Die meisten Redner verneinen das. Sie ersetzen aber die gesetzliche Grundlage durch Schlagworte, wenn sie erklären, die Organisationsgewalt entspreche „einem allgemeinen Verwaltungsauftrag", sie sei „in ihrem legitimen Bereich ohne Gesetz statthaft", sie „entspringe der Natur der Sache", sie sei „eine Art Hausgewalt", der „Verwaltung komme mit ihr zu, was ihr zustehen soll", „sie entspreche der inneren Mission der Verwaltung".

Mit solchen Auffassungen verharrt die Rechtswissenschaft im Zeitalter der Pferdebahn und registriert nicht, daß man bereits rüstet, zum Mond zu reisen. Sie bewegen sich mit solchen Erklärungen in Zirkelschlüssen, ohne den tatsächlichen Abbau der klassischen Organisationsgewalt festzustellen. Sie gewinnen auch für die künftige Gestalt der Organisationsgewalt mit ihrem traditionsgebundenen Beharrungsvermögen nichts. Der zweite Punkt ist: Sie wollen es nicht zulassen, daß man auch von einer Organisationsgewalt des Gesetzgebers sprechen könne. Logisch ist dies jedoch statthaft, auch wenn ich Professor Ipsen zugestehe, daß — wenn sich auch nicht die Qualität einer organisatorischen Maßnahme des Gesetzgebers als organisatorische Maßnahme — sich doch die Kraft der organisatorischen Maßnahme geändert hat. Aber was hat es für einen praktischen Sinn, sich an die klassische Organisationsgewalt zu klammern, wenn sie in Wahrheit auf ein Minimum reduziert wurde?

Professor Peters bedauert meine rechtsstaatlichen Postulate. Aber sind es nicht auch Postulate, die eine demokratische Rechtsordnung erfordert? Der Gesetzgeber müßte heute ein Recht haben, die innere Organisation einer von ihm im Materiellen grundsätzlich abhängigen Staatsfunktion — nämlich der Verwaltung — zu kennen. Ich habe hervorgehoben, daß es dem Legisten gelingen müßte, rechtsstaatliche Forderungen mit verwaltungsökonomischen Forderungen ausgleichend, die Organisationsgewalt so zu regeln, daß das Gesetz die Organisationsgewalt kontrolliert und daß der Verwaltung aber noch genügend Spielraum bleibt, ihrer inneren Mission entsprechend organisatorische Regelungen zu treffen. Wenn Herr Professor Peters in der Vermehrung der Gesetzgeberischen Akte für organisatorische Fragen eine Gefahr für den Rechtsstaat erblickt, so erlaube ich mir zu entgegnen, daß eine derartige Gefahr nur die Folge einer weitaus größeren Gefahr wäre; nämlich der, die durch die Hypertrophie staatlicher Aufgaben erwächst. Wird diese abgebaut, baut sich der Organisationsapparat von selbst ab.

Köttgen-Göttingen (Schlußwort):

Herr Ermacora hat bereits von der Fülle der Anregungen gesprochen, für die wir zu danken haben. Anregungen, die begreiflicherweise unser Thema von den verschiedensten Punkten aus angepeilt haben. Ich will für meine Person nicht verschweigen, daß ich zuweilen an Erfahrungen aus den letzten Kriegswochen erinnert wurde. Man erwartete einen Angriff aus Osten und er kam aus dem Westen. So habe ich mich gegenüber einigen Diskussionsrednern in einer Lage befunden, auf die ich vielleicht grade deswegen nicht vorbereitet war, weil ich den Widerhall meiner Thesen nicht ohne einen gewissen Pessimismus auf mich zukommen sah.

Wahrscheinlich habe nicht ich allein Herrn Bachof dafür zu danken, daß er in seiner so eindringlichen Weise uns allen am Schluß dieser Diskussion noch einmal deutlich gemacht hat, warum die beiden Referate des heutigen Tages in Ansatz und

Ergebnis so stark von einander abwichen und, wie ich sagen darf, sogar abweichen mußten. Herr Bachof hat auf die unterschiedliche Bedeutung hingewiesen, die dem Verfahrensrecht in der österreichischen und deutschen Tradition zugefallen ist. Organisation und Verfahren sind aber eng zusammenhängende Bereiche, weshalb schon aus diesem Grunde unser Thema für einen österreichischen Kollegen besondere Aspekte bieten mußte. Im übrigen wird damit nur bestätigt, daß die Verwaltungstradition Österreichs sich ganz allgemein von der deutschen bemerkenswert unterscheidet. Sicherlich gibt es hierfür eine Vielzahl der Gründe, aber ich möchte nicht verschweigen, daß mir eigentlich erst heute einer von ihnen so recht klar geworden ist. In einem auch für einen Professor überraschendem Grade hat offenbar Kelsen nicht nur der Theorie, sondern auch der österreichischen Staatspraxis ein bestimmtes Gepräge gegeben.

Damit ist zugleich angedeutet, warum sich hier und heute über den Ausgangspunkt unserer Referate und seine Unterschiedlichkeit kaum diskutieren läßt, da eine solche Diskussion einen uns allen bekannten Dissens der Staatstheorie zu ihrem eigentlichen Gegenstand nehmen müßte. Deshalb darf ich mir nur insoweit eine Bemerkung gegenüber Herrn Ermacora erlauben, als er mit behutsamer Skepsis gegenüber dem deutschen Verständnis der Organisationsgewalt bemerkt hat, diese habe bei Lichte besehen doch eigentlich keinerlei rechtliche Basis mehr. Ganz so scheint mir dies nicht zu sein. Daß insbesondere der allgemeine Verwaltungsauftrag nicht nur ein Produkt theoretischer Spekulationen ist, ergibt sich für die Gemeinden aus dem Art. 28 GG. Aber nicht nur bei diesen ist die Verwaltungsinitiative zumindest nicht durchgehend an gesetzgeberische Vorleistungen gebunden. Ich bin jedenfalls bislang nicht davon überzeugt, daß sich die Länder insoweit in einer anderen Lage befänden als ihre Gemeinden und daß deshalb ihre Staatspraxis in Fragen des Organisationswesens zu verfassungsrechtlichen Bedenken Anlaß gäbe. Inwieweit das gleiche auch für den Bund zu gelten hat, führt in mancherlei bundesstaatsrechtliche Kontroversen, die ich hier nicht vertiefen kann.

Wenn ich nun — mit Rücksicht auf die stark fortgeschrittene Zeit nur kurz — zu einigen Anregungen der Diskussion etwas sagen darf, so glaube ich mit jenem Auftakt beginnen zu sollen, den Herr Weber der Diskussion gegeben hat. Zwar war diesem Auftakt seitens des Vorstandes das Ziel eines „Referates" gesteckt, das nun einmal gewisse Verzichte auf Seiten des Referenten verlangt. Herr Weber hat uns allerdings nicht nur ein sehr wohlwollendes Referat geboten, sondern in dieses auch seine eigene Problemschau verworben, aus der ich nur zwei Punkte herausgreifen möchte. Für mich überraschend hat er sich auf den Standpunkt gestellt, daß die überkommene Unterscheidung zwischen Eingriffs- und Leistungsverwaltung heute aufgegeben werden müßte, nachdem letztere über die Existenz des modernen Menschen ein maßgebliches Bestimmungsrecht gewonnen habe. Ich selbst hatte diese Frage erwähnt, aber offen gelassen, da ihre Beantwortung in dem ja keineswegs nur von Herrn Weber gefordertem Sinne von einer kaum zu überschätzenden — vielleicht sogar bislang kaum übersehbaren — Tragweite ist. Nur aus diesem Grunde hatte ich mich nach Art einer Arbeitshypothese auf den Boden der herrschenden Lehre gestellt, nicht ohne insbesondere die kritischen Einwendungen von Herrn Imboden zu erwähnen. Nicht zuletzt unsere Erfahrungen mit dem augenblicklichen Start des Honneffer Modells, von denen Herr Scupin soeben berichtet hat, haben erneut die vielfältige Problematik einer Leistungsverwaltung beleuchtet, die bei Lichte besehen lediglich eine Position des Bundeshaushalts zur Grundlage hat. Ganz zu schweigen von den bundesstaatsrechtlichen Konsequenzen einer solchen Entwicklung geht es hier auch, und zwar wesentlich um organisatorische Fragen, zumal derart administrative Improvisationen keine geringen organisatorischen Anforderungen zu stellen pflegen.

Man kann mit mancherlei guten Gründen verlangen, daß dieser Staatspraxis Einhalt geboten wird. Aber letztens ist und bleibt es eine rechtspolitische Frage, ob und wie man diese Verwaltungsentwicklung gesetzgeberisch kanalisieren soll. Jedenfalls bin ich bislang noch nicht davon überzeugt, daß wir in Fällen dieser Art verfassungsrechtlich genötigt sind, den heute ja nicht ganz unproblematischen Ruf nach einem ohnehin überforderten Gesetzgeber zu erheben.

Und nun ein zweites. Mit einem leichten Vorbehalt hat Herr Weber über meinen Versuch referiert, eine verfassungsrechtliche Basis der Organisationsgewalt nachzuweisen. Ich selbst war dabei viel zu ängstlich, die altbekannte Vorstellung vom Hausgut der Verwaltung zu beschwören. Gleich Herrn Ermacora habe daher auch ich diesen Terminus peinlich vermieden, der deshalb erst in der Diskussion aufgetaucht ist. Da es nach geltendem Verfassungsrecht keinerlei parakonstitutionelle Prärogative mehr gibt, müssen sich alle Zuständigkeiten zumindesten implicite auf die Verfassung stützen lassen. Herr Krüger hat bereits ähnliche Gedanken unter Anspielung auf die Natur der Sache entwickelt, für die ich ihm besonders zu danken habe, zumal unsere beiderseitigen Positionen hiermit einander erheblich genähert sein dürften. Ich selbst habe mich bewußt nicht auf das glatte Parkett der Natur der Sache begeben, sondern versucht, nach einem verfassungsrechtlichen Ansatzpunkt der Organisationsgewalt Ausschau zu halten, den seine Evidenz auch gegenüber skeptischen Vorbehalten bestätigt.

Zu diesen Ansatzpunkten gehört das unbestreitbare Recht der Exekutive zur selbständigen Bewirtschaftung bereiter Haushaltsmittel sowie ein Direktionsrecht gegenüber dem Personalkörper, das auch das moderne Dienstrecht in seinem Kern respektieren mußte. Von hier aus gesehen stellt sich mir die Organisationsgewalt als eine spezifische Kombination sächlicher und persönlicher Verwaltungsmittel dar und kann sie sich daher auf die zuvor genannten Dispositions- und Direktionsrechte zu ihrer verfassungsrechtlichen Legitimation berufen. Ich weiß, daß ich darin von Herrn Weber differiere, der im übrigen mit Recht vermerkt hat, daß ich eine Definition der Organisationsgewalt schuldig geblieben sei. Obwohl ich damit kaum nur gegen den Stil juristischer Methodik verstoßen habe, habe ich mich zu dieser durchaus als eine solche empfundenen Selbstbeschränkung deswegen genötigt gesehen, weil jede Aussage über die Organisation eine Auseinandersetzung mit der vielschichtigen Problematik des Institutionellen erfordert hätte.

Ich möchte meinen, daß mein Referat zumindest deutlich gemacht hat, welche entscheidende Abhängigkeit nach meiner Sicht zwischen der Organisationsgewalt und dem staatstheoretischen Zentralbegriff der Institution besteht, die dabei ihrerseits eine Gemenglage mit dem Status bildet. Es erschien mir allerdings nicht die Aufgabe dieses Referates, diesen Problemen, die schon unsere Tübinger Tagung an ihren beiden Tagen beschäftigt haben, als solchen hier nachzugehen. Daß sich mit diesem Fragenkomplex auch für die rein positivrechtliche Gesetzesanwendung höchst intrikate Zweifelsfragen verbinden, möchte ich Ihnen nur an einem einzigen Beispiel zeigen. Sie kennen den Art. 84 Abs. 1 GG, der für Bundesgesetze die Zustimmung des Bundesrates fordert, falls sie auch das Verwaltungsverfahren und die Behördeneinrichtung regeln. Wann allerdings in concreto nur eine rein materiellrechtliche Regelung vorliegt oder wann der Bundesgesetzgeber seine Hand auch nach den Institutionen der Landesverwaltung ausstreckt, läßt sich bei der Flüssigkeit dieser Grenze oft nur unter großen Schwierigkeiten überzeugend beantworten. Aus den gleichen Gründen ist es auch mir nicht gelungen, immer die an sich gewiß wünschenswerte Prägnanz der Formulierung zu erreichen. Vielleicht gelingt es uns auf die Dauer, den Komplex des Organisatorischen schärfer in den Griff zu bekommen, ohne daß wir der Selbsttäuschung einer Begriffshülse erliegen.

Darf ich mich nun kurz an Herrn Peters wenden, auf den meine einleitende Bezugnahme auf die Unvorhersehbarkeit taktischer Lagen im speziellen gemünzt war. In der Tat war ich nicht auf den Einwand gefaßt, daß ich nun auch zu denen gehöre, die in einer Situation nach dem Gesetzgeber rufen, die uns eigentlich eines Besseren belehren sollte. Ohne auch dieses Problem vertiefen zu können, darf ich mich auf eine kurze Bemerkung beziehen, die Herr Smend einmal über die Organisationsgewalt gemacht hat. In der Tat glaube auch ich, daß es zur Würde, dem Ansehen oder, wie immer man definieren mag, einer echten Institution gehört, daß sie nicht lediglich nebenbei — gleich dem Honneffer Modell und verwandten Erscheinungen — improvisiert, sondern von einer Gesetzgebung getragen wird, die um den Ernst der Rechtsetzung auch im Bereiche des Institutionellen weiß. Darauf allein kam es mir wesentlich an und ich bitte meine Schlußbemerkung daher nicht im Sinne einer vorsorglichen Konzession an eine von mir erwartete Kritik zu verharmlosen. Das gilt ähnlich auch gegenüber Herrn Ule, der offenbar der Meinung war, ich hätte mit dieser Schlußbemerkung alles zuvor Gesagte wieder zurücknehmen wollen. Davon kann schon deswegen keine Rede sein, weil diese Schlußbemerkung nur im Sinne eines rechtspolitischen Postulates verstanden sein wollte, ohne daß diese adhortatio an den Gesetzgeber zu der Hypothese eines verfassungsrechtlichen Gesetzesvorbehalts gesteigert werden sollte.

Man könnte mir allerdings den Vorwurf machen, daß der Gedankengang damit insofern vorzeitig abgebrochen worden sei, als die nicht nur staatstheoretisch wichtige Frage unbeantwortet blieb, wo unter solchen, wohlgemerkt nur verfassungspolitischen Gesichtspunkten konkret eine Legalisierung der Institutionen zu fordern ist. Ich möchte meinen, daß auch Herr Smend kaum zufällig auf eine so präzis gestellte Frage bislang die Antwort schuldig geblieben ist. Daß hier noch manches zu tun bleibt, dürfte insbesondere nach den Diskussionsbemerkungen von Herrn Krüger deutlich geworden sein. Diese Ausführungen waren für mich schon deswegen von besonderem Gewicht, weil mein Referat in mancher Beziehung eine Gegenposition insbesondere zu seinem Mainzer Referat über das besondere Gewaltverhältnis bezogen hatte. Wenn ich Herrn Krüger richtig verstanden habe, so bildet für ihn die Organisationsgewalt, die er — kühner als ich — als eine formelle Gewalt definiert, den Gegenpol der verfassungsmäßigen Gestaltung des Staates. Ich muß bekennen — vielleicht lassen mich meine Notizen im Stich oder ich habe Herrn Krüger in dem einen oder gar im anderen Sinne falsch verstanden —, daß ich mich im Augenblick nicht ohne weiteres in der Lage sehe, diesen Gedankengang weiterzuspinnen oder ihm zu widersprechen. Jedenfalls schien mir bedeutsam, daß nach diesen Ausführungen die Organisationsgewalt als im Begriff der Exekutive mitgesetzt und damit als verfassungsrechtlich legitimiert zu gelten hat. Mir scheint, daß Herr Krüger damit seine Stellungnahme zu unserem Problem eng mit der Antithese Regierung und Verwaltung verbunden hat, wie dies ähnlich vor ihm schon Herr Smend getan hatte.

Herr Spanner hat — den gestrigen Appell von Herrn Friesenhahn an das wissenschaftliche Streitgespräch damit aufgreifend — seine soeben in der DÖV vorgelegten Thesen mit gutem Recht unter dem Eindruck meines Referates auch mündlich mit Nachdruck vertreten. Ich glaube, daß ich im Grundsätzlichen gegenüber diesen Einwendungen kaum etwas anderes sagen kann, als ich bereits eingangs gegenüber meinem Herrn Korreferenten gesagt habe. Auch Sie, Herr Spanner, kommen aus einer wesentlich anderen Tradition des öffentlichen Rechts und der Verwaltung, so daß sich auch eine Diskussion zwischen uns alsbald auf eine andere Ebene verlagern müßte, wenn wir den beiderseitigen Standpunkten gerecht werden wollen. Da dieses hier und heute nicht möglich ist, möchte ich mich auf eine bescheidene positivrechtliche Anmerkung beschränken. Ihre These, daß die Verwaltung in jedem Fall des gesetzlichen Mediums gegenüber der Verfassung bedürfe, gründet sich offenbar auf den Art. 18 der österreichischen Verfassung, die ich hier nicht zur Hand habe. Diese These läßt sich m. E. auf deutsche Verhältnisse keinesfalls übertragen, da das deutsche Verfassungsrecht eine solche Bestimmung nicht kennt. Im übrigen habe ich stets nur von einer verfassungsunmittelbaren, jedoch niemals von einer parakonstitutionellen Organisationsgewalt gesprochen. Daß letztere seit dem Wechsel der Staatsform nicht mehr besteht und daß man sich daher zugunsten der Organisationsgewalt auch nicht auf das ältere Schrifttum berufen darf, dachte ich mit genügendem Nachdruck unterstrichen zu haben.

Wenn schließlich Herr Ipsen in Verbindung mit unserem Thema von einer Mission der Verwaltung gesprochen hat, so muß ich auch hier bekennen, daß ich an Kühnheit der Formulierungen durch die Kollegen nicht unwesentlich übertroffen wurde. Herr Ipsen hat seine Position, offenbar im Gedanken an das gute Recht disziplinierter Reiztherapie, mit bemerkenswerten Akzenten versehen. Danach gehört es zum Wesen der Organisationsgewalt, daß sie keine Rechtsgrundlage — gemeint war offenbar keine Gesetzesgrundlage — besitzt. Das ist insofern in voller Übereinstimmung mit meiner Thematik, als auch ich unser Thema bewußt in diesem Sinne verengert habe. So wie ich das staatsrechtliche Phänomen der Organisationsgewalt verstehe, erstreckt es sich nicht auf diejenigen Fälle, in denen durch Gesetz oder auf Grund eines Gesetzes organisiert wird. Nur eine solche Thematik scheint mir dem rechtsstaatlichen Ärgernis der Organisationsgewalt adäquat zu sein. Deshalb weiß ich mich auch mit Herrn Ipsen voll darin einig, daß es ein nicht zu unserem Thema gehörendes aliud ist, wenn das Parlament in Gesetzesform organisiert. Ob ähnliches allerdings auch für den Personalrat gilt, dessen Einschaltung in organisatorische Fragen Herr Ipsen offenbar ebenfalls aus dem Kreis unserer Überlegungen ausschalten wollte, erscheint mir demgegenüber vorerst zweifelhaft.

Zu den Ausführungen von Herrn Pfeiffer darf ich nur sagen, daß sie bei mir den Eindruck verstärkt haben, welch entscheidende Rolle bei der Behandlung unseres Themas der jeweils maßgeblichen Tradition in Verfassung und Verwaltung zukommt. Die in der Perspektive zumindest eng verwandten Ausführungen unserer österreichischen Kollegen haben insofern für uns alle einen über das spezielle Thema hinaus bedeutsamen Erkenntniswert.

Ein letztes Wort zu denjenigen Kollegen, die mich auf die Verlustliste meines Referates — und zwar stets mit vollem Recht — hingewiesen haben. Das gilt sowohl für die von mir nicht behandelte Kontrolle der Organisationsgewalt, an die Herr Scupin erinnert hat, als an das schwierige Verhältnis der Verfassungsgerichtsbarkeit zu der Organisationsgewalt, auf das mich Herr Drath heute morgen in einem mündlichen Gespräch angesprochen hat. Im Unterschied zu Herrn Ermacora, der sich hier auf eine Zeitplanung berufen könnte, die ihn dem Gesetz des Minutenzeigers unterwarf, vermag ich für diese und manch andere Unterlassung nicht ohne weiteres eine Indemnität zu verlangen. Allerdings möchte ich meinen, daß die spezifisch sozialrechtlichen Überlegungen, auf die unsere Diskussion gewiß nicht zufällig wiederholt zurückgekommen ist, den Rahmen unseres Themas sprengen. Dies gilt dabei nicht nur für die eigentümliche Überlagerung des hergebrachten studentischen Status durch den bislang noch reichlich amorphen Status eines Stipendiaten, mit der Herr Scupin sich beschäftigt hat. Niemand wird die Tragweite dieser Entwicklung verkennen und mancher unter uns sieht im Geiste bereits den ersten Stipendiaten in diesem Hause vor dem höchsten deutschen Verwaltungsgericht um seine Rechte streiten. Die Organisationsgewalt berührt diese Entwicklung allerdings nur am Rande, was ähnlich auch für die von Herrn Weber erwähnte Anpassung des rechtsstaatlichen Postulates gesetzmäßiger Verwaltung an eine veränderte Verfassungslage zu gelten hat. Daß wir diese eminent aktuellen Fragen keinesfalls aus den Augen verlieren dürfen, unterliegt auch für mich keinem Zweifel, nur daß sie zumindest nicht zu der Kernproblematik unseres heutigen Themas gehören dürften.

Verzeichnis der Redner

Bachof S. 264.
Böhmert S. 141.
Carstens S. 130.
Erler S. 143.
Ermacora S. 191, 266.
Friesenhahn S. 9, 146.
Ipsen S. 113, 257.
Kaiser S. 140.
Köttgen S. 154, 267.
Kordt S. 136.
Krüger S. 253.
Merk S. 126, 251.
Münch S. 133.
Partsch S. 74, 145.
Peters S. 247.
Pfeifer S. 118, 259.
Scheuner S. 122.
Schneider (Hans) S. 139.
Schüle S. 5.
Scupin S. 261.
Spanner S. 255.
Weber S. 240.

Verzeichnis der Mitglieder der Vereinigung der Deutschen Staatsrechtslehrer

Stand vom 15. 6. 1958

Vorstand

1. Peters, Dr. Hans, Professor, Köln-Sülz, Zülpicher Straße 83.
2. Köttgen, Dr. Arnold, Göttingen, Merkelstraße 43.
3. Bachof, Dr. Otto, Professor, Tübingen, Gartenstraße 73.

Mitglieder

1. Abendroth, Dr. Wolfgang, Professor, Marburg a. d. Lahn, Georg-Voigt-Straße 7a.
2. Antoniolli, Dr. Walter, Professor, Wien VII, Mariahilferstraße 22—24/III/II/6.
3. Apelt, Dr. Willibalt, Professor, Geh. Regierungsrat, Gräfelfing bei München, Freihamerstraße 32.
4. Armbruster, Dr. Hubert, Professor, Mainz, An der Allee 69.
5. Bachof, Dr. Otto, Professor, Tübingen, Gartenstraße 73.
6. Becker, Dr. jur., Dr. phil. Erich, Professor, Speyer, Schwerdstraße 59.
7. Bettermann, Dr. Karl August, Professor, Berlin-Lichterfelde-West, Baseler Straße 114.
8. Bilfinger, Dr. Karl, Professor, Heidelberg, Philosophenweg 13.
9. Böhmert, Dr. Viktor, Professor, Kiel, Graf-Spee-Straße 9.
10. Brill, Dr. Hermann Louis, Honorarprofessor, Staatssekretär a. D., Wiesbaden, Weinbergstraße 14.
11. Bühler, Dr. Ottmar, Professor, München 27, Kufsteiner Platz 2/III.

12. Bülck, Dr. Hartwig, Professor, Heidelberg, Werrgasse 9.

13. Carstens, Dr. Karl, Professor, Bad Godesberg, Im Meisengarten 25.

14. Drath, Dr. Martin, Professor, Karlsruhe, Beethovenstraße 9.

15. Dürig, Dr. Günter, Professor, Tübingen, Ob dem Viehweidle 12.

16. Erler, Dr. Georg, Professor, Göttingen, Schlegelweg 11.

17. Ermacora, Dr. Felix, Professor, Innsbruck, Universität.

18. Forsthoff, Dr. Ernst, Professor, Heidelberg-Schlierbach, Wolfsbrunnenweg 13.

19. Friesenhahn, Dr. Ernst, Professor, Karlsruhe, Haydnplatz 4.

20. Fröhler, Dr. Ludwig, Privatdozent, München 58, Gartenstadtstraße 32.

21. Gerber, Dr. jur., D. h. c. Hans, Professor, Freiburg i. Br., In der Röte 5.

22. Glum, Dr. Friedrich, Professor, München, Südliche Auffahrtsallee 24.

23. Gönnenwein, Dr. jur., Dr. phil. Otto, Professor, Heidelberg, Werderplatz 1.

24. Görg, Dr. Hubert, Professor, Ellersberg, Post Forbach (Bez. Köln).

25. Grewe, Dr. Wilhelm, Professor, Washington 9, D. C., USA, 1742/44 R Streat NW (Botschaft der Bundesrepublik Deutschland).

26. Hamel, Dr. Walter, Professor, Marburg a. d. Lahn, Rotenberg 1 a.

27. Heckel, D. Dr. Johannes, Professor, München, St. Paulusplatz 9.

28. Held, Dr. Hermann, Professor, Malente, Lindenallee 35.

29. Herrfahrdt, Dr. Heinrich, Professor, Marburg a. d. Lahn, Am Weinberg 8.

30. Hesse, Dr. Konrad, Professor, Freiburg i. Br., Hauptstraße 40.

31. Hettlage, Dr. Karl Maria, Professor, Bad Godesberg, Friedrich-Ebert-Straße 83.

32. Frhr. v. d. Heydte, Dr. August, Professor, Zellingen a. M., Thomas-Glock-Straße 26.

33. Heyer, Dr. Friedrich, Professor, Bonn, Humboldtstraße 35.

34. v. Hippel, Dr. Ernst, Professor, Godesberg-Mehlem, Mainzer Straße 119.

35. Hoegner, Dr. Wilhelm, Honorarprofessor, Ministerpräsident a. D., München, Miesbacher Platz 15.

36. Huber, Dr. Ernst Rudolf, Professor, Freiburg-Zähringen, In der Röte 2.

37. Hugelmann, Dr. Karl, Professor, Göttingen, Herzberger Landstraße 52.

38. Ipsen, Dr. Hans Peter, Professor, Hamburg 13, Hallerstraße 79.

39. Jacobi, Dr. Erwin, Professor, Leipzig S 3, Meusdorfer Straße 5.

40. Jahrreiss, Dr. Hermann, Köln (Klettenberg), Nassestraße 30.

41. Jaenicke, Dr. Günther, Privatdozent, Heidelberg, Karlsruher Straße 57.

42. Jerusalem, Dr. Franz, Professor, München 27, Flemingstraße 58.

43. Kafka, Dr. Gustav E., Universitäts-Dozent, Graz, z. Z. Bad Godesberg, Hochkreuzallee 246.

44. Kaiser, Dr. Joseph, Professor, Freiburg i. Br., Belfortstraße 11.

45. Kaufmann, Dr. jur., Dr. phil. h. c. Erich, Professor, Bonn, Auswärtiges Amt, Koblenzer Straße 101.

46. Kipp, Dr. Heinrich, Privatdozent, Bonn-Dottendorf, Schüllerweg 2.

47. Klein, Dr. Friedrich, Professor, Münster i. W., Prozessionsweg 409.

48. Köttgen, Dr. Arnold, Professor, Göttingen, Merkelstraße 43.

49. Kordt, Dr. Erich, Professor (Universität Köln), Düsseldorf, Brehmstraße 53.

50. Kraus, Dr. Herbert, Professor, Göttingen, Calsowstraße 18.

51. Krüger, Dr. Herbert, Professor, Hamburg-Gr. Flottbek, Elbchaussee 184.

52. Küchenhoff, Dr. Günther, Professor, Würzburg, Universität.

53. Laforet, Dr. Wilhelm, Professor, Geh. Justizrat, Würzburg, Frauenlandstraße 12.

54. Laun, Dr. jur., Dr. rer. pol. h. c. Rudolf, Professor, Ahrensburg bei Hamburg, Voßberg 10.

55. Leibholz, Dr. Gerhard, Professor, Göttingen, Dahlmannstraße 6.

56. Liermann, D. Dr. Hans, Professor, Erlangen, Am Meilwald 18.

57. Mallmann, Dr. Walter, Professor, Frankfurt a. M., Holzhausenstraße 11.

58. Maunz, Dr. Theodor, Professor, München-Gräfelfing, Hartnagelstraße 3.

59. Meder, Dr. Walter, Professor, Berlin-Dahlem, Ehrenbergstraße 35.

60. Meinzolt, Dr. Hans, Honorarprofessor, Staatssekretär a. D., München, Karl-Freytag-Straße 29.

61. Melichar, Dr. Erwin, Professor, Graz, Universität (Rechts- und Staatswiss. Fakultät).

62. Menger, Dr. Christian-Friedrich, Professor, Speyer a. Rh., Schwerdstraße 59.

63. Menzel, Dr. Eberhard, Professor, Kiel, Bülowstraße 16.

64. Merk, Dr. Wilhelm, Professor, Tübingen, Wildermuthstraße 6.

65. Merkl, Dr. Adolf Julius, Professor, Wien XIX, Pfarrplatz 1.

66. Meyer, Dr. Ernst Wilhelm, Professor, Bonn, Bundeshaus.

67. Mirbt, Dr. Hermann, Professor, Berlin-Schlachtensee, Spanische Allee 51.

68. Mosler, Dr. Hermann, Professor, Heidelberg, Mühltalstraße 117.

69. Münch, Dr. Fritz, Professor, Berlin-Dahlem, Boltzmannstraße 1.

70. Naumann, Dr. Richard, Professor, Lüneburg, Ülzener Straße 40.

71. Nawiasky, Dr. Hans, Professor, St. Gallen, Georgshof 14.

72. Partsch, Dr. Karl Josef, Professor, Felde/Post Achterwehr (Holstein).

73. Peters, Dr. Hans, Professor, Köln-Sülz, Zülpicher Straße 83.

74. Pfeifer, Dr. Helfried, Professor, Wien XIII, Lainzer Straße 57.

75. Ridder, Dr. Helmut, Professor, Kelkheim (Taunus), Dr.-Egenolf-Straße 3.

76. Rühland, Dr. Curt, Professor, Braunschweig, Walter-Flex-Straße 16.

77. Rumpf, Dr. Helmut, Privatdozent, Bonn, Peter-Rusler-Straße 2.

78. Schack, Dr. Friedrich, Professor, Hamburg 13, Nonnenstieg 9/II.

79. Schätzel, Dr. Walter, Professor, Bonn, Fürstenstraße 1.

80. Scheuner, Dr. Ulrich, Professor, Bad Godesberg, Beethovenstraße 77.

81. Schlochauer, Dr. Hans Jürgen, Professor, Frankfurt a. M., Mertonstraße 17.

82. Schmid, Dr. Karl, Professor, Frankfurt a. M., Johann-Klotz-Straße 15.

83. Schneider, Dr. Hans, Professor, Heidelberg, Ludolf-Krehl-Straße 44.

84. Schneider, Dr. Peter, Professor, Mainz, Stehphansplatz 2.

85. Schüle, Dr. Adolf, Professor, Tübingen, Bei der Ochsenweide 17.

86. Schwinge, Dr. Erich, Professor, Marburg a. d. Lahn, Gutenbergstraße 18.

87. Scupin, Dr. Hans Ulrich, Professor, Münster i. W., Robert-Koch-Straße 46.

88. S m e n d , D. Dr. Rudolf, Professor, Göttingen, Am Goldgraben 13.

89. S p a n n e r , Dr. Hans, Professor, Erlangen, Am Röthelheim 58.

90. S t ö d t e r , Dr. Rolf, Professor, Hamburg 21, Adolphstraße 29.

91. T h i e m e , Dr. Werner, Professor, Saarbrücken, Auf der Schlecht 2.

92. U l e , Dr. Carl Hermann, Professor, Heidelberg, Oberer Gaisbergweg 9.

93. V o i g t , Dr. Alfred, Professor, Erlangen, Burgbergstraße 53.

94. W a c k e , Dr. Gerhard, Professor, Hamburg-Nienstedten, Ordinger Weg 14.

95. W a r n c k e , Dr. Friedrich, Privatdozent, Köln-Nippes, Mauenheimer Straße 45.

96. W e b e r , Dr. Werner, Professor, Göttingen, Wackenroder Weg 1.

97. W e h r h a h n , Dr. Herbert, Professor, Saarbrücken 15, Universität.

98. W e n g l e r , Dr. jur., Dr. rer. pol. Wilhelm, Professor, Berlin-Zehlendorf, Werder Straße 15.

99. W e n z e l , Dr. Max, Professor, Erlangen, Löhestraße 21.

100. W o l f f , Dr. Hans Julius, Professor, Münster i. W., Görrestraße 28.

101. W o l g a s t , Dr. Ernst, Professor, Utting am Ammersee.

Satzung

(Nach den Beschlüssen vom 21. Oktober 1949, 19. Oktober 1951, 14. Oktober 1954 und 10. Oktober 1956)

§ 1

Die Vereinigung der Deutschen Staatsrechtslehrer stellt sich die Aufgabe:

1. wissenschaftliche und Gesetzgebungsfragen aus dem Gebiete des öffentlichen Rechts durch Aussprache in Versammlungen der Mitglieder zu klären;
2. auf die ausreichende Berücksichtigung des öffentlichen Rechts im Hochschulunterricht und bei staatlichen und akademischen Prüfungen hinzuwirken;
3. in wichtigen Fällen zu Fragen des öffentlichen Rechts durch Eingaben an Regierungen oder Volksvertretungen oder durch öffentliche Kundgebungen Stellung zu nehmen.

§ 2

(1) Mitglied der Vereinigung kann werden, wer an der rechtswissenschaftlichen Fakultät einer deutschen oder deutschsprachigen ausländischen Universität für das Fach des Staatsrechts und ein weiteres öffentlich-rechtliches Fach als habilitierter Privatdozent oder als planmäßiger Professor tätig ist oder gewesen ist und sich der wissenschaftlichen Forschung auf dem Gesamtgebiete des Staats- und Verwaltungsrechts gewidmet hat.

(2) Das Aufnahmeverfahren wird durch schriftlichen Vorschlag von drei Mitgliedern der Vereinigung eingeleitet. Ist der Vorstand einstimmig der Auffassung, daß die Voraussetzungen für den Erwerb der Mitgliedschaft erfüllt sind, so verständigt er in einem Rundschreiben die Mitglieder von seiner Absicht, dem Vorgeschlagenen die Mitgliedschaft anzutragen. Erheben mindestens fünf Mitglieder binnen Monatsfrist gegen die Absicht des Vorstandes Einspruch oder beantragen sie mündliche Erörterung, so beschließt die Mitgliederversammlung über die Aufnahme. Die Mitgliederversammlung beschließt ferner, wenn sich im Vorstand Zweifel erheben, ob die Voraussetzungen der Mitgliedschaft erfüllt sind. Von jeder Neuaufnahme außerhalb

einer Mitgliederversammlung sind die Mitglieder zu unterrichten.

§ 3

Eine Mitgliederversammlung soll regelmäßig einmal in jedem Jahre an einem vom Vorstand zu bestimmenden Orte stattfinden. In dringenden Fällen können außerordentliche Versammlungen einberufen werden. Die Tagesordnung wird durch den Vorstand bestimmt.

Auf jeder ordentlichen Mitgliederversammlung muß mindestens ein wissenschaftlicher Vortrag mit anschließender Aussprache gehalten werden.

§ 4

Der Vorstand der Vereinigung besteht aus einem Vorsitzenden, seinem Stellvertreter und einem Schriftführer, der auch die Kasse führt. Der Vorstand wird am Schluß jeder ordentlichen Mitgliederversammlung neu gewählt.

Zur Vorbereitung der Mitgliederversammlung kann sich der Vorstand durch Zuwahl anderer Mitglieder verstärken. Auch ist Selbstergänzung zulässig, wenn ein Mitglied des Vorstandes in der Zeit zwischen zwei Mitgliederversammlungen ausscheidet.

§ 5

Zur Vorbereitung ihrer Beratungen kann die Mitgliederversammlung, in eiligen Fällen auch der Vorstand, besondere Ausschüsse bestellen.

§ 6

Über Eingaben in den Fällen des § 1 Ziffer 2 und 3 und über öffentliche Kundgebungen kann nach Vorbereitung durch den Vorstand oder einen Ausschuß im Wege schriftlicher Abstimmung der Mitglieder beschlossen werden. Ein solcher Beschluß bedarf der Zustimmung von zwei Dritteln der Mitgliederzahl; die Namen der Zustimmenden müssen unter das Schriftstück gesetzt werden.

§ 7

Der Mitgliedsbeitrag wird von der Mitgliederversammlung festgesetzt. Der Vorstand kann den Beitrag aus Billigkeitsgründen erlassen.

Bei Fragen zur Produktsicherheit wenden Sie sich bitte an:
If you have any questions regarding product safety,
please contact:

Walter de Gruyter GmbH
Genthiner Straße 13
10785 Berlin
productsafety@degruyterbrill.com